Pieter Barten: Reinkarnation

Pieter Barten

Reinkarnation
Die geheimnisvollen Erlebnisse der Seele

Aquamarin Verlag

Titel der holländischen Originalausgabe:
»REINKARNATIE EN LEVENSLOT«
A. J. G. Strengholt, Niederlande

© Pieter Barten

Deutsche Übersetzung:
Jacques Suijkerbuijk

Das Titelbild zeigt ein Gemälde von
Robert Fischer

Layout: Annette Wagner

1. Auflage 1994
© Aquamarin Verlag
Voglherd 1
D-85567 Grafing

Herstellung:
P & P Lichtsatz GmbH, Grafing
ISBN 3-89427-043-8

Inhalt

ZWEITER TEIL
EINE ANDERE WELT
Weitere Forschungen in Trance.

DRITTER TEIL
REINKARNATION UND JENSEITS
Erfahrungen im Trance-Zustand zwischen Tod und Wiedergeburt
Therapeutische Möglichkeiten

Gewidmet den Menschen,
die mit mir den WEG suchen.

Du sollst deine Vergangenheit kennen,
um das Jetzt zu verstehen.

Einleitung

Und eine Frau, die ein Kind an der Brust hielt, sagte:
„Rede uns von den Kindern."
Und er sprach also:
„Eure Kinder sind nicht eure Kinder.
Es sind die Söhne und Töchter von des Lebens Verlangen nach sich selber.
Sie kommen durch euch, doch nicht von euch;
Und sind sie auch bei euch, so gehören sie euch doch nicht."

So sprach der libanesische Schriftsteller und Maler Kahlil Gibran in seinem Meisterwerk „Der Prophet."

„Die Söhne und Töchter von des Lebens Verlangen nach sich selber."
Sie entstehen aus ihrer eigenen ersten Inkarnation als Mensch auf Erden.
Als Verkörperung einer ursprünglichen, einzigartigen Individualität, als Mandala, als Teil eines ätherischen schöpferischen Anfangs, abgespalten von der Einheit des Geistes.
Für den Autor ist Reinkarnation real. Es ist kein Glaube, sondern ein Wissen, eine Gnosis, wie die alten Gnostiker in den Anfängen des Christentums noch wußten. Sie verdeutlicht den Gegensatz zwischen irdischem Körper und Seele, weist uns auf die letztlich dauerhafte Rückkehr zum Licht, zur Einheit des Geistes, zu Gott, dem Schöpfer, hin.
Es ist ausdrücklich nicht meine Absicht, hier einen Bekehrungsversuch zu unternehmen. Den Leser erwartet keine Predigt, vielmehr eine Botschaft. Es ist meine Absicht, dem Interessierten Denkanstöße zu geben.
Der Inhalt des Buches ist die Frucht jahrelanger eigener Untersuchungen und der daraus entstandenen Erkenntnis. Aus den Untersuchungen entwikkelte sich ein fast unerschöpfliches Archiv mit etwa tausend Tonbandaufzeichnungen der Sitzungen, aus denen fast alle Erkenntnisse stammen. Die hier benutzten Regressions- und Progressionsaufzeichnungen umfassen nur einen sehr kleinen Teil des gesamten archivierten Tonbandmaterials.
Warum Reinkarnation, warum die Wiedergeburt in einen Körper hier auf Erden?
Es scheint unverständlich, daß sich so wenige Menschen fragen, warum es

überall auf dieser Welt so viel Willkür der Lebensumstände gibt. Warum bestehen so viele Ungerechtigkeiten in einem einzelnen Leben? Warum hat der eine Mensch ein luxuriöses, relativ unkompliziertes Leben, während andere leiden, an Hunger sterben? Warum stirbt der eine Mensch jung und ein anderer wird alt? Wer bestimmt diese Schicksale?

Auf Willkür hat man keinen Einfluß. Wenn das Schicksal der Menschen, die nur einmal auf Erden leben, nicht von Willkür, sondern von einer persönlichen Vorgeschichte bestimmt wird, warum riskieren dann einige die „ewige Hölle und Verdammnis"? Wie kann es sein, daß es so unterschiedliche Umstände gibt, und wie ist dies zu verantworten?

Irgend etwas stimmt nicht, etwas fehlt bei der Erklärung. Gibt es eine Logik hinter all dem?

Warum leidet ein Mensch, beginnend mit Zeugung und Geburt, bis zum Tod mehr als andere? Welche Ungerechtigkeit steckt dahinter, wodurch wird das bestimmt? Welchen Sinn hat das Leiden auf Erden, wenn wir als Individuum nur ein irdisches Leben haben? „Fällt" jeder mit den Problemen oder glücklichen Umständen, die scheinbar zu ihm gehören, aus dem Kosmos auf die Erde?

Wird in jedem Bruchteil einer Sekunde, bei jeder Geburtswelle auf Erden, eine Wolke voller Schicksale willkürlich über die neuen Leben ausgeschüttet, ohne Vernunft, nur gemäß dem Motto: „Gott segnet, was geschieht." Wer ein so willkürliches Schicksal erhält, darf es dann auch behalten. Ein sehr ungleicher Ausgangspunkt!

Diese Hypothese scheint mir nicht sehr wahrscheinlich, und zum Glück ist es auch nicht so. Warum aber denken die meisten Menschen der westlichen Welt nicht darüber nach? Das ist für mich unverständlich. Gottes Handlungen sind richtig, davon gehen wir aus. Aber was der Mensch schafft, ist das auch richtig? Nein, bestimmt nicht! Gott ist vollkommene Liebe. Der Mensch auch? Oder fehlt ihm etwas?

Haben wir uns ursprünglich irgendwo im Universum so unterschiedlich verhalten, positiv oder negativ, daß wir ein so unterschiedliches, einzigartiges Schicksal verdienen? Oder ist es Zufall? Jemand ruft: „Warum geschieht mir das?", und er erhält keine Antwort. Zumindest keine vernünftige, verständliche und akzeptable Antwort. Warum?

In der heutigen Zeit scheint sich kaum jemand seiner Situation in der Menschenwelt bewußt zu sein. Wie paßt er oder sie hinein? Wodurch ist alles so geworden? Man möchte schreien: „Wacht doch endlich auf! Es geht euch doch alle an." Ist unser tägliches Bewußtsein im hier und jetzt so niedrig, sind wir in einem so gedankenlosen Trott, daß wir nicht einmal dazu kommen, über die einfachsten Fragen unseres Schicksals und unserer Bestimmung nachzudenken?

Alle diese Fragen liegen auf der Hand, aber wenige sind sich dessen bewußt und suchen nach einer Antwort. Bedenklich, nicht wahr? Das Desinteresse an diesen Fragen ist erstaunlich.

Viele Fragen versinken in einem diffusen Glauben oder in Autoritätsabhängigkeit; wirkliches Wissen ist nur selten vorhanden. Ein weiterer Faktor ist der heutzutage tief verwurzelte Materialismus.

Ich habe versucht, viele Fragen und ihre Antworten durch Bemühungen des Geistes zu untersuchen, in einer anderen Dimension, mit einem anderen Bewußtseinszustand, mit dem erweiterten Bewußtsein eines Trance-Zustandes. Dadurch werden auf eine ehrliche Weise Erfahrungen gewonnen. Eine Gewißheit, die nicht nur auf Glauben beruht, sondern Glauben in Wissen wandelt. Eine Gewißheit, die die Lehre Christi, die auf Erlösung durch Liebe gründet, unterstützt und sie klarer werden läßt. Es scheint, als habe der Mensch die Lösung, sich dauerhaft zu befreien, eine Lehre Christi, nur ungenügend verstanden.

Wenn ICH nicht wirklich teilhatte, damals nicht dabei war, wenn ICH es persönlich nicht getan habe, warum muß ICH trotzdem die Konsequenzen tragen? Es kommt mir ungerecht und unlogisch vor, daß ICH für die Fehler meiner Vorfahren aufkommen muß. Kann ICH aber zu diesem „Ereignis" zurückgehen, Leben für Leben, dann muß ICH es akzeptieren. ICH war selbst dabei. ICH habe daran teilgenommen und muß die Folgen akzeptieren. ICH habe dort, in der fernen Vergangenheit, etwas in Bewegung gesetzt. ICH bin von einem falschen Ausgangspunkt aus weitergegangen, während vieler Leben auf Erden. ICH habe etwas Positives oder Negatives vermehrt und habe ganz persönliche und eigene Fehler gemacht. So wurde ICH zum Architekten meines Lebens und begegnete mir selbst immer wieder, jeden Tag aufs Neue, denn ICH habe meine Lebensumstände selbst geschaffen, deren Folgen ICH heute ablehne. ICH akzeptiere die Verantwortung dafür nicht, geschweige denn, daß ICH sie tragen möchte.

Wir Menschen zeigen lieber auf andere, als selber schuldig für unsere schlechten Lebensumstände oder Probleme zu sein. Abschieben! Das erleichtert unsere Last. Aber das physikalische Gesetz, eine Ursache zeitigt eine Wirkung, müßte uns eines Besseren belehren. Wir werden selbst bestimmt durch das kosmische Gesetz von Ursache und Wirkung = Schicksal, auch Karma genannt. Das ist das Sanskritwort für „Lehrauftrag", „Arbeitsauftrag". Es ist eine besondere Gnade, daß wir unsere früher gemachten Fehler, durch Belehrung und Erfahrung in nachfolgenden Leben, wieder in Ordnung bringen können und dadurch wieder in Harmonie kommen mit der Schöpfung, mit unserer Seele alsTeil davon.

Ich möchte hier noch etwas zur Vererbung sagen. Die esoterische Betrachtung der Vererbung muß eine ganz andere sein als die gängige (also die wissenschaftliche). Würde die Vererbung beim Menschen ausschließlich auf rein biologischen Faktoren beruhen, dann ergäbe dies ein Menschenbild, das nach den Gesetzen der Gebrüder Mendel entstanden ist. Der Mensch ist dann ein Säugetier und gehört zur Gattung der großen Primaten. Wir aber sind mehr als nur Säugetiere. Das, was unser Mehr ausmacht, der Göttliche Geist, führt zu einer anderen Erscheinung des Menschen auf Erden.

Kurz gesagt, die Vererbungslehre stimmt zwar für Erbsen und vielleicht auch für Tiere, für den Menschen mit seinen vielen Besonderheiten, Abweichungen und Problemen stimmt die Betrachtung jedoch nicht. Die Reinkarnationslehre spricht dagegen. Denn wir erben ausschließlich von dem Muster unserer eigenen, einzigartigen Vorleben-Persönlichkeiten, die durch das Sein und Handeln auf Erden entstanden sind. Wir können uns das als ein Übertragen von individuellen Seelenmustern vorstellen, die von dem zentralen Ego der Seele, der Monade, gespeichert werden; auf diese Weise wird das Muster der inkarnierenden Persönlichkeit wie ein neuer Lebensplan mitgegeben. Dies entspricht dem Schicksal oder Karma, positiv und negativ. Das so festgelegte.planmäßige, ungefähre Lebensmuster besteht teilweise aus Erfahrungen.und deren Folgen, die in einem Vorleben verursacht wurden. In den Lektionen, die der einzelne zu lernen hat, werden die Erfahrungen harmonisiert. Diese Folgen müssen und werden stattfinden, dabei handelt es sich um ein unausweichliches kosmisches Gesetz. Die unterschiedlichsten Probleme, geistige, physische, karmische und traumatische, werden von dem kreativen Geist des Inkarnierenden bei der Konzeption in das genetische Material hineinprojiziert. Das Leben wird dann entsprechend dem Lebensplan ablaufen, wie er auf der anderen Seite, zwischen den Leben, grob festgelegt wurde.

Hierdurch entstehen die meisten Gebrechen und Probleme des Körpers — durch die karmische Projektion des Geistes auf das sich entwickelnde biologische Material. Man könnte dies als eine planvolle spirituelle, genetische Manipulation bezeichnen. Ohne den psychosomatischen Einfluß des Geistes auf die Gene würden wir ein normales, gesundes Menschentier gebären. Doch der Geist herrscht und verändert.

Es gibt noch einen anderen Aspekt bei der esoterischen Betrachtung der Vererbungslehre. Seit seiner ersten irdischen Inkarnation erhielt der Mensch eine unbekannte Zahl von Persönlichkeiten, von seiner ersten bis zur jetzigen Persönlichkeit der eigenen Seeleneinheit. Das gleiche gilt für die Eltern, Großeltern usw. eines Kindes. Die Eltern entwickelten sich ebenso über ihre eigene Linie, ihre Lebenskette innerhalb ihrer eigenen Seeleneinheit. Ihre Nachfahren können daher spirituell nicht von ihnen erben, auch nicht körperlich deren Leiden und Gebrechen. Die einzige Verbindung besteht in den karmischen Banden, wobei Eltern, Kinder und alle Nachfahren einbezogen sind.

ACHTUNG! „Eure Kinder sind nicht eure Kinder. Sie kommen durch euch, doch nicht von euch." Die Eltern sind eine Art Durchlaßtor für ein selbständiges, einzigartiges, individuelles neues Leben auf Erden. Jede Persönlichkeit bleibt auch einzigartig und verfolgt ihre eigene, individuelle Evolution in einem fortwährenden Lern- und Wachstumsprozeß. Die persönlichen Erfahrungen werden bestimmt durch den Lehrplan für das neue Leben, das positive und negative Karma und den beherrschenden freien Willen.

Die Persönlichkeit wird darüberhinaus von Eindrücken und Einflüssen, Sitten, Gewohnheiten und Kulturmustern geprägt sowie von guten und schlechten Eigenheiten und Verhaltensweisen der Eltern, der Familie, der Freunde und der ganzen Umgebung. Diese Faktoren unterstützen die Charakterbildung, indem die Persönlichkeit aus ihnen lernt und sie sich zu eigen macht, im Positiven wie im Negativen. Dies alles bildet die äußere Persönlichkeit. Mit den spirituellen genetischen Faktoren hat dies jedoch nichts zu tun. Jeder bringt das eigene Schicksal, egal wie es aussieht, selbst mit.

Ich spreche in diesem Buch einige Male den von mir als „Kontinuität des Geistes" bezeichneten Begriff an. Diese Kontinuität stellt einerseits die kürzeste Verbindung zwischen dem Tages- oder Wachbewußtsein dar und andererseits jener der Seeleneinheit und Monade. Sie ist aufgebaut aus den folgenden Teilen: Dem Tages- oder Wachbewußtsein, dem Vorbewußtsein, dem Unterbewußtsein (relativ autonom), dem Überbewußtsein oder dem Höheren Selbst und der Seeleneinheit mit dem zentralen ICH oder Ego.

Zum Schluß möchte ich den Leser noch darauf hinweisen, daß ich ab und zu bestimmte kosmische Begriffe, Prinzipien und Gesetze wiederholen werde, wenn ich sie betonen oder verdeutlichen möchte.

Pieter Barten
Nijmegen, Oktober 1992

15

ERSTER TEIL

DAS SILBERNE MEER DES GEISTES
Die ersten zwanzig Inkarnationen eines Menschen.

ERSTES KAPITEL

Der Ursprung des Menschen als freies Wesen
Die Abspaltung aus dem Geist. Das göttliche Prinzip.

Schon lange wollte ich auf die Suche nach meinem geistigen Ursprung gehen, nach meinem spirituellen Entstehen, nach meinen Wurzeln. Anders ausgedrückt, wollte ich durch eine Rückführung ins Zeitlose versuchen, mir ein Bild von meinem Schöpfer zu machen, von Gott, dem Einen, der Einheit des Geistes. Es gibt so viele Götterbilder auf dieser Welt. Ich wollte das meine finden, vielleicht auch das meiner Leser.

Viele Menschen versuchen, ein Bild Gottes zu schaffen, oft inspiriert durch ihre religiöse Überzeugung. Andere verspüren dazu kein Bedürfnis oder verneinen gar die Existenz eines Gottes oder mehrerer Götter.

Wenn man an einen persönlichen Gott (oder mehrere Götter) glaubt und sich davon ein Bild geschaffen hat, wird man es im Geiste in sich tragen, es spontan wieder hervorrufen und auf dem Bildschirm seines Geistes sehen können. Man wird dieses Bild auch nach dem Verlassen des irdischen Körpers, nach dem Übergang ins Licht, in unser inneres Zuhause, in das jenseitige Leben, beibehalten. Es handelt sich um eine von uns Menschen während des Erdenlebens selbst geschaffene Projektion.

Erst wenn andere, höhere Wesenheiten oder Intelligenzen uns in die kosmische Realität rufen, passen wir uns der auf jener Seite herrschenden allgemeinen Realität an. Wir folgen dann unserem Weg den festen, kosmischen Gesetzen entsprechend.

Anfangs schien es mir etwas übermütig, meinen Werdungsprozeß zu suchen und meinem Schöpfer frei von irdischen Bildern zu begegnen. Ich erkannte, daß meine Untersuchung nicht gelingen würde, wenn ich dazu nicht die Erlaubnis einer höheren Macht erhalten würde. Mit diesem Gedanken begann ich mein Experiment. Die Praxis würde zeigen, welche Ergebnisse ich würde erreichen dürfen.

Der feste Abend für experimentelle Untersuchungen. Wir sind zu zweit in dem ruhigen Praxiszimmer meines Hauses.

Die Rückzuführende ist ebenso wie ich Medium und sitzt aufrecht auf einem Stuhl. Sie ist gut vorbereitet darauf, sich in Trance zu versetzen. Rasch erreicht sie einen Trance-Zustand. Wir hatten bereits viele gemeinsame Sitzungen und Untersuchungen durchgeführt.

Ich lege die Spitzen meiner Zeige- und Mittelfinger an ihre Schläfen, suche kurz nach der richtigen Stelle an ihrem Kopf. Ich sage nur: „Entspanne deinen Geist und deinen Körper, und begib dich in eine tiefe Trance." In wenigen Sekunden befindet sie sich, weit nach vorne gebeugt, den Kopf auf den Knien, in einem Zustand tiefer Trance. Ich gebe ihr die üblichen Anweisungen und bitte um Schutz und Beistand unserer Meister und Leiter. Ich umgebe sie mit dem reinen weißen Licht der Liebe. Danach folgen die Anweisungen, die sie zum Ursprung ihrer Existenz als freies Wesen, als göttlicher Funken bringen werden.

Werden wir Erfolg haben?

Ich warte voller Spannung, bin selbst auch in einem leichten Trance-Zustand. Danach frage ich das Übliche: „Was siehst du? Was geschieht? Was erfährst du?"

Nach und nach ist es fast zu einem klassischen Ritual geworden. Langsam hebt sich ihr tief nach vorne gebeugter Kopf, sie befindet sich wieder in normaler, aufrechter Haltung, ohne daß sie die Tiefe des Trance-Zustandes verliert. Dann fängt unser „Zwiegespräch" an.

Mit klarer Stimme sagt sie:

„Ja, ich sehe einen großen silbernen See. Zumindest scheint es so. Ich bin ein Teil davon. Der See ist aus reinem Geist, aus Licht, aus Liebe.

Ich bin noch nicht getrennt. Ich bin Teil des Ganzen innerhalb des Ganzen. Ich habe kein individuelles Bewußtsein. Ich bin eins mit allem.

Ich fühle mich vollkommen glücklich. Jetzt fühle ich einen gewissen Strom. Ich nenne es „ICH", aber eigentlich habe ich noch kein Ego. Es ist eine gewisse Strömung innerhalb des silbernen Sees. Sie bewegt sich wie ein Faden. Der See ist am Rande nicht mehr so dicht. Auf irgendeine Weise entsteht eine immer größere und schnellere Bewegung, eine Strömung. Durch die Beschleunigung wird der „fadenziehende See" immer dünner und durchsichtiger.

„Am Anfang hast du einen großen See und danach einen ganz breiten Fluß."

Sie lacht erstaunt. „Der Strom wird tatsächlich immer dünner. Nicht nur die Weite, sondern auch die Tiefe nimmt ab. Es gibt kein Gleichgewicht mehr, die Bewegung ist nicht mehr aufzuhalten. Die Harmonie ist verschwunden. „Es" kann die Strömung nicht mehr rückgängig machen. Ein Prozeß hat eingesetzt, und weil die Masse so dünn ist, gibt es eine dauernde Wechselwirkung von Abstoßung und, wie es scheint, eine Art Anziehung. Das Gesetz der Polarität beginnt zu wirken.

Die abstoßenden Kräfte werden immer in dem Maße stärker, wie der Geist dünner wird. Hier findet ein Schöpfungsprozeß statt, ein Entstehen. In Wirklichkeit handelt es sich um eine Abspaltung aus der ursprünglichen Masse, aus dem See des Geistes. Eine Abspaltung in viele Richtungen. Irgendwann gibt es eine Art Explosion, und dann bist du getrennt, die letzte Phase des ausströmenden, immer dünner werdenden Geistes. Es ist keine hörbare Explosion, vielmehr ein letztes Abbrechen, eine Art geistiger Explosion. Das Abbrechen muß ziemlich heftig sein. Danach bist du ein …" Sie zögert kurz, es auszusprechen. „… ein Glitzerteilchen. Ein in sich existierendes Bewußtsein, umkleidet mit Geist, aber mit einem selbständigen Kern.

Auf diese Weise wird eins nach dem anderen aus der dünnen Strömung abgebrochen, abgestoßen. Es ist ein umfassendes Ereignis, weil nicht ein, sondern viele Glitzerteilchen gleichzeitig freigesetzt werden.

Die immer dünner werdende Strömung fließt in alle Richtungen mit zahlreichen Abzweigungen. Wenn sie nicht noch dünner werden kann, spalten sich die Teilchen ab. Die bilden dann eine Art Fächer."

„Wie würdest du das silberne Meer des Geistes nennen?"

„Die Entstehung, das Ursprüngliche. Die Abspaltungen sind „göttliche Funken", antwortet sie bescheiden. „Der Anfang des Schöpfungsprozesses, der Beginn der Existenz. Das Meer des Geistes ist das Lenkende, das alles Beherrschende des Kosmos, das Gesamte.

Erst ruhte ich in der Einheit, in der großen Masse. Jetzt bin ich getrennt", fährt sie siegreich fort. „Ich schwebe durch den Raum, ich gehe in eine bestimmte Richtung und entferne mich von der Masse."

„Hast du einen Körper oder eine Form?"

„Es gibt eine Anziehung, ein Zusammenhalten der Energie um einen Kern herum. Die Form kann sich ändern, aber sie kann sich nicht sehr weit ausdehnen."

Später wird die Energie um den Kern herum, der Geist, sich auf Erden in einen menschlichen Körper integrieren.

„Es gibt eine Polarität. Atome!" Nach einem Moment der Stille sagt sie ohne Betonung: „Ich schwebe einfach, ... ganz ruhig."

„Denkst du etwas?" frage ich.

„Nein. Ich bin mir einer Veränderung bewußt. Dabei handelt es sich nicht so sehr um eine Idee von Trennung, sondern vielmehr darum, eine eigene, selbständige Einheit zu formen. So viel Bewußtsein besitze ich. Auch fühle ich, daß ich an einer bestimmten Berührung, die in der Urmasse existiert, keinen Anteil mehr habe.

Es handelt sich um eine Art von Federkraft: eine starke, ausströmende Kraft, durch die unzählig viele Teilchen oder Wesen abgestoßen wurden. Doch irgendwann war die Anziehungskraft größer als die abstoßende Kraft, wodurch der See des Geistes sich wieder schloß. Mir ist nicht bewußt, wann dies geschah."

„Wessen bist du dir bewußt?"

„Ich kann sagen: ICH bin ICH. Ein Ego, vom Geist umgeben. Ich habe das Empfinden, irgendwo hingezogen zu werden. Ich gehe ganz klar in eine Richtung, ohne daß ich es genau sehen kann. Ich entferne mich mit hoher Geschwindigkeit von der Masse."

„Was hast du im Moment für Wahrnehmungsmöglichkeiten?"

„Es ist mehr als Wahrnehmen, eher ein einfaches, bewußtes Sein, ein Wissen. Wenn ich sage, daß ich eine hohe Geschwindigkeit habe, heißt das nicht, daß ich mich im Wind wehen sehe. Ich weiß es. Es ist völlig dunkel. Vielleicht bin ich sehr zielgerichtet, weiß ich unbewußt, wo ich hingehe. Ich empfinde jedoch diesbezüglich keine Gedanken."

„Hast du das Empfinden, daß du mit vielen anderen zusammen bist? Oder hast du eher das Gefühl, alleine zu sein?"

„Ich versuche zu schauen, wahrzunehmen, ob es andere gibt, aber ich sehe niemanden. Ansonsten habe ich das Gefühl, daß ich nicht die Einzige bin, die dorthin gezogen wird."

„Willst du damit sagen, daß du doch noch andere fühlst?"

„Ja, aber irgendwie anders. Ich meine damit, daß eine große Distanz untereinander herrscht, aber wir haben das gleiche Ziel. Wir bewegen uns in die gleiche Richtung."

„Was geschieht danach? Ändert sich etwas?"

„Ja. Irgendwann lande ich in einer Art Tunnel... einer Spirale, einem Wirbel."

Was jetzt folgt, scheint eine Art Metamorphose zu sein. Es gibt im Kosmos mehrere Universen. Es scheint, als werde sie durch die Begrenzung des einen Universums hindurch in das nächste hineingeworfen, ein „schwarzes Loch" mit den bekannten saugenden Eigenschaften, in dem eine Metamorphose, eine Formveränderung, stattfindet. Mittels der Zentripetalkraft wird sie spiralenförmig in eine Art Trichter hineingesogen, auf eine enge Spitze hin. Sie wird dort hineingezwängt und, mittels Zentrifugalkraft, in den anderen, gegenüberliegenden Trichterteil in das neue Universum hineingeschleudert. Auf diese Weise wird sie zusammen mit einer unendlichen Zahl anderer Wesenheiten in unser Universum und unser Sonnensystem hineingetrieben.

Sie erzählt weiter: „Es ist Dunkel und ich trete in ein Loch ein. Es ist mehr als räumlich, es handelt sich um eine zusätzliche Dimension. Es ist mehr als ein einfacher Tunnel, er hat eine Spiralbewegung. Danach wird alles absolut finster. Auf jeden Fall sehe ich den silbernen See des Geistes nicht mehr. Ich bewege mich jetzt durch eine wirbelnde Finsternis.

Es scheint, als lande ich in einem anderen Universum, unendlich groß, mächtig, ohne Grenzen. Der Raum, in den ich jetzt eintrete, ist noch viel dunkler.

Ich werde herumgewirbelt. Es baut sich ein Druck auf, ich werde beschleunigt und komme in ein völlig anderes Universum. Meine Wahrnehmung hat sich verändert. Ich erkenne, daß ich mich in einer vollkommen anderen Umgebung befinde. Ich trete aus dem Tunnel aus und es scheint, als fiele ich in ein großes Loch. Eigenartigerweise ist es dort gleichzeitig dunkler, aber auch heller. Es scheint, als seien hier viele Sterne zu sehen, die in dem anderen Universum nicht da waren.

Ich schaue tatsächlich in einen ganz anderen Raum hinein, in dem es dunkler, finsterer ist, in dem es aber Sterne gibt. Ich nenne es jedenfalls Sterne. Es ist klar, daß ich jetzt das irdische Universum erreicht habe."

„Ist dein Wahrnehmungsvermögen in diesem Universum nach der wirbelnden Reise durch den Tunnel verändert?"

„Ja, es ist ganz anders, zum Beispiel kann ich fühlen. Ich weiß nicht, ob ich es richtig ausdrücke, aber ich empfinde, daß es mehr Widerstand gibt. In diesem Universum ist ein bestimmter Widerstand vorhanden. Es scheint, als sei hier eine viel größere Reibung vorhanden als in jenem Universum, aus dem ich gekommen bin. Ich spüre das alles nicht körperlich, ich habe ja keine Sinnesorgane, mit denen ich den Druck wahrnehme.

Ich bewege mich immer noch schnell, wenn auch etwas verlangsamt, und empfinde, daß nach dem Tunnelerlebnis das Ziel weniger klar ist. Man könnte auch sagen, ich habe mehr Entscheidungsfreiheit", sagt sie aufgeregt. „Ich werde weniger angezogen von ... irgend etwas, ich bin jetzt auch durchsichtiger. Es ist zwar hell, aber nicht wie das silberne Licht. Es ist matter geworden."

Ich denke, sie hat sich jetzt ganz vom Göttlichen getrennt.

„Hast du noch eine Erinnerung an den silbernen Ozean des Lichtes, die Wärme und Ruhe, aus der du gekommen bist?"

„Das ist jetzt nicht wichtig", antwortet sie. „Als ich noch in dem Seinszustand vor der Abspaltung war, hatte ich das Gefühl, dort sei ein Zustand reiner Liebe und Harmonie. Es war ein absolut harmonisches Dasein. Ein Gefühl einer alles umfassenden Liebe. Mehr noch, völlig anders als jetzt.

Jetzt bin ich durchsichtig und bestimme mehr oder weniger selbst, in welche Richtung ich gehe. Ich nehme keine andere Abspaltung wahr, und fühle auch keinen Kontakt mit anderen."

„Wo gehst du hin, in welche Richtung bewegst du dich?"

„Ich sehe, genau wie vorher, daß ich im Wasser bin. Ich befinde mich irgendwo auf einem Planeten. Ich weiß nicht, ob es die Erde ist, meine es aber.

Ich empfinde, daß ich durch eine Schale hindurchgehen muß, durch einen Widerstand. Die Schale oder der Widerstand ist die Erdatmosphäre. Das Kraftfeld um den Planeten herum. Danach lande ich im Wasser und besitze die Form eines Tropfens."

„Wenn du ein Tropfen bist, gehst du im Wasser auf?"

„Nein, nein, nein! Ich bin und bleibe eine eigenständige Einheit", sagt sie sehr entschieden. „Ja, und es gibt Felsen ... rohe Felsen mit bizarren Formen. Felsen unter Wasser!"

„Haben die etwas mit Korallen zu tun?"

„Nein! Aber sie sind mit Mikroorganismen bewachsen. Sie sehen kahl aus, und doch lebt etwas darauf.

Ich habe das Empfinden, daß ich auf irgendeine Weise von dem Felsen abhängig bin, in irgendeiner Weise damit verbunden bin. Ich muß dort bleiben, unter Wasser. Es ist eine rein geistige Verbindung, die ich mit dem Felsen habe, auf dem sich all die Mikroorganismen befinden. Es sind aber keine Korallentiere. Eigentlich ist es gar nichts. Das heißt, sie sind eigentlich nicht sichtbar. Ich weiß aber, daß sie da sind. Eine dichte Konzentration von Einzellern, die sich auf dem Felsen befinden. Vielleicht setze ich mich deswegen darauf, damit ich nicht so auffalle. Die Frage ist, ob ich auf dem Felsen des Felsens wegen sitze oder weil der Felsen mit Einzellern voll ist?

Ich denke, daß ich mich wie ein einzelliger Organismus fühle ... obwohl ich das nicht bin, nur meine Tropfenform ähnelt dem. Ich denke, wenn die Tierchen anfangen würden, sich in dem Wasser zu bewegen, also getrennt von dem Felsen wären, würde ich das auch tun. Schließlich könnte ich auch aus dem Wasser heraustreten, da ich immer noch eine eigene Form besitze. Aus irgendeinem Grund gehe ich aber nicht von dem Felsen weg, obwohl es, genau betrachtet, eigentlich gar keinen Grund dagegen gibt."

„Wie geht der Evolutionsprozeß weiter?"

„Er sieht im Moment sehr statisch aus, nicht wahr?"

„Gibt es echte Gefühle?"

„Es gibt so etwas wie Gefühl. Ich bemerke den statischen Zustand, und es gibt eine Art Drang, obwohl das fast zu stark ausgedrückt ist, davon wegzukommen und etwas anderes, aktiveres zu werden."

„Was machst du denn?"

„Ich habe mich von dem Felsen getrennt. Ich fühle, wie ich an dem Felsen hochklettere und danach im Wasser frei bin."

Sie muß selbst darüber lachen.

„Eigenartig, ich habe das Gefühl, daß ich krieche, obwohl ich gar keinen Bewegungsapparat besitze. Auf jeden Fall bemerke ich Bewegung, aber eine ganz andere als vorher. Eher so, wie Tierchen das machen, und immer nur ganz wenig."

„Wie ist deine Form, wenn du so am Felsen entlangkriechst?"

„Für mein Gefühl bin ich immer noch der Kern, umgeben von Geist, wie ein abgeflachter Tropfen."

Später ändert sich das in einen Punkt oder eine Kugel, umgeben von einem strahlenden Licht. Ein Energiekörper mit einer Aura.

„Wo gehst du jetzt hin?"

„Irgendwie bewege ich mich nach oben und befinde mich in einem Organismus, der sich in einer Pflanze oder in Seealgen aufhält. Ich fühle, wie ich herrlich hin- und herschaukele. Es ist wie ein Wedeln unter Wasser, als ob ich von den Algen Besitz genommen hätte. Ich wohne, ich lebe darin. Ich habe mich voll integriert."

„Wie hast du das gemacht?"

„Ich habe mich einfach damit verbunden, das hat mir gefallen. Die Alge war bereits vorhanden, und ich habe mich einfach hineinprojiziert, hineinversetzt. Nur weil ich es wollte, ist es so geschehen. „Ich will das", also werde ich eins mit der Alge. Danach werde ich eingekapselt und wiege herrlich hin und her."

„Wo bist du in der Alge?"

„An der Außenseite. Ich habe sie nicht ganz eingenommen, nur teilweise. Ich passe mich der Alge und ihrer Bewegung an. Ich bin zu ihr gekommen, weil mir die Bewegung gefallen hat. Die Bewegung des Felsens war mir zu statisch, das hat mir nicht gefallen. Deswegen habe ich etwas anderes gesucht."

Später wird klar, daß dieses Suchen weitergeht, bis schließlich ein Wesen gefunden wird, aus dem eine „Hominide" entstehen kann. Ein animalisches Wesen, das bestimmte Anforderungen erfüllt, damit es vom Geist zu einem irdischen „Zuhause" geformt werden kann. Ein langer und mühevoller Schöpfungsprozeß.

„Ich habe jetzt eine Alge gefunden, die mir gefällt", erzählt sie weiter. Ich beeinflusse die Alge nicht, ich bin zu ihrer Bewohnerin geworden. Die Alge sorgt selbst für ihre Nahrung. Das Wasser sorgt für die Bewegung. Die Alge hat mit mir nichts zu tun. Sie braucht nur da zu sein. Im Grunde genommen habe ich mich nur an sie angeklebt."

„Wie sieht denn die Beziehung zu der Alge aus? Hast du einen Einfluß auf das Bewußtsein der Alge, soweit sie ein Bewußtsein hat?"

„Auf jeden Fall stirbt sie nicht."

Ich entschied, nicht weiter auf diesen Zustande einzugehen, und fragte: „Welche Form hast du jetzt?"

„Immer noch die eines kleinen, abgeflachten Tropfens, eigentlich unverändert."

„Bleibt es so, oder gefällt dir dieser Zustand irgendwann auch nicht mehr?" Sehr lange bleibt sie still.

„Auch dies ist natürlich ein statischer Zustand", antwortet sie schließlich nachdenklich. „Irgendwann ändert es sich und es reicht mir."

„Was entscheidet dein ICH, du hast doch ein ICH? Du sprichst von „ICH", wenn du über dich redest."

„Jaah…" Die Antwort kommt etwas träge, als müßte sie tief darüber nachdenken. „In diesem Fall trenne ich mich von der Alge und gehe aus dem Wasser heraus aufs Land. Das heißt, ich bewege mich kurz über dem Wasser, eine wunderbare Erfahrung. Als ob ich vorher nicht gewußt hätte, daß es dort Land gibt. Es ist eine neue Entdeckung, eine Offenbarung. Ich empfinde plötzlich, daß es noch viel mehr Abspaltungen gibt. Ich habe dadurch Gesellschaft von anderen Geistern." Sie spricht alles sehr klar aus.

„Jetzt bist du auf dem Land. Hast du Kontakt zu anderen abgespaltenen Wesen, die dort herumschweben?"

„Nein, es ist mehr ein Bewußtsein davon, daß es sie gibt."

„Was ist die nächste Aktivität, die nächste Phase?"

„Eigentlich beginnt es auf dem Land auch mit einer Art Sein, bei dem ich mich eine Zeitlang nicht binde. In mir ist ein stärkeres Bewußtsein herangewachsen, seit ich auf dem Land bin. Ja, ein stärkeres Bewußtsein. Das Bewußtsein ist ein anderes, ein weiteres geworden. Ein Wissen davon, was geschieht."

„Hast du in diesem Bewußtsein noch Erinnerungen an deinen Ursprung, an das, was wir als Gott bezeichnen können, an den See des Geistes und der Liebe?"

„Nein, nur sehr schwach. Es gibt noch eine Art von „Verbindung", die kann ich wahrnehmen. Es gibt noch ein Bewußtsein davon, aber eher vage, unwirklich. Es ist kein echter, direkter Kontakt mehr vorhanden. Ich bin abgetrennt und auf mich allein gestellt."

„Wie geht es weiter? Auf der Erde bist du doch zeitgebunden, nicht wahr? Gebunden an Zeit und Raum?"

„Ich bin mir keiner Zeit bewußt", antwortet sie.

Dies ist ein Phänomen, das in jeder Sitzung aufscheint. Gleichgültig in welches Vorleben wir eintreten, es gibt kein Zeitbewußtsein. Das Fehlen eines Zeitbewußtseins ist für das Göttliche Prinzip selbstverständlich.

„Hast du das Gefühl, einen Weg zurückzulegen? Nimmst du Materie bewußt wahr?"

„Stärker als zuvor. Ich empfinde es als eine Art Entdeckungsreise auf der Erde, ohne mich an irgend etwas zu binden.

Ich nehme die Materie klar wahr. Ich „sehe" zum Beispiel Steine, runde Felsbrocken. Ich sehe jedoch nicht mit den Augen. Meine Wahrnehmung ist ganz anderer Art. Ich bin an nichts gebunden. Ich schaue mit meinem geistigen Auge, so wie ich auf der anderen Seite, im feinstofflichen Bereich, wahrnehme. Ich stehe außerhalb von Zeit und Raum in einer Art Zwischenzustand. Die Wahrnehmung ist eingeschränkt, ich überblicke nicht alles. Ich sehe Bäume und Felsen, aber immer in Ausschnitten. Damit meine ich, daß ich nicht wirklich um mich herumblicken kann, also doch ein sich entwickelndes Bewußtsein. Zuerst sehe ich nur runde Steine am Wasser und etwas Sand und Felsen. Zudem ist es sehr hell, etwas, was ich als sehr angenehm und wichtig empfinde."

„Vergrößert sich dein Gesichtsfeld, während du über der Erde schwebst? Am Anfang hattest du nur einen Stein gesehen, und jetzt?"

Ihre Antwort zeigt, daß sie wieder eine neue Bewußtseinsphase betritt: „Ich sehe kleine Tierchen, die aus dem Wasser krabbeln. Sie sind sehr klein. Ein Art von Kaulquappe, reptilienähnlich."

Dann ruft sie begeistert: „Ich sehe Felsen und die Sonne. Alles ist ganz ursprünglich bewachsen, aber nur ganz wenig, es ist wie ein Anfang. Ich sehe keine Bäume! Ich sehe Steingewächse, eine Art Stachelpflanzen, Kakteen oder Sukkulenten, meine ich."

„Wie stark ist dein Empfinden von Wärme und Kälte jetzt entwickelt?"

„Das ist nicht vorhanden. Angenehm ist nur die Anwesenheit von Licht, das nehme ich wahr."

Die Lichtwahrnehmung ist in dieser Entwicklungsphase deutlich der wichtigste Faktor.

„Begib dich doch einmal weiter zu einem für dich wichtigen Moment in diesem Evolutionsstadium. Bist du immer noch reiner Geist, ohne irdischen Körper, egal in welcher Form?"

„Ja."

„Was geht in dir vor?"

„Alles hört auf", antwortet sie. „Es kommt nichts mehr."

Ende der Sitzung.

Als sie aus der Trance aufwachte und wieder im ihrem Wachbewußtsein war, schauten wir uns sehr erstaunt und überrascht an. Wir hatten erhalten, worum wir gebeten hatten. Das Resultat stimmte uns dankbar und zufrieden.

Eigentlich stellt jede Abspaltung aus dem silbernen See eine Geburt dar. Die Geburt vieler Kinder eines Vaters, Gottes, des Schöpfers. Deswegen sind Seine Kinder (die Menschen) in Wirklichkeit kleine Götter, schöpferische Wesen, getrennt von ihrem Ursprung, völlig frei, mit einem unabhängigen und selbstbestimmten freien Willen, egal welche Folgen das hat.

Leider hat hier auf Erden das Durchschreiten der Tierevolution zu einer Degeneration der göttlichen Anlagen und Möglichkeiten bei den Menschen geführt. Viele Qualitäten sind nur noch rudimentär vorhanden, manche völlig verschwunden, obwohl sie als Anlage vorhanden sind.

Das Eintauchen in die Materie und die daraus resultierende Gleichgültigkeit sind Schuld am Verlust der Spiritualität und den damit verbundenen zahlreichen Möglichkeiten im Alltag des Menschen.

Die Formulierung der Abstammungslehre nach Charles Darwin, nach der die höheren Wesen aus den niederen Formen entstanden sind, zeigt sich in dieser Darstellung, wenn auch nur im biologischen Sinne. Der Mensch ist, wie viele Lebewesen auf Erden, aus dem Wasser entstanden. Einige Spezies sind später, nach einem Aufenthalt auf dem Land, wieder dorthin zurückgekehrt, nach einem langsamen Prozeß der Anpassung. Beispiele sind bestimmte Meeressäugetiere, wie Wale, Delphine und andere, die sich ganz dem Leben im Wasser angepaßt haben.

In der Zeit von Atlantis gab es im Ozean kleine Gruppen von Wassermenschen, die sich in der Nähe der Küsten aufhielten, Meerfrauen und −männer, wie die Bronzestatue der Meerjungfrau im Hafen von Kopenhagen. Sie hatten einen großen Drang, eine Art Heimweh, aufs Land, auf die Felsen zu gehen. Sie versuchten es immer wieder, aber es gelang ihnen nicht, da ihre schleimige Haut durch die Sonnenhitze zu schnell austrocknete. So waren sie gezwungen, unter großer Trauer, schnell wieder ins Wasser zurückzukehren.

Ich bin auf diese Menschen bei meinen Forschungen über Atlantis, den verlorenen Kontinent, gestoßen. Sie gehören aller Wahrscheinlichkeit nach zu den „Archetypen" wie sie C.G.Jung beschreibt.

ZWEITES KAPITEL

Die Evolution zum Ur-Menschen
Eine Einmischung in den irdischen Evolutionsplan der Tiere.

Montagabend, den 8. Februar 1982

Schon vor etwa einem Jahr hatten meine Versuchsperson und ich nach der Existenz vor der ersten Inkarnation auf Erden und der sich daraus entwickelnden Evolution zum „Ur-Menschen", im Verlauf der ersten vier Inkarnationen, geforscht. Mir scheint es aber wesentlich, dem Leser erst ein Bild von der vorangehenden „Abspaltung aus dem silbernen See des Geistes" zu geben. Er gelangt dadurch zu einem besseren Verstehen des Ganzen und kann sich eine Vorstellung davon bilden, wie wir zu Beginn als göttlicher Funken auf Erden „gelandet" sind.

Ich habe die üblichen Instruktionen erteilt und das Eintauchen in die Trance ist abgeschlossen. Ich leite sie weit in der irdischen Zeit zurück.

Was bedeutet in diesem Zusammenhang eigentlich Zeit? Es handelt sich um einen relativen und dehnbaren Begriff, um eine irdische Erfindung des Menschen, um ein System, mehr nicht. Vom kosmischen Standpunkt aus betrachtet, gibt es keine Vergangenheit, keine Gegenwart und keine Zukunft. Alles spielt sich ab in einem zeitlosen, ewigen Jetzt, in der Ewigkeit und Unendlichkeit, außerhalb von Zeit und Raum. Das erleichtert das „Zurückgehen" und macht es verständlicher, weil es sich in Wirklichkeit um ein Schauen ins Jetzt handelt, um einen Zustand des Seins.

„Was siehst du, was geschieht, was erlebst du?" sind meine üblichen Fragen.

Erst bleibt sie still, dann antwortet sie ruhig: „Ich sah bisher sehr viel Licht. Jetzt sehe ich den Kosmos. Überall erblicke ich Lichtpunkte, ich gehe irgendwohin, zu einem runden, weißen Nebel. Ich nähere mich ihm durch eine Art Tunnel, den ich durchschreite. Ich habe das Gefühl, allein zu sein, aber es ist nicht langweilig."

„Welche Gefühle hast du noch?"

„Ich fühle das Jetzt und das Sein. Ich fühle mich wohl, aber was heißt das eigentlich?" Sie seufzt und fährt fort: „Schwierig ... es ist ein neutrales Gefühl der Befriedigung, Ruhe und des Gleichgewichtes. Ich bewege mich ganz klar auf den Nebel zu. Durch den Nebel hindurch sehe ich eine Kugel, eine gelbe Kugel. Wenn ich dort hingehe, scheint alles dunkler zu werden. Wenn ich auf Distanz bleibe, sieht alles klarer aus.

Ich denke, daß ich dorthin gehe, und so geschieht es. Es ist ein Gedanke, ich besitze keinen Körper. Ich habe nichts, ich bin unstofflich, formlos. Kraft habe ich jedoch! Wenn ich von Energie spreche, verbinde ich damit eine bestimmte Substanz, aber die gibt es nicht. Mein Gefühl ist Harmonie. Ich habe kein Gefühl von schön oder nicht schön, es gibt einfach nur vollkommenen Frieden."

„Was machst du? Gehst du zur Erde?"

„Ich weiß nicht, ob es die Erde ist, aber ich habe mich vom Nebel entfernt. Ich bin durch ihn hindurchgegangen, aber jedes Mal, wenn ich in die Nähe des Planeten komme, habe ich das Gefühl, daß es dunkler wird. Zumindest sehe ich nichts, und dann gehe ich wieder zurück.

Der Nebel besteht aus Dampf, aus einer Art Gas, wie ein richtiger Nebel, der sich um einen Planeten legt, wie eine Atmosphäre. Jetzt gehe ich durch sie hindurch, und sehe wieder eine Kugel. Die erste Kugel, die ich sah, war wahrscheinlich die Sonne, jene gelbe, goldene Kugel. Die andere Kugel erscheint sehr dunkel. Sie hat eine dunkle Oberfläche und strahlt nicht so stark."

„Besitzt sie eine Farbe?"

„Wenn ich sie so betrachte, sind die Farben grau und dunkelgrün in unterschiedlichen Nuancen. Ich bin so nah, daß ich nur einen Teil der Kugel wahrnehmen kann. Vorher habe ich sie ganz gesehen, aber da war sie zum größten Teil dunkel, das Grüne war nicht zu sehen. Ich glaube, die Pole sind hell, sie strahlen Wärme aus. Es scheint, als habe dieser Teil der Erde noch keine Kruste, als sei er noch flüssig. Ja, jetzt sehe ich, daß auch eine Atmosphäre vorhanden ist, aber sie ist ganz dünn."

„Hast du das Gefühl, daß noch mehr Wesen da sind?"

„Ja, ich glaube, daß es noch mehr sind, aber ich habe keinen Kontakt zu ihnen, jetzt zumindest nicht. Wenn ich die Atmosphäre durchquere, empfinde ich einen Druck, ein Zusammengepreßtsein."

„Eigenartig. Eigentlich ist Druck eine mehr physische Wahrnehmung. Wie erklärst du dir diese Wahrnehmung als spirituelles Wesen?"

„Es entspricht mehr einem Gefühl des „Gehenmüssens", weil ich nicht hierher gehöre! Ein bedrückendes Gefühl. Ich glaube doch, daß es sich um ein physisches Gefühl handelt", antwortet sie.

„Ich sehe jetzt erst, daß ich nicht nur Geist bin, sondern auch irgend etwas auf eine Substanz, mit der ich umhüllt bin, einwirkt", erzählt sie weiter. „Ich war bisher durchsichtig, und nun bin ich grau. Es gibt eine unklare Abgrenzung, eine ganz feine Hülle. Ich bin ich, aber nicht mehr unendlich weit.

Ich kann mich selbständig bewegen, indem ich mir etwa sage: „ICH möchte dies sehen", oder „ICH will mich bewegen", also mit Hilfe der Gedankenkraft oder Gedankenprojektion."

„Ist es angenehm, dort zu sein?"

„Es ist sehr interessant. Ich betrachte alles ganz gelöst."

„Wenn du das, was du mit deinem geistigen Auge jetzt siehst, vergleichst mit dem Bereich deiner Herkunft, wie würdest du es dann beschreiben?"

„Ehrlich gesagt, nach all dem, was ich gesehen habe, scheint es mir hier interessanter als dort, wo ich herkomme. Aber ich habe hier erst einen ganz kleinen Teil gesehen. Ich weiß nicht, wie ich mich in dem Licht gefühlt habe, aber während ich durch den Kosmos schwebte, befand ich mich in einem Seinszustand, aus dem heraus ich alles neutral beobachtete. Das Licht war nicht nur Energie, es war ein kollektives Bewußtsein, ein kollektiver Geist, von dem ich mich dann als Geistteilchen getrennt habe. Jetzt bin ich auf dem Land."

Bemerkenswert! Wie schon erwähnt, liegen die beiden Rückführungen etwa ein Jahr auseinander, aber trotzdem werden in dieser Sitzung die gleichen Fakten beschrieben, was die Glaubwürdigkeit des Wahrgenommenen erhöht.

„Ich sehe eine rauhe Landschaft. Viele Felsen und ..." Sie stoppt plötzlich. „Oh, ich sehe kleine Säugetiere. Je mehr ich landeinwärts gehe, desto weniger ist diese bewohnt. Es gibt weniger Tiere, vielleicht weil es weiter von der Tränke entfernt liegt.

Ich bin der Erde näher, fühle mich stärker zu Hause. Irgendwie habe ich etwas mit den Tieren zu tun, es ist mehr als ein nur objektives Wahrnehmen. Ich weiß nicht, was es genau ist, ein Verbundensein, eine Art Verwandtschaft? Ich möchte aber nicht in sie hineingehen. Es ist mehr, als der Zustand im Wasser, aber trotzdem noch sehr distanziert. Es fühlt sich an, als wohnte ich selbst dort, jedoch in geistiger Form, ätherisch."

„Hast du noch ein Bewußtsein von deinem Ursprung? Siehst du noch alles im Universum?"

„Ich kann immer noch dort hingehen", antwortet sie. „Aber das Bedürfnis, von hier wegzugehen, ist geringer. Am Anfang wollte ich nur weg."

„Entsteht ein Verlangen, dort zu bleiben?"

„Nein, gar nicht. Aber es ist die Erde, auf der ich mich befinde. Ich setze mein Erkunden, mein Suchen und Betrachten fort. Ich empfinde, daß nach irdischem Bemessen eine lange Zeit verstrichen ist. Ich bin nicht innerhalb eines irdischen Tages vom Wasser aufs Land gekommen. Es ist eine vollständige Evolution. Ich habe aber kein Empfinden von Zeit, davon weiß ich nichts."

„Geh etwas weiter."

„Jetzt bin ich woanders, tiefer im Landesinneren. Es ist wieder sehr felsig. Ich sehe eine sehr große Gestalt, eine Kreuzung zwischen einem Bären und einem Affen. Das Tier sitzt dort auf einem Felsen. Würde es sich hinstellen, wäre es etwa zwei Meter groß."

„Beschreibe mir das Tier, hat es eine Farbe?"

„Ehrlich gesagt, sehe ich nicht viele Farben. Für mich ist alles schwarzweiß, mit einigen Nuancen dazwischen. Das Tier ist groß und kräftig, sehr stark behaart. Der Kopf hat Nase, Augen und Ohren. Die Nase gleicht einer Schnute."

„Spitz, meinst du?"

„Ja, sehr spitz, aber nicht so wie bei einer Ratte oder einem Hund. Die Ohren sind halbrund und ziemlich groß. Es ist schwer zu sagen, wie groß sie sind. Der Mund ist breiter als die Nase, sehr kräftig."

„Steht das Tier aufrecht?"

„Zum Laufen geht es auf vier Beinen, es kann sich auch wie ein Bär auf zwei Beine stellen. Es kann sich aufrichten, zum Klettern oder um etwas von Bäumen zu pflücken. Die Arme und Beine sind, im Verhältnis zum Körper, kurz, wobei die Arme länger sind als die Beine. Die Füße sind groß, aber im Verhältnis zum ganzen Tier normal. Auch die Hände sind groß, aber nicht so groß wie seine Füße."

„Hat das Tier ein Geschlecht?"

„Ich würde fast ja sagen, aber …"

„Schaue bitte genau hin. Hat es männliche oder weibliche Geschlechtsteile?"

Es folgt eine lange Pause, schließlich sage ich ihr: „Du kannst ganz nahe herangehen. Was nimmst du dann wahr?"

„Hinten, unten gibt es eine Öffnung, mit etwas wie einem Rohr. Es sieht wie ein Penis aus, sonst nichts. Es ist nicht wie bei einem normalen männlichen Tier. Es ist nur ein Ausscheidungsorgan", sagt sie. „Es liegt teilweise innen. Warte…"

„Willst du so viel wie möglich von deiner Wahrnehmung erzählen?"

„Ich sehe zwar das Tier, aber nur, was es macht. Es trinkt Wasser", antwortet sie.

„Wenn es aufrecht steht, dir mit der Brust zugewandt, kannst du dann Brustwarzen erkennen? Ist es ein Säugetier?"

„Nein, das ist es nicht. Die Brustpartie, die ganze Vorderseite ist vollkommen glatt. Jetzt sehe ich noch weitere solcher Tiere."

„Wie siehst du dich, als ätherisches Wesen, in Vergleich zu ihnen?"

„Ich finde sie nett. Es ist interessant, wie sie sich verhalten. Sie machen viel, viel mehr als andere Tiere, sie haben noch irgend etwas Besonderes. Es scheint, als ob sie mehr machten, als nur zu leben. Sie besitzen eine Art Schlauheit. Die meiste Tiere essen und trinken nur, aber bei ihnen zeigt sich ein ganz subtiler Unterschied. Ich frage mich: „Wie machen sie das, wie denken sie sich das aus?" Fast denke ich: „Wie wäre es, so zu handeln?" Irgend etwas passiert mit mir. Ich habe das Gefühl, daß eine lange Periode vergeht, aber es gibt eine Art Kontakt, als könnte ich sie mit einer Art Gedankenkraft lenken."

„Sind sie sich deiner Anwesenheit bewußt?"

„Nein, das sind sie nicht, davon bin ich überzeugt. Aber ich bin mir ihrer Anwesenheit immer sicherer. Ich habe jetzt ein viel klareres Bewußtsein entwickelt."

„Machst du etwas mit den Tieren, oder tust du überhaupt nichts?"

„Zum ersten Mal will ich mir alles anschauen, beobachten. Tatsächlich, jetzt möchte ich aus Spaß einmal einwirken, einmal ausprobieren, wie man sie manipulieren kann. Wenn das alles gelingt, gehe ich wieder einen Schritt weiter. Ich empfinde, daß irgendwann ein Einwirken, ein einfaches „Lenken", nicht mehr genügt. Ich möchte mehr. Ich möchte mitfahren, es scheint wie ein Spielzeugauto mit Fernbedienung. Mein Verlangen wächst, dort mitzumachen, alles erfahren zu wollen."

„Hast du das Gefühl, daß du dadurch positiv oder negativ handelst?"

„Ich empfinde, dieses Manipulieren geschieht nicht ohne Konsequenzen."
Sie lacht verlegen.

„Ganz richtig ist es nicht. Es ist nicht richtig, weil ich dadurch ein gewisses

Gleichgewicht störe. Die Tiere agieren anders als gewöhnlich. Sie könnten von mir abhängig werden, wenn ich sie häufiger manipuliere. Ich greife tatsächlich in die natürliche Entwicklung ein."

„Kurz gesagt, du spürst ein Verlangen", stelle ich fest.

„Ja, ich habe damit begonnen, und jetzt wird es immer verführerischer."

„Empfindest du es wie ein reizvolles Spiel, oder spürst du eher einen Drang, ein Begehren?"

„Ich glaube, es ist eine Mischung aus beidem. Es begann als Spiel, wie auch die Bewegung dorthin, war Neugierde. Das ist an sich nichts Falsches, aber ich werde immer stärker davon angezogen."

„Kannst du dich nicht mehr lösen?"

„Es wäre noch möglich, aber es ist so interessant. Es wäre schade, mich jetzt zu entfernen. Es ist zu anziehend."

„Wie geht der Prozeß weiter?"

„Ich gehe jetzt näher heran. Ich bin ganz sicher nicht mehr allein, habe aber immer noch keinen Kontakt mit den anderen. Die anderen Tiere werden auch „gelenkt". Es gibt also mehr Wesen, die das Gleiche wie ich machen."

„Was macht ihr denn eigentlich? Verändert ihr die Tiere?"

„Ja, wenn ich nicht eingreife, läuft alles schief", sagt sie bedächtig. „Von alleine geht es nicht. Vielleicht hat das mit der Energie zu tun.

Ich muß etwas anpassen. Irgend etwas im Nervensystem oder im Gehirn muß angepaßt werden. Ich rede von Gehirn und weiß nicht warum. Das zentrale Nervensystem muß angeglichen werden, ich weiß aber nicht genau wie. Es scheint, als müßte es irgendwie empfindlicher gemacht werden.

Ich weiß es nicht. Ich sehe es. Erstmals untersuche ich alles. Ich bin jetzt der Chirurg. Ich kann sehen, wie alles im Kopf funktioniert. Ich bin jetzt im Gehirn, es muß anders funktionieren, oder irgend etwas muß dazukommen. Das mache ich mit Hilfe der Projektion, intuitiv und spontan. Ich befinde mich aber außerhalb des Tieres. Ich entwickle bestimmte Teile, die hinzugefügt werden oder wachsen müssen. Ich sorge dafür, daß es etwas schneller geht."

„Bezieht sich das nur auf das zentrale Nervensystem?"

„Ja. Ich denke aber auch, daß durch die Veränderung im zentralen Nervensystem der ganze Organismus verändert wird. Es ist ganz klar, daß ich dazu fähig bin. Ich weiß, was gemacht werden muß, es ist nicht nur ein einfaches Ausprobieren", sagt sie erstaunt.

„Wie ist es mit dem Drüsensystem? Muß das auch angepaßt werden?"

„Das Nervensystem schaltet alles zusammen. Es übernimmt bei allem die führende Position. Durch das Nervensystem kann praktisch alles beeinflußt werden."

„Wie reagieren die Tiere auf diese Umformungen? Erkennst du Veränderungen in ihrem Verhalten?"

„Keine wesentlichen. Ich glaube, sie ändern ihren Lebensrhythmus, ihr Ernährungsmuster. Alles scheint zielgerichteter, allerdings nicht sehr bewußt. Vielleicht etwas bewußter als vorher. Sie sind leichter zu lenken und mir und meinen Mitwesen unterworfen. Es ist wie eine Art Fernbedienung, sie sind ganz in meiner Macht. Auf Dauer macht das keinen Spaß, es drängt mich weiter. Ich habe einiges von meinen vorherigen Erlebnissen vergessen. Es ist wie ein Spiel der Schöpfung."

„Wo endet es?"

„Ich gehe in das Tier hinein."

Jetzt wird es spannend.

„Ich gehe an dem Kopf entlang ... zwischen den Ohren", fährt sie fort, als wäre es nichts Außergewöhnliches.

„Hat es mit der bekannten Klappe oben im Kopf zu tun?" frage ich.

Diese Klappe ist die Stelle, an der unser Astralkörper aus dem physischen Körper in die Astralsphäre austreten kann. Etwas, was bis heute immer noch möglich ist.

„Tatsächlich", antwortet sie, „so fühlt es sich an, sehr eigenartig. Jetzt bin ich drin", fährt sie, leicht aufgeregt, fort. „Das ist eine Sensation! Verrückt! Es ist, als säße ich zum ersten Mal in einem Auto hinter dem Lenkrad und müßte selbst fahren."

„Wo sitzt du? Kannst du es im Tier lokalisieren?"

„Im Moment sitze ich im Gehirn. Ich beginne zu lenken. Aber wie geht das nur vor sich? Die Macht, die ich außerhalb hatte, habe ich jetzt innen. Ein berauschendes Gefühl, traumhaft!" Ihre Stimme hört sich begeistert an, und sie lacht froh und ausgelassen.

„Was ist das erste, was du machst?"

„Ich gehe ins Wasser." Sie grinst. „Es ist total irre, so ein Tier auf zwei Beinen laufen zu sehen und dabei selbst innen drin zu sein."

„Das Tier geht jetzt ins Wasser, von dir gelenkt ...."

„Ja, ja, willst du auch mit ... hoppla, plumps", scherzt sie. „Es ist total verrückt. Das Tier kann auch schwimmen, es ist aber nicht tief hier. Es ist alles verrückt, aber lustig. Wir sind am Ufer eines Sees oder am Meer. Total komisch, schau doch! So als säße ich im Auto, mit einem Gefühl von „es geht". " Sie ist außer sich vor Freude. „Es fühlt sich an wie ... enorm, gewaltig ... schau dir das an. Prächtig! Irre!" Sie ist völlig aufgedreht.

„Was ist jetzt? Kannst du dort unbeschränkt bleiben?"

„Nein, irgendwann muß ich kurz herausgehen, um mich wieder aufzuladen."

Es ist klar, warum sie das Tier verlassen muß, um sich aufzuladen. Die feinstofflichen, ätherischen Wesenheiten verfügen selbst nur über eine geringe Menge an Energie, die schnell verbraucht ist. Die Energie des grobstofflichen Tierkörpers können sie jedoch nicht anzapfen. Es gibt noch keine Verbindung mit der physischen Energiequelle. Die Integration des Geistes in den Körper ist noch nicht vollständig.

„Geht das Tier einfach weiter", frage ich neugierig?

„Ja natürlich! Es merkt davon nichts. Nur, es verhält sich so eigenartig ... jetzt ist es wieder normal." Sie lacht unbändig. Die Erfahrung ist ungewöhnlich.

„Du trittst jetzt heraus, um dich aufzuladen, sagtest du. Wo lädst du dich auf?"

„Es ist ein Aufladen mit kosmischer Energie. Die Quelle, aus der die Energie entspringt, ist das Licht, das Licht, aus dem ich komme. Sicher, das Sonnenlicht wirkt auch, aber die richtige Energie kommt vom „Großen Licht". Ich kann mir vorstellen, daß die Menschen es Gott nennen."

„Geschieht das alles unter dem „wohlwollenden Auge" des Großen Lichtes?"

„Tja, es ist ... ich weiß, es geht etwas zu weit, aber scheinbar wird es erlaubt." Sie erkennt nicht, daß sie einen handelnden freien Willen hat, durch den dies alles geschieht.

Viele Menschen fragen sich: „Warum läßt Gott dies oder das zu?" Wir Menschen sind nicht wie Puppen durch Fäden am Schöpfer angebunden. Wäre dem so, würde die Verantwortung für alle unsere Taten und unser Denken bei Ihm liegen.

Wir sind Göttliche Prinzipien, die ihrem Wesen nach frei sind, zu tun oder zu lassen, was sie wollen, Gutes oder Schlechtes. Wir haben als Kinder Gottes den freien Willen erhalten, mittels der schöpferischen Fähigkeit unseren Lebenswandel selbst zu bestimmen. Wir müssen nur die Folgen tragen. Wir können die Verantwortung für unsere Taten nicht dem Schöpfer anlasten. Er läßt uns völlig frei. Die einzige Bedingung ist, wie schon gesagt, daß der Mensch ausschließlich sich selbst gegenüber verantwortlich ist für alles, was er im Laufe seiner Leben getan hat, entsprechend Seinem Kosmischen Gesetz von Ursache und Wirkung.

Was haben wir mit dem freien Willen aus unseren Leben und aus dieser Welt gemacht? Wir brauchen uns nur umzuschauen, um eine Antwort zu erhalten! Wir selbst bestimmen unser Schicksal.

Die Sitzung wurde mit der Frage fortgesetzt: „Mißbrauchst du nicht deinen freien Willen?"

„Ach was", antwortet sie, „*keiner greift ein.*"

„Oh, das ist etwas anderes."

„Nun ja, richtig, es ist tatsächlich anders."

„Keiner greift ein, sagst du. Du handelst doch auch aus deinem eigenen freien Willen heraus, den du bei der Abspaltung aus dem Licht, dem silbernen See des Geistes, bekommen hast."

„Es ist der freie Wille. Bei der Abspaltung hatte ich ein starkes Verantwortungsbewußtsein, es hat sich verlagert", sagt sie. „Ich trage auch jetzt eine bestimmte Gesetzmäßigkeit in mir, eine Art Gewissen. Aber es ist deutlich schwächer geworden", sagt sie jetzt ganz ehrlich.

„Denkst du, daß ihr den Evolutionsplan auf Erden durch euer Handeln gestört habt?"

„Nun, nein ...", antwortet sie zögernd.

„Du hast in eine bestimmte Evolutionslinie der Tiere eingegriffen, sagtest du vorhin."

„Meines Erachtens ist es vielmehr eine Beschleunigung. Schließlich waren es nicht alle Tiere. Damit meine ich, daß der Evolutionsplan weitergehen konnte."

„Du sagst, es waren nicht alle Tiere. Damit meinst du, daß nur ein Teil durch den Geist, durch euch, verändert, angepaßt und gelenkt wurde? Der andere Teil ist sozusagen unangetastet geblieben?"

„Es gab bestimmte Gruppen, die verändert wurden, nicht in einer Gruppe nur einige Tiere und andere nicht. Wenn überhaupt, so geschah die Veränderung mit der ganzen Gruppe."

„Wie war das Verhältnis der nicht-angepaßten Tiere zu den angepaßten?"

„Meiner Meinung nach gab es ganze Gebiete, in denen die Anpassung stattfand, und andere Gebiete, in denen nichts geschah. Die verschiedenen Tiere traten dadurch nicht so leicht in Kontakt miteinander."

„Würdest du die angepaßten Tiere als „Ur-Menschen" bezeichnen?"

„Nein", antwortet sie sehr entschieden! „Es sind eigentlich nur anthropoide Affen. Ich sehe jetzt, welche Farbe sie haben. Sie sind dunkel, ein rötliches Braun, lang behaart."

„Ist schon eine lange Periode vergangen, seit deiner ersten Ankunft als Tropfen auf der Erde?"

„O Gott", ruft sie aus. „Ich bin schon viel, viel weiter."

„Das habe ich vermutet. Deswegen möchte ich dich fragen, ob sich die Tiere schon in männliche und weibliche Exemplare unterscheiden lassen?"

Eine lange Pause folgt. Schließlich sagt sie: „Weibliche und männliche Exemplare, auch das ist schon angepaßt worden." Sie übergeht einen großen Teil der Evolution.

„Ja, entweder angepaßt oder weiterentwickelt", fügt sie noch hinzu. „Jetzt sind es Säugetiere. Es sind deutlich Brustwarzen sichtbar. Die Brüste der weiblichen Exemplare sind stärker entwickelt als die der männlichen. Ich glaube, daß es Rhythmen gibt. Die Brüste sind größer, wenn die Weibchen schwanger sind. In der Stillzeit schwellen die Brüste an, und hinterher verkleinern sie sich wieder."

„Wie sieht es jetzt aus? Kannst du immer noch in dem Körper ein- und ausgehen?"

„Ja."

„Würdest du den Zeitpunkt, als du das erste Mal in das Tier eingetreten bist und es lenktest, als deine erste Inkarnation bezeichnen?"

„Ich denke ja."

„Wenn du jetzt ein Tier betrittst, die wievielte Inkarnation ist das?"

„Nun, ich bin eigentlich kontinuierlich da."

„Gibt es keine langen Perioden zwischen den Inkarnationen?"

„Nur bevor ich zum ersten Mal in einem Tierkörper war, beim zweiten Mal…; ich finde es sehr schwierig, die irdische Zeit einzuschätzen. Die ganze Periode war sehr lang. Am Anfang konnte ich zwei Tieren besetzen, getrennt natürlich."

40

„Aha, das ist neu für mich. Das verwirrt dich, nehme ich an", erwiderte ich, weil ich verstand, daß jeder von uns in eine andere Richtung gedacht hatte.

„Ja, genau", antwortet sie.

„Ich meine eigentlich eine gesamte Inkarnation, in der du in das Tier hineingehst, sein Leben mitgestaltest und den Körper wieder verlassen mußt, wenn das Tier stirbt. Ich möchte jetzt wissen, wie oft du den irdischen Tod erlebt hast und daraufhin in den Körper eines anderen Tieres auf Erden zurückgekehrt bist."

„Etwa vier Mal wird das gewesen sein."

„Du sagtest, daß du regelmäßig den Tierkörper verlassen mußtest, um dich aufzuladen. Bleibt deine Wahrnehmung gut, wenn du draußen bist?"

„Ja, aber nicht so gut wie vorher."

„Das allererste Mal hattest du eine ausgezeichnete Wahrnehmung, aber wo bist du hingegangen, als dein Tier starb?"

„Zuerst blieb ich in der Nähe des Körpers, weil ich es eigenartig fand. Ich blieb als Geistwesen da, um zu beobachten, was mit dem Körper geschah. Mit den anderen Wesen blieb ich in Erdnähe, um auf die nächste Inkarnation zu warten."

Es gibt einfach noch keinen „Bereich auf der inneren Seite", da zu der Zeit damals dafür noch kein Bedürfnis bestand. Die „Innere Seite" wurde erst gebildet, als nach dem irdischen Tod der Tierkörper die ausgetretenen Wesen schließlich eine Stelle zur Beratung und zur Besinnung brauchten. Eine Art Wartezimmer, von wo aus sie mit einem neuen Lebensplan starten konnten, sobald ein neuer Körper zur Verfügung stand, ein Körper, der mit dem vorherigen Körper, bzw. mit den Wesen, die ihn benutzt hatten, übereinstimmte. Nach irdischer Zeit bemessen war die Periode zwischen den Inkarnationen natürlich auch von dem Angebot der zur Verfügung stehenden Körper abhängig, also von der Geschwindigkeit, mit der sie sich vermehrten.

Deswegen sind die Perioden zwischen zwei Leben in unserer Zeit viel kürzer, weil das Angebot an Körpern zur Inkarnation viel, viel größer ist. Es funktioniert nach dem Gesetz von Angebot und Nachfrage, sowohl damals als auch heute. Ich erinnere mich an Sitzungen mit Vorleben aus dem letzten Weltkrieg, mit all den unverarbeiteten Träumen.

Ich frage, während sie sich weiterhin in tiefer Trance befindet: „Warst du an bestimmte Bedingungen gebunden, bevor du dauerhaft in den nächsten Körper eintreten konntest?"

Ihre Antwort sagt viel aus über den weiteren Verlauf der aufeinanderfolgenden Menschenleben hier auf Erden, heute und noch lange danach; sowie über die einzigartigen Beziehungen der Persönlichkeiten untereinander.

Sie fährt fort: „Erstens mußte ein Körper frei sein, und zweitens mußte er in der Umgebung der anderen Wesen sein, die mit mir während der ersten Inkarnationswelle Körper betreten hatten. Ich geriet also nicht zwischen Fremde."

(Gab es vielleicht schon karmische Verbindungen?)

„Betrittst du immer noch erwachsene Exemplare …?" Bevor ich noch ausgesprochen hatte, gab sie schon die Antwort auf meine Frage.

„Nein, es ist jetzt so, daß ich während der Geburt, oder auch kurz danach, ein kleines Tier betrete. Genau, einen Baby-Ur-Menschen."

„Das erste Mal, als du ausgetreten warst, hattest du da die gleiche Aussicht auf den Kosmos und auf die Erde wie vorher?"

„Die Aussicht war da, nur die Möglichkeit wegzugehen war schwieriger. Ich weiß nicht warum. Ich vermute, weil ich mich mit dem Tier verbunden fühlte. Ich hatte mich etwas an die Materie gebunden. Im Prinzip hätte ich einfach davonschweben können.

Während der dritten und vierten Inkarnation konnte ich den Körper noch verlassen, um mich aufzuladen. Das Tier war davon aber nicht mehr „unberührt": Es wurde müde oder legte sich hin. Ich hatte den Eindruck, daß es sich auch vorher schon hingelegt hatte, sich aber am Anfang noch bewegen konnte. Schließlich war es so, daß sich das Tier hinlegte, bis ich wiederkam."

„Wenn du ausgetreten warst, wie war dann bei der dritten oder vierten Inkarnation deine Sicht vom Kosmos?"

„Ich habe immer noch eine Wahrnehmung, sie ist nur verschwommen. Es ist nicht mehr so einfach. Ich verliere an Bewußtsein. Das meine ich mit den Schwierigkeiten, etwas wahrzunehmen. Ein niedrigeres Bewußtsein, eine verdunkelte Wahrnehmung", fügt sie hinzu.

„Wenn du dich in einem Körper befindest, der alt und verbraucht ist und sterben wird, erlebst du das Sterben mit oder kannst du den Körper einfach verlassen? Wie erlebst du das?"

„Nun, ich fühle, daß er sterben wird, weil der Körper verbraucht ist. Ich lege mich hin und trete aus. Das Sterben des Körpers nehme ich so nicht wahr, es sei denn, irgend etwas Unerwartetes passiert."

„Bevor ihr in die Tierkörper hineingegangen seid, habt ihr die äußere Struktur angepaßt. Die Tiere hatten aber eine eigene Art von Intuition, eigenständige Triebe und Instinkte. Ich nenne es einfach eine Tierseele. Gab es dann irgendeine Integration?"

„Nein, es ist immer eine klare Trennung zwischen dem geistigen Wesen, dem Bewohner, und dem Tier geblieben."

„Aber gab es schon einen Versuch, den Geist völlig in den Körper zu integrieren, um dadurch eine Verschmelzung zwischen dem tierischen und dem innewohnenden Wesen zustandekommen zu lassen?"

„Ich glaube nicht, daß es einen direkten Versuch gab, es geschah einfach. Das war ein unbewußter Evolutionsprozeß, für den wir keinen Plan entworfen hatten. Die Strukturveränderungen fanden sozusagen unbemerkt statt.

Schließlich hat der Einfluß des tierischen Elements in dem ganzen Lebensmuster stark zugenommen. Die Folge für den Geist war eine noch stärkere Gebundenheit an den Körper, ein noch niedrigeres Bewußtsein, ein noch stärkeres Gebundensein an die Tiernatur. Auf Dauer entstand ein Gefühl der Gefangenschaft im Tierkörper, und schließlich konnte ich ihn nicht mehr verlassen. Das war unangenehm. Ich fühlte mich wie in einer Falle. Ich war eine Gefangene. Sehr unangenehm."

„Es stimmt also, daß du in die Falle des Fleisches hineingelaufen warst?"

„Ja, angeblich etwas Schönes", sagt sie mit bitterer Stimme.

Der Ur-Mensch, aber auch der heutige Mensch, ist in Wirklichkeit ein wandelndes Paradox. Der Ursprung dazu ist im Vorherigen klar zu sehen. Ein dauerhafter innerer Konflikt entstand zwischen dem Sexuellen und dem rein Spirituellen, zwischen dem tierischen Triebleben und dem göttlichen Funken. Dies ist die Ursache für die sexuelle Frustration, für Schuldgefühle und alle anderen derartigen Probleme, weil wir ursprünglich spirituelle Wesen sind.

Das ist die Ursache dafür, daß in uns ständig eine Reibung vorhanden ist. Für den Menschen geht es darum, ein Gleichgewicht, eine Harmonie zu finden zwischen seinen Trieben einerseits und seiner Spiritualität an-

dererseits, wenn er glücklich, offen und frei leben möchte. Das Unter-
drücken einer gesunden Sexualität oder das Aufkommen von Schuld-
gefühlen führt zu einer unnötigen Unausgeglichenheit und zu einem
ungesunden Leben der Mann-Frau-Beziehung. Alles, was verdrängt
wird, wird irgendwann selbst zur Bedrängnis werden, dies ist ein
Grundprinzip der Psychologie. Wir müssen akzeptieren, daß eine ge-
sunde Sexualität zu einem gesunden Leben gehört. Nur ganz langsam
kann das tierische Element in uns verschwinden, damit wir uns am
Ende wieder ausschließlich spirituell fühlen, spirituell denken und le-
ben.

Es ist eine sehr langsame Evolution in entgegengesetzter Richtung,
ein geistiges Wachsen. Der sexuelle Drang ist tief in uns verankert, was
wir am Anfang spielerisch, durch unseren freien Willen, so gewollt ha-
ben.

Jetzt müssen wir langsam den Weg zu unserer spirituellen Lichtexi-
stenz zurückgehen.

„So, wie du jetzt bist", frage ich weiter, „wie oft bist du schon gestorben und
in einen neuen Körper eingetreten. Anders gefragt, in der wievielten Inkarnation stehst du jetzt?"

„ Nun, soviele sind es nicht. Ich hatte vor dieser Inkarnation fünf andere. "

„Wie ist jetzt das Leben auf Erden? Lebt man in Gemeinschaften, in Stämmen, oder sehr individuell?"

„In Gemeinschaften, ein Mann lebt mit mehreren Frauen. Es ist eine freie,
ungebundene Gemeinschaft. Der stärkste Mann hat die meisten Frauen",
sagt sie lachend.

„Würdest du es als Familie bezeichnen?"

„Eine Herde mit einem dominanten männlichen Führer."

„Die Frauen gehören dem Mann, solange er stark genug ist, sie bei sich zu
halten ... also mit Gewalt. Stimmt das?" frage ich.

„Ja", sie sagt es ganz leise.

Hier zeigt sich, daß der Mensch seinem Wesen nach polygam ist, was
sich in allen Zeitepochen ausdrückt, trotz aller Kulturmuster, die sich
Gesellschaften selbst auferlegen. Diese Kulturmuster drücken irgend-
wann wie eine schwere Last auf die eigenen Schultern, vor allen Dingen
in einer monogamen Gesellschaft. Es gibt in Wirklichkeit ganz andere

Gesetzmäßigkeiten, andere Muster. Es gibt eine kosmische Gesetzmä-
ßigkeit, die die Menschen zusammenführt, auch Männer und Frauen.
Es ist das selbst verursachte Schicksal. Zufall gibt es dabei nicht. Er ist
völlig ausgeschlossen.

„Aber sonst ist das Leben angenehm", fährt sie fröhlich fort. In der gesamten Rückführung herrscht ein Gefühl der Fröhlichkeit vor „Unsere Nahrung ist pflanzlich − Früchte, Nüsse und ähnliches .... Fleisch essen wir nicht. Das Tier ist noch kein Allesfresser."

„Du bist jetzt in der vierten oder fünften Inkarnation. Gehst du noch immer zurück zu der Stelle am See?"

„Den See gibt es nicht mehr. Aber auch wenn er da gewesen wäre, glaube ich nicht, daß ich zurückgekehrt wäre."

„Was fällt in diesem Leben am meisten auf?"

„Jetzt, wo ich nun einmal da bin, habe ich ein Gefühl von: „Hier bin ich also." Ähnlich wie damals, als ich mich trennte oder getrennt wurde vom Licht, vom silbernen See des Geistes. Als ich die Reise durch den Raum machte, hatte ich auch ein solches Gefühl."

Also doch das Gefühl von einem Ich, einem Ego.

Ende der Sitzung.

Aus dem Vorherigen geht hervor, daß die vollständige Integration des feinstofflichen Geistes in die grobe Materie des Tieres noch nicht abgeschlossen ist. Das heißt, daß die Wesenheit den Körper noch nicht voll beherrscht. Der heutige Mensch hat eine volle Integration des gesamten Körpers erreicht. Deshalb kann bei einer dauerhaften Desintegration von Körper und Geist, das heißt beim irdischen Tod oder beim Abschied des Geistes vom Körper, dieser Körper nicht mehr weiterleben, im Gegensatz zu den ersten Inkarnationen, bei denen ein Wesen für eine gewisse Zeit den Körper verlassen konnte, ohne daß das nur teilweise bewohnte Tier starb.

Am Anfang gibt es auch noch keine silberne Schnur, keinen Lebensfaden, der Körper und Geist vollkommen verbindet. Erst mit der vollständigen Beherrschung des Körpers entsteht die Silberschnur, die bei befristetem Austreten den Körper am Leben erhält. Die Schnur ist faserig und bis zu einem gewissen Grad dehnbar, wodurch eine ziemlich weite Reise im Astralen möglich ist. Entfernt man sich jedoch zu weit, reißt die Schnur und der Tod tritt ein.

Während des Untergangs von Atlantis sind viele Wesen auf diese Weise vorzeitig aus dem Körper geflohen, um den Schrecken der Katastrophe zu entkommen. Es handelt sich dabei jedoch um Selbstmord, der, wie wir später noch sehen werden, immer verwerflich ist und unangenehme Folgen für den Geist im Jenseits bringen kann.

DRITTES KAPITEL

Das Spiel der Geschlechter

Das Tier mit einer Brust ohne Brustwarzen.
Fortpflanzung. Die Entwicklung der Geschlechtertrennung.

Es ist klar, daß in den beiden vorherigen Sitzungen einige wichtige Fragen unbeantwortet geblieben sind, wie zum Beispiel die Brust ohne Brustwarzen, die vollkommen glatte Brust des ersten wahrgenommenen Tieres. Es unterscheidet sich dadurch von den Tieren, denen wir später begegneten. Das waren Exemplare mit klar männlichem oder weiblichem Geschlecht. Säugetiere, bewohnt von geistigen Wesen.

Welches Geschlecht hatte das als erstes wahrgenommene Tier? War es geschlechtslos oder zweigeschlechtlich? Wie pflanzte es sich fort? Wie entwickelte sich die Trennung in zwei Geschlechter? Wir versuchten, diese Fragen in einer neuen Sitzung zu beantworten

Montagabend, den 25. April 1983

Alle Vorbereitungen sind beendet, alle Anweisungen gegeben. Die Versuchsperson sitzt in tiefer Trance, wie schon so viele vor ihr, die auch in andere Zeitepochen der Seele rückgeführt wurden, zumeist auf der Suche nach der Ursache ihrer Beschwerden und Probleme, nach postmortalen, traumatischen, unverarbeiteten Emotionen aus Vorleben, um sie zu verarbeiten und sich dadurch zu heilen, soweit dies erlaubt oder möglich ist.

Es herrscht Stille im Haus und im Praxisraum, in dem ein ruhiges, gedämpftes Licht scheint. Die Versuchsperson sitzt, wie immer, erwartungsvoll und entspannt da, die Augen geschlossen.

Die Augenlider bewegen sich. Es handelt sich um das sogenannte REM, Rapid Eye Movement, um schnelle Bewegungen, die darauf hindeuten, daß die Versuchsperson sich in einem Zustand befindet, in dem sie sehr gut visualisieren, „schauen" kann. Manchmal, wenn jemand in tiefe Trance eintaucht, scheinen die REM-Bewegungen ganz zu verschwinden.

Meine Versuchsperson ist bewußt in tiefe Trance versetzt worden. Ich eröffne die Sitzung mit den üblichen Worten: „Was siehst du? Was geschieht? Wo bist du, und was erfährst du?"

Als spirituelles Wesen außerhalb des Körpers, völlig frei, schaut sie zurück in Raum und Zeit. „Ich sehe ein Tier mit spitzer Schnauze im Wald laufen. Wenn ich näherkomme, sehe ich unterhalb des Bauches eine längliche ovale Stelle, eine Art Hornhaut. Jedenfall ist die Haut hier anders. Auf ihr befinden sich zwei Warzen. Eine oben und eine unten. Dazwischen befindet sich eine geschlossene, spiralenförmige Öffnung. Man könnte sie mit einem kleinen Sack vergleichen. Es ähnelt einer Höhle mit Ringverschluß. Der Verschluß überlappt die Höhle. Es sieht aus, als ob dort eine Art Befruchtung stattfindet."

„Was wird denn wodurch befruchtet?" frage ich, mit steigendem Erstaunen.

„Tja …?" Sie zögert kurz. „Es ist eine Art Selbstbefruchtung. Die warzenförmigen Ausstülpungen haben damit zu tun. Der Sack, die Höhle, sieht aus wie eine äußere Gebärmutter. Ich sehe die letzte Phase der Geburt eines jungen Tieres. Hinter der Ausstülpung befindet sich noch eine Höhle, in der die Befruchtung stattfindet. Die zweite, innere Höhle ähnelt einer Blase mit zwei Leitungen, die jeweils zu den Warzen führen."

„Was ist denn der Unterschied zwischen den beiden Warzen? Sind sie sich ähnlich?"

„Ich habe den Eindruck, daß durch die beiden Warzen verschiedene Stoffe ausgeschieden werden. Das ganze System ist eine Mischung aus zwei Funktionen."

„Was transportieren die beiden Leitungen?"

„Die eine scheidet aus, die andere nimmt auf. So scheint es mir zumindest."

Sie ist still, scheinbar untersucht sie etwas. Ich warte kurz und frage dann: „Wo entsteht das männliche und wo das weibliche Element? Oder gibt es die Unterscheidung hier nicht?"

„Du meinst, ob es Samenzellen oder Eizellen gibt? Danach suche ich gerade. Es gibt zwei Stoffe, die zusammengebracht werden müssen. Meines Erachtens befindet sich der eine, der männliche Stoff, in der oberen Warze. Die obere Warze, eine Drüse, muß von außen stimuliert werden."

Jetzt wird klar, warum auch das Drüsensystem durch die geistigen Wesen angepaßt werden mußte.

„Die Handlung ist ein einfacher Druck, entstanden durch Reibung. Kein bewußter Druck, oder vielleicht doch, genau weiß ich es nicht", fährt sie fort.

48

„Auf jeden Fall kommt dort eine bestimmte Flüssigkeit heraus, die zu der inneren Höhle fließt. Dort befindet sich etwas ..., ein Ei ohne Schale, jedoch viel zu groß für eine Eizelle. Ein vliesartiges Etwas, wie ein Embryo. Es wird dort aus der Wand der Höhle geformt. Die untere warzenförmige Ausstülpung ist ein Ausscheidungskanal für die Abfallstoffe des Embryos. Vermutlich geht seine Produktion mit Schleim und anderen Abfallstoffen einher.

Die Flüssigkeit des männlichen Teils fließt aus der oberen Warze in die Höhle. Sie ist Voraussetzung für die Entwicklung des Embryos. Die Sekrete aus der oberen Warze stimulieren die Höhlenwand zur Zellproduktion. Der Embryo ist jedoch bereits da."

„Stimuliert das Sekret die weitere Entwicklung des Embryos", frage ich?

„Ich schaue gerade nach, ob die Wand wirklich der Anfang ist oder ob das Entstehen des Embryos in der Wand beginnt. Ich glaube, daß es in einem vielleicht noch kleineren Zustand anfängt. Die Wand der Höhle, in der alles beginnt, ist eigentlich die Innenseite eines Eis. Daher könnte die Wand der inneren Höhle als Eischale betrachtet werden. Die Schleimhaut wird durch die männliche Flüssigkeit aktiviert."

„Was ist mit der aktivierenden, befruchtenden Flüssigkeit ...", setze ich an, aber sie unterbricht mich. „In Wirklichkeit sind es zwei Flüssigkeiten, die zusammenkommen und eine Reaktion bewirken. Die kombinierte Flüssigkeit aktiviert die Schleimhaut, die sich daraufhin zu einem Embryo zusammenzieht. Es sieht so aus, als trenne sich das Embryo. Er befindet sich jedoch weiter, schön umhüllt, in einem Vlies."

„Ach! Was geschieht mit der Frucht, wenn sie sich von der Innenwand der Höhle löst?"

„Sie bleibt in dem Vlies, das sich dort befindet", erklärt sie.

„Das verstehe ich, aber worin befinden sich Vlies und Frucht, sind sie beweglich?"

„Sie sind in der inneren Höhle befestigt, in der die Zeugung stattgefunden hat. Der Embryo wird aus der oberen Warze ernährt, über ein Gefäß, eine Art Ur-Nabelschnur. Diese Nahrung fördert das Wachstum der Frucht. Zu einem bestimmten Zeitpunkt trennt sich die Frucht und „fällt" in einen äußeren Sack. Wie ein Küken sieht sie aus, ganz klein."

Ich frage: „So wie bei den Känguruhs mit ihrem Beutel?"

„Ja, aber der Sack ist ganz getrennt, vielleicht nicht ganz. Es handelt sich bereits um ein selbständiges Tier. Ich beobachte einmal, wie es in den Sack hineinfällt. Die Wand der innersten Höhle kann sich öffnen, ist aber am Anfang ganz geschlossen. Erst später öffnet sie sich zur vorderen Höhle hin."

„Wächst das junge Tier schnell?"

„Ja, vorläufig bleibt es jedoch im vorderen Sack."

Es folgt wieder eine lange Pause, dann sagt sie: „Ich sehe, wie es ernährt wird. Es ist jetzt getrennt. Am Anfang befindet es sich noch im Vlies, wird dann in den äußeren Sack geboren, und das Vlies beginnt zu reißen."

„Gibt es noch eine Verbindung mit dem Körper des erwachsenen Tieres?"

„Nein, nur noch die Wärme des Sackes."

„Woher kommen die Nährstoffe, die den Fötus ernähren?"

„Anfangs aus dem Vlies. Die Flüssigkeit darin hat einen bestimmten Nährwert, so wie das Fruchtfleisch um einen Kern, wie zum Beispiel beim Pfirsich, bei dem das Fruchtfleisch als Nahrung um den Kern liegt."

„Wie entwickelt sich das junge Tier weiter?"

„Nach dem Aufbrechen des Vlieses kann es herausgehen, kann jedoch auch wieder zurück."

„Also doch das gleiche Prinzip wie bei einem Känguruhbeutel", stelle ich fest.

„Ja", sagt sie, „es wird dann von dem Vater/Mutter-Wesen ernährt."

„Paßt sich der Sack, der sich zwischen den zwei warzenförmigen Ausstülpungen befindet, seiner Größe an?"

„Nein, die Größe bleibt gleich. Er ist ziemlich groß und hat etwa fünfzehn bis zwanzig Zentimeter Durchmesser. Wenn der Fötus wächst, kann er heraus. Das ist die eigentliche Geburt. Das Tier ist in dem Moment schon recht selbständig."

„Was passiert, wenn Gefahr droht oder das Tier friert?"

„Das junge Tier kann wieder hineingehen, wenn auch nicht für eine lange Zeit. Es wird dann einfach von dem Elterntier mitgenommen. Es ist sehr klein im Verhältnis zu dem erwachsenen Tier. Das ist riesig. Das Jungtier könnte ich in einer Hand halten. Pro Schwangerschaft wird nur ein Tier geboren. Erst wenn das Jungtier sich endgültig gelöst hat, kann ein neues entstehen."

„Wie haufig ist das Tier trächtig?"

„Höchstens zweimal pro Jahr."

„Wie kommt es zur Befruchtung? Gibt es einen bestimmten Reiz?"

„Die obere Warze verhärtet sich, wenn die befruchtende Flüssigkeit hineinfließt."

„Würdest du es als eine Art Erektion bezeichnen?"

„So könnte man es nennen, ja, aber die Funktion ist eine andere. Durch das Auffüllen der Warze mit Flüssigkeit entsteht ein Reiz. Die Warze ist gespannt und schmerzt, wodurch das Tier anfängt, sich zu reiben und auf die Warze zu drücken, und damit wird der Befruchtungsprozeß in Gang gesetzt. Sie reiben die Warze mit der Hand oder scheuern an einem Baumstamm sowie, liegend, auf dem Boden. Dabei handelt es sich nicht um eine bewußte, sondern eher um eine spontan unbewußte, instinktive Handlung."

„Wenn das kleine Tier selbständig ist, wächst es dann schnell heran?"

„Ja, sehr schnell. Es ist schon behaart, wenn es geboren wird. Es hat weiches braunes Fell, das sich schnell verhärtet und beim erwachsenen Tier zu borstigem Haar wird."

„Es ist klar, daß es ein Weibchen wird", fährt sie fort. „Die Höhle an der Außenseite verschwindet. Die erwähnten Falten werden zu Schamlippen. Die hintere Höhle wird die Gebärmutter, und der Raum dazwischen wird zur Scheide und zum Gebärmutterhals, zur Vagina, dem vollständigen weiblichen Geschlechtsorgan."

„Welches der beiden Geschlechter entwickelt sich als erstes, oder geschieht es gleichzeitig?"

„Ich habe den Eindruck, daß es mehr oder weniger gleichzeitig geschieht. Die Zweigeschlechtigkeit entwickelt sich erst äußerlich. Der Penis wächst — ganz allmählich natürlich — aber die Befruchtung findet immer noch innerlich statt. Irgendwann gibt es dann eine Zweigeschlechtigkeit mit halbem Penis und einer Gebärmutter. Die Geschlechtsorgane scheinen sich zu verkleinern. Die Öffnung an der Außenseite wird kleiner, zieht sich zusammen, gleichzeitig wird die obere Warze größer. Es entsteht ein hermaphroditisches Wesen, das sich selbst aber auch andere befruchten kann. Es ist ein Zwischenstadium, sowohl die Männchen als auch die Weibchen mit ihren Organen sind zweigeschlechtig."

„Wie entstehen beim Mann die Hoden und der Hodensack? Entwickelt sich beides aus der vorderen Höhle?"

„Anfangs gibt es keine Hoden. Die Entwicklung beginnt mit dem Penis, die Samenflüssigkeit befindet sich in einer Drüse im Penis. Auch die obere Warze ist noch vorhanden, aus der die Samenflüssigkeit austritt. Sie hat einen Durchmesser von etwa zwei Zentimetern. Aus der Gebärmutter entwickeln sich irgendwann die Hoden. Logisch scheint mir, daß die Organe nach unten wandern müssen. Diese lange Entwicklung braucht viel Zeit. Die Gebärmutter erhält allmählich die Struktur einer Drüse. Die Drüse bildet dann gemeinsam mit der sich zusammenziehenden Gebärmutterhöhle den Hoden. Der Außensack wird zum Hodensack. Zum Schluß senkt sich das Ganze nach unten. So verläuft die Entwicklung.

Bei der Frau ist es anders. Bei ihr ist die Anlage einfacher. Der warzenförmige Knubbel, der beim Mann schon umgeformt ist, bleibt bei der Frau bestehen. Aber ich glaube nicht, daß er noch eine Funktion hat."

(Vielleicht handelt es sich um die Klitoris).

„Die zwei Leitungen werden zu Eileitern, und die Gebärmutter senkt sich tiefer. Beim Mann werden die Leitungen zu den Samensträngen. Der später entstehende Hoden ist damit verbunden. Einige Tiere werden weiblich, die anderen männlich.

Die ersten Veränderungen laufen parallel. Beide sind noch zweigeschlechtig, wenn der Penis gebildet wird. Man könnte sagen, daß das Weibliche den Anfang macht. Struktur und Funktion der Höhle bleiben gleich, nur die Form ändert sich. Die Gebärmutter bleibt befruchtbar."

„Kannst du aus geistiger Sicht sagen, wie der Prozeß in Gang gesetzt wurde? In einer anderen Sitzung hattest du mir erzählt, daß du mit einer Gruppe spiritueller Wesen begonnen hattest, den Prozeß der Entwicklung, den Schöpfungsprozeß, zu beeinflussen, wodurch das zentrale Nervensystem und das Drüsensystem entstanden oder modifiziert wurden. Wird hier von außen durch diejenigen, die noch keinen Körper haben, eine schöpferische Kraft auf die Tiere projiziert? Was geschieht eigentlich? Welche Kraft ist für die Metamorphose, die Schöpfung, verantwortlich? Was bestimmt den Prozeß der Trennung in männlich und weiblich?"

„Es ist der Einfluß der Veränderung, der Wandlung durch Gedankenprojektion, der auch das zentrale Nervensystem und das Drüsensystem angepaßt hat", antwortet sie. „Vor allem das Drüsensystem mit seinen hormonellen Einflüssen läßt die Trennung erfolgen. Nur weiß ich nicht, ob dies bewußt geschah. Es ist eine Folge der Anpassung, eine Auswirkung daraus. Es ist eine logische, unvermeidliche Folge dieser Art der Entwicklung.

Ich empfinde, daß alles etwas durcheinandergeht. Während der Übergangsperiode entwickelt sich nicht alles gleich. Alles geht natürlich sehr langsam vor sich. Mal entwickelt sich das Männliche, mal das Weibliche weiter. Es gibt eine Übergangszeit, in der sich ein Teil einige Generationen lang nicht reproduzieren kann, um den gesamten Prozeß abzurunden. Die Tiere sind weder männlich noch weiblich, einfach Neutren. Körperlich besitzen sie zwar Geschlechtsorgane, benutzen sie jedoch nicht.

Es gibt zudem noch Hermaphroditen, die immer vollkommenere weibliche und männliche Nachkommen produzieren, die irgendwann in der Lage sind, sich fortzupflanzen. In dem Moment, in dem sie dazu in der Lage sind, verschwindet die Zweigeschlechtigkeit ganz."

„Stimmt es, daß irgendwann das, was bei dem weiblichen Tier die großen Schamlippen sind, bei dem männlichen zum Skrotum aneinanderwächst?"

„Ja, das scheint mir klar. Die Naht des Zusammenwachsens können wir noch heute beim Mann sehen", sagt sie nachdrücklich. „Die inneren Zeugungsorgane senken sich und werden bei einem der Geschlechter äußerlich. Dazu wird der Verschluß der ursprünglichen Höhle oder des Sackes benutzt. Bei der Frau wird das zu den großen Schamlippen und allem, was dazu gehört", führt sie weiter aus.

„Öffnet sich die entstandene Höhle bei der Frau noch weiter?" frage ich.

„Nein, im Gegenteil, sie schließt sich immer stärker. Bedenke, sie ist ziemlich groß. Sie verkleinert sich, und die Schamlippen werden umgestülpt."

„Kannst du noch mehr Besonderheiten schildern? Sind diese Tiere schon ständig von einem Geist erfüllt?"

„Ja, auch wenn sie zweigeschlechtig sind, gibt es schon eine Inkarnation. Die Entwicklung der Geschlechter fängt eigentlich erst an. Die Einflußnahme vorher kann nicht als Inkarnation bezeichnet werden, die Verbindung war zu locker."

„Ist in der zweiten Inkarnation die Trennung schon vollzogen?"

„Der Trennungsprozeß läuft, ist jedoch noch nicht abgeschlossen. Es ist die letzte Phase der Zweigeschlechtigkeit, die männliche oder weibliche Veranlagung ist schon vorhanden. Das Wesen ist klar als Mann oder Frau zu erkennen, aber Reste der Zweigeschlechtigkeit sind noch vorhanden. Ich sagte schon, es ist eine Form von Weiblichkeit oder Männlichkeit ohne die Möglichkeit, sich zu reproduzieren."

„Wie ist die geschlechtliche Entwicklung in der dritten Inkarnation?"

„Sie ist abgeschlossen. Die Fortpflanzung findet ausschließlich durch Paarung statt. Ich sehe, daß die Tiere ihre Warze, ihre Drüse stimulieren, indem sie ihre Körper aneinander reiben. Der Rücken des einen Tieres berührt den Bauch des anderen, zweigeschlechtigen Tieres. In der dritten Inkarnation ist dies endgültig abgeschlossen."

„Kannst du noch mehr über diese Phase der Evolution erzählen?"

„Ich sehe alles sehr klar. Ich sehe, wie die Tiere, die Fußsohlen aneinandergepreßt, dasitzen, die Knie nach außen gedreht. Ich sehe nur den Unterleib, nur die Geschlechtsorgane."

„Du siehst dies sehr deutlich?"

„Ja, sehr klar", sagt sie zufrieden.

„Bist du unzufrieden, ein rein geistiges Wesen zu sein?"

„Ja, das bin ich, sonst würde ich den Drang, ein Tier zu erfüllen, nicht so stark fühlen. Ich möchte einen Körper haben. Auch sehe ich, wie die Tiere Kontakt miteinander haben, anders als ich es habe. Ich bin rein ätherisch, ganz dünn. Eine dünne Energiewolke mit Bewußtsein."

„Wie ist der Kontakt mit den anderen anwesenden Wesenheiten?"

Sie weicht meiner Frage aus: „Der Kontakt der Tiere untereinander ist weniger direkt."

„Ihr beratet darüber, wie ihr die Tiere an eure geistige Qualität anpassen und dadurch benutzen könnt. Du bist dir der Konsequenzen bewußt."

„Ja, ich bin mir dessen bewußt."

„Was weißt du über deine zukünftigen Leben in Zeit und Raum, die du auf dich nimmst? Bist du dir der Sterblichkeit deines irdischen Körpers bewußt, des Leidens auf Erden?"

„Ja, aber mit meinem Bewußtsein ist das nicht so schlimm."

Zum Glück gibt es den Tod, denn sonst wären wir für immer an die Begrenzungen des Körpers gebunden, ohne Ende und mit allen Konsequenzen. Auch wäre kein Wachsen der Seele sowie ihre Befreiung möglich. Wir hätten keine Möglichkeit, nach dem „Abrutschen" ins Fleischliche, in die grobe Materie, geistig zu wachsen. Es gäbe keine Rückkehr ins Licht und in die Liebe. Die von unserem freien Willen gewählte Lebensform würde bis zur Vernichtung der Erde an uns kleben – keine schöne Aussicht. Der Tod des irdischen Körpers ist eine zeitlich begrenzte Ausweichmöglichkeit, um unsere Irrtümer zu überdenken und, wenn möglich, zu korrigieren. Es ist eine Gnade, befreit vom tierischen Körper die Fülle des rein spirituellen Lebens spüren zu können. Der irdische Tod ermöglicht uns die Heimreise, die Rückkehr zu einer reinen, unbefleckten Liebe, wie viele es während der Rückführung erlebt haben. Wir werden später darüber sprechen, wie wir die Zeit „zu Hause" im Jenseits verbringen.

„Wird dir bei der Beschäftigung mit dem Sterben klar, daß Gewalt entstehen kann, daß es Mord und Totschlag geben wird, mit allen daraus resultierenden Problemen?"

„Das sehe ich nicht", antwortet sie.

„Versuche dich hineinzuversetzen. Schließlich hast du die Möglichkeit und die göttliche Gabe, sowohl das Jetzt als auch das Zeitlose zu schauen, alles zu sehen, was ist und was sein wird."

„Es ist alles unklar", sagt sie.

„Warum", frage ich und warte gespannt, wie es weitergeht.

„Weil es eine Entwicklung ist, die ich noch nicht sehen kann. Ich kann sehen, daß ich an die Tiere gebunden bin, daß ich sterben und wieder zurückkehren werde. Dabei handelt es sich um Ereignisse, die jetzt geschehen. Die zukünftigen Konsequenzen überschaue ich nicht, zumindest nicht die Fehler."

„Warum nicht? Es scheint mir ungewöhnlich, weil ich annehme, daß du die kommenden Ereignisse genauso sehen kannst wie Gott?"

„Nein, ich sehe sie nicht! Das heißt, daß ich doch schon stark erdgebunden bin. Letztlich bin ich schon inkarniert und getrennt vom Göttlichen Geist."

„Also kannst du in diesem Moment nicht mehr die weitergehenden Folgen für die Menschheit erkennen." Es ist weniger eine Frage als vielmehr eine Feststellung.

„Ich denke nicht, nein ...", sagt sie vorsichtig. Sie denkt nicht weiter darüber nach.

„Wie entsteht der Plan, die Tiere anzupassen. Ist es wirklich ein gemeinsamer Plan? Gibt es dazu Kontakt und Austausch mit anderen Wesenheiten?"

Ich habe die Frage schon einmal gestellt, aber keine klare Antwort darauf erhalten.

Jetzt antwortet sie: „Ich vermute, es handelt sich um die Einsicht, daß es keine andere Möglichkeit für mich gibt."

„Woher stammt diese Erkenntnis? Ist das auch eine Folge deines jetzigen Zustandes?"

„Nein! Wer in ein Tier eintreten möchte, muß das zentral regeln. Anders funktioniert das nicht."

„Also doch ein bewußter, zentraler Plan", schließe ich daraus. „Aber woher kommt der Plan?"

„Es geschieht durch Gedankenprojektion, durch eine gemeinsame, gebündelte, schöpferische Kraft."

„Wie kommt ihr zu dem übereinstimmenden, gemeinsamen Entschluß, so zu handeln, die Tiere anzupassen? Geschieht es einstimmig? Ist bei allen der gleiche Drang vorhanden?"

„Vielleicht gibt es einige, die nicht einverstanden sind, das weiß ich nicht. Die Mehrheit will es so, sonst könnte es nicht gelingen. Es ist ein gemeinsames Projekt der vereinten Kräfte. Würde alles individuell bestimmt, würden jetzt wahrscheinlich viele völlig unterschiedliche Kreaturen herumlaufen."

Später stellt sich heraus, daß tatsächlich unterschiedliche Mischformen entstanden sind, sogar von Geistwesen, die andere Tierkörper „bezogen" haben. Später entstanden Menschen mit Rudimenten anderer Tierarten. Ein wirkliches Problem, das größtenteils die Atlanter gelöst haben.

„Als ihr während der ersten Inkarnation ins Wasser hineingegangen seid, wie groß war eure Gruppe?"

„Nicht so groß, vielleicht zwanzig. Es ist die erste Welle spiritueller Wesenheiten. Es ändert sich, weil wir noch wechseln können."

„Ich weiß nicht, was du mit wechseln meinst?"

„Ich besitze nicht alleine einen Körper, sondern teile ihn mit anderen. Einer verläßt ihn, und ein anderer betritt den Körper, eine sehr freie Gemeinschaft. Viele Wesenheiten steuern auf diese Weise nacheinander zwanzig Körper. Am Anfang funktionierte es gut. Später, nachdem die Verbindung zum Körper stärker wurde, war es nicht mehr möglich."

„Kannst du mehr zu der Gesamtentwicklung und dem Plan sagen? Habt ihr diese Schritte, mit allem angefangen zu haben, nie bereut?"

„Nein, bis jetzt nicht. Es ist „das große Ereignis", auf das alle Wesen gewartet haben. Wir können immer noch ohne negative Folgen in die erste Phase zurück."

„Wo bleibst du, wenn du den Körper verlassen mußt?"

„Irgendwo, an einem anderen Ort, weiter weg, aber immer noch in der Nähe der Erde, im Raum."

„Bist du alleine?"

„Nein, mehrere Wesen sind bei mir. Alle warten, bis ein Körper frei wird, um wieder zurückgehen zu können."

„Wie fühlst du dich, während du mit den anderen wartest?"

„Gut. Es wird klar, daß eine Bindung an die Erde besteht. Ich kann nicht mehr so einfach aussteigen, bin getrennter von der geistigen Welt als früher, bevor ich in Körper inkarnierte."

„Seid ihr zufrieden mit dem, was ihr bisher auf Erden erreicht habt?"

„Es geht. Nun ja, es ist so, wie es ist. Wie geht es weiter? Es fühlt sich alles etwas leer an. Wie nach einer ausgefüllten Zeit, nach der du nichts mehr zu tun hast. Es gibt nichts zu tun? Wir warten nur auf Veränderung. Wir können die Situation nicht rückgängig machen. Ich habe das Gefühl, einen Teil meiner Freiheit eingebüßt zu haben. Wenn ich in einem Körper bin, fällt das nicht so auf.

Dort ankommen zu sein, ist richtig schön. Danach jedoch auf einer Art Strafbank zu sitzen, gefällt mir nicht." Das Letzte kommt ganz spontan.

„Du sagst Strafbank …"

„Am Anfang ist es so. Wenn ich aber wieder an dem „Spiel" teilnehmen kann, gefällt es mir erneut", wiederholt sie.

„Das hört sich nicht begeistert an", stelle ich fest.

„Ganz sicher nicht, nein!"

„Nein? Das wundert mich gar nicht."

„Eine Antiklimax …" Sie lacht verunsichert.

„Dein Lachen ist nicht ganz echt."

„Ja, es ist lächerlich." Es ist kaum noch zu sehen, daß sie sich in tiefer Trance befindet. „Ich spüre, daß ich nicht gerne zugeben möchte, daß alles so gelaufen ist. Ich möchte nicht gerne zugeben, daß ich so dumm war. Aber es ist jetzt geschehen."

„Daß du in die Falle des Fleisches hineingelaufen bist?"

„Ja, ich finde es dumm."

„Das ist noch schwach ausgedrückt", sage ich schließlich. „Aber es gibt einen Weg zurück, auch wenn er lang ist."

Damit endet eine Sitzung, in der wir das Gesuchte gefunden haben. Gleichzeitig bestätigt es viele Erfahrungen aus vorhergegangenen Sitzungen.

Es hört sich alles wie eine spannende phantasierte Geschichte an, die bewußt oder unbewußt auf wahren Geschehnissen beruht. Alles, was wir als Phantasie bezeichnen, hat einen Ursprung, kommt von irgendwo her. Sie beruht auf früheren, weit zurückliegenden Erfahrungen. Auch die Archetypen von Jung, die Urbilder, basieren auf Wahrheiten, haben in einer fernen Vergangenheit wirklich existiert. Wir finden sie in der Mythologie, in den Sagen und Legenden vieler Völker und Kulturen.

Eine meiner Versuchspersonen begegnete in einer Sitzung in dem unterge-
gangenen Land Lemuria dem einäugigen Zyklopen der griechischen Mythologie. Der Zyklop, schwarz gefärbt und vier Meter groß, kam plötzlich aus
dem Urwald. Sie erschrak gewaltig, als sie mit ihm konfrontiert wurde. Phantasie, wie sie normalerweise verstanden wird, gibt es für mich nicht. Sie entspringt nicht aus dem Nichts, wie eine Laune des Geistes.

VIERTES KAPITEL

Evolution und Involution in der fünften, sechsten und siebten Inkarnation auf Erden.

Macht, traumatischer Tod, Karma, Bestimmung des Lebenszieles. Zwischen zwei Leben. Ein erster Schein des Göttlichen Lichtes nach dem Fall ins Fleischliche. Höhlenbewohner.

Alle Vorbereitungen sind getroffen, alle Anweisungen gegeben. Meine Versuchsperson sitzt wieder in tiefer Trance auf dem Stuhl.

Ich werde oft gefragt, entweder während der Sitzung oder manchmal auch danach, ob die Versuchspersonen wirklich in Trance seien. Der Trance-Zustand ist ein rein geistiger Zustand, ein erweiterter Bewußtseinszustand, und wird demnach nicht körperlich wahrgenommen. Er bringt keine Veränderung der körperlichen Verfassung mit sich, sondern ähnelt dem Zustand des Wachbewußtseins. Manchmal kommt nur ein Gefühl von Müdigkeit auf. Das Wahrnehmungsvermögen wird sehr viel schärfer und erweitert sich, wodurch die Möglichkeit entsteht, in der feinstofflichen oder geistigen Welt zu forschen. Das hält so lange an, bis Ängste, Blockaden oder Widerstände aus dem Unterbewußtsein den Zustand unterbrechen, da die Konfrontation mit den auftauchenden Erfahrungen nicht ertragen werden kann. Das Unterbewußtsein ist autonom; es handelt sich fast um eine zweite, unabhängige Persönlichkeit. Das habe ich im Laufe meiner Arbeit häufig erfahren.

Jeder kann sich in Trance versetzen, wobei die Schwelle zum Trance-Zustand sehr unterschiedlich ist. Nur ganz wenige Menschen blockieren gleich zu Anfang, andere sind erst dann blockiert, wenn die eigentliche Rückführung beginnt. Später sagen die Menschen: „Ich bin doch wegen der Rückführung gekommen, warum gelingt es mir nicht?" Worauf ich nur antworten kann: „Rational möchtest du zwar, aber emotional blockst du ab."

Einige, die zum ersten Mal zu einer Sitzung kommen, haben unbewußte Ängste vor dem Unbekannten, was gar nicht nötig wäre. Kommt man gut in die Rückführung hinein, öffnet sich die Tür für weitere Erfahrungen, und die Angst verschwindet.

Jemand kann sich in tiefer Trance befinden und trotzdem das Empfinden haben, ganz wach zu sein, nur mit geschlossenen Augen dazusitzen. Erst nach der Sitzung stellt er fest, wie tief und wie weit er in ein anderes Bewußtsein eingetaucht war. Dies gilt jedoch nicht für alle Menschen.

Meine heutige Versuchsperson versetzt sich leicht sehr tief und entspannt in Trance und zeigt dabei große geistige Klarheit.

Montag, den 15. März 1982

Wir untersuchen in der jetzt folgenden Sitzung ihre fünfte, sechste und siebte irdische Inkarnation. Wir verfolgen sie auf ihrer irdischen Reise. Die Frage ist, ob die Entwicklungen in diesen Leben eine Evolution, eine Vorwärtsentwicklung, oder eine Involution, einen Rückschritt, verursachen, mit allen daraus entstehenden Konsequenzen. Voller Erwartung frage ich: „Was siehst du, was geschieht, was erfährst du?"

„Ich sehe hohes Gras und einige Bäume", antwortet sie ruhig. „Es ist sehr warm. Ich befinde mich auf gleicher Höhe mit den Baumspitzen. Ich sehe viele Affen. Eigentlich sind es behaarte Menschen, die fast gerade gehen, auch haben sie nicht so lange Arme wie Affen. Sie gehen in den Wald hinein und sitzen auch in Bäumen. Jetzt sehe ich einen sehr großen „Affen", wahrscheinlich den „Vater". Er sieht mehr wie ein Mensch aus und sitzt ganz gemütlich oben im Baum auf einem Zweig, die Beine schlendern zu einer Seite. Mit den Händen hält er sich an einem anderen Zweig fest.

Ich schwebe oben über ihnen, sehe einen Mutteraffen-Menschen. Sie sitzt auch im Baum und gebiert gerade ein Affenkind. Dieses Kind bin ich.

Der Vater sitzt sicherheitshalber unter der Mutter, damit er das Kind auffangen kann. Das Baby soll herausfallen, aber nicht auf den Boden. Die Mutter sitzt in der Hocke oben im Baum."

„Wie erfährst du das?"

„Ich schaue, außerhalb meines Körpers, nur zu."

In einem späteren Stadium der Evolution wird der Geist schon vor der Konzeption anwesend sein und die befruchtete Eizelle, den Embryo, in Besitz nehmen. Das geistige Wesen aus dem Jenseits ist nicht mehr als ein von Licht umgebener Energiepunkt, der sich ohne Mühe in dem Embryo festsetzen kann. Es gibt ein Ich-Bewußtsein, das jedes Entwicklungsstadium, bis zum Erwachsensein, einnehmen kann. Zudem kann das Bewußtsein beliebig in den Embryo ein- und austreten und alles von außen betrachten.

„Die Mutter sieht heller und weniger behaart aus", fährt sie fort.

Hier wird schon der Unterschied in der Behaarung von Mann und Frau sichtbar: der Frauenkörper ist glatter und fast unbehaart, wohingegen der Mann bis heute stark behaart geblieben ist.

In der Natur sind die Männchen fast immer auffälliger, schöner und attraktiver als die Weibchen. Bei der menschlichen Rasse ist es genau umgekehrt. Vielleicht ist der Grund dafür schon in dieser Zeit zu finden: die Anziehungskraft der Frau war eine Notwendigkeit. Der Mann wurde durch die Anziehungskraft gereizt, wodurch die Fortpflanzung gesichert wurde.

Von den Künstlern wurde die Schönheit eines nackten Frauenkörpers schon immer betont.

„Jetzt wird es interessant", sagt sie. „Ein kleines Wesen kommt aus der Mutter heraus, und der Vater hält es fest. Phantastisch!"

Die Mutter leckt das Kind sauber. Ich fühle den Körper und die Reinigungszeremonie der Mutter. Ja, ich sehe es, weiß aber nicht, ob meine Augen geöffnet sind. Mir ist bewußt, daß ich gestillt werde, obwohl ich es nicht fühle. Ich bin zum größten Teil mit dem Bewußtsein in dem Kind und bin glücklich. Ich fühle mich sicher und trete jetzt ganz ein", ruft sie siegreich.

Wir überspringen jetzt eine längere Zeitperiode.

„Wie geht es dir?"

„Gut, ich bin jetzt älter, ein etwa zehn Jahre alter Junge. Ich gehöre einem ziemlich großen Stamm an. Es gibt bestimmt hundert Tiermenschen, drei Viertel davon sind Frauen. Ich spiele in den Bäumen, klettere und kämpfe, aber die meisten Kinder sind noch bei ihren Müttern. Ich weiß nicht, wer mein Vater ist, seine Beziehung zu mir scheint nicht sehr stark zu sein. Vielleicht hat er nur eine Beziehung zu meiner Mutter." Sie atmet tief durch.

„Wie geht dein Leben weiter?"

„Als Junge ist es am wichtigsten zu lernen, wie man Essen findet, hauptsächlich Früchte und Knospen von Bäumen. Auch lerne ich zu kämpfen, damit ich stark werde. Ich kämpfe ohne Waffen, nur mit meinem Körper. Ich kämpfe mit den Zähnen, mit den Händen, mit Armen und Beinen. Anfangs ist es ein Spiel, später dient es dazu, Eindringlinge fernzuhalten. Das Wichtigste aber sind die Rivalitätskämpfe der Männchen um die Weibchen, und das will gelernt sein."

„Du sprichst von Eindringlingen. Habt ihr ein fest umgrenztes Territorium?"

„Ja, aber nur um unsere Gruppe herum, kein festes Gebiet. Wer der Herde näherkommt als einen Kilometer, wird vertrieben."

„Wie geht es dir, wenn du älter bist?"

„Ich spüre etwas an meiner linken Hand. Einen brennenden Schmerz. Es ist beim Kämpfen passiert und geht nicht mehr weg."

„Irgendwann muß es doch ausheilen."

„Ja, aber es fehlt etwas. Die Mitte der Hand fühlt sich sehr eigenartig an. Zwischen den kurzen Fingern befindet sich Haut, keine Schwimmhaut. Etwas ist gerissen."

„Warum hast du gekämpft?"

„Ich bin fast erwachsen. Wahrscheinlich habe ich unbedacht gehandelt, habe ein zu starkes älteres Männchen wegen eines Weibchens herausgefordert. Er war jedoch stärker. Er hat mich ziemlich fest gebissen und so verletzt."

„Er muß recht grob gewesen sein."

„Aber ich war gewarnt worden, mit ihm zu kämpfen. Mein Eigensinn trieb mich jedoch zum Kampf."

„Wie steht es mit dem telepathischen Kontakt. Könnt ihr Gedanken austauschen, ohne Laute von euch zu geben?"

„Tagsüber nicht. Nachts und außerhalb meines Körpers bin ich bewußter. Der Schlaf ist eine Art Besinnungszeit. Wenn alles zur Ruhe kommt, verlasse ich meinen Körper. In dieser Zeit gibt es intensivere telepathische Kommunikation untereinander. Nach dem Schlafen bin ich wieder im Affenkörper und weiß nichts mehr davon. Tagsüber ist das Bewußtsein wieder auf dem niedrigen tierischen Niveau."

Auch heute laden wir uns nachts während des Schlafes auf, wenn unser Geist den Körper verläßt. Davon bin ich überzeugt. Wenn der Geist aus irgendeinem Grund nicht austritt, fühlen wir uns am nächsten Morgen müde und unausgeschlafen. Auch heute gibt es auf höherem Niveau im

Schlaf Kontakte mit anderen Geistwesen, zum Beispiel mit unserer Zwillingsseele. Diese Kontakte sind jedoch meistens unbewußt. Jeder Mann hat ein weibliches Komplement hier auf Erden, jede Frau ein männliches. Nachts beeinflussen sie sich gegenseitig, positiv oder negativ.

Die ursprünglich androgyne Seele, das jetzige Höhere Selbst, wurde bei der Trennung der Geschlechter gespalten. Beide Teile bilden eine Einheit. Ich habe dies mit einer weiblichen Versuchsperson analysiert und dabei bestätigende Resultate erhalten. Sie fand ihre männliche Seelenhälfte in Deutschland und war sofort in Körper und Geist eins mit ihm. Sie wußte alles über sein Gefühlsleben und seine materiellen Umstände. Sogar Name und Alter waren ihr bekannt.

„Wie steht es mit der Integration in diesen Tierkörper? Wie verträgt sich deine Anwesenheit mit den natürlichen Instinkten, dem Triebleben und der vorhandenen Intuition?"

„Ich denke, das Spirituelle wurde den Instinkten immer stärker untergeordnet, was in dieser Entwicklungsphase wohl auch richtig ist."

„Ganz am Anfang, bei der ersten Inkarnation, konntest du das Tier lenken. Geht das jetzt auch noch?"

„Nein. Das Bewußtsein ist viel stärker begrenzt. Ich lebe hauptsächlich instinktiv."

„Frustriert dich das? Fühlst du dich eingeschränkt?"

„Nein. Wenn ich im Tier bin, kenne ich nichts anderes. Wenn ich außerhalb des Tieres bin, bleibe ich trotzdem in der Nähe der Herde. Ich bleibe bei der Gruppe, ich kann nicht weg. Ich fühle mich nicht eingeschränkt, trotz des Wissens um ein größeres Ganzes."

„Erinnerst du dich noch, daß du bei den ersten Inkarnationen warten mußtest, bis du wieder gemeinsam mit deiner Gruppe inkarnieren konntest. Dadurch dauerte es bis zur nächsten Inkarnation sehr lange. Bist du auf Erden noch immer mit den gleichen Wesen zusammen?"

„Ja, aber es gibt einen Grund dafür, warum ich es nicht mehr bewußt wahrnehme. Zudem sind schicksalhafte, karmische Verbindungen untereinander entstanden, der Anfang einer Gruppeninkarnation. Die Folge ist, daß wir uns logischerweise bis in die heutige Zeit hinein begegnen."

„Habt ihr jetzt, in der fünften Inkarnation, miteinander zu tun?"

„Ja."

„Wie sieht das Leben im Stamm jetzt aus? Bist du größer geworden. Wie läuft der Alltag ab?"

„Wir schlafen auf Bäumen, suchen Essen, kämpfen, besitzen ein Weibchen, sogar mehrere ...."

Daran sehen wir, daß die Polygamie bei uns ursprünglich ist. Die Monogamie fällt uns oft sehr schwer, was in unserer Gesellschaft klar zu sehen ist. Wir haben immer noch den (heimlichen) Drang zur Polygamie. Alles andere ist nur Bindung an ein bestimmtes Kulturmuster.

„Wie geht die Paarung vor sich? Wie findet der Geschlechtsverkehr statt?"

„Genau wie heute. Ich erobere ein Weibchen, sie setzt sich hin, bietet sich an. Danach bespringe ich sie."

„Erlebe einmal einen solchen Moment."

„Ich fühle ein sexuelles Verlangen, ein Begehren. Ich möchte befriedigt werden. Es gibt aber mehr, mehr als nur das tierische Begehren. Es gibt auch ein geistiges Element dabei.

Die tierische Befriedigung ist zwar das Wichtigste, aber das Geistige ist auch deutlich vorhanden. Das Weibchen ist vor und während der Paarung ängstlich, ihr fehlt etwas. Der Vorgang läuft ab, ist aber in Wirklichkeit nicht stimmig. Liebe und Zärtlichkeit fehlen. Die Tiere befinden sich in einer Übergangsphase. So, wie sie die Paarung leben, stimmt es nicht mehr, aber sie kennen noch nichts anderes.

Die Zärtlichkeit fehlt, weil es keine Möglichkeit gibt, sie in das Liebesspiel einzubeziehen. Die Paarung dauert nur ein paar Augenblicke, aber jeder spürt, daß dabei etwas fehlt. Die Weibchen nehmen den Männchen ihre grobe Art nicht übel, aber keiner kennt die Lösung.

Nach der Paarung bleiben wir noch zusammen, vielleicht die ganze Nacht, um ein gemeinsames Erlebnis zu haben. Wir trennen uns nicht sofort.

Ich überlege, ob wir uns streicheln, aber wir lehnen uns nur ganz dicht aneinander und streicheln uns nicht bewußt."

„Hast du während der Paarung einen Orgasmus? Wie erfährst du ihn?"

„Natürlich", antwortet meine weibliche Versuchsperson, die in diesem Leben männlich ist, leise.

„Ist es anders als heute?"

„Der einzige Unterschied ist, daß es tierischer ist, das geistige Erleben fehlt, die Liebesgefühle. Das Geistige und das tierisch Körperliche harmonieren noch nicht miteinander. "

Hier liegt der ewige innere Konflikt eines Menschen, die dauerhafte Spaltung, wodurch auch heute noch unnötige Schuldgefühle entstehen. Es handelt sich um die „Urschuld", die Reibung zwischen Körper und Geist. Der Mensch trägt das Bedürfnis nach einem gesunden Gleichgewicht zwischen beiden in sich. Es besteht solange, bis die Spiritualität klar und problemlos dominiert und die Harmonie unserer Seele vollkommen ausgedrückt werden kann.

„Das Geistige kommt später", sagt sie, um sich zu trösten. „Der Geist ist dem Körper noch zu stark unterlegen. Erst nachts, nach der Paarung, kann der Geist wieder alles ausgleichen. Das anschließende Zusammenliegen, als einfache Form der Zärtlichkeit, bezeugt dies. Es handelt sich um den Versuch, das Geistige einfließen zu lassen. "

„Ist das Schwangerwerden saisongebunden, z.B. einmal jährlich, oder kann ein Weibchen zu jeder Zeit schwanger werden?"

„Nein, ein oder vielleicht zweimal im Jahr ist das möglich, genau weiß ich es nicht. Die Schwangerschaft beginnt bei schönem Wetter, im Frühling oder im Sommer. Dies war auch meine Geburtszeit im Baum. "

„Gibt es so etwas wie eine Menstruation?"

„Nein, aber eine Fruchtbarkeitsperiode. Die Männchen wissen, wann die Weibchen fruchtbar sind. Sie riechen es am Duft ihrer Ausscheidungen. "

„Bist du jetzt ein erwachsenes Männchen?"

„Ja, ich bin stark behaart, vor allem auf dem Rücken, jedoch viel weniger als in den ersten Inkarnationen. Seitdem ist eine sehr lange Zeit vergangen, vor allem zwischen der vierten und fünften Inkarnation. Während der dritten Inkarnation war ich noch ein richtiger Affe, jetzt sehe ich schon wie ein Mensch aus. Es ist schwer zu sagen, wie lange die einzelnen Perioden dauern, vielleicht zehntausend Jahre.

Ich bin jetzt zwar dominant, aber nicht der Leiter. Auch sehe ich sehr mitgenommen aus, weil ich viel gekämpft habe. Meine rechte Hand schmerzt, und hier", sie zeigt auf den Puls der rechten Hand, „dies stammt alles von den Kämpfen um die Weibchen und um Macht. Je mehr Macht man hat, um so mehr Weibchen hat man. Ich habe mich zwar weit nach oben gearbeitet, bin aber nicht der Größte. "

„Respektierst du ihn oder meidest du ihn?"

„Nein, nein", ruft sie erstaunt!

„Seid ihr befreundet?"

„Freundschaft ist zuviel gesagt. Ich beobachte ihn genau, damit ich ihm ein Bein stellen kann", sagt sie vorsichtig. „Er ist zu stark für mich, deswegen muß ich ihn austricksen, wenn ich ihn besiegen will. Er ist schlau, aber ich bin genauso schlau, darin liegt meine Chance."

„Inwieweit schaffst du es?" frage ich neugierig.

„Ich schaffe es nicht, ich werde nicht zum Leiter der Herde!"

„Kannst du wieder einmal über die Bäume hinaussehen und mir, soweit du dich erinnerst, die Landschaft beschreiben, durch die ihr gezogen seid?"

„Wald, kahl und trocken", antwortet sie sofort. Eine große Fläche mit vertrocknetem Gras. Hohes Pampasgras, daneben Bäume und Wälder. Es ist ein warmes Land, mit viel Sonne. Doch unter den Bäumen ist viel Schatten, kein Dschungel. Zwischen den Bäumen gibt es Quellen und kleine Bäche mit wenig Wasser. Es ist ein trockenes, dürres Land."

Ihre Beschreibung läßt mich an Ostafrika, ein dürres und trockenes Land, denken, wo der Anthropologe Louis Leakey Expeditionen leitete. Er fand dort Schädel von Menschenaffen und Reste prähistorischer Menschenrassen.

„Werden auch Höhlen bewohnt?"

„Nein, nur Bäume. Das Auffälligste an der Inkarnation ist, daß ich mich wohlfühle. Ich fühle mich nicht eingesperrt. Ich genieße das primitive Leben. Macht zu besitzen, die Kämpfe um und die Spiele mit den Weibchen empfinde ich als wohltuend. Wichtig ist auch die Suche nach Essen und Wasser."

„Wie alt wirst du in dieser Inkarnation?"

„Ich sterbe, weil ich alt und verbraucht bin", sagt sie ohne Emotionen.

„Es ist nichts Schlimmes passiert. Es war ein gutes Leben, nicht langweilig. Ich bin ziemlich tierisch geworden. Als ich fühle, daß ich sterben werde, sondere ich mich ab und suche eine angenehme Stelle. Diesmal nicht in, sondern unter einem Baum. Ich lege mich hin und wache nicht mehr auf. Der Körper stirbt. Es ist ganz einfach, auszutreten.

Das irdische, körperliche Sterben erlebe ich nicht. Es ist einfach vorbei. Es fühlt sich eher wie ein Aufwachen an, also genau umgekehrt."

„Kannst du sagen, wie alt du, in irdischer Zeit gemessen, geworden bist?"

„Ich denke sehr alt, etwa dreißig Jahre. Das ist sehr alt. Jetzt habe ich den Körper endgültig verlassen.

Ich schwebe noch einige Zeit in der Nähe der Herde, danach verlasse ich die Erde, komme in geistige Ebenen und frage mich: „Was mache ich da unten eigentlich? Ich genieße es sogar, das ist nicht gut. Ich komme auf der geistigen Ebene nicht mehr so weit, ich habe mich ziemlich weit davon entfernt.

Dann muß ich wieder auf die Erde zurück, denn da, wo ich jetzt bin, kann ich es nur schwer aushalten. Ich möchte wieder einen Körper haben. Ich spüre ein leichtes Unwohlsein."

„Auf welche Art und Weise „existierst" du jetzt?"

„Ich bin einfach körperlos, sonst nichts. Ich sehe kein Licht, obwohl ich weiß, daß es existiert. Das ist enttäuschend, und deswegen möchte ich wieder zurück nach unten, da fand ich es angenehmer. Obwohl es keine Zeit gibt, muß ich eine lange Periode warten."

„Erlebst du es als Wartezeit?"

„Ja, es ist eine Besinnungszeit, aber ich wehre mich dagegen. Ich muß, aber will nicht."

„Man zwingt dich dazu?"

„Zur Besinnung? Ja sicher, dazu werde ich gezwungen. Besser gesagt, es ist unvermeidlich. Der Weg zum Fleisch ist viel leichter zu gehen als der Weg zum Licht, zum silbernen See des Geistes, zum Ozean göttlicher Liebe. Es ist frustrierend, daß ich nicht gehen kann, daß ich warten muß.

Keiner ist böse auf mich, alles, was ich tue, wird akzeptiert. Vielleicht wäre es einfacher, jemand würde sich ärgern, anstatt alles so anzunehmen. Das Schlimme ist, daß ich irgend etwas tun muß." Sie kommt an diesem Punkt nicht weiter.

„Mußt du irgendeine spirituelle Übung ausführen oder dich belehren lassen", frage ich?

„Nein. Die einzige Übung ist, daß ich *genau weiß, daß ich mich auf dem falschen Pfad befinde und herausfinden muß, wie ich wieder zum Licht zurückkehren kann,* zum Ursprung, wo ich für immer im Licht aufgenommen sein werde."

„Es war also gar keine Absicht, auf Erden ins Fleischliche einzutauchen", stelle ich vorsichtig fest.

„Doch, die erste Inkarnation schon", antwortet sie.

„War das wirklich der Plan? War das eine Manifestation der göttlichen Absicht?"

„Es war ein Handeln gegen den Plan." Sie schwächt damit ihre Aussage ab. Verwirrt frage ich: „Es war also nicht die Absicht, als spirituelles Wesen in einen Tierkörper zu inkarnieren."

„Nein, aber es ist auch nicht schlimm. Ich weiß es nicht, vielleicht war es doch nicht so gemeint. Aber es ist enttäuschend, daß ich es gemacht habe."

„Hast du mit der Anpassung der Tiere nicht die Evolution der Erde mit ihrem rein materiellen, tierischen Plan durchkreuzt?"

„Wir haben alles beeinflußt."

„War das entgegen dem ursprünglichen Plan ...?"

„Ja, aber „entgegen" empfinde ich zu stark, es war nicht wirklich gegen den Plan."

„Stand es in Einklang mit dem Auftrag bei der Abspaltung aus dem silbernen See des Geistes?"

„Zu der Zeit gab es noch keinen Auftrag. Ich bin einfach losgegangen, ich war frei, überallhin zu gehen. Es stand mir frei, zur Erde zu gehen und kraft meines freien Willens alles zu tun, was ich wollte. Ich glaube nicht, daß ich irgendeinem Plan entgegengewirkt habe."

„Handelte es sich um eine positive oder um eine negative Aktion?"

„Es hätte positiv sein können, aber irgend etwas ist schiefgelaufen, das hätte aber nicht sein müssen."

Sie hat zwar recht, ich meine aber, daß sie mir ausweicht.

„Was meinst du mit „etwas ist schiefgelaufen"?"

„Ich bin zu tief in die Materie eingetaucht, so daß sich das Bewußtsein nur noch auf der tierischen Ebene befand. Keiner von uns weiß mehr, woher wir gekommen sind, es existiert nur noch ein dumpfes, verschüttetes Gefühl."

„Ist es dort im Jenseits, wo du auf deine sechste Inkarnation wartest, nicht angenehmer als in einem Tierkörper?"

„Nein, überhaupt nicht! Es ist viel angenehmer, in einem Körper zu sein, das sagte ich schon. Dann bin ich wenigstens unbewußt. Ich sehne mich sehr nach der nächsten Inkarnation, weil ich dann nicht mit mir selbst konfrontiert bin."

Mit mir selbst! Später, wenn sie in der irdischen Zeit weitergekommen ist, wird sich das genau umkehren.

„Ist die Erfahrung so peinlich?"

„Ziemlich, und äußerst frustrierend. Ich kann mir meine Lage nur selbst übelnehmen, ich habe es selbst verursacht. Keinen anderen kann ich verantwortlich machen, aber dafür macht mir wiederum keiner einen Vorwurf."

„Was du säst, wirst du ernten", denke ich.

„Ich kann nicht fragen: „Gott, warum ist alles so?" Ich kann keine Verantwortung auf ihn abladen. Wenn ich zurück will, muß ich es selbst erringen. Das ist ein kosmisches Gesetz, und ich wußte es vorher. Wenn ich eine Treppe hinabgehe, muß ich selbst wieder hinaufgehen. Ich kann nicht verlangen, daß mich ein anderer hochträgt."

„Manchmal erwartet man es", werfe ich leise ein.

„Jetzt noch nicht." Sie lacht, ohne es zu wollen. „Der Weg nach unten ist so weit. Es ist meine Schuld, dessen bin ich mir bewußt. Ich sitze in der Falle, ja. .., ich …?" Sie kann es nicht fassen.

„Die Situation ist schwierig, aber klar", sage ich.

„Ja, aber ich muß es differenzierter betrachten. Ich sitze zwar fest, aber dahinter steckt mehr. Ich habe ganz bewußt so gehandelt. Ich wußte sehr gut, was passieren könnte, was die Konsequenzen sein würden. Ich war übermütig. Ich habe alles gewußt und hätte zu jeder Zeit aufhören können, bis zu dem Moment, zu dem ich in den Körper hineingegangen bin. Als ich das Tier wie ein Auto gelenkt habe, konnte ich noch zurück, da hatte ich noch nichts …", sie zögert. „Schon damals war ich zu weit gegangen", wird ihr jetzt bewußt.

„Jetzt sitze ich fest und muß irgendwo hin."

„Ich nehme an, daß du trotzdem klar erkennst, daß du ein ewiges Wesen bist."

„Natürlich, aber nur so lange bis ich wieder im Fleischlichen bin", wiederholt sie.

„Das Problem ist eigentlich, daß du die Verbindung mit dem Licht, mit dem Ort, von dem du gekommen bist und an den du gehörst, durchtrennt hast."

„Ich weiß, daß es ihn gibt", bekräftigt sie. „Ich kann mir hier auf der unstofflichen Seite nichts vormachen."

„Ist tief in dir ein großes Verlangen nach dem Licht?"

„Ja, tief in mir schon. Gleichzeitig fühle ich: „Ich schaffe es nie, ich gehe lieber gleich ins Fleischliche zurück, das ist einfacher."

Es wird viel Zeit brauchen. Ein langer, mühsamer Weg liegt noch vor uns, aber am Ende werden wir für immer im Licht sein. Wir haben die Wahl.

„Ich schaffe es nie", ruft sie verzweifelt. „Der Weg ist unendlich lang. Das Wissen darüber ist viel schlimmer als die Unwissenheit."

„Wir sind jetzt da, wo du deine sechste Inkarnation auf Erden beginnst."

Die sechste Inkarnation. Höhlenbewohner.

„Du fängst jetzt die sechste Inkarnation an."

„Wir wohnen in Höhlen", sagt sie als erstes.

„Wie kommst du dorthin?"

Sie lacht. „Ich war in der Nähe, und jetzt gehe ich ganz schnell dorthin. Es ist die gleiche, doch kleiner gewordene Gruppe, mit der ich durch die vorhergehenden Inkarnationen schicksalsmäßig verbunden bin. Es ist eine kleine Gemeinschaft, und ich befinde mich in einer Grotte, in einer Steinhöhle. Ich bin hier geboren worden. Auch diesmal bin ich erst nach der Geburt in den Körper eingetreten. Die Eltern sehen eher wie Menschen aus. Sie sind nackt und behaart, obwohl deutlich weniger. Der Unterschied zwischen Mann und Frau ist klarer ausgeprägt. Die Frau ist kleiner und weniger behaart, im Gesicht gar nicht mehr. Auch das große, vorstehende Affenkinn ist kleiner. Sie sehen klüger aus.

Wir sind in der Evolution vorangeschritten: Wir wohnen in Grotten anstatt auf Bäumen, vieles hat sich seit meiner letzten Inkarnation verändert. Das geistige Niveau ist zwar immer noch nicht hoch, aber deutlich besser als vorher. Die Bindung zwischen Mann und Frau ist stärker.

Ich bin wieder ein Mann, möchte wieder herrschen. Das Wetter ist schön, ich bin in einem Kalksteingebirge. Die Felsen sind weniger rauh und unangenehm, innen ist es dunkel und kühl.

Es gibt Waffen, mit denen irgend etwas oder irgend jemand niedergeschlagen werden kann, eine Art Knüppel mit einem Stein am Ende. Es ist ein scharfer Felsen, aber es ist keine Axt. Ein runder Stein an einem Stock, den ich jemandem auf den Kopf hauen kann oder mit dem ich schleudern kann. Das will gelernt sein. Die Männer sind immer noch sehr stark, und wahrscheinlich benutzen sie die Waffe, um Tiere zu töten, die sie dann essen.

Ich sehe, wie ein Mann die Waffe zielsicher auf ein Tier schleudert. Die Tiere werden roh gegessen, ekelhaft, einschließlich der Eingeweide, des Blutes und allem anderen." Sie zittert vor Abscheu. „Es scheint ihnen zu schmecken, es sind kleine Tiere.

70

Ich sehe mich als riesigen Mann mit einer Waffe. Die Gemeinschaft lebt in der Grotte, alle zusammen. Ich habe eine feste Frau, aber selbst bin ich frei. Andere Männer dürfen sie auch benutzen, mit oder ohne Erlaubnis, obwohl es meistens heimlich geschieht. Unter den Frauen gibt es keinen Neid, die bieten sich brav an und sind froh so.

Das Leben spielt sich zwar in der Herde ab, aber individueller, wodurch alles nicht so friedvoll ist wie in der vorherigen Inkarnation. Jeder hat mehr Macht und Mitspracherecht. Ich bin in dieser Inkarnation zu einem Menschen geworden. Ich bin ein Höhlenmensch.

Wir verbringen den Tag mit Jagen, Nahrung suchen und dem Ausleben der Mann-Frau-Beziehungen. Im Liebesleben zwischen Mann und Frau ist eine geistige Komponente zu spüren, obwohl ich selbst sie nicht zulasse. Ich fühle mich sonst von den Frauen bedroht."

„Du meinst, daß du dich dadurch zu stark gebunden fühlst?"

„Nein, so meine ich es nicht. Wenn ich die Gefühle zulasse, würde ich ein Stück Macht verlieren, könnte überredet werden. Alle Männer haben diese Angst, weil sich etwas ändern muß."

„Du hast Angst vor dem starken, magnetisch wirkenden, ewig weiblichen Element, von dem jeder Mann beeinflußt wird."

„Nein, nicht das weibliche Element, genau umgekehrt. Wenn die Frau Gefühle zeigen darf, bekommt sie Mitspracherecht, und das will ich nicht. Wenn mehr geistiger Kontakt vorhanden ist, geht für mich als Mann die Macht verloren, einfach jede Frau besitzen zu können. Sie wollen dann mitreden und mitbestimmen, und das will ich nicht. Deswegen lasse ich, im Gegensatz zu den Frauen, die Gefühle nicht zu."

„Findet da schon die übliche Einteilung statt, daß der Mann als Verstandesmensch, die Frau als Gefühlsmensch bezeichnet wird?"

„Ja, aber nur, weil es sonst zu kompliziert wird. Der Mann hat, aus seiner Sicht, etwas zu verlieren, die Frau dagegen nicht. Für sie wäre es nur ein Gewinn. Es ist eine Frage der Macht, aus Vernunftsgründen für den Mann entstanden.

Ich bin in diesem Leben sehr stark, groß und schwer. Alles dreht sich um Fortpflanzung, das Sexualleben und um Kämpfe.

Ich bin kein Leiter, aber trotzdem sehr angesehen, ich vergnüge mich, und alles gefällt mir. Ich bin von einem zufriedenen und glücklichen Gefühl erfüllt, unabhängig davon, was für Beziehungen ich habe, und was andere von mir denken. Ich lebe, brauche mich nicht zu beweisen und werde respektiert. Nach irdischer Zeit gerechnet, werde ich etwa dreißig Jahre alt."

„Was ist für dich das Allerwichtigste in dieser sechsten Inkarnation?"

„Es ist das Gefühl, respektiert zu werden und Macht über andere zu haben. Das ist großartig.

Nachts verlasse ich den Körper, bleibe aber in seiner Nähe und mit ihm verbunden. Es handelt sich um eine Art Auflademechanismus. Ich weiß, daß ich mich aufladen muß, weiß aber nicht, warum und woher die Energie kommt."

„Erkennst du, wenn du den Körper verläßt, die Silberschur, mit der du verbunden bleibst?" Ich frage ganz vorsichtig.

„Ja, es gibt eine Schnur, einen Lebensfaden, der mich mit dem Körper verbindet. Körper und Geist sind dadurch dauernd miteinander verbunden.

Die Schnur ist am Kopf, in der Nähe des dritten Auges, manchmal auch am Hinterkopf oder am Solarplexus, dem Sonnengeflecht, mit dem Körper verbunden."

„Ansonsten geschieht in diesem Leben nichts Aufsehenerregendes?"

„Nur mein Tod ist bemerkenswert. Einige junge Männer stoßen einen alten Mann vom Felsen hinunter, weil sie so an die Macht kommen möchten. Das hätte ich auch tun können. Der alte Mann bin ich."

„Was beinhaltet die Macht?"

„Jeder ist mir unterworfen, tut genau, was ich sage. Ich bekomme alles, mein Wort ist Gesetz, und das fühlt sich gut an. Dann werde ich einfach vom Felsen gestürzt", sagt sie sarkastisch. „Während des Fallens verlasse ich bereits den Körper. „Es reicht", denke ich, überlasse den Körper sich selbst und schwebe daneben her. Ich blicke noch kurz dem Körper nach und verschwinde dann."

Der Kopf des Körpers ist zertrümmert, und so entsteht das erste unverarbeitete Trauma, da der Tod die Verarbeitung nicht zuläßt. Das Trauma hängt jetzt „ohne Körper" am Geist und wird sich im nächsten Leben manifestieren, um verarbeitet zu werden.

„Ich kehre zu den anderen Höhlenbewohnern zurück und schaue zu, wie die reagieren. Dabei stelle ich fest, daß sie mich nicht sehen können. Die zwei Männer sehen verschreckt aus. Es war nicht risikolos, mich herunterzustürzen, und sie sind erstaunt, daß es gelungen ist. Gleich danach kämpfen sie miteinander.

Ich schaue noch kurz zu und entferne mich daraufhin. Im Jenseits stehe ich wieder an der gleichen Stelle, habe die gleichen Gefühle. Ich spüre mehr Lust, etwas mit mir anzustellen, weil ich ahne, daß sich das Leben auf Erden ändern wird, nicht so angenehm bleiben wird wie bisher.

72

Ich spüre das Licht, das auf mich einwirkt, und es fühlt sich sehr angenehm an."

Hier entsteht das Jenseits, die Lichtsphäre. Es ist unser Zuhause, wo ausschließlich unendliche und allumfassende Liebe herrscht.

„Ich spüre, wie das Licht auf mich einwirkt und ein Gefühl „völliger Stimmigkeit" in mir wachruft. Dadurch beginne ich, bewußter zu handeln, meinen ersten Lebensplan aufzustellen. Es wird mir bewußt, daß ich die irdische Macht wieder verlieren muß und dafür geistige Macht finden werde. Das ist das Wichtigste, was ich in der nächsten Inkarnation zu lernen habe, um ein Stück Karma zu lösen, eine Lebenslektion zu lernen. Das ist mein einziger Plan."

Ihre Stimmung ist an einem Tiefpunkt angelangt. Sie redet tapfer weiter: „So vieles ist im letzten Leben passiert."

„Kannst du sagen, was?" Mir wird bewußt, das sie eine Frau ist, die in Trance ihr Leben als Mann durcharbeitet und darin auch ganz aufgeht.

Sie antwortet: „Ich habe so manchem Mann und mancher Frau etwas angetan und ihnen Angst verursacht, indem ich sie mir mit Gewalt unterworfen habe. Das alles habe ich mir aufgeladen.

Doch ohne dies wäre ich nicht mächtig geworden. Ohne Kampf und Einsatz wäre ich schon längst unterworfen und ausgeschaltet worden. Es war ein Überlebenskampf. So primitiv waren meine Lektionen."

Heutzutage ist es nicht viel anders.

„Im Jenseits wirst du jetzt mit der ersten tieferen Analyse deiner Person konfrontiert. Die karmische Reaktion zeigt sich ganz klar – das Gesetz von Ursache und Wirkung."

„Stimmt", sagt sie teilnahmslos.

Die siebte Inkarnation. Karma und Trauma.
„Gott, warum nur?"

„Jetzt beginnst du die siebte Inkarnation. Du verläßt das Jenseits. „Was siehst du, was erlebst du?"

„Ich schwebe hoch oben und sehe zahlreiche Felsen. Ich bin weit weg, ohne große Begeisterung, eher neugierig. Es wird nicht mein schönstes Leben auf Erden werden, aber ich gehe voller Mut, weil ich einsehe, daß es sein muß. Jetzt zögere ich, aber ich muß gehen."

„Du mußt, das Kind wird bald geboren, du kannst nicht mehr warten."

„Ich bin jetzt weiblich, werde als Mädchen geboren. Es war nicht so schlimm", sagt sie ironisch."

„Erzähle bitte, wie du in dieser Inkarnation aussiehst."

„Ich bin nur wenig behaart, habe einen großen Körper und sehe wie eine Frau aus, mit Brüsten und weiblichen Geschlechtsteilen. Ich habe deutlich mehr Bewußtsein. Wir sind immer noch Höhlenbewohner, aber weiter entwikkelt. Wir haben mehr und bessere Waffen, auch immer noch den Stock mit dem Stein, diese Art Axt .... Ich wurde als Frau geboren und muß meinem Schicksal gemäß leben. Das heißt konkret, weniger Macht zu besitzen, viel Leid zu ertragen. Als Frau erlebe ich alles sehr gefühlsmäßig und bin mir des Unrechts bewußt. Ich bin den Männern gegenüber aufsässig, versuche mich meinen Verpflichtungen zu entziehen. Das ist kaum möglich. Ich kann meine Gefühle dort nicht äußern und kann auch nicht weglaufen. Ich bin eine schöne und beliebte Frau, doch das macht alles noch viel schwieriger. Ich kann kaum irgendwo hingehen, ohne daß ein Männchen versucht, mich zu bespringen. Mir wird übel dabei, ich kann aber nichts dagegen tun ...."

„Wie sieht die Umgebung aus, in der du wohnst?"

„Genauso wie im Vorleben – die gleiche Stelle, die gleichen weißen Kalkfelsen, die gleiche Aussicht. Es gibt viel Wasser in der Nähe, der Boden ist fruchtbar, wir haben viel Nahrung. Ich habe Angst, was mir jedoch nicht bewußt ist. Ich muß viel Nahrung suchen und klettere auf Bäume, aber ich habe immer Angst, wieder herunterzuklettern. Vermutlich, weil ich im Vorleben vom Felsen gestürzt wurde."

Das unverarbeitete Trauma äußert sich als Höhenangst. Karmisch interessant ist die Tatsache, daß sie als Frau lernt, nach unten zu gehen, da sie jetzt Nahrung, die Früchte der Baumgipfel, holen und herunterbringen muß.

„Siehst du, du bringst in dieses Leben dein erstes Trauma mit."

„Ich habe kein Problem damit, den Felsen hochzuklettern und Nahrung zu suchen. Aber das Herunterkommen finde ich grausam."

„Du erlebst deine unverarbeiteten Gefühle", bemerke ich.

„Ja, aber unbewußt, ich weiß nichts davon."

74

„Das ist klar. Es ist dein unverarbeitetes Trauma, daß beim Sturz entstanden ist."

„Ich muß Früchte pflücken. Ich versuche, den Weg nach unten so sicher wie möglich zu gehen. Ich mache einen weiten Umweg, damit ich sicherer nach unten gelange. Aber das macht alles noch schlimmer, denn dadurch bleibe ich schlank und attraktiv."

„Was sind deine karmischen Probleme, was ist der Lernauftrag in dieser Inkarnation?"

„Ich muß alles mögliche tun. Jetzt bekomme ich auch noch Kinder, das gefällt mir überhaupt nicht. Die Geburten sind schmerzhaft, und die Kinder verlangen viel von mir. Ich muß alles allein machen. Ich fühle mich mißbraucht, verkannt. Ich habe sehr viele Kinder und muß sie alle ernähren, dazu habe ich immer noch Angst beim Heruntersteigen, fühle mich nervlich total überfordert."

„Das ist deine unverarbeitete Höhenangst. Du erlebst das immer, wenn du herunterschaust."

„Das stimmt. Wenn die Kinder älter werden, versuche ich ihnen klar zu machen, daß sie mir helfen müssen. Aber sie sind schlau, und die Jungen helfen mir nicht, denn sie müssen das Kämpfen lernen. Die Mädchen lernen zwar, mir zu helfen, aber bis sie es endlich können, haben sie bereits einen Mann, der von ihnen fordert, Arbeiten zu erledigen."

Es ist klar, daß sie die Ernte der vorigen Inkarnation erhält, in der sie es als Mann genossen hat, Macht über andere auszuüben. In dieser Ur-Zeit zeigt sich schon die Wirkung des kosmischen Gesetzes, daß jemand durch seine Taten und Gedanken eine Situation verursacht, die sich auf unangenehme Art gegen ihn auswirken kann. Aktion verursacht Reaktion, Ursache zeitigt Wirkung! Was du säst, wirst du ernten. In Wirklichkeit ist es eine Gnade, eine Möglichkeit, Fehler wieder in Ordnung zu bringen. Wir lernen zu fühlen, was wir anderen angetan haben, damit wir es nicht noch einmal tun. Der karmische Weg ist ein schwieriger, aber selbst gewählter Weg. Gott ist Liebe und Barmherzigkeit. Keiner wird für ewig in die Hölle geschickt. Diese Art von Hölle gibt es gar nicht: wir schaffen uns die Hölle selbst − hier auf Erden.

Der karmische Prozeß, der in dieser Zeit angefangen hat, ist heute immer noch gültig. Der Mensch wird auch heute ständig mit seinem von ihm selbst verursachten Schicksal konfrontiert. Zum Glück ist Karma nicht nur negativ. Positive Fähigkeiten und frühere Liebesbeziehungen kehren als angenehme Lebensumstände zurück.

„Wie sieht es mit der Fortpflanzung aus?"

„Am Anfang war es einmal pro Jahr, aber jetzt kann ich fast zu jeder Zeit schwanger werden. Es gibt mehrere fruchtbare Perioden. Ich spüre es und rieche den Duft, den ich verbreite, von dem die Männer angezogen werden. Ich muß dann aufpassen, fliehe in den Wald, wo ich mit stark riechenden Blumen und Kräutern versuche, den Duft zu übertönen. Ich wälze mich auf dem Boden, um den Duft loszuwerden. Manchmal wirkt es, aber nicht immer. Oft reicht es gerade aus, um die fruchtbare Periode zu überstehen und nicht schwanger zu werden. Schließlich tragen wir keine Kleider, sind ganz nackt."

Das ist wohl das erste Verhütungsmittel.

„Hat sich die Leidenschaft bei den sexuellen Kontakten geändert?"

„Sie ist geringer geworden, dafür stellt sich ein stärkeres geistiges Erleben ein."

„Kommt es vor, daß du als Frau Verlangen nach einem Mann hast, oder bist du nur damit beschäftigt, den Männern auszuweichen?"

„Es ist schwierig. Ich bin so beschäftigt, daß gar kein Verlangen aufkommt. Ich habe keine Zeit, mich damit auseinanderzusetzen."

Ende der Sitzung. Die siebte Inkarnation wird in der nächsten Sitzung fortgesetzt.

Es wird klar, wie der heutige Mensch zu seinen Problemen gekommen ist und daß er nur sich selbst Vorwürfe machen kann. Niemand anderen kann er beschuldigen. Wenn es eine Schuld in einer Beziehung gibt, so existiert sie auf beiden Seiten. In den Rückführungen entdecken wir immer wieder das gleiche: Wir begegnen uns selbst! Die letzte Inkarnation zeigt dies deutlich.

Man kann es auch anders sehen. Mehrere rote Fäden ziehen sich durch unsere zahllosen Vorleben – der Faden der Liebe zu einigen Personen, der Faden der Angst und des Hasses, des Neides und der Eifersucht, der Aggression und der Gewalt, der Folter und aller anderen negativen Gefühle und Taten zu anderen. Parallel dazu gibt es den Faden der unverarbeiteten Gefühle, verursacht durch Traumata, die beim Tod im Geiste gespeichert und in das nächste

Leben mit hinübergenommen werden, wo sie sich als Ängste, Schmerzen und andere Beschwerden äußern.

Auch festgelaufene Beziehungen kommen in spätere Leben zurück und verlangen eine harmonische Lösung. Manchmal sind die zukünftigen Leben schon in den Prozeß mit einbezogen. Dies ist möglich, weil im Jenseits keine Zeit existiert – keine Vergangenheit, kein Heute und keine Zukunft. Es gibt nur das ewige JETZT, außerhalb von Zeit und Raum.

Diese Geschichte wiederholt sich, stellt eine zentrale Aussage in der Reinkarnationstherapie dar.

Viele Menschen fragen nach dem Sinn des Lebens und des Leidens. In einer Zeitung vom 18. Mai 1990 las ich den Kommentar zu dem Buch *Gott, warum nur?* von Jos Brink. Ich zitiere daraus: „Es gibt in Wirklichkeit keine Antwort auf die Frage, warum wir leiden."

In diesem Buch gibt es zwei zentrale Gedanken: „Unser Leiden ist nicht Gottes Wille", und „Gott sucht die Lösung bei den Menschen, die gemeinsam voranschreiten wollen". Wie wahr sind diese Aussagen!

Viele Menschen machen Gott für alles verantwortlich, was auf Erden geschieht, sowohl für das Schicksal der Völker als auch für ihre persönlichen Beziehungen. Oft wird gefragt: „Warum läßt Gott dies zu? Warum gibt er manchen Menschen ein leidvolles, schweres, sogar unerträgliches Schicksal?" Ist das gerecht? Alles hat einen Sinn, und wir sind selbst für das, was wir über viele Leben hinweg verursachen, verantwortlich. Alles ist eine Folge unserer Taten, verursacht durch unseren freien Willen; und oft ist es ein Leidensweg. Gott hat damit nichts zu tun, er hat uns nicht das Leiden gegeben. Er schenkt uns, nach strengem kosmischem Gesetz, seine Gnade. Er schenkt uns die Möglichkeit, uns aus unseren Verirrungen zu befreien, zu ihm zurückzukehren, indem wir unseren Fehlern erneut begegnen und die Liebe zu unseren Nächsten wiederherstellen. Christus hat uns diese Botschaft gebracht.

Gott ist die vollkommene Liebe. Wir sind Kinder Gottes und als Göttliche Funken von ihm abgespalten. Wenn wir die vollkommene Liebe durch die Auseinandersetzung mit uns selbst untereinander wiederherstellen, können wir wieder in ihm aufgehen. Wir haben uns bis jetzt nicht stark genug seiner Liebe und seinem Licht zugewandt. Das Leben ist eine Lehre, oft eine sehr schwere. Es ist ein Versuch, das Verlorene zurückzugewinnen. Das Bisherige zeigt dies deutlich.

FÜNFTES KAPITEL

Letzter Teil der siebten Inkarnation.
Die achte Inkarnation.

Die Steinzeit. Bewußtwerdung. Der erste Gruppenplan. Karma.

Ich habe noch viele andere Beispiele mit ähnlichen Erfahrungen von Menschen, die bei mir waren.

Zum Beispiel erzählt die Journalistin Emmy van Overeem, nachdem sie mehrere Sitzungen mit mir durchgeführt hatte, in einem Artikel in *Elseviers Magazine* vom 18.4.1981, über ihre Ur-Zeit-Erinnerung:

„In meiner fünften Sitzung erlebe ich meine erste Inkarnation, mein Geist stieg nieder in ein Wesen, halb Affe, halb Mensch. Es war sehr spannend, und ich konnte mich vollkommen in das Geschehen hineinversetzen.

Als ich in tiefer Trance war, fragte mich Pieter Barten, was ich sähe. Ich erzählte ihm, daß ich fliegen würde, aber ohne Flugzeug. Ganz schnell flog ich über Wiesen, Wälder, Wasser und Dünen. Plötzlich befand ich mich nur noch etwa zehn Zentimeter über der Erde. Ich war als Baby inkarniert, das auf dem Boden lag, am Rande eines Waldes mit grauweißen Bäumen ohne Rinde. Meine Mutter kam zu mir und stillte mich. Ich hielt sie fest, sie war braun behaart.

Ich sah ein Leben an mir vorbeiziehen, in dem ich etwa dreißig Jahre alt wurde, was sehr alt war.

Mein Körper lag leblos auf dem Boden, wenn ich bisweilen einen Tag lang ausstieg, um mich mit frischer Energie aufzuladen. Zurück im Körper konnte ich wieder aufrecht gehen, primitive Gefühle äußern und andere bewußt betrachten. Körper und Geist waren noch nicht aneinander gewöhnt, Instinkt und Denken prallten aufeinander.

Wir kommunizierten durch Laute miteinander; unsere Gefühle waren so unterentwickelt, daß wir das Baby einer von wilden Tieren getöteten Frau verhungern ließen. Uns war nicht bewußt, daß eine andere Frau es hätte stillen können.

Mehrere tausend Jahre danach inkarnierte ich mich als ein immer noch behaartes Wesen, das fast aufrecht ging. Wir kommunizierten durch Gesten und differenzierte Schreie miteinander.

Der Geist verließ den Körper immer nur kurz, aber schlagartig. Ich sah weißes Licht, und danach befand ich mich außerhalb des Körpers.

Es war eigenartig, selbst zu erleben, wie es ist, nur ab und zu denken zu können und dann gleich wieder in eine instinktive, unpersönliche Existenz zurückzukehren, mit dem ständigen Verlangen nach Bewußtsein."

Emmy erzählte mir, daß sie sich einmal zusammen mit einem braunbehaarten Partner im Baum sitzen sah und traurig war über so wenig Bewußtsein.

Eine andere Person erzählte mir während der Sitzung über ihre Erfahrungen als Ur-Mensch, im Rahmen einer Untersuchung zu den Ursachen ihrer Krämpfe:

„Ich habe wenig Bewußtsein. Mein Körper hat ziemlich lange, graubraune Haare und lange Arme, die ich zur Fortbewegung benutze.

Ich sehe hohe Bäume und fühle, wie ich mich wie ein Affe zwischen den Bäumen bewege. Ich falle in eine unendliche Tiefe, einen abgebrochenen Zweig in der Hand. Unter mir sehe ich Lichtflecken, hohe Bäume und einige Felsen. Es sieht sehr wüst aus.

Ich saß in einem Baum über einem Abgrund, und jetzt falle ich in die Tiefe, wobei ich gegen Zweige und Felsen schlage. Ich versuche, mich an Sträuchern der Felswand festzuhalten, finde aber keinen Halt. Ich spüre einen Krampf im Körper.

Ich schlage auf dem steinernen Boden auf, erst mit dem linken Fuß, dann mit dem ganzen Körper. Der Aufprall ist sehr stark, weil ich tief gefallen bin. Danach schwebe ich über meinem Körper."

Ich sage ihm, er solle zu dem Baum zurückkehren, um zu untersuchen, warum er gefallen ist.

„Ich sitze wieder im Baum und schaue über die Berge. Auf diesem Baum habe ich eine wunderbare Aussicht. Ich sitze dort mit meinem Weibchen, ganz sicher und fest auf einem Zweig. Mein Bruder schubst mich herunter, er wollte mein Weibchen haben. Ich versuche noch, mich festzuhalten, aber es gelingt mir nicht. Ich streife an der Wand entlang den Abgrund herunter. Ich höre die anderen schreien und sehe, wie sie herunterschauen. Ich bin ratlos und wütend, als mir klar wird, wer Schuld hat. Der Krampf steht in Verbindung mit der Angst, aber noch mehr mit der Wut. Ich schlage auf einen Felsvorsprung auf und breche mir dabei die Wirbelsäule. Der Körper fällt noch tiefer, ich bin jedoch schon tot.

Im Jenseits spüre ich Rachegefühle, zusammen mit einem Verkrampftsein. Ich steige nach oben und komme in eine nicht sehr helle Sphäre mit beweglichen Formen."

Er steht am Anfang der menschlichen Entwicklung. Die beweglichen Formen sind gestorbene Artgenossen.

Im nächsten Leben beobachtet er sich beim Gehen, weniger behaart, aber immer noch mit langen Armen.

„Ich habe eine Tierhaut umhängen, bin sehr stark und stehe aufrecht. Ich gehe über einen Pfad, eine Keule in der Hand. Ich höre ein fürchterliches Schreien. Ich schwinge meine Keule, fletsche mit den Zähnen und halte mein Kinn aggressiv nach vorne. Ich kämpfe voller Wut für eine Frau und töte den anderen Mann. Er war im Vorleben mein Bruder, der mich von dem Baum gestürzt hatte. Ich spürte Wut und Krämpfe, als ich auf ihn zuging. Diesmal ging es um seine Frau, die abwartend dasteht.

Später sehe ich mich als erwachsener Mann, stark und sehr muskulös. Ich gehe etwas nach vorne gebeugt, die Arme hängen nach unten. Die Frau ist jetzt unwichtig.

Als ich noch älter bin, sehe ich mich als Stammesoberhaupt. Jetzt bin ich der Stärkste und sehr mächtig, und das koste ich aus. Das war der Hauptgrund des Streites.

Das nächste, was ich sehe, ist Dreck. Mein Leben ist zu Ende. Es sieht aus wie Asche, schwarz, wie Schlamm. Ich liege angespannt in diesem Dreck, spüre den Krampf. Ich bin vom Stamm ausgestoßen worden, von einem stärkeren Mann, der jetzt Stammesoberhaupt ist.

Ich fühle mich verlassen und einsam, weil ich nicht mehr dem Stamm angehöre. Ich bin überall verletzt. Es sind echte, menschliche Gefühle.

Langsam verblute ich, werde schwächer und sterbe.

Im Jenseits sehe ich mehr Licht, ich gehe dort hin. Das Licht ist zwar heller, aber noch nicht strahlend. Der Krampf bleibt mir erhalten.

Ich spüre eine Spannung. Ich schwebe über der Erde, ich sehe sie, ich kann mich noch nicht trennen. Gleichzeitig sehe ich das Licht, wie eine Morgenröte."

Jeder ist in der Lage, seine Vorleben in der Ur-Zeit hervorzuholen und zu erleben. Wir waren alle dort, und wir können es im Geiste, außerhalb von Zeit und Raum, erneut erleben. Es gibt nur das ewige JETZT, in dem alles IST.

Montag, den 19. April 1982

Wir fahren mit dem letzten Teil der siebten Inkarnation fort. Wir beginnen dort, wo wir in der vorherigen Sitzung aufgehört haben.

Alles ist vorbereitet, sie sitzt in tiefer Trance, und ich habe alle Anweisungen gegeben sowie einen Lichtmantel aus reinem weißen Licht als Schutz um sie gelegt. Zusätzlich habe ich unseren geistigen Meister und Leiter gebeten, uns gegen negative kosmische Einflüsse und negative Kräfte der niederen Astralebenen zu schützen. Ich habe sie darum gebeten, daß wir mit der Sitzung das erreichen können, was wir anstreben.

„Was siehst du, was erfährst du?" frage ich.

„Ich befinde mich in der siebten Inkarnation."

„Was geschieht?"

„Ich steige auf einen Felsen, um Nahrung zu suchen. Gefallen tut es mir nicht, ich spüre einen Widerstand, es ist mir unangenehm. Ich klettere nicht weiter hoch, stattdessen schicke ich die Kinder nach oben, um Essen zu suchen."

„Warum steigt ihr auf Felswände?"

„Wir sammeln dort Früchte und Wurzeln von Sträuchern, die auf den Felsen wachsen."

„Gehe weiter in die Inkarnation hinein, dorthin, wo etwas Wichtiges für dich passiert."

„Ich bin in der Grotte, in der ich wohne, und bin wie üblich schwanger. Das Kind wird geboren. Ich sitze in der Hocke, etwas erhöht auf einem Stein, und warte." Sie lacht und kann mit der Situation nicht viel anfangen.

„Wie wird das Kind geboren? Hast du vorher Wehen?"

„Ja, aber es muß ganz von allein herauskommen. Etwas geht schief, es gelingt nicht ... Ich versuche, das Kind mit den Händen herauszuholen, aber auch das gelingt nicht ..."

Sie zögert, möchte verständlicherweise nicht gerne in die Situation hineingehen.

„Es geht nicht, und keiner ist zur Hilfe da. Ich falle herunter und brauche Hilfe. Erst jetzt kommt eine andere Frau, sie nimmt den Kopf des Kindes und zieht es heraus, aber zu schnell und zu grob. Es geht völlig schief."

Sie schreit: „Aua, es tut weh. Das Kind lebt noch, aber ich bin voll mit Blut ... Ein Teil meiner Eingeweide kommt mit heraus, es tut wahnsinnig weh und ekelt mich an ... Ich überlebe es nicht." Sie ist verzweifelt.

„Stirbst du bei dieser Geburt?"

82

„Ich weiß es noch nicht, es fühlt sich grausam an, mein ganzer Bauch schmerzt. Ich verliere sehr viel Blut und werde bewußtlos." Sie atmet tief durch.

Ein sehr unangenehmes Erlebnis, aber klar karmisch bedingt. Die Ursache liegt im Vorleben, wo sie als dominanter Mann willkürlich jede verängstigte Frau nahm und schwängerte, ohne auch nur einmal an die Folgen zu denken. Je mehr Macht, desto mehr Frauen, war sein Leitspruch. Trotzdem ist ihr Schicksal sehr unangenehm, und statt mit Gewalt und Aggression muß es mit Liebe betrachtet und angenommen werden. Die Frau, die ihr geholfen hat, war ganz sicher während ihrer Inkarnation als Mann eine der unterwürfigen Frauen. Haß- und Rachegefühle leben in uns und sind nur sehr schwer zu überwinden. Wir dürfen Böses nicht mit Bösem vergelten. Das ist der Anfang allen Elends.

„Hast du beim Sterben den Körper schon verlassen?"
Sie antwortet ruhig: „Gleichzeitig damit, ich schwebe jetzt wieder als Geist außerhalb des Körpers. Ich sehe, wie der Körper verblutet."
„Ich nehme an, daß du noch nicht alt bist, wenn du noch Kinder bekommen kannst.."
„Nein, ich stehe in der Mitte meines Lebens, bin etwa fünfundzwanzig und habe sehr viele Kinder. Es ist alles ekelhaft." Sie kann die schmerzhafte Geburt nicht loslassen. Auch versteht sie nicht, daß das Gesetz von Ursache und Wirkung uns zur Liebe für unsere Nächsten einlädt, nicht zu Haß und Vergeltung.

Im Mittelalter betrug das Durchschnittsalter in Europa etwa dreißig Jahre. Die Mädchen heirateten mit zwölf oder dreizehn Jahren, gleich nach der Geschlechtsreife. Das was normal, das Leben war kurz und die Sterbeziffer hoch.

„Kennst du den Vater oder die Väter der Kinder?"
„Es gibt mehrere. In Wirklichkeit bin ich Besitz der Gruppe, nicht nur eines Mannes. Aber andere Männer müssen die Hände von mir lassen."
„Du bist jetzt wieder rein geistig. Wie war für dich das Bewußtsein, als du noch im Körper warst?"
„Ich war mir meines Lebens bewußt, auch bestimmter Vorlieben und Ab-

neigungen. Ich hatte Gefühle von Ab- und Zuneigung. Aber es handelte sich nur um primitive Gefühle."

„Womit warst du gedanklich am meisten beschäftigt?"

„Mit dem Überleben", antwortet sie spontan. „Essen, Gebären. Der sexuelle Kontakt war nicht wichtig, für mich war es gleichbedeutend mit Schwangerschaft. Ich fühlte einen gewissen Stolz, zu dieser Männergruppe zu gehören, die mich einfach nahmen, wenn es ihnen paßte. Körperlich war für mich der sexuelle Kontakt nicht angenehm. Ich spreche dabei nur für mich, ich weiß nicht, wie es für die anderen Frauen war. Für mich war es irritierend, für andere Frauen vielleicht nicht. Ich fand es langweilig, wie die Männer mit mir umgingen, und ich hatte ständig Angst vor neuen Schwangerschaften."

„Wo bist du, und was erfährst du im Jenseits?"

„Ich bin erstaunt darüber, wie tief ich in die Materie eingetaucht bin."

„Eigenartig, denn in den ersten Inkarnationen war es dir nicht so bewußt."

„Es erstaunt mich auch, wie stark es mich berührt. Hier auf der inneren Seite wird mir erst bewußt, was für ein lächerliches Leben ich auf Erden führe. Sehr primitiv und sehr unbewußt.

Mein Bewußtsein lebt hier richtig auf, ich bin viel offener für andere Einflüsse. Ich weiß, daß es meine siebte Inkarnation war, aber ich kann die anderen nicht alle sehen. In der sechsten Inkarnation war ich ein mächtiger Mann, daran erinnere ich mich noch. Die Zeit davor wird immer undeutlicher, vom Ursprung weiß ich nichts mehr."

„Fühlst du dich im Jenseits glücklich?"

„Ja, aber es muß sich noch etwas ändern. Ich muß an mir arbeiten, weil ich weiß, daß ich so unbewußt wie im letzten Leben auf Erden nicht sein möchte."

Wir leben immer noch sehr unbewußt. Unser Alltagsbewußtsein ist so niedrig, daß wir uns an wichtige Ereignisse, auch wenn sie erst vor kurzem passiert sind, nicht mehr erinnern können. In Trance ist es viel besser. Deswegen bezeichne ich den Trance-Zustand als ein erweitertes Bewußtsein. Im Schlaf ist unser Bewußtsein eingeengt, und das autonome Unterbewußtsein übernimmt die Führung.

„Ich möchte das spirituelle Bewußtsein ins Fleischliche einbringen", ergänzt sie ihre Selbstanalyse.

„Es braucht lange, eine bestimmte Bewußtseinshöhe zu erreichen, das ist noch eine lange Evolution. Es wird nicht möglich sein, das gleiche Bewußtsein wie hier im Jenseits auf Erden zu erreichen. Ich möchte einen neuen Körper haben."

Später wird sich das verändern, und sie wird ein starkes Verlangen nach dem Licht haben sowie den Wunsch spüren, dort zu bleiben.

„Gibt es im Jenseits noch etwas Besonderes?"

„Es fühlt sich an, als begegnete ich anderen Wesen und schmiedete mit ihnen einen Plan. Als Gruppe sind wir stärker und erfolgreicher, als wenn ich alles alleine machen würde."

„Hast du immer noch ein Bewußtsein vom silbernen See des Geistes?"

„Ganz wenig", antwortet sie sofort. „Ich weiß, woher ich komme, kann es aber nicht mehr wahrnehmen. Ich gehe davon aus, daß wir nach wie vor um diese Kraft wissen, auch von ihr beeinflußt werden."

„Bist du der Erde sehr nahe?"

„Sehr nahe. Ich kann genau verfolgen, was auf Erden geschieht. Ich muß lange warten, bis ich wieder einen neuen Körper erhalte. Die Körper müssen auch eine bestimmte Evolution durchlaufen haben, bevor wir unseren Plan ausführen können. Die Bedingungen dazu müssen erst geschaffen werden, außerdem gibt es zu wenige Körper."

Die achte Inkarnation

„Was fühlst du in dem Moment, in dem du inkarnieren mußt?"

„Ich weiß, daß ich gehen muß."

„Hast du dich darüber beratschlagt, was du auf Erden machen wirst, alleine oder mit höheren Wesen? Gibt es einen Plan für dein Leben, ein genaues Schicksal?"

„Der Plan ist, daß ich zu dieser bestimmten Mutter gehe und wieder in einer Grotte wohne."

„Es ist Zeit zu inkarnieren. Es ist deine achte Inkarnation. Verlasse das Jenseits und tritt in deinen neuen Körper ein. Erzähle, was geschieht."

„Ich befinde mich in einer großen Grotte, kalt und dunkel. Eine Frau liegt mit einem Kind auf dem Boden. Das Kind bin ich, ich schwebe herum, bin noch nicht im Körper. Es ist ein Junge."

„Gehe im Körper einige Zeit weiter. Was erfährst du?"

„Ich schaue durch Menschenaugen, sehe alles ganz anders, unklarer. Ich möchte wieder heraus, aber das geht nicht." Sie flüstert. „Ich kann zwar die Augen schließen und mit den geistigen Augen sehen, aber ich kann nicht wirklich aus dem Körper heraus, wie ich es gerne möchte."

Das entspricht genau dem Zustand der Trance-Sitzung. Hier wird das Rätsel des zeitlosen Schauens deutlich, das Wesen des Trance-Zustandes außerhalb von Zeit und Raum.

„Außerhalb des Körpers war alles viel klarer."

„Gehe noch einmal zurück in den Zustand außerhalb des Körpers, in der Grotte. Beschreibe, was du wahrnimmst."

„Es gibt große Tunnel. In der Vorinkarnation waren wir nicht so tief in den Höhlen, da lebten wir in großen Felslöchern. Jetzt bin ich sehr tief in der Höhle, weit weg von der Außenwelt. Es sieht aus wie eine Tropfsteinhöhle, mit Spitzen, die nach unten hängen. Es sieht alles sehr schön, glatt und marmoriert aus. Alles ist von der Natur geformt, es gibt nichts Künstliches. Es ist feucht und kalt.

Der Unterschied zwischen Mann und Frau ist sehr klar. Die Frau ist vorne wenig behaart und hat richtige Hängebusen. Ihr Gesicht ist feiner und kleiner. Die Haare sind, wie beim Mann, schulterlang, aber fettig und gelockt. Die Schambehaarung ist auch geringer."

„Tritt in das Kind ein. Die Frau liegt bei dem Kind und du bist in ihm."

„Ich fühle mich sehr gut, es ist warm und kuschelig. Die Männer schenken den kleinen Kindern keine Aufmerksamkeit, sie nehmen deutlich die Hauptrolle ein.

Ich wachse als Junge auf. Ich darf mit meinem Vater auf die Jagd gehen und verlasse dabei zum allerersten Mal die Grotte. Ich staune über das Licht, das Land und die Bäume. Am Ausgang liegen viele Felsen, so daß ich von der Landschaft nicht allzuviel sehe. Aber das Licht ist zu hell für meine Augen, obwohl ich im Schatten bin. Es ist trocken und heiß, die Pflanzen sind von der Sonne vertrocknet. Es könnte ein tropisches Klima sein.

Wir gehen nicht gleich weiter, setzen uns erst einmal hin. Mein Vater erzählt mit vielen Gesten und Lauten, was ich alles sehe. Es ist kein richtiges Reden. Zudem weist er mich auf die Gefahren hin.

Ich darf einige Tage draußen bleiben, aber nicht in die Sonne gehen. Der Tag dauert von Sonnenaufgang bis Sonnenuntergang, vom ersten Licht bis zur Dunkelheit. Erst danach darf ich in die Sonne treten. Es ist großartig, als würde ich Gott sehen. Die Sonne ist für uns etwas Heiliges und Großartiges, vor dem wir Respekt haben.

Mein Vater und ich gehen jetzt los. Ich sehe große, träge Tiere, sie sind sehr groß. Es könnte in Zentralafrika sein. Die Tiere sehen aus wie eine Kreuzung zwischen Nashorn und Elefant." Sie lacht. „Sie sind nicht bedrohlich, weil sie Pflanzen und Früchte fressen. Ich sehe, wie sie Baumblätter fressen.

Mein Vater zeigt mir alle Tiere, die es dort gibt. Er kennt alle Aussichtsstellen auf den Felsen. Ich sehe diese Tiere überall, in den verschiedensten Variationen. Ich werde sie als Nashörner bezeichnen."

„Gibt es Wasser in der Nähe? Einen See, einen Fluß oder ein anderes Gewässer?"

„Ja, wir holen das Wasser in der Grotte. Irgendwo muß es einen unterirdischen Fluß geben, der an die Oberfläche tritt, gesehen habe ich ihn aber nicht.

Es gibt noch viele andere, kleinere Tiere: eine Art Antilope, ratten- oder mäuseähnliche Tiere, giftige Schlangen und große Würgeschlangen, Eidechsen, Ameisen und andere Insekten."

„Du kehrst von der Jagd zurück. Hat dein Vater Beute gemacht, Tiere getötet, nimmt er Fleisch mit zur Grotte?"

„Es war keine Jagd."

„Wie fangt ihr die Tiere? Mit der Keule oder mit einer Schleuder?"

„Anders. Wir haben eine Art Lanze mit einer scharfen Spitze aus Stein. Die Lanze wird zielsicher geworfen."

„Habt ihr noch mehr Werkzeuge?"

„Die Frauen benutzen zahlreiche Werkzeuge, zum Beispiel eine Art Mörser, mit dem Samen zerkleinert werden."

„Das heißt, daß du jetzt in der Steinzeit lebst?"

„Ja, das stimmt."

„Sieh dich als junger, erwachsener Mann. Gibt es etwas Wichtiges?"

„Ich kehre mit einer großen Beute heim, die von drei Männern auf Baumstämmen in die Grotte getragen wird. Es ist ein großes Tier, einem jungen Nashorn ähnlich. Ich bin einer der drei Männer und sehr stolz, ich gehe vorne."

„Wie ist dein Ansehen in der Gemeinschaft?"

„Mein Ansehen ist sehr hoch, aufgrund meiner Taten. Ich bin ein guter Jäger und habe viel zu sagen. Ich bringe die Beute nach Hause, und die Frauen übernehmen alles andere. Ich werde wie ein Held gefeiert."

„Gibt es in dem Leben etwas Auffälliges?"

„Das Gefühlsleben ist anders, mit mehr Bewußtsein."

Dies war der Plan für dieses Leben.

„Habt ihr Feuer?"

„Ich schaue gerade. Ja, wir haben Feuer."

„Schreite weiter in der Zeit."

„Jetzt bin ich alt, und ich fühle, daß ich mich von der Gemeinschaft verabschiede. Ich werde sterben", antwortet sie leise.

„Warst du Stammesoberhaupt in diesem Leben als großer Jäger?"

„Nein, aber sehr einflußreich. Ich sitze mit anderen Männern im Kreis und erzähle ihnen mittels Lauten und Gesten, daß ich gehen werde. Etwa so: „Ich bin alt, gehe spazieren, komme nicht wieder." Ich lege mich hin und sterbe."

„Habt ihr Kontakt durch Gedankenübertragung?" frage ich.

„Teilweise. Sie wissen, daß ich sterben werde und ein Nachfolger bestimmt werden muß. Jeder weiß es und auch, wer es sein wird.

Es wird wenig in der Gruppe geredet. Ich stehe auf und gehe. Alle anderen machen weiter wie vorher. Mein Nachfolger setzt sich an meine Stelle und übernimmt meine Funktion.

Ich gehe durch die Grotten nach hinten. Ich gehe immer tiefer, ohne genau zu wissen, wohin. Es ist dunkel und kalt. Irgendwann sehe ich ein Loch in der Wand und gehe dort hinein. Es ist unangenehm, aber es muß sein. Vielleicht töte ich mich selbst auf diese Weise."

Es hört sich alles sehr traurig an, ihre Stimme ist nicht sehr fröhlich, sondern sehr gespannt.

„Gehe weiter, du wirst schon sehen."

Sie atmet tief durch, als würde sie einen Anlauf nehmen.

„Jetzt bin ich dort hineingekrochen, den Kopf nach vorne. Ich lege mich hin und versuche zu schlafen, um im Schlaf zu sterben. Ich bin alt und setze mich der Kälte, der Feuchtigkeit und dem Elend dort aus. Während des Schlafes, vielleicht ist es mehr Bewußtlosigkeit, beginnt sich alles zu weiten. Ich sterbe ohne Schmerz, ruhig und friedvoll, mein Geist erweitert sich."

Damit endet die achte Inkarnation, in der eine klare Bewußtseinserweiterung entstanden ist.

88

„Du hast den Körper verlassen und befindest dich im Jenseits. Die Silberschnur ist durchgetrennt, und du hast keine Verbindung mehr zu deinem Körper. Du kannst dich von oben weiterhin sehen. Erzähle, wie der Sterbeprozeß abgelaufen ist. Hast du ihn beeinflußt, weil du dein Leben beenden wolltest?"

„Ich spürte, daß das Ende meines Leben nahte. Eine instinktive Wahrnehmung, weil es noch keine sichtbaren Anzeichen gab. Die Tradition spielte auch eine Rolle."

„Was kennzeichnet deine achte irdische Inkarnation?"

„Zum ersten Mal hatte ich das Gefühl, echten Kontakt zu den Stammesmitgliedern zu haben. Es gab mehr Bewußtsein voneinander und mehr Verständnis füreinander, ein stärkeres Gefühl von Gemeinschaft. Dieses Gefühl hatte ich bisher noch nie gehabt."

„Bist du im Jenseits wieder an der gleiche Stelle wie immer, auf die neunte irdische Inkarnation wartend? Bist du der Erde nahe? Kannst du Wichtiges von dort berichten?"

„Es ist der gleiche Ort, ich erkenne ihn wieder. Ich bin zurück und bin froh darüber. Hier findet auch eine Evolution, eine Weiterentwicklung, statt. Bisher habe ich den Ort nur akzeptiert, jetzt bin ich froh und zufrieden über alles, was im abgelaufenen Leben passiert ist. Ein Erfolgserlebnis spüre ich, alles ist nach Plan gelaufen. Eine karmische Wiedergutmachung. Jetzt setze ich den Plan meiner Evolution fort, damit ich neue Möglichkeiten in die nächste Inkarnation mitnehmen kann", sagt sie ganz ruhig.

Die neunte Inkarnation

„Gehe zu dem Moment zurück, an dem deine neunte Inkarnation beginnt und du einen neuen Körper wählst. Was erfährst du?"

„Ich kann nicht, ich bin müde, alles hört auf."

Als sie wieder im Wachbewußtsein ist, frage ich: „Was war das Herausragende in dieser Inkarnation?"

„Ich weiß es, kann es aber nicht ausdrücken. Es hat mit der Bewußtwerdung zu tun. Darin liegt auch der große Unterschied zwischen der siebten und achten Inkarnation. Das fast unbewußte Leben war eine schreckliche Einschränkung. Wichtig ist auch das gemeinsame Erstellen eines Lebensplanes mit der Gruppe, den wir in der nächsten Inkarnation ausführen. Ich schätze, daß wir etwa dreißig bis vierzig Personen sind."

Später wurde die inkarnierende Gruppe der Wesen noch größer, weil sie miteinander verbunden waren und gegenseitiges Karma abzutragen hatten. Hierdurch entstanden starke karmische Verbindungen, positive und negative Liebes- und Haßbeziehungen. Die gleichen Seelen begegnen sich in den folgenden Inkarnationen immer wieder.

Die neunte Inkarnation

Fortschreiten in der Steinzeit. Höhlenbehausungen in den Felsen.
Die sexuelle Einweihung des Mädchens. Die Position der Frau.
Erleben von Karma. Der Verlust des materiellen
und immateriellen Bewußtseins.

Montag, den 26. April 1982

Alles ist vorbereitet, der Trance-Zustand eingeleitet. Wir sind deutlich weiter in der irdischen Evolution.

„Was siehst und erfährst du?" frage ich.

„Tunnel sehe ich, Höhlen in einer Felswand und ganz normale Affen. Ich bin noch nicht im Körper. Die Höhlen sind ganz hoch oben in den Felsen, Menschen können dort kaum wohnen."

„Gehe zu deiner zukünftigen Mutter."

„Ich sehe eine Frau in einer Grotte liegen, die kleiner ist als jene in der vorherigen Inkarnation. Es ist halbdunkel, nur durch den Eingang fällt Licht ein.

Die Frau gebärt, halb sitzend, halb liegend, ein Kind, ganz allein, keine Hilfe ist in der Nähe. Sie ist tatsächlich in einer der Höhlen hoch oben in den Felsen. Über eine Art Treppe gelangt man dorthin. Überall in den Felsen gibt es Höhlen, in denen Menschen wohnen. Die Männer jagen den ganzen Tag, sie tragen präparierte Tierhäute, wodurch sie zeigen wollen, wie wichtig sie sind. Sie tragen sie als Symbole ihres Mutes."

„Wie steht es mit der Frau, die gerade gebärt?"

„Das Kind ist da, aber ich bin noch nicht in seinem Körper."

„Wie sind die Höhlen entstanden, weißt du das? Wurden sie von Menschen geschaffen, oder handelt es sich um Naturerscheinungen?"

„Es sind Naturerscheinungen, es gibt viele Höhlen. Das Klima ist warm, jedoch weniger warm als in der Vorinkarnation."

„Stelle dir eine flache Landkarte vor, auf der du die ganze Welt sehen kannst."

„Ich sehe sie und darauf befindet sich ein Zeichen in dem Land, in dem sich die Höhlen befinden. Es liegt auf der Höhe von Griechenland, im südlichen Teil. Es ist aber nicht im heutigen Griechenland."

„Welche Hautfarbe haben die Menschen?"

„Weiß, und ich bin ein etwa fünf oder sechs Jahre altes Mädchen."

Mich überrascht die Hautfarbe. „Gehe wieder vorwärts in der Zeit zu einem wichtigen Ereignis, bis du etwa vierzehn Jahre alt bist."

„Die Sonne geht unter, es ist Abend ...." Sie zögert. „Ich bin mit einem Mann zusammen und wir werden ...." Sie unterbricht, setzt den Satz jedoch wieder fort: „Wir sind alleine, ich spüre Liebe und etwas Bedrohliches. Er will von mir Besitz ergreifen, und ich weiß es. Es ist seine Entscheidung, er zwingt mich, und es ist richtig. In dem Alter stimmt es, es ist wie eine Einweihung. In dem Alter Kinder zu bekommen, ist normal."

„Wie hast du den Mann gewählt?"

„Er ist etwas älter und hat bereits Erfahrung. Ich weiß nicht, wie der Mann von mir ausgesucht wurde. Ich bin zwar vorbereitet und weiß, was auf mich zukommt, habe aber trotzdem Angst. Ich spüre irgend etwas, es ist unangenehm. Wir werden in eine spezielle Höhle gebracht. Der Mann versucht, mich zu beruhigen, er streichelt meine Haut. Ich bin nervös und habe Angst, doch dann auch wiederum nicht. Ich sitze in der Hocke. Es ist angenehm, soviel Aufmerksamkeit zu erhalten, von ihm an den Armen und am Rücken gestreichelt zu werden. Eigentlich kenne ich ihn gar nicht, er ist ein Stammesmitglied. Als Mädchen war ich immer mit den Frauen zusammen. Ich gehe nie mit den Männern jagen. Dadurch kenne ich keinen Mann richtig. Erst jetzt werde und soll ich ihn besser kennenlernen."

„Was geschieht?"

„Er scheint zwar sehr freundlich, aber ich traue ihm nicht. Einerseits möchte ich, daß er sich beeilt, andererseits bin ich froh, daß er noch wartet. Ich weiß einfach nicht genau, was auf mich zukommt. Er streichelt mich weiter, und irgendwann lege ich mich auf den Rücken. Er legt sich auf mich. Es tut weh und ist sehr unangenehm. Ich bin sehr verspannt und verängstigt, weil ich nicht fliehen kann.

Er fängt an zu stoßen, es tut weh und ist sehr eigenartig für mich. Ich habe gar keine Gefühle mehr, und auch die Angst verschwindet. Es geht weiter, bis er einen Höhepunkt hat. Für mich war es neutral, interessant, mehr nicht. Jetzt bin ich keine Jungfrau mehr", sie atmet erleichtert auf. „Am nächsten Tag verschwindet der Mann, und die Frauen kommen in meine Höhle. Für sie

92

ist alles ganz normal, sie bringen mir Essen und Trinken. Sie sind sehr froh, seine Mutter ist auch dabei." Sie spricht sehr sanft.

„Der Mann wird geehrt, er ist wichtiger geworden, nachdem er mich „eingeweiht" hat. Jetzt gehöre ich zu den erwachsenen Frauen und bin kein Kind mehr."

„Wenn du wieder sexuellen Kontakt hast, geschieht es mit dem gleichen Mann?"

„Nicht immer."

„Gehe zum nächsten sexuellen Kontakt. Spürst du dabei mehr Befriedigung? Oder bleibt es für dich jedes Mal unangenehm?"

„Das erste Mal war ich erstaunt und angespannt, nicht wirklich ängstlich. Schön war es nicht, aber auch nicht abstoßend. Für den Mann geht es nur darum, auf mir zu liegen und sich zu befriedigen. Mir gefällt nur die Berührung, das Streicheln an den Armen und am Bauch. Für mich gibt es keine weitergehende sexuelle Erregung oder einen Orgasmus. Es kommt auch kein wirkliches Zusammensein zustande. Außerdem bin ich bald schwanger."

„Sind die Frauen immer noch in einer untergeordneten Stellung?"

„Ja, obwohl es schon besser ist. Sie müssen sich nicht mehr alles gefallen lassen, sie können protestieren. Fragt sich nur, was es wirklich ändert, denn so leicht ändern sich die Strukturen nicht. Nur mit sehr viel Mühe kann ich etwas einbringen.

Ich bin jetzt schwanger. Als Frau bleibe ich in der Nähe der Höhlen. Nur die Männer jagen und gehen weiter weg. Manchmal stelle ich mich auf den Felsen und schaue in der Gegend herum. Ich sehe das grüne Tal mit einem Fluß, in der Ferne einen kleinen See."

„Gehst du dort manchmal baden?"

„Nein, wir reiben uns immer mit feinem Sand ein."

„Verliert ihr nicht viel Haut und Haar, wenn ihr euch mit Sand einreibt?"

„Das wächst wieder nach. Feste Kletten lösen sich so besser aus den Haaren als mit Wasser. Ich gehe nur zum Wasser, um es zu holen. Wir benutzen dazu schwere ausgehöhlte Steine, die die Frauen gemeinsam nach Hause tragen."

„Gehe bitte zum Fluß."

„Ich bin schon da", sagt sie, noch bevor ich es ganz ausgesprochen habe.

„Erzähle etwas von dem Wasser, wenn es für euch so wichtig ist."

„Die Wasserstelle ist nicht tief, etwas weiter strömt der Fluß in einen See. Es ist hier ganz ruhig, nichts greift uns an."

„Wie alt bist du etwa?"

„Nicht sehr alt, ich stehe in der Mitte meines Lebens. Ich habe schon mehrere Kinder geboren, alles ist gut verlaufen."

„Gefällt dir das Leben dort?"

„Im allgemeinen ja. Wir amüsieren uns und lachen viel, Frauen und Männer untereinander. Für die Kinder ist alles vorhanden. Manchmal gibt es ein fröhliches Beisammensein von Frauen und Männern."

„Verehrt ihr eine bestimmte göttliche Wesenheit in eurem Stamm?"

„Nein. Es gibt einen Leiter, ein Stammesoberhaupt, aber er hat nichts zu tun. Wir feiern ihn als Dank dafür, daß alles in unserem Stamm gut geht, also eine Art Verehrung. Er leitet den Stamm auf seine Art, obwohl er in Wirklichkeit nichts tut."

„Hat jemand spezielle heilende Kräfte, um den Kranken zu helfen?"

„Krankheiten sind unsere einzigen Feinde, wir können nichts dagegen tun. Einen Medizinmann haben wir nicht."

Ich las am 18. August 1990 im medizinischen Teil einer Zeitung einen bemerkenswerten Artikel über Krebs in der Steinzeit. Ich zitiere: „Krebs wird höchstwahrscheinlich zu Unrecht als eine Krankheit der modernen, rastlosen Zeit mit ihrer weitverbreiteten schlechten Ernährungsweise und ihren Genußmitteln betrachtet.

Neueste wissenschaftliche Untersuchungen deuten darauf hin, daß Krebs, ein Sammelbegriff von etwa hundert verschiedenen Krankheiten, schon in der Steinzeit vor etwa siebentausend Jahren häufig vorkam.

Interessante Tatsachen liefert das Grabfeld Viesenhäuser Hof, in der Nähe von Stuttgart-Mülhausen, in Deutschland, wo sich die stofflichen Überreste von Menschen aus prähistorischer Zeit befinden. Krebsspezialisten untersuchten die Knochen von etwa achtzig Prozent der Toten und stellten fest, daß jede fünfte Person in der Steinzeit an einem bösartigen Tumor litt."

Hier zeigt sich, daß Krebs früher wahrscheinlich genauso häufig war wie heute. Offiziell stirbt in Holland jeder vierte an Krebs, eine ähnliche Anzahl wie bei den Toten aus der Steinzeit. Wissenschaftler gehen aber meines Erachtens zu weit, wenn sie Krebs in der prähistorischen Zeit sogar als Volkskrankheit bezeichnen.

Auch das Wort Krebs ist sehr alt. In alten griechischen Schriften wird bereits von „Karkinoma" berichtet. (Eine Krebsgeschwulst heißt Karzinom.)

„Gehe in dem Leben vorwärts, du wirst älter. Siehst du noch wichtige Ereignisse für dich?"

„Ich bin sehr alt."

„Ist die Zwischenzeit ohne eingreifende Ereignisse oder Emotionen verlaufen? War es ein ruhiges Leben?"

„Es war angenehm, ohne aufregende Ereignisse, aber nicht langweilig. Es passierte schon viel, auch Dramatisches. Wenn zum Beispiel Kinder sterben, reagiert niemand sehr stark, denn es gehört zum Leben."

„Was macht ihr mit dem Körper eines Verstorbenen?"

„Der Leichnam wird weggeschleppt, weil er stinkt, weit weg an eine Stelle, an die sonst keiner kommt. Wenn ein alter, einflußreicher Mann stirbt, gibt es eine kleine Zeremonie. Bevor er stirbt, setzen alle sich zusammen, Männer und Frauen. Wenn der Körper weggetragen wird, verabschieden wir uns."

„Bei Frauen geschieht dies nicht?"

„Untereinander schon, ohne die Männer. Die Frauen sind für sie nicht wichtig genug."

„Bist du trotzdem glücklich?"

„Ich fühle mich schon durch die Einschränkungen eingeengt, die eine Frau erlebt. Manchmal möchte ich ein Mann sein, ich hätte dann viel größere Freiheiten."

„Wie steht es bei euch mit den spirituellen Fähigkeiten, zum Beispiel mit der Telepathie?"

„Frauen untereinander und Männer untereinander verständigen sich durch Telepathie. Sie ist aus dem Zusammensein gewachsen, aus dem Band, das durch ein gemeinsames Leben entsteht. Sie ist eine Folge von dem Wunsch nach Kontakt. Vielleicht gibt es sie auch zwischen Männern und Frauen, aber ich kenne sie nicht."

„Du sagtest, du seiest sehr alt."

„Ja, und ich sitze in der Hocke in der Sonne, an einen Felsen gelehnt. Das einzig Wichtige, was mir passieren kann, ist zu sterben."

Ich möchte noch mehr wissen und frage: „Ist der Weg zu den Höhlen in den Felsenwänden sehr schwierig?"

„Ja, er besteht aus einer Natursteintreppe, herabstehenden Felsteilen, die wir bearbeitet haben. Wir wohnen ganz hoch oben, es sind bestimmt mehrere hundert Meter. Ich kann aus dem Raum da oben den großen See sehen."

„Ihr seid ein Stamm mit Oberhaupt. Wieviele Mitglieder habt ihr?"

„Etwa fünfzig, einschließlich der Kinder. Es gibt rund fünfundzwanzig

Kinder. Ich selbst hatte drei Kinder, ein Mädchen und zwei Jungen, von denen eines weggegangen ist. Nicht alle bleiben bei uns. Mancher geht einfach fort, verläßt den Stamm und sieht zu, wohin er kommt. Sie kommen zu einem anderen Stamm, oder, wenn mehrere Männer und Frauen gehen, bilden sie einen neuen Stamm."

„Bekommt ihr Besuch von anderen Stämmen?"

„Nein", sagt sie entschieden. „Ich habe noch nie jemanden aus einem anderen Stamm gesehen. Wir wohnen völlig isoliert."

„Du sitzt mit dem Rücken an den Felsen gelehnt und meinst, daß du stirbst. Wie alt bist du?"

„Dreißig Jahre. Das ist sehr alt. Ab fünfundzwanzig ist jemand alt, obwohl einige fünfunddreißig werden. Ich sterbe, weil ich verbraucht bin. Meine Haare sind weiß, mein Gesicht ist verwittert. Schließlich sacke ich in der herrlichen Sonne zusammen."

„Verfolge es weiter ..."

„Mir ist schwindelig. Ich kann mich nicht mehr aufrechthalten und muß mich setzen. Langsam werde ich ruhiger. Ich sitze ganz allein vor der Höhle. Plötzlich habe ich Atemnot, aber ich kann nicht aufstehen, kann mich nicht mehr bewegen. Ich bin bewußtlos und verlasse den Körper."

„Ist dir das alles bewußt?"

„Erst außerhalb des Körpers, vorher nicht. Ich liege im Koma."

„Jetzt bist du wieder im Jenseits, wo du das Leben aus einer umfassenderen und weiteren Perspektive betrachten kannst. War es tatsächlich die nächste, die neunte Inkarnation?"

Sie bestätigt es.

„Wie fandest du dieses Leben?"

„Ich fand alles ziemlich einengend, es war schrecklich. Es ist eine wichtige Erfahrung, um die Position der Frau verstehen zu lernen, damit sie sich ändern kann."

„Steige noch höher in deinen Geist, und schaue, was dein karmischer Auftrag in diesem Leben war."

„Frau zu sein, ganz klar."

„Gab es noch andere karmische Verbindungen in diesem Leben?"

„Nein. Das Wichtigste war, das Frausein zu erleben."

„Ist es dir gut gelungen?"

„Ich brauchte es nur zu erfahren, da konnte ich wenig falsch machen."

„Ich frage ja auch nur."

„Ja, ich habe es gut vollbracht. Vielleicht hätte ich mehr für mich kämpfen sollen."

„Hast du traumatische Erfahrungen gemacht?"

„Das einzige Trauma sind die Männer, die sind schrecklich", wiederholt sie. „Immer untergeordnet und sexuell verfügbar zu sein, das ist schlimm. Zum Glück erlebe ich es während der Inkarnation nicht so stark."

Karma und Trauma gehen hier zusammen. Dies braucht nicht so zu sein.

„Das Untergeordnetsein der Frau ist dein einziges Trauma?"

„Das reicht doch wohl, oder", erwidert sie verärgert und schweigt für lange Zeit.

„War das alles?" frage ich.

„Ich fühle mich hier im Jenseits so machtlos. Ich kann es nicht ausdrücken, laß mich zufrieden." Sie hört sich sehr zornig und verbittert an, und ich lasse sie schweigen.

Später frage ich: „Ist dein Bewußtsein fortgeschrittener als auf Erden?"

Sie antwortet kurz: „Ja. Ich fühle mich hier glücklicher als in meinem irdischen Körper. Das war einmal anders. Ich bin immer noch in Erdnähe."

„Wodurch ist das Leben im Jenseits − auch hier wird es eine Evolution geben − anziehender als dein Leben auf Erden?"

„Ich bin freier, ungebundener und weiß, was ich mache. In einem Körper lebe ich unbewußter."

Es hat sich in der Zeit dieser wenigen Inkarnationen vieles geändert. Am Anfang verlangte sie im Jenseits nach einem Körper, jetzt ist es genau umgekehrt.

„Wie weit stehst du mit dem kosmischen Bewußtsein, dem Schöpfer, in Kontakt?"

„Wenig, nur über einige höhere Wesenheiten habe ich den Kontakt."

„Im Vergleich zu der Zeit vor der Inkarnation ist das Bewußtsein im Jenseits jetzt enger?"

„Ja, sicher. Ich nehme es als Behinderung wahr, als ein Hemmnis, das ich nicht durchbrechen kann."

Es ist traurig, daß zu beiden Seiten Bewußtsein verlorenging, sowohl in
Richtung Geist als auch in Richtung Materie.

„Was meinst du mit Behinderung? Kannst du das erklären?"

„Wenn ich es genau betrachte, ist es ein Gefühl von Unfreiheit. Trotzdem
ist es viel besser, als in einen Körper inkarniert zu sein."

„Wie erlebst du denn die Wirklichkeit, da, wo du jetzt bist?"

„Ich bin einfach hier, in einem Seinszustand. Gemeinsam mit anderen arbeite ich daran, ihn zu verlassen. Wir beraten telepathisch, wodurch ich viel
lerne. Wir entwerfen einen Plan, wie wir in der nächsten Inkarnation weiterkommen können."

„Habt ihr auch Pläne bezüglich der Evolution des physischen Körpers?"

„Das ist abgeschlossen. Die Evolution geht langsam von alleine weiter. Im
Jenseits bin ich nur mit spirituellen Dingen beschäftigt. Beim Erstellen der
Pläne habe ich ständig spirituelle Kontakte. Es ist nicht so leicht, neue Pläne
zu machen. Ich muß genau wissen, was ich will", betont sie.

„Weißt du schon etwas über deine nächste Inkarnation?"

„Nein", antwortet sie kurz und knapp.

„Hast du dich damit noch nicht beschäftigt?"

„Doch, wir sind damit beschäftigt. Ich bin immer noch in der gleichen
Gruppe. Wir haben gemeinsam etwas angefangen, und es ist am leichtesten,
zusammen damit fortzufahren. Ich könnte es als karmisches Band bezeichnen."

„Weißt du schon, ob du in deiner zehnten Inkarnation Mann oder Frau
wirst?"

„Ich werde ein Mann."

„Erkennst du, daß dein Bewußtsein sowohl im Jenseits als auch im Körper
ziemlich eingeengt wurde, ein Rückschritt in beiden Richtungen?" frage ich.

„Stimmt", antwortet sie ruhig.

„Du wirst weiter kämpfen müssen, um die Situation zu verbessern."

„Ich weiß …", sagt sie, sich dem Schicksal fügend.

„Wie ist die Beziehung zum Licht, zum Schöpfer, zum Göttlichen?"

„Wir reden darüber. Wir existieren in einer Atmosphäre voller Gedanken.
Das Göttliche ist eine vage Erinnerung, wie hinter Rauchschwaden verborgen."

„Kannst du mir noch erzählen, wo du in der letzten Inkarnation auf der
Erde gelebt hast?"

„Es ist die Stelle, wo jetzt Griechenland liegt. Ich bin nicht zufällig dort hingekommen."

„Danke. Wir beenden jetzt die Sitzung."

Im Wachbewußtsein bestätigt sie nochmals, daß die Rolle der Frau ihr Karma, ihr Schicksal, in dieser Inkarnation gewesen sei. Während der Inkarnation, im physischen Körper, waren ihr die Beschränkungen als Frau nicht so stark bewußt wie mit ihrem erweiterten Bewußtsein im Jenseits. Jetzt erst wird ihr die Bedeutung dieses Lebens klar: Die Einschränkung und den Druck dulden und akzeptieren zu lernen, die sie selbst als Mann den Frauen in einer Vorinkarnation auferlegt hatte. Dieser Lernprozeß kann bitter sein, ist dennoch positiv, weil dadurch ein Einsehen und eine Besserung möglich werden. Wenn ich selbst fühle, was ich anderen gedankenlos angetan habe, werde ich den gleichen Fehler nicht noch einmal machen.

In den ersten Inkarnationen fand die Trennung in zwei Geschlechter statt, und es zeigte sich deutlich, daß die Frau zuerst körperlich „fertig" war. Der Mann war später „fertig", weil die Anpassung seiner Geschlechtsorgane schwieriger war. Das Ergebnis meiner Untersuchungen zeigt damit, daß nicht Adam der erste Mensch auf Erden war. Eva, als Frau, war die erste karmische Herausforderung für den Mann. Sie hat das Schicksal bestimmt.

Mann und Frau sind in der Schöpfung gleichermaßen wichtig für die Erhaltung der Rasse und viele andere Aufgaben. Die Frau war und ist in jeder Hinsicht dem Mann gleichwertig. Beide haben ihre spezifischen Aufgaben im irdischen Leben, sowohl bedingt durch individuellen Lebenswandel als auch durch die biologischen Bedingungen des Körpers. Dies beinhaltet ein gegenseitiges Respektieren und Anerkennen. Eine Beziehung muß immer im Gleichgewicht sein, auch Karma ist eine gemeinsame Angelegenheit. Die Wahrheit liegt in der Mitte, zwischen Positivem und Negativem, zwischen Liebe und Haß, der größten Polarität überhaupt. Zeige nicht anschuldigend auf andere, denn du begegnest im Konflikt immer dir selbst. In unserer eigenen Vergangenheit wird uns das schnell klar, wenn wir sie in einer Trance-Sitzung untersuchen.

SIEBTES KAPITEL

Die zehnte und elfte Inkarnation

Die sexuelle Einweihung des Mannes. Tanz und Leidenschaft.
Einsicht in eine Vorinkarnation. Ein Jahr verirrt im Dschungel.
Das Leben in einem anderen Stamm. Lemuria.
Mehr Bewußtsein auf Erden.

Die Lehre Christi weicht nicht stark von der Reinkarnationslehre ab. Hierzu einige Zitate aus dem Bergpredigt:

Was du säst, wirst du ernten.

Wenn dich einer auf die rechte Wange schlägt, halt ihm auch die andere hin.

Liebet euere Feinde.

Liebe deinen Nächsten wie dich selbst.

Wer zum Schwert greift, wird durch das Schwert erschlagen.

Richtet nicht, damit ihr nicht gerichtet werdet! Denn wie ihr richtet, so werdet ihr gerichtet werden, und nach dem Maß, mit dem ihr meßt und zuteilt, wird euch zugeteilt werden.

Er predigte die Erlösung durch die Liebe. In der Reinkarnationslehre ist Liebe ebenfalls die Kraft, mit der Karma gelöst wird.

Die Menschen hören diese Worte regelmäßig, aber der Inhalt dringt nicht wirklich zu ihnen durch. Im normalen Leben werden diese Aussagen gar nicht beachtet. Es ist wie der Rufer in der Wüste.

Schaue die Welt mit ihren verfeindeten Religionen an. Sie säen Zwietracht, statt die Liebe Gottes zu verbreiten. Wir leben in Zwietracht, Fanatismus, Spaltung und Feindschaft miteinander. Dabei sind wir im Wesen Eins, im Ursprung gleich, für alle gelten die beiden Lebensqualitäten Liebe und Freiheit.

Überall herrscht Krieg, Mord und Totschlag, Vernichtung und Folter. Wir schauen gleichgültig hin und sagen: „Es ist Gottes Wille!" Dies ist direkte Gotteslästerung, ein Paktieren mit dem Bösen, mit dem Übel in uns selbst, unter dem Deckmantel Gottes.

Überall sehen wir das gleiche Bild. Wir werden so lange auf diese Erde zurückkehren und diese harte Lektion erhalten, bis wir gelernt haben werden, gemeinsam alles anders zu gestalten, damit wir für immer im jenseitigen Licht, unserem wirklichen Zuhause, bleiben können und dürfen. Dort geht die Evolution weiter, indem wir ganz in Gott aufgehen, dabei das abgespaltene Ich ablegen, jedoch nicht die gewaltigen Erfahrungen und das Wissen um die persönliche Verantwortung. Meine zahlreichen Untersuchungen in den Sitzungen bestätigen diese Annahme. Mit den Aufzeichnungen der Rückführungen und den Vorausschauen versuche ich, diese Annahme zu verdeutlichen.

Wir gehen jetzt zu der zehnten irdischen Inkarnation meiner Versuchsperson, zurück in die Ur-Zeit, in der die Menschen versuchten, ein akzeptables Zusammenleben zu erreichen, und zwar für jedes Stammesmitglied in gleichem Maße. Die Lehre dieser ersten Leben ist ein deutlicher Gradmesser für den heutigen menschlichen Zustand.

„Jetzt verstehe ich viel konkreter, warum alles so ist, wie es ist. Es hat sich nicht viel im Zwischenmenschlichen verändert."

Montag, den 24. Mai 1982

Meine Versuchsperson kommt sehr schnell in Trance, ich habe alle Anweisungen gegeben und sie zu dem Zeitpunkt geführt, an dem die zehnte Inkarnation beginnt.

„Was siehst du, was geschieht", sind meine Fragen.

Sie fängt an, heftig zu stöhnen. „Ich bin verletzt, ich spüre etwas in meinem Bauch, unter meinen Rippen", ruft sie verzweifelt und zeigt voller Panik auf ihren Bauch.

„Bist du tödlich verletzt?"

„Ich denke ja", sagt sie traurig. Sie hat eindeutig physische Schmerzen.

„Gehe zurück zu der Zeit in dem Leben, als du noch nicht verletzt warst und noch lange zu leben hattest. Du hast keinen Schmerz, bist jünger, aber erwachsen. Was siehst du?"

102

Sie atmet tief durch. „Ich bin ein Mann, ich weiß gar nicht, ob es eine Lanze oder das Horn eines Tieres war, das meinem Bauch durchstach. Es war aber sehr heftig." Sie ist ruhiger, aber immer noch mitten im Erleben.

„Aufgespießt von einem Horn?"

„Irgend etwas, während der Jagd. Wir kämpfen mit anderen Jägern um eine Beute. Vielleicht befinden sie sich in unserem Jagdgebiet. Daher kann es auch eine Lanze sein."

„Wie alt bist du, als dies geschieht?"

„Sehr jung, vielleicht achtzehn, zwanzig Jahre. Ich stehe in der Blüte meines Lebens."

„Du bist jetzt viel jünger, wo bist du", gebe ich als Anweisung.

„Ich befinde mich auf einer Fläche, ringsherum sind Berge, es ist eine Hochebene. Wir leben an den Felsen, wo wir aus trockenem Gras eine Art Tor bauen, unter dem wir uns verstecken können. Wir leben an den Felsen, aber nicht wie im Vorleben hoch oben. Wir flechten uns aus dem langen, trockenen Gras eine primitive Hütte."

„Gibt es keine Höhlen in den Bergen?"

„Doch, aber nur sehr wenige, und deswegen bauen wir als Schutz gegen Sonne und Wetter die Überdachung."

„Wie alt bist du?"

„Etwa zwölf. Ich gehe mit den Männern auf die Jagd, um zu lernen."

„Schau dich um, erzähle, wie die Landschaft aussieht."

„Flach und trocken, mit wenigen Bäumen. Ich kenne sie nicht, es sind keine Palmen, sie sind niedrig, mit dünnem Stamm und dünner Rinde. Es gibt viele Sträucher, wenige Tiere."

„Wo mußt du hingehen, um Tiere zu finden?"

„Vorher, als ich verletzt wurde, war ich in einem dichten Wald, fast wie in einem Dschungel. Es ist ein sehr großer Laubwald. Wir sind nur zeitweilig da, ich vermute, daß wir umherziehen, wie Nomaden. In bestimmten Jahreszeiten kommen wir wieder an die gleichen Stellen zurück. Der Wechsel richtet sich nach der kalten und der warmen Jahreszeit. Jetzt ist es heiß. Ich sehe viel mehr Menschen als in der vorherigen Inkarnation. Wir haben eine dunkle Hautfarbe und schwarzes Haar und laufen nackt herum. Wir sind auf einem anderen Kontinent. Wir schützen uns mit Blättern gegen die Sonne. Nur die Männer tragen manchmal noch eine Art Rock, ich weiß nicht warum."

„Gehe vorwärts in der Zeit, zu einem wichtigen Moment, nachdem die Jahreszeit gewechselt hat."

„Es wird jetzt sehr heiß im Flachland, es ist kaum auszuhalten. Viele junge, starke Männer sind schon vorausgegangen, um die Lagerstelle zu suchen und die Gegend zu untersuchen, vermutlich aus Sicherheitsgründen. Ich durfte nicht mit und komme später mit den Frauen und älteren Männern nach. Wir gehen nicht zusammen in einer Reihe, sondern verteilen uns weitläufig über die Fläche. Im Wald gehen wir weit auseinander. Wahrscheinlich vermuten wir, daß sich andere in unseren Hütten befinden, und deswegen sind wir so vorsichtig."

„Gehe weiter, bis du bei den Hütten bist."

„Wir erreichen die Siedlung von verschiedenen Seiten aus. Unsere Männer haben die Fremden schon vertrieben oder getötet."

Kriege haben hier schon ihren Anfang genommen, und die Gemeinschaft wird von Aggressionen beherrscht.

„Womit habt ihr sie getötet? Habt ihr Waffen?"

„Lanzen haben wir. Es ist ein richtiges Schlachtfeld, auf dem ohne Mitleid gekämpft wird. Etwa zwanzig Männer wurden getötet, Frauen und Kinder rennen davon. Die Männer kämpfen so lange wie möglich und verschwinden schließlich auch. Von unserem Stamm wurden auch mehrere Männer getötet."

„Trauert ihr deswegen?"

„Nein, wir feiern", sagt sie begeistert.

„Seid ihr nicht traurig, daß einige von eurem Stamm getötet wurden?"

„Nein, es war für einen guten Zweck, außerdem haben sie gewonnen, und es ist alles richtig verlaufen. Deshalb sind wir sehr froh."

„Was macht ihr mit den Toten?"

„Die verbrennen wir in einem Festfeuer. Wir tanzen rhythmisch um das Feuer herum und schreien dabei laut."

„Woraus sind die Waldhütten gebaut, wie sehen sie aus?"

„Sie bestehen aus großen, gebogenen Bäumen. Verschiedene, nebeneinander stehende Bäume werden zu einem Tunnel zusammengebogen, auf den Blätter gelegt werden. Das reicht als Schutz gegen Regen, Sturm und Sonne.

Es kann extrem stark regnen, richtige Regenfluten. Davon gehen die Hütten manchmal kaputt, aber wir bauen dann einfach neue."

„Was fällt dir bei diesen Menschen am meisten auf?"

„Es sind echte Menschen, wenn auch sehr grobe. Im Vorleben waren sie

104

viel gesetzter, sie saßen in Höhlen und waren friedvoller. Insgesamt sind sie in der Entwicklung viel weiter."

„Du bist sicher, daß zwischen diesen beiden Inkarnationen keine andere liegt?"

„Nein, es ist ganz sicher meine zehnte Inkarnation."

„Wenn du sagst, daß ihr viel weiter seid, liegt dann eine sehr lange Periode zwischen den Inkarnationen?"

„Ja, genau."

„Du bist jetzt zwölf, sagtest du?"

„Nein, jetzt bin ich schon ein junger Mann."

„Wie ist deine Beziehung zum weiblichen Geschlecht? Spürst du seine Anziehungskraft?"

„Ja und nein. Alles läuft hier nach genauen Vorschriften: Wer jagen kann, ist ein Mann und darf sich auch eine Frau nehmen." Sie lacht.

„Verbietet man dir, eine Frau zu besitzen, wenn du nicht jagen kannst?"

„Ja, aber jeder kann jagen, vermute ich", sagt sie und lächelt.

„Versuchst du, dich einer Frau zu nähern?"

„Ich weiß gar nicht, ob ich mich zu einer Frau hingezogen fühle. Sie wird mir von den älteren Mitgliedern zugewiesen. Das läuft so ab: Ich habe mit mehreren jungen Männern auf der Jagd Beute gemacht, und daher gibt es nach der Jagd ein Einweihungsfest.

Es wird ein großes Feuer angezündet und die Beute gegessen. Wir schreien und tanzen. Ich springe mit den anderen jungen Männern ums Feuer. Die erwachsenen Männer schreien und ermutigen uns. Ich werde dadurch sexuell sehr erregt."

„Was geschieht dann?"

„Ich bekomme eine Erektion. Die Mädchen sehen uns beim Tanzen zu und werden dadurch auch erregt. Es sieht so aus, als ob die Mädchen sich einfach hinlegen und bereithalten. Plötzlich setzt der Tanz aus, und wir gehen in die Hütten hinein, wo sich die Mädchen hingelegt haben. Ich gehe hinein und lege mich spontan auf eines der Mädchen."

„Keine Geste von Zärtlichkeit und kein Vorspiel?"

„Das ist unwichtig. Ich bin ein Mann und dringe in die Frau ein, bis ich einen Höhepunkt habe. Ich spüre einen Kontakt zu der Frau, es ist mehr als nur ein Geschlechtsakt."

„Welche Gefühle hast du dabei?"

„Ich muß mich beweisen, muß zeigen, daß ich ein Mann bin."

„Was geschieht durch diesen körperlichen Akt mit deinem Bewußtsein?"

„Sehr wenig, aber mehr als im Vorleben. Ich erlebe eine Gemeinsamkeit mit der Frau, es ist eine Einweihung, die ohne die Frau nicht möglich gewesen wäre. Ein schwaches Gefühl von Einswerden, von einem geistigen Band kommt auf. Körperlich erlebe ich den Geschlechtsakt sehr stark, und er ist mir angenehm. Als Frau hatte er keine Bedeutung für mich, als Mann eine sehr starke."

„Du bist als junger Mann in der Hütte gemeinsam mit dem Mädchen in die Liebe eingeweiht worden. Wie ist dein sozialer Stand?"

„Du meinst meine Position in der Gruppe? Ich bin sehr stolz, jetzt bin ich ein richtiger Mann."

„Behältst du die Beziehung zu der jungen Frau bei?"

„Ich spüre eine ganz vage Verbindung zu ihr, die schon aus dem Vorleben stammt. Es ist eine karmische Verbindung."

Hier fängt das unbewußte Erkennen an: Der Funke, der plötzlich zwischen zwei Menschen, die sich zum ersten Mal begegnen, überspringt. Das scheinbar zufällige, spontane, heftige Verliebtsein ineinander, aber auch der Schmerz, wenn es zur Trennung kommt. Dazu ist eine klare Resonanz aus der Vergangenheit vorhanden, auf die das autonome Unterbewußtsein unmittelbar reagiert. Die karmische Verbindung verursacht eine starke Anziehung. Darum macht Verliebtsein so unbeschreiblich glücklich, läßt ein so herrliches Gefühl aufkommen. Die magnetische Anziehungskaft gibt uns immer wieder die Möglichkeit, Karma miteinander abzutragen, sowohl positives als auch leidvolles Karma.

Eheprobleme sind Folgen nicht gelöster früherer Konflikte. Wir reagieren leider viel zu schnell mit Streit, Aggression, manchmal mit körperlicher Gewalt und Trennung! Damit laufen wir vor unserem Karma davon, nehmen die Herausforderung nicht an, fliehen. Dieses unvollendete Karma, das eigene Schicksal, wird in diesem oder im nächsten Leben wieder auf uns zukommen, damit es gelöst werden kann. Es muß gelöst und ausgeglichen werden.

„Ich fühle eine Beziehung zu ihr und hoffe, sie auch zu mir."

„Was geschieht, wenn ihr euch in die Augen schaut?"

„Vorhin, bei der Einweihung, als ich auf ihr lag, gab es einen Moment des

Wiedererkennens, der Erkenntnis, Freunde zu sein. Sie war nicht abweisend, im Gegenteil, ich empfand sie sehr offen mir gegenüber."

„Schreite wieder weiter in der Zeit. Gibt es noch etwas Wichtiges?"

„Mein Leben ist nur sehr kurz! Ich bin auf der Jagd, und dabei verunglücke ich. Irgendein Tier nimmt mich auf die Hörner, spießt mich unter den Rippen auf. Ich sterbe sofort." Sie atmet einige Male tief durch.

„Gehe weiter, verlasse den Körper. Du bist jetzt im Jenseits und kannst ganz ruhig und gelassen erzählen, was geschehen ist. Was erlebst du?"

„Ich sehe viele Menschen um mich herum, ich liege auf dem Boden. Ich bin von einer Art „Ur-Ochsen" aufgespießt worden, ganz genau weiß ich es nicht."

„Kennst du das Tier nicht?"

„Doch, es hatte ein gekrümmtes, aber nicht vollkommen rundes Horn. Das Tier war riesig groß und sehr dick."

„Wie groß seid ihr Menschen?"

„Nicht so groß, im Durchschnitt einen Meter fünfundfünfzig, schätze ich. Das Tier schob seinen Kopf nach vorne und schleuderte mich durch die Luft."

„Du bist jetzt gestorben, fühlst keine Schmerzen mehr, bist frei im Geist. Was war das Wichtigste in diesem Leben?"

„Es war sehr angenehm, bewußter zu leben."

„Hast du deinen karmischen Auftrag in diesem Leben klar empfunden? Ich gehe davon aus, daß dein gewalttätiger Tod damit zu tun hatte."

„Nein, das konnte jedem passieren, es war ein Risiko der damaligen Zeit."

Es war ein traumatischer Tod, und die Folgen werden in einer der nächsten Leben erneut auftauchen, zum Beispiel als Angst. Die unverarbeiteten Emotionen müssen verarbeitet werden.

„Du bist jetzt im Jenseits. Wird im Geiste über einen Namen für die nächste Inkarnation nachgedacht?"

„Keinesfalls", sagt sie sehr entschieden.

„Gehe vorwärts und schaue, wem du auf dieser Ebene begegnest und was du alles erfährst."

„Ich bin noch völlig berührt von meinem plötzlichen Tod, nicht so sehr von dem plötzlichen Sterben an sich, sondern von der Art und Weise meines Todes. Es stimmte für mich nicht. Das Leben ging zu schnell zu Ende. Ich empfand als junger Mann alles sehr angenehm. Ich bin einfach zu früh gestorben."

„Hast du schon neue Pläne?"

„Ich möchte ganz schnell wieder zurück."

„Kannst du das, wird es dir erlaubt?"

Sie überlegt. „Ich glaube ja, ich inkarniere wieder."

„Gehe zu der nächsten irdischen Inkarnation." Ich gebe Anweisungen und sage: „Du bist auf dem Weg zu deiner elften Inkarnation."

Die elfte Inkarnation

„Was geschieht, was siehst du?"

„Ich bin wieder im Dschungel, in einem sehr dicht bewachsenen Gebiet. Ich werde mitten im Wald geboren. Nur meine Mutter ist da, sonst niemand."

„Ist es wirklich deine elfte Inkarnation?"

„Ja, es ist die nächste, also muß es die elfte sein. Es ist sehr lustig, ich werde ohne Probleme geboren. Meine Mutter sitzt auf umgefallenen Bäumen, und ich falle auf speziell für mich dort hingelegte Pflanzen und Blätter. Ich schwebe um das Kind herum, es sieht wie ein Äffchen aus, völlig behaart."

„Wieso behaart", frage ich erstaunt?

„Meine Mutter hat keine Haare, es sind schwarze Babyhaare. Die Haut ist dunkel, aber nicht wirklich schwarz."

„Wie sieht deine Mutter aus?"

„Schwarze Haare, dunkelbraune Haut. Die Haare stehen ab und sind etwas gelockt, im Gegensatz zu den fettigen, steil herunterhängenden Haaren im vorherigen Leben. Ich bin jetzt im Körper, meine Mutter gibt mir die Brust, es ist sehr angenehm.

In der Nähe befindet sich ein Fluß. Meine Mutter setzt sich hinein, taucht mich ins Wasser und wäscht mich. Ich finde es unangenehm, so etwas ist mir noch nie passiert."

„Ein deutlicher Fortschritt", unterbreche ich.

„Meine Mutter hält mich fest, das Wasser strömt sehr schnell und ist eiskalt. Ich fange an zu schreien, aber darauf reagiert sie nicht. Sie wäscht sich selbst auch mit dem glasklaren, sauberen Wasser. Der Fluß entspringt aus einer Felswand, strömt sehr schnell und wird dann zu einem Wasserfall. Wir befinden uns im Dschungel, sitzen am Wasserfall und schauen ins Tal, in das der Fluß weiterströmt. Ich sehe, daß überall aus den Felsen Wasser fließt."

„Verlasse deinen Körper und schaue dich um. Siehst du andere Menschen oder Wohnstätten."

„Nein, niemand sonst ist da, ich bin ganz alleine mit meiner Mutter. Vielleicht haben wir uns verirrt oder den Stamm verloren, oder wir sind absichtlich allein hier. Die Situation ist nicht normal, aber meine Mutter ist ganz ruhig. Wir haben kein Zuhause, aber das Klima im Dschungel ist angenehm."

„Versetze dich weiter in die Zukunft und erzähle von deinem Leben."

„Sie hatte sich tatsächlich verlaufen, war wahrscheinlich durch die Geburt zurückgeblieben und hatte danach die Gruppe verloren. Sie läuft mit mir auf dem Arm weiter in die Richtung, in der sie den Stamm vermutet.

Später, ich kann jetzt schon laufen, kommen wir zu einem anderen Stamm. Zu Anfang werden wir einige Male verjagt. Meine Mutter und ich suchen große Mengen an Früchten, Beeren und Wurzeln, die wir verstecken. Später legt meine Mutter sie auf Blätter, um uns damit in den Stamm hineinzukaufen, aber es ist ihnen zu wenig."

Den habgierigen Menschen reicht es wieder einmal nicht. Immer wieder werden andere ausgebeutet. Sicher spielt auch hier Karma eine Rolle.

„Die Früchte erhalten wir nicht zurück, sie werden uns genommen. Wir werden nur dann im Stamm aufgenommen, wenn sich meine Mutter sexuell anbietet. Sie wird von mehreren Männern vergewaltigt, das gehört zu den Stammesbräuchen. Sie wird von einem der Männer schwanger, und so werden wir zwangsläufig in den Stamm aufgenommen.

Es ist schlimm für sie, aber sie hat keine andere Wahl, da wir sonst ungeschützt im Dschungel bleiben müßten. Ich bin schon so groß, daß ich alles bewußt miterlebe."

„Wievielen Männern muß sich deine Mutter hingeben?"

„Sie bleibt solange ausgestoßen, bis sie schwanger ist. Bis dahin muß sie aber den Männern zur Verfügung stehen. Erst dann können wir im Stamm leben."

„Wird sie von einem Mann akzeptiert, oder behält sie eine Verbindung zu allen Männern?"

„Sie bleibt eine Außenseiterin, ich übrigens auch. Ich werde sofort von ihr getrennt, im Gegensatz zu dem Stammeskind. Ich bin ein fremdes Kind, werde von meiner Mutter ferngehalten und lerne alle Sitten und Gewohnheiten des Stammes. Sie haben Angst, daß meine Mutter mir weiterhin andere Gewohnheiten beibringen könnte."

„Wie alt bist du jetzt?"

„Etwa vier oder fünf Jahre, ich bin ein Junge." Sie atmet tief durch.

„Wie sieht eure Unterkunft aus?"

„Wir leben in Hütten, ähnliche wie in meiner Vorinkarnation. Nur stehen die Hütten frei, nicht an Felsen gebaut. Sie bestehen aus Holz und Blättern und sind mit losen Zweigen verstärkt."

„Bist du in der gleichen Gegend wie in deiner Vorinkarnation?"

„Ja, obwohl es nicht so extrem heiß ist."

„Du bist ein Junge. Erzähle mehr über die Bräuche des Stammes."

„Die Männer jagen, und die Frauen sind für das Essen zuständig. Ich sehe, wie einige Frauen mit Flußschlamm töpfern. Sie stellen Eßgeschirr, Kochtöpfe und Schalen her.

Wir essen vorwiegend Fleisch. Die Männer jagen und vertreiben andere Stämme aus dem Jagdgebiet. Sie führen dabei blutige Kriege, Menschenleben zählen nicht, solange es dem guten Zweck dient. Unakzeptabel ist nur, wenn jemand grundlos ermordet wird."

„Wie ist euer Bewußtsein? Hat es sich erweitert?"

„Ähnlich wie vorher, vielleicht etwas weiter. Ich spüre ein deutliches Band mit meiner Mutter, auch erlebe ich das Unrecht, das mir angetan wurde."

„Wieso, was ist geschehen?"

„Ich darf nicht das gleiche lernen wie die anderen Männer des Stammes."

Diskriminierung ist ihnen also gut bekannt.

„Du hast nicht die gleichen Rechte?"

„Für sie schon. In der Praxis sieht es so aus, daß ich immer der letzte bin. Ich bekomme alles als letzter und werde ständig benachteiligt."

„Begib dich in der Zeit vorwärts, bis du ein erwachsener Mann bist. Suche ein wichtiges Ereignis."

„Ich muß lachen, weil es so blödsinnig war, aber es war unfair. Ich ermordete einen anderen Jungen, mit dem ich zusammen ausgebildet wurde. Wir waren auf der Jagd, und ich habe ein großes Tier getötet. Er schlug mich auf den Kopf, nahm mir die Beute ab und lief davon."

„Das war natürlich nicht richtig. Was hast du gemacht?"

„Nichts. Er wurde im Dorf geehrt und als Mann angenommen, ich hatte nur eine Beule am Kopf. Ich konnte es nicht akzeptieren, und es den anderen zu sagen, hätte auch nichts gebracht. Keiner hätte mir geglaubt.

Also richtete ich bei der nächsten Jagd meine Lanze auf ihn." Sie lacht sich ins Fäustchen: „Was bin ich für ein Typ? Aber es war sein Ende."

„Wie ging es weiter? Was hast du den anderen erzählt? Wie haben sie sich verhalten?"

Sie schweigt lange.

„Haben sie ihn gesucht?"

„Ja ... ich hatte ihm die Lanze in den Rücken gestoßen. Feige, nicht wahr?"

„War er sofort tot?"

„Er fiel nach vorn ..."

„Du hast ihn dort liegen lassen?"

„Ja, aber die Lanze wollte ich wiederhaben. Ich habe sie noch einmal kurz in ihn hineingebohrt, um sicher zu sein, daß er tot war. Danach habe ich sie entfernt."

„Bist du daraufhin gleich zum Dorf zurückgekehrt, oder hast du noch Beute gejagt?"

„Ich weiß es nicht mehr", zögert sie. Sie wehrt sich, weiter zu erzählen. Ich fordere sie erneut dazu auf.

„Was hast du gemacht? Hast du weiter gejagt, oder bist du zum Dorf zurückgegangen?"

„Ich habe weiter gejagt, eine Beute erlegt, und danach bin ich zum Dorf zurückgegangen. Nichts passierte, nur meine Mutter wußte intuitiv, was ich gemacht hatte, fand es nicht gut."

„Da hast du eine Menge Karma angehäuft", sage ich ganz ruhig.

„Einiges! Irgendwie wußten alle, was passiert war. Jetzt wird auch mit mir etwas geschehen, ich weiß aber nicht, was es sein könnte." Die Angst vor den kommenden Ereignissen läßt sie zögern.

„Alle wußten telepathisch, was geschehen war, auch, daß der andere Junge mir die Beute geklaut hatte!" Sie redet sehr heftig.

„Was geschah danach?"

„Sie stachen mich in den Bauch, genauso wie im Vorleben." Ihr Lachen ist hysterisch und unbeherrscht, sie spürt starke Widerstände.

„Erzähle ohne Schmerz und ohne Gefühl, was geschah."

„Der Vater des Jungen hat sich einfach gerächt."

Schlimmeres hätte er wahrscheinlich nicht tun können, da er so noch mehr Karma verursachte, dessen Folgen er später selbst austragen muß.

„Er tötet dich in Gegenwart aller anderen?"

„Nein, außerhalb des Dorfes, ohne Zeugen. Ich war auf der Jagd, er folgte mir ... und stieß seine Lanze in meinen Körper, genauso wie ich seinen Sohn getötet hatte."

Die Ereignisse wiederholen sich.

„Der Mann war etwas weniger feige als ich. Er sagte mir, ich solle mich umdrehen, so daß ich auch die Möglichkeit hatte, meine Lanze auf ihn zu werfen."

„Also eine Art Zweikampf?"

„Nein, ich war eindeutig im Nachteil. Er war viel stärker und größer als ich, und ich war noch jung. Ich stand kurz vor der Einweihung zum Mann. Damals war ich kein Mann geworden, weil mir der andere Junge meine Beute bei der Jagd weggenommen hatte."

„Du hattest also noch kein Mädchen gehabt?"

„Nein, das auch noch nicht", antwortet sie traurig.

„Schade, nicht wahr", stimme ich zu.

„Traurig", antwortete sie spöttisch, „wenn man mir einfach eine Lanze in den Bauch stößt."

„Warst du gleich tot?"

„Es war ekelhaft. Er stemmte mir die Lanze fest in den Bauch, und ich war sofort tot."

„Du hast jetzt diese Erfahrung hinter dir gelassen, bist wieder im Jenseits. Betrachte als Geist deinen toten Körper. Was kannst du zu dem kurzen Leben sagen?"

„Meines Erachtens hatte ich mein erweitertes Bewußtsein völlig falsch genutzt. Ich sollte lernen, besser mit allem umzugehen."

„Wo, in welchem Teil der Welt, spielte sich dieses Leben ab?"

„Ich meine, daß es diesen Teil der Welt nicht mehr gibt. Ich glaube, es war das Land Lemuria, irgendwo im Pazifik. Ebenso wie Atlantis ist dieses Land im Meer versunken. Ich bin jetzt ganz sicher, es war der verlorene Kontinent."

„Bleibst du jetzt länger im Jenseits, oder schmiedest du schon wieder Pläne?"

„Ich bleibe erst einmal hier. Nachdem ich in zwei kurzen Leben soviel Unheil angerichtet habe, muß ich mich erst besinnen."

„Wie machst du das? Wie besinnst du dich?"

„Ich versuche zu ergründen, warum ich so gehandelt habe. Ich analysiere die Ereignisse und erkenne, daß ich neidisch gewesen bin und mich ungerecht behandelt gefühlt habe."

„Ist dies Ausdruck von einem stärkeren Bewußtsein für dein Erdenleben?"

„Ja, es sind ganz neue Gefühle."

„Kannst du noch mehr erzählen?"

„Der Vater des Jungen erstach mich aus Rache. So reagierte er auf den Mord an seinem Sohn. Ich jedoch handelte aus reiner Wut, Ohnmacht und Neid. Vielleicht wäre mein Handeln noch zu rechtfertigen gewesen, aber mein Grundgefühl war rein negativ."

Ich meine, daß sie, trotz Selbstanalyse, die Ereignisse nicht richtig interpretiert hat. Auch der Vater des Jungen vergalt Böses mit Bösem. Er nahm das Recht in seine eigene Hand und verstand nicht, daß es auch beider Karma war. Meine Versuchsperson ist in ihrer Entwicklung noch nicht so weit, daß sie einsieht, daß niemand Aggression mit Aggression vergelten darf. Christus lehrte uns, daß wir auch noch die andere Wange hinhalten sollten und die Vergebung an erster Stelle stehen muß. Nur so kann der ewige karmische Kreislauf der Rache durchbrochen werden. Zu dieser Erkenntnis kommt meine Versuchsperson erst viel später.

„Meine Mutter war das Mädchen aus der letzten Inkarnation, mit der ich sexuell eingeweiht wurde, meine damalige erste Geliebte."

„Hast du noch weitere Analysen aus diesem Leben?"

„Es war für mich schwer, mich einer niedrigen Stellung in dem Stamm anzupassen, nicht bedeutend zu sein. Bis jetzt hatte ich stets eine relativ wichtige Position innegehabt. In dem vorherigen Leben bin ich zwar jung gestorben, hätte aber weit kommen können. Im letzten Leben hätte ich nie eine bedeutende Position erreichen können. Die Aggressionen entsprangen meiner erzwungenen niedrigen Stellung und meiner Ohnmacht, nichts daran ändern zu können."

„Du sagtest, daß deine Mutter die Geliebte aus deinem Vorleben war, das Mädchen, das dich in die Liebe einweihte. Du erkanntest sie, weil zwischen euch ein zartes Band entstanden war, ein Beispiel von positivem Karma. Hast du noch mehr analysiert, da du sagtest, du bräuchtest noch Zeit, die beiden kurzen Leben zu überdenken. Wie sind die beiden Leben miteinander verknüpft? Das, bei dem du von einem fremden Stamm nicht anerkannt wurdest, und jenes, in dem dich ein Ur-Ochse auf seine Hörner spießte?"

„In dem einen Leben war ich fröhlich und frei, in dem anderen fühlte ich mich wie angebunden. Vielleicht war ich in dem ersten Leben zu sorglos, wodurch ich von dem Tier ergriffen wurde. Alles lief damals reibungslos, im Gegensatz zu der harten Lektion danach."

„Was genau machst du im Jenseits, zwischen den zwei Leben?"

„Ich versuche, die Lösung meines Problems zu finden, und hoffe, mental fähig zu sein, die Probleme im nächsten irdischen Leben gut lösen zu können."

„Im Jenseits ist dir bewußt, daß dir alle Probleme auf Erden erneut begegnen werden, weil du sie ausschließlich dort lösen kannst?"

„Ich erkenne es erst jetzt."

„Während des Aufenthalts im Jenseits kannst du nichts lösen, jedoch vieles erkennen und verstehen."

„So sehe ich es. Ich kann hier nichts lösen, aber der Lernprozeß, gemeinsam mit der Gruppe, hilft mir. Uns werden dabei neue Richtlinien gegeben."

Sie meint wahrscheinlich das universelle, allumfassende kosmische Gesetz, das der Schöpfer uns gegeben hat.

„Sind alle Mitglieder dieser Gruppe da, um belehrt zu werden?"

„Ja, jeder hat eine andere Problematik, bezogen auf sein eigenes Leben. Ich kenne die Wesenheiten, sie gehören alle zu meiner Gruppe. Einige davon kenne ich schon seit der ersten Inkarnation, andere sind neu. In dem Maße, wie wir die gleiche Entwicklung durchlaufen, reinkarnieren wir auch gleichzeitig. Eine Kerngruppe bleibt zusammen, inkarniert in der gleichen zeitlichen Abfolge."

„Gibt es einen Moment, an dem du sagst: „Genug meditiert, analysiert und gelernt? Wie geht dies vor sich?"

„Irgendwann empfinde ich, daß es reicht, daß ich jetzt wieder inkarnieren möchte."

„Ist dir bewußt, daß du durch den Tod des Jungen ein schweres Karma auf dich geladen hattest?"

114

„Es ist mir sehr bewußt. Ich überlege, ob ich es in der nächsten, der zwölften Inkarnation, abtrage."

„Wie erkennst du, daß du wieder zur Erde zurückgehen wirst?"

„Ich werde weggezogen."

„Ist dir vorher bewußt, daß die Inkarnation beginnen wird?"

„Ich weiß, daß sie naht, und kenne auch den genauen Zeitpunkt. Keiner sagt es mir. Irgendwann setze ich mich in Bewegung, blitzschnell rase ich durch den Raum, aus dem Jenseits zur Erde, zu der Stelle, an der ich inkarnieren werde."

„Wohin wirst du diesmal gezogen, wo landest du?"

Ich gebe die Anweisungen und sage: „Du kommst an der Stelle an, an der du geboren wirst, in deiner zwölften Inkarnation. Stimmt das?"

„Ja, aber ich kann es kaum sehen, ich bin sehr müde."

„Kannst du etwas zu diesem Leben sagen, damit wir in der nächsten Sitzung leichter weitermachen können?"

„Ich sehe wieder vertrocknetes Grasland, ich sehe keinen Menschen, keine Mutter ..."

„Sollen wir die Sitzung hier beenden?"

„Ja", antwortet sie, deutlich erschöpft. Damit endet ihre elfte irdische Inkarnation, seit sie als vollkommene geistige Wesenheit, als Göttlicher Funken, zu diesem Planeten gekommen ist.

Durch das Handeln und Wandeln des Menschen auf Erden, durch das Vergrößern des Bewußtseins, werden im Leben die Beziehungen untereinander immer umfassender und komplizierter. In der letzten Sitzung wird dies klar werden. Wir werden sehen, wie Verhaltensmuster langsam zu Problemen heranwachsen, wie sie entstanden und die nächsten Leben beeinflussen. Karma und Trauma, bisweilen miteinander verwoben, können auch getrennt auftreten. Wir nehmen positives oder negatives Karma, Zuneigung und Liebe mit. Auch Haß und Rache aus den Vorleben gehen im gleichen Verhältnis ins nächste Leben mit.

ACHTES KAPITEL

Die zwölfte und dreizehnte Inkarnation

Die Ereignisse wiederholen sich.
Der Sinn des Lebens und des Leidens. Die Macht von Haß
und Rache. Rückfall in alte Fehler. Ursache und Wirkung.
Schweres Karma in der dreizehnten Inkarnation.

Origenes lebte von 185 bis 254 nach Christi Geburt. Er war der größte griechische Denker, der sich mit der Reinkarnation beschäftigt hat. Als erster christlicher Theologe lehrte er die Existenz der Seele vor dem irdischen Leben. Er lehrte das Gesetz von Ursache und Wirkung, durch das die nachfolgenden Leben bestimmt werden, er wußte um das Schicksal als Folge von Fehlern und Verdiensten aus den Vorleben. Das Gesetz von Ursache und Wirkung entspricht dem Karma, bestimmt das Schicksal.

Zweck der Reihe der irdischen Inkarnationen ist die Rückkehr zur ursprünglichen Vollkommenheit der Seele, zum Licht, zum „silbernen See des Geistes".

Wir setzen unsere Forschungen hinsichtlich der Ur-Zeit, der ersten Leben auf Erden, fort, der ersten Leben der Seelen-Einheit oder Monade, wie sie von Carl G. Jung genannt wurde. Diese Leben werden von einem zentralen Ego, dem ICH, gesteuert. Das Ego ist wichtiger als die irdische Persönlichkeit mit ihrem sich wandelnden Namen. Der Name ist lediglich ein Etikett, das wir der Persönlichkeit anhängen, damit wir sie jeweils unterscheiden können. Alle, die im Jenseits sind, betonen immer wieder: „Ich habe keinen Namen." Die Summe aller ICH's der irdischen Leben bilden zusammen wieder eine ICH-EINHEIT.

In den ersten Inkarnationen hatten die Menschen noch keinen Namen. Die einzigartige geistige Persönlichkeit nimmt nur die Erfahrungen eines Lebens an, sie spricht stets von sich als ICH: „Ich inkarniere, nicht Johann oder Peter, Sophia oder Anna." „Ich inkarniere immer wieder." In der nächste Sitzung wird sich dies erneut zeigen.

Der feste Abend für unsere Untersuchung ist wieder gekommen. Wir sitzen in meinem ruhigen Praxisraum. Wir gehen zuerst zum Ende der elften, anschließend zur zwölften Inkarnation des ICHs zurück.

Sie tritt schnell in den Trance-Zustand ein, und ich frage wie immer: „Was siehst du, was geschieht?"

„Ich bin im Wald, im Dschungel", antwortet sie sofort. Ich liege verletzt auf dem Boden. Eine Lanze steckt in meiner Seite; ich bin tot." Sie ist traurig, hat sich völlig in die Situation hineinversetzt.

„Ich bin außerhalb meines Körpers und betrachte alles von oben. Hier endet meine elfte Inkarnation." Sie spricht jetzt ganz leise.

„Ich schwebe und bewege mich von der Erde weg, gehe zu einer bestimmten Ebene, die nicht weit von der Erde entfernt liegt. Hier finde ich Ruhe, aber ich fühle mich, nach allem, was geschehen ist, nicht wohl. Es ist eigenartig, und ich überdenke alles."

„Wußte jeder im Dorf, daß der andere Junge das Tier während eurer gemeinsamen Jagd nicht selbst erlegt hatte?"

„Ja", reagiert sie heftig, „sie wußten es. Jeder, den es interessierte, konnte es wissen."

„Bist du im Jenseits traurig über das, was geschah?"

„Es ist schade, und es befremdet mich, daß wir einander für das Geschehene töten. Es war zwar nicht ehrlich, jedoch waren die Reaktionen völlig übertrieben!"

„Teilst du deine Erlebnisse jetzt mit anderen Wesenheiten?"

„Noch nicht. Erst betrachte, überlege und analysiere ich selbst. Später habe ich Kontakt zu Schicksalsgenossen und auch zu dem von mir ermordeten Jungen. Unser Verhältnis ist gespannt. Wir wissen beide nicht, wie wir uns einander nähern sollen. Wir finden die Situation einerseits lächerlich, andererseits war er auch nicht ehrlich. Ich überlege, ob er Rachegefühle mir gegenüber hat."

Sie beschäftigt sich ständig mit ihren Rachegefühlen, dabei atmet die ganze Atmosphäre (dort oben) Liebe und Frieden.

„Wendet einer von euch sich ab?"

„Ich bin nur mit mir selbst beschäftigt, alles geht von mir aus."

„Wie geht die Entwicklung auf dieser Ebene weiter?"

„Alles dreht sich um den Mord, er ist das Allerwichtigste. Es ist klar, daß ich mich gemeinsam mit dem Jungen inkarnieren werde." Es hört sich an, als erwarte sie Schwierigkeiten.

„Es scheint wie eine Art Herausforderung zu sein, abwartend, wie ihr auf einander reagieren werdet."

„Nein, wir treten uns sicher sehr mißtrauisch gegenüber. Ich weiß nicht, wie die Situation enden wird. Wir werden uns in einem wichtigen Moment begegnen. Mehr ist mir nicht bekannt."

Der freie Wille wird das Geschehen bestimmen – in einer positiven oder einer negativen Reaktion.

„Gibt es noch Wichtiges aus der Zeit im Jenseits zu berichten?"

„Nein, ich warte mit anderen Wesenheiten, bis ich inkarnieren kann. Wir tauschen uns gedanklich über unser gemeinsames Dasein und die kommenden Leben aus. Ich weiß, wie weit ich noch vom Licht entfernt bin."

„Heißt das, daß du lieber im Jenseits bist als in einem irdischen Körper?"

„Ich weiß nicht so recht …", zögert sie.

„Im Körper gefällt es mir, weil ich mich weiterentwickle. Hier, wo ich jetzt bin, ist alles etwas eintönig, statisch. Ich kann hier nur weg, indem ich einen Körper auf Erden annehme."

„Mußt du bis zur nächsten Inkarnation lange warten, oder reinkarnierst du schnell?"

„Es gibt hier kein Zeitgefühl wie auf Erden. Ich erlebe hier nur aufeinanderfolgende Ereignisse. Zeit gibt es hier nicht, nur das Gespür für Veränderung."

Alles strömt, alles ist im Wandel begriffen, nichts ist stetig, so hat es bereits Heraklit im alten Griechenland, etwa 500 Jahre vor Christi Geburt, beschrieben. Gleichzeitig IST alles. Nichts wird dem Ganzen hinzugefügt oder weggenommen. Es gibt nur eine „Veränderung der Form" in den zahlreichen Aspekten des Seins.

„Mir scheint, daß hier im Jenseits alles schneller geht", fügt sie noch hinzu.

„Unwiderruflich kommt der Moment, wenn du zur Erde herabsteigst, um deine zwölfte Inkarnation zu beginnen. Sagt man dir, daß es Zeit ist zu gehen?"

„Eine Gruppe höherer Wesenheiten leitet durch gemeinsam gefaßten Beschluß meine Inkarnation ein. Ich spüre dann, daß ich gehen muß."

Die höheren Wesenheiten sind wahrscheinlich die Vorläufer vom späteren Rat der Drei, Fünf oder Sieben, ein Gremium zur Beratung für die anstehende Reinkarnation. Sie helfen dabei, die Vorleben zu analysieren und das Ergebnis im Lebensplan der kommenden Leben zu integrieren. Der „Rat" untersucht zum Beispiel, welches Karma und welche noch zu verarbeitenden Traumata in die neue Inkarnation mitgenommen werden sollten.

Eine neue Persönlichkeit, noch frei von neuen irdischen Erfahrungen, kommt mit diesem Karma beladen zur Erde. Sie versucht erneut, Harmonie für die Seelen-Einheit zu schaffen, die keinerlei Disharmonie akzeptiert.

Später werde ich dieses Thema noch ausführlicher behandeln, wenn wir den Verbleib zwischen zwei Leben in einer nicht so weit zurückliegenden Zeit behandeln.

Die zwölfte Inkarnation

„Du verläßt das Jenseits, gehst zur Erde zurück und beginnst deine zwölfte Inkarnation. Beschreibe klar, was du siehst und erlebst."

„Der Prozeß verläuft genau umgekehrt. Ich wende mich von den anderen Wesenheiten ab und bin auf mich allein gestellt. Ich betrachte die neue Umgebung, in der ich aufwachen werde."

„Wo befindest du dich?"

„Ich sehe eine Grasfläche. Dies stimmt mit der Erfahrung gegen Ende der letzten Sitzung überein."

„Saftiges, grünes Gras", frage ich?

„Nein, sehr trockenes. Ich schwebe jetzt über einer felsigen Gegend mit Wäldern, einer öden Landschaft."

„Wann kommst du zu deiner Mutter, kurz nach der Zeugung oder erst kurz vor der Geburt?"

„Kurz vor der Geburt. Ich bin aber nicht in der Gebärmutter. Ich sehe meine Eltern gar nicht." Sie erhält neue Anweisungen von mir.

„Ich sehe ein großes, rundes Loch, und plötzlich bin ich da." Sie lacht erstaunt. „Es sieht aus wie ein Tunnel. Es ist kein physischer Tunnel, sondern ein Geburtskanal, durch den ich den Körper in Besitz nehme. Ich liege jetzt als Baby da und schaue in die Luft."

„Gehe zu einem Moment, wenn du sehr bewußt in deinem Körper bist. Was gibt es zu berichten?"

120

„Ich stehe in einer Grotte in den Bergen und bin etwa vier oder fünf Jahre alt. Ein zweites Kind ist geboren, es ist der andere Junge, den ich (unbewußt) erkenne. Er gefällt mir nicht."

„Warum nicht?"

„Ich mag ihn nicht. Nein!" ruft sie. „Er mag mich auch nicht. Er spürt es schon als Baby. Jetzt sind wir also zusammen und spüren sofort eine feindliche Atmosphäre zwischen uns. Ich laufe weg, ich ertrage es nicht. Ich bin neidisch, weil er versorgt, gestillt wird. Er liegt ganz zufrieden an der Brust meiner Mutter."

„Fühlst du dich zurückgesetzt?"

„Ich bin viel zu alt, um noch gestillt zu werden. Ich mag ihn nicht. Ich wende mich mehr dem Stamm zu und strenge mich an, um bei allem der Beste zu sein. Ich leiste viel mehr als die anderen, bringe viele Opfer, übe unentwegt. Ich will glänzen."

„Worin willst du glänzen?"

„Ich weiß es nicht. Ich befinde mich in einer Gruppe. Es ist sehr heiß, das ganze Land ist ausgetrocknet, auch der See, der sich nach den regelmäßigen Regenfällen neu füllt. Viele Tiere kommen dann zum Trinken und Fressen. Wir haben dann ein leichtes Jagen.

Als kleiner Junge mußte ich Früchte und Beeren pflücken, das gefiel mir nicht. Das Jagen gefällt mir, vor allem das Fallenstellen. Wir bauen eine Falle aus gespannten Zweigen. Es gibt auch Fallgruben, aber jene Fallen sind viel intelligenter: Wir flechten Zweige durcheinander und spannen sie. Wenn ein Tier darübergeht, entsteht eine Hebelwirkung, durch die es hart auf den Boden fällt. Danach müssen wir schnell hinlaufen, um es mit der Lanze zu töten.

Wir sitzen oben in den Bäumen. Es ist sicherer, weil die Tiere groß und schwer sind, denn sie würden uns sonst zerreißen. Sie haben kurze Beine, sehen Nashörnern ähnlich, haben aber kein Horn. Sie sind breit, mit einem spitzen Kopf und kurzen Haaren, ihr Fleisch ist sehr schmackhaft."

„Wie alt bist du jetzt?"

„Etwa fünfzehn."

„Erzähle von der Lebensart des Stammes, von euren Behausungen?"

„In der trockenen Jahreszeit wohnen wir im Flachland. Wir brauchen dort keine Hütten, die Felsen spenden ausreichend Schatten. Sonst bieten uns die Höhlen Schutz."

„Bist du bekleidet?"

„Ja, zum Schutz vor Insekten. Es gibt sie hier massenhaft. Die älteren

Männer tragen Tierfelle als Statussymbol. Sie zeigen damit, daß sie gute Jäger sind."

„Was tragen die Frauen?"

„Entweder nichts oder ein Stück Leder oder Zweige als Schutz gegen die Insekten."

„Haben die Frauen eine schöne Figur?"

„Die Frauen sind grob und schwer gebaut, ihre Brüste hängen herunter und sind flach. Sie unterscheiden sich nicht stark von den Männern, außer durch ihre Brüste und ihre Geschlechtsteile. Die rotbraune Haut ähnelt der Haut von Indianern. Sie sind völlig anders als die Menschen in der vorherigen Inkarnation.

Die Frauen wohnen höher, an den Felsen, die Männer leben im Flachland. Als ich weglief, bin ich zu den Männern gegangen, obwohl ich noch viel zu jung war. Dies war auch der Grund, warum ich so hart arbeiten mußte, aber ich wollte absolut nicht mehr bei meiner Mutter und meinem Bruder bleiben."

„Wie ist das Verhältnis zwischen Mann und Frau? Damit meine ich das Liebesleben?"

„Die Männer gehen auf die Frauen zu, nehmen sie einfach. Wenn eine Frau schwanger wird, gehören die Kinder zur Mutter. Oft wissen die Frauen, wer der Vater ist. Männer und Frauen haben ihre eigenen, wechselnden Vorlieben."

„Wie geht es dir? Du bist etwa fünfzehn Jahre alt und sehr ehrgeizig. Auf welchem Gebiet möchtest du der Beste sein?"

„Auf allen Gebieten", antwortet sie ohne zu zögern.

„Du meinst: Anführen, Macht besitzen, Jagen und Frauen erwerben?"

„Ja. Irgendwann bin ich reif genug für eine Frau. Die älteren Männer, der Ältestenrat, beurteilt das. Sehr unsicher gehe ich zu der für mich ausgesuchten Frau", fährt sie lachend fort. „Alles ist geregelt, auch bei den Frauen. Das Mädchen ist älter und erfahrener als ich und bereit, mich zu empfangen. Von ihr werde ich in die Kunst der körperlichen Liebe eingeweiht."

„Was macht denn das Mädchen?"

„Sie geht zu den Felsen, wo sie eine bestimmte Stelle kennt. Ich gehe mutig mit und muß mich zuerst hinsetzen. Sechs fast nackte Frauen führen händeklatschend einen rhythmischen Tanz auf, durch den ich stark erregt werde."

„Wie zeigt sich die Erregung?"

„Ich bekomme eine Erektion. Sobald die Frauen dies sehen, tritt eine aus der Gruppe auf mich zu, während die anderen weitertanzen und mit den Händen klatschen. Ich sitze in der Hocke auf dem Boden, die Frau setzt sich auf mich. Ich gleite in sie hinein, wobei ich still daliege und sie sich rhythmisch auf mir bewegt. Sie bewegt sich auf und ab, in dem Rhythmus der tanzenden Frauen, bis ich einen Orgasmus habe. Damit endet das Ritual."

„Geht es immer so?"

„Nein, nur beim ersten Mal."

„Wie sind die nächsten Kontakte?"

„Von jetzt an kann ich, wenn ich Lust habe, zu den Frauen gehen."

„Wie findet die Paarung dann statt, genauso wie vorher?"

„Nein, nur das erste Mal läuft sie in dieser Weise ab, es ist eine Art Einweihung. Ich befand mich in einem leichten Trance-Zustand, und die Frau war keine Jungfrau mehr."

„Spürst du im Liebesleben eine bewußte Zuneigung? Oder gibt es Liebe oder Freundschaft nicht?"

„Doch, ich habe eine Vorliebe für bestimmte Frauen. Ich kenne diese Art der Anziehungskraft. Vielleicht sind es karmische Verbindungen aus einem Vorleben. Mein Bewußtsein für alles, was sich im Leben ereignet, ist größer, viel größer sogar, als in den vorherigen Leben."

„Wie steht es mit deinem ungeliebten Bruder?"

„Er kommt mit, um das Jagen zu erlernen, aber er ist sehr ängstlich. Für mich ist er ein Nichts. Ich selbst bin kräftig gebaut, bin ein starker Mann. Ich gehöre zu den besseren Jägern und habe großen Einfluß."

„Wie geht es weiter?"

„Ich bin eine wichtige Person und bilde andere in der Jagd aus. Jetzt wollen die anderen, daß ich meinen Bruder ausbilde. Es ist eine große Ehre, wenn ein Jäger andere ausbildet, die dann gute Jäger werden. In meinem Alter muß ich andere ausbilden, auch meinen Bruder. Er geht jetzt oft mit auf die Jagd, aber es ist hoffnungslos, er hat zu große Angst. Zudem wird er von mir eingeschüchtert." Sie atmet tief durch. „Er haßt es zu jagen, aber das hängt alles miteinander zusammen.

Irgend etwas wird geschehen, ich bin ganz sicher. Er will aufhören zu jagen. Er könnte Kräuterkunde studieren, die Herstellung von Lanzen oder das Abtransportieren der Beute. Ich möchte, daß er weitermacht, trotz allem. Für mich bedeutet es eine Niederlage, wenn er aufhört. Es geht um meinen Erfolg."

„Was passiert weiter?"

„Ich treibe ihn in die Enge. Er hat Angst vor mir, und ich bin sehr beherrschend."

„Wie machst du das?"

„Ich mache meine Autorität und meine Macht geltend. Er ist gezwungen weiterzumachen. Irgendwann geht das schief." Sie sagt es ohne Mitleid.

„Ich weiß, daß seine Unerfahrenheit ihn Gefahren aussetzt. Ich kann jedoch nicht umkehren und sagen, daß er Angst hat. Es stimmt für mich einfach nicht, wenn ich so handeln würde. Irgendwann fällt er vom Baum herunter. Ich gebe zu, es war nicht ganz einfach, weil er auf einem gespannten Zweig saß, der zu der Falle gehörte. Es ist sehr gefährlich, mit den Fallen zu arbeiten, wenn man in dem Baum sitzt, der zur Falle umgebaut wurde.

Er fällt aus dem Baum. Das Tier gerät in Panik und zertritt ihn. Er stirbt."

„Ist das Tier so schwer, daß es ihn zertreten kann?"

„Ja, das Tier kann zwar nicht schnell laufen, aber es springt in seiner Panik auf, als es meinen Bruder sieht, stürmt auf ihn zu, drückt ihn mit der Nase zu Boden und zertritt ihn. Es ist ein sehr schweres Tier. Ich bin froh, daß ich ihn los bin." Sie lacht nervös, als sie es sagt.

„In Wirklichkeit bist du dafür verantwortlich", sage ich.

„Er ist als Jäger gestorben, und dies ist ein ehrenvoller Tod."

„Ganz stimmen tut es nicht", sage ich.

„Schon, aber er war wirklich dumm", entschuldigt sie sich. „Ich weiß, daß es nicht ganz in Ordnung ist."

„Was jetzt?"

„Ich gehe zum Stamm zurück und erzähle, daß er ehrenvoll als Jäger gefallen ist. Alle freuen sich, weil er nicht als Feigling gestorben ist. Denn ab und zu passiert so etwas. Er selbst hat es gewußt, daher kam seine Angst."

„Keiner greift ein, auch der Ältestenrat nicht?"

„Es ist meine Verantwortung. Außerdem, hätte er wirklich nicht jagen wollen, hätte er es klarer sagen müssen."

„Wie geht es mit dir weiter? Steigt dein Ansehen, oder ist dein Hunger nach Macht, danach, der Beste sein zu wollen, gestillt?"

„Er ist weniger geworden, aber nicht ganz versiegt. Ich habe viel im Stamm zu sagen, bin aber nicht der Leiter, der große Mann. Weiter geschieht nicht viel, ich sterbe als alter Mann."

„Wie alt wirst du?"

„Ich bin alt und verbraucht."

„Wer sorgt für dich?"

„Die Frauen, sie versorgen uns immer." Ihre Stimme klingt leise und kraftlos.

„Was ist mit dir?"

„Ich bin alt und verbraucht. Ich kann fast nichts mehr tun, außer ein wenig herumgehen."

„Genießt du noch Ansehen im Stamm?"

„Nein, nicht mehr, ich werde kindisch. Ich werde gebeten, mich zurückzuziehen. Danach sterbe ich, ganz ruhig, im Schatten unter einem Felsen. Ich liege auf einer Matte, eine Frau sitzt neben mir. Ich bin etwa dreißig Jahre alt." Ihre Stimme wird immer träger und kraftloser.

„Die Frau weiß, daß ich sterben werde, sie wartet, bis ich tot bin, danach erzählt sie es den anderen. Ich habe eine tiefe und liebevolle Beziehung zu ihr.

Ich sterbe und sehe mich außerhalb des Körpers." Sie ist kaum noch zu hören.

„Was kannst du von diesem Leben erzählen?"

Sie antwortet ganz klar: „Ich habe mir viel Karma aufgehalst."

„War der Mord an dem Jungen in deinem Vorleben kein Karma?"

„Doch, aber was ich jetzt angerichtet habe, ist noch schlimmer. Ich habe ihn rücksichtslos in den Tod getrieben", sagt sie selbstreflektierend.

„Wie fühlst du dich im Jenseits?"

„Ich bin stark irritiert. Das Problem ist, alles geschieht einfach, ich handele nicht aus Absicht, habe aber noch mehr Karma angehäuft, vor allem mit meinem Bruder.

Jetzt erkenne ich meine Unzulänglichkeiten aus diesem Leben. Ich erlebe alles anders, als wären meine Kleider, wie nach einem Schauspiel, von mir abgefallen. Jetzt erst kann ich sehen, was wirklich geschehen ist. Ich erkenne jetzt meine wirklichen Motive, die nicht sehr rein waren. Das Jagen war ein vorgeschobenes Alibi."

„Wie geht es im Jenseits weiter?"

„Ich bleibe dort sehr lange, damit ich alles analysieren kann, vor allem die Verbindung mit meinem Bruder. Meine Stellung innerhalb der Gruppe ist klar, kompliziert scheint mir die Beziehung zu meinem Bruder. Ich empfinde immer wieder, daß er die karmische Belastung verursacht hat. Ich habe mich nicht richtig verhalten, aber sein Handeln war auch nicht korrekt."

„Meinst Du, daß das richtig ist?"

„Nein, eher unredlich, es überzeugt mich nicht. Alles andere sehe ich klar:

Ich war ein rücksichtsloser Streber, meine Motive waren falsch. Es war mein Fehler. Doch bei meinem Bruder werde ich das Empfinden nicht los, daß er damit angefangen hat."

Der Bruder wird genauso seine Lektion lernen müssen. Aber das Gesetz von Ursache und Wirkung bleibt dennoch gültig: meine Versuchsperson hat die Situation durch ihre Reaktion eskalieren lassen.

„Wie geht es in der dreizehnten Inkarnation weiter? Bildet sich ein neues Lebensmuster?"
„Ich denke schon", bestätigt sie.

Später können mehrere Leben dazwischen liegen, bevor negatives Karma abgetragen wird.

Die dreizehnte Inkarnation

„Verlasse das Jenseits, außerhalb von Raum und Zeit, und betrachte deine dreizehnte irdische Inkarnation, in Raum und Zeit. Du berücksichtigst deine Analysen und Erkenntnisse beim neuen Lebensplan. Wie sieht das aus, was erfährst du?"
„Ich stehe sehr hoch oben auf einem Felsen. Es ist nicht kalt, die Landschaft ähnelt der Gegend aus der vorherigen Inkarnation sehr. Sie ist etwas grüner, und es ist nicht so heiß."
„Kehre zu dem Alter zurück, wo erste klare Eindrücke spürbar sind. Oder schwebst du vielleicht noch als Geist um deinen neugeborenen Körper?"
„Ich bin eine Frau", sagt sie leise und schweigt dann.
„Was möchtest du sagen", ermutige ich sie.
„Ich sitze hoch oben auf den Felsen", sie sagt immer noch nicht mehr.
„Wie alt bist du?"
„Zehn Jahre. Es geht mir nicht gut, das ist mein Karma", fährt sie kaum hörbar fort.
„Was meinst du mit „nicht gut", geistig oder körperlich?"
„Ich weiß es nicht, beides denke ich. Ich falle häufig hin. Ich stehe sehr wackelig auf den Beinen. Mir ist oft ganz schwindlig, ich muß dann versorgt werden. Ich darf mich nur wenig bewegen. Ich falle oft schon nach drei

Schritten. Ich bin nicht klar im Kopf, bin verwirrt. Ich vermute, daß ich Epilepsie habe. Ich darf zwar bei dem Stamm bleiben, bin aber eine Ausgestoßene und dadurch einsam und verlassen. Ich wohne in Stammesnähe, werde mit Essen und Trinken versorgt, aber gehöre nicht wirklich dazu. Keiner beachtet mich, egal, was ich mache.

Ich lebe mit meinen epileptischen Anfällen in den Bergen gefährlich. Es ist riskant, und ich verletze mich immer wieder ernsthaft. Die anderen hoffen, daß ich irgendwann herunterfallen werde, damit sie mich los sind." Ihre Stimme klingt traurig.

„Aber sie versuchen nicht, sich deiner bewußt zu entledigen, weil du körperlich und geistig behindert bist?"

„Nein, da ich bei der Geburt nicht gestorben bin und man damals noch nichts von meiner Krankheit bemerkte."

„Dein Leben hat kaum einen Inhalt, du kannst kaum etwas machen."

„Ich kann nur herumgehen, darf nichts erledigen, weil ich an den Stammesaktivitäten nicht teilnehme."

„Wie fühlt sich das an?" Ich frage dies, obwohl ich die Antwort kenne.

Sie stöhnt, es hört sich sehr verzweifelt an. So schweres Karma!

„Einsam und verlassen, aus der Gemeinschaft ausgeschlossen, spüre ich auch Aggressionen. Ich möchte dazugehören, ich bin doch hier. Ich versuche, zum Stamm zu gelangen, werde aber immer wieder verjagt."

„Gehe zu einem wichtigen Ereignis in diesem Leben."

„Ich sitze auf einem Felsen und schaue den Menschen des Stammes zu. Ich sehe, wie die Frauen Essen zubereiten. Danach stürze ich vom Felsen."

„Wie endet es?"

„Ich bin tot. Die anderen haben immer darauf gehofft."

„Was ist das für ein Stamm, bei dem du in dieser Inkarnation lebtest?"

Es ist der gleiche Stamm wie in meinem Vorleben. Sie haben eine rote Hautfarbe. Die Männer und Frauen leben nicht mehr so stark getrennt. Damals wohnten die Frauen hoch oben in den Felsen und die Männer im Flachland. Jetzt sind sie mehr eine Gemeinschaft, mit einer besseren Aufgabenverteilung, wobei die Männer nicht nur jagen gehen."

„Ist es immer noch so, daß ein Mann zu einer Frau geht, wenn er Lust auf Liebe hat, oder ist das Band zwischen Mann und Frau jetzt stärker?"

„Die Männer können sich einfach eine Frau aussuchen, aber die Verbindung ist intensiver und dauerhafter. Die Sprache hat sich weiterentwickelt, dafür kommunizieren sie weniger telepathisch."

Damit endet die dreizehnte irdische Inkarnation dieses ICHs. Sie ist müde und gibt keine neuen Informationen mehr. Es war eine äußerst lehrreiche Sitzung zu diesen zwei Inkarnationen.

In diesem Leben zeigt sich die Aussage: „Was du säst, wirst du ernten."„Wir lernen, indem wir das erleben, was wir anderen angetan haben. Wir hören auf, Fehler zu machen oder sie zu wiederholen, wenn wir sie wirklich gefühlt und verstanden haben. Eine harte, aber gerechtfertigte Lektion. Ein altes Sprichwort sagt: „Was du nicht willst, daß man dir tu, daß füg' auch keinem and'ren zu."

Wir müssen anderen Menschen, die ihr schmerzhaftes Karma erleben müssen, mit Liebe begegnen. „Liebe deinen Nächsten wie dich selbst", hilf ihm, sein Schicksal zu erleichtern. Der Schlüssel dazu ist die Liebe in all ihren Formen.

Bei meiner Versuchsperson ist klar, daß sie das Karma, das sie sich mit ihrem Bruder in der elften und zwölften Inkarnation aufgeladen hatte, noch nicht abgetragen hat. Sie hat als Mann in der zwölften Inkarnation ihre Lektion noch nicht gelernt. Sie hätte den schwächeren Bruder ohne Groll schützen müssen, zum Beispiel durch Zuteilung anderer Aufgaben im Haus. Stattdessen stellte sie ihre eigene Ehre über alles und hegte tiefsitzende Rachegefühle dem Jungen gegenüber. Sie hätte ihn nicht in die Enge treiben und ihn so der Gefahr aussetzen dürfen ...

In der zwölften Inkarnation war sie für die Sicherheit ihres Bruders verantwortlich und hat seinen Tod mitverursacht, wodurch eine Anhäufung der gleichen Fehler aus den beiden Leben verursacht wurde. In der dreizehnten Inkarnation erlebte sie das schwere Karma als harte körperliche und geistige Lektion.

Wir müssen Rache und Haßgefühle in uns erlösen.

Alles wiederholt sich solange nach festen, kosmischen Gesetzen, bis wir gelernt haben, Böses nicht mit Bösem zu vergelten.

Es ist eine Gnade, wenn wir das nächste, wenn auch vielleicht nicht einfache Leben leben dürfen, damit wir die (wiederholten) Fehler anderen gegenüber korrigieren können, anstatt ins Fegefeuer geworfen zu werden, um dort für immer verdammt zu sein. Ein Gott der Liebe − und Gott ist Liebe − will und wird dies nicht zulassen. Daran glaube ich fest. Das Gesetz Gottes, auf Liebe beruhend, schafft immer neue Gelegenheiten. Meiner Meinung nach kam Christus auf Erden, um den Menschen die Lehre von der Erlösung zu bringen – der Erlösung durch Reinkarnation, wie ich immer wieder betonen werde.

Ich hoffe, daß durch die bisherigen Kapitel vielen Lesern klar geworden ist, wie die unterschiedlichen Lebensschicksale entstanden sind und weshalb es auf dieser Welt so viel Leid gibt. Gleichzeitig erklären sie die Ursache der zahlreichen großen Probleme dieser Welt.

Für viele stellt sich nun die Frage, wie es weitergehen soll ...

Wir selbst haben die Wahl.

Die vierzehnte, fünfzehnte und sechzehnte Inkarnation

Selbstzerstörung und Erdgebundenheit. Widerwillen,
als Frau zu inkarnieren. Erdgebundenes Umherwandern.
Vermehrung des negativen Karmas. Weite Reisen
über heiße Ebenen, mit dem Gefühl des Ausgestoßenseins.

Ich habe bereits zuvor erwähnt und wiederhole nun, daß während einer normalen Sitzung die Versuchsperson ihr Bewußtsein auf zwei Ebenen beibehält:

Das Bewußtsein des heutigen Lebens, *innerhalb* von Zeit und Raum und ein Bewußtsein aus einem der Vorleben, *außerhalb* von Zeit und Raum.

Während der Sitzung besteht kein Zeitbewußtsein. Es hat große Vorteile, wenn sich das Bewußtsein gleichzeitig auf zwei Ebenen bewegen kann. Schon während der Sitzung können Ursachen aus dem Vorleben für heutige Wirkungen erkannt werden, wodurch sich ein besseres Verständnis der karmischen Zusammenhänge für Beschwerden und Traumata ausbilden kann.

Wenn nur eine Ebene wahrgenommen wird – das Leben der Vorinkarnation – sprechen wir von einer vollständigen Identifikation, von einem vollkommenen Einswerden mit der Persönlichkeit aus dem Vorleben. In einem solchen Fall liegt eine Besessenheit vor. Der Mensch ist besessen von der erdgebundenen Persönlichkeit seines eigenen Vorlebens. Die Persönlichkeit hat sich, nachdem die Seeleneinheit bereits in einer neuen Persönlichkeit inkarniert war, oder sogar gleich nach der Zeugung in der Gebärmutter neben der befruchteten Eizelle, wie ein lichtumhüllter Punkt festgesetzt; oder andere Wesen folgen der inkarnierten Persönlichkeit und beeinflussen sie.

Der Einfluß der Erdgebundenen auf die neu inkarnierte Persönlichkeit ist überwiegend negativ. Die Persönlichkeit ist mit dem noch ungelösten Problem des erdgebundenen Geistes (das seine Erdgebundenheit verursachte) beschäftigt.

Ich nenne einen solchen lichtumhüllten Punkt einen „Erfahrungskörper", da die komplette Lebenserfahrung in einem immateriellen, geistigen Kern komprimiert wurde. Aufrechterhalten wird sie von einer sie umhüllenden Energie, die als schwache, blauweiße Aura aufscheint.

Erdgebundenheit wird durch einen plötzlichen traumatischen Tod verursacht, zum Beispiel durch einen Selbstmord, wodurch sich in der hinübergehenden Wesenheit Angst und Verwirrung festsetzt. Als Folge des Schocks entwickelt sich dies auf sehr niedrigem Niveau und verharrt unbewußt über den Körpertod hinaus.

Eine körperlose Wesenheit weiß nicht, wohin sie sich wenden soll und wandert ziellos umher oder bleibt irgendwo „hängen", bis sich eine neue Persönlichkeit des gleichen ICHs inkarniert. Dann nimmt sie sofort Kontakt auf, weil beide die gleiche Frequenz der Seeleneinheit tragen, ähnlich wie bei einem Sender mit seinem Empfänger. Zudem besteht ein starkes unbewußtes Verlangen der erdgebundenen Wesenheit, wieder einen fleischlichen Körper in Besitz zu nehmen.

Erdgebundenheit kann auch karmisch bedingt sein. Das Problem besteht darin, daß einer Wesenheit solange nicht geholfen werden kann, bis sie ihr Karma gelöst hat. Eine erdgebundene Wesenheit kann über Jahrhunderte lang von Inkarnation zu Inkarnation gehen. Das Unangenehme dabei ist, daß die Energie der inkarnierten Seele der besitzergreifenden Persönlichkeit helfen muß, sich auszudrücken. Diese hat dazu selbst nicht genug Energie. Für die inkarnierte Persönlichkeit bedeutet das jedoch negativ genutzte, verschwendete Energie, was bis zur Erschöpfung führen kann. Von Seiten des Besitzergreifenden ist es keine böse Absicht, vielmehr ein unbewußter Hilfeschrei, ein Signal.

Die Besessenheit kann so weit gehen, daß, in seltenen Fällen, die besitzergreifende Persönlichkeit zeitweilig ganz oder teilweise dominiert wird und so eine andere Persönlichkeit entsteht, wobei auch Gedächtnisverlust oder Ohnmacht auftreten können. Die Persönlichkeit kann sich nicht mehr daran erinnern, was während der Besessenheit passierte. So entstehen „Löcher" im Gedächtnis.

Die Besessenheit durch die eigene erdgebundene Persönlichkeit kann subtil sein, so daß die betroffene Person nichts davon merkt, oder so stark, daß die Person in einer psychiatrischen Klinik behandelt werden muß. Ich bin überzeugt, daß die Schizophrenie, die innere Spaltung, auch in diese Kategorie gehört, auch wenn die Ursache der Schulpsychiatrie nicht bekannt ist.

Es gibt Fälle, in denen eine Psychoanalyse Jahre braucht, um die Ursache eines Problems zu ergründen, während mit einer Trance-Sitzung, bisweilen an einem Nachmittag, das gleiche erreicht werden kann.

Ich habe zum Beispiel eine junge besessene Frau auf diese Weise mit Erfolg behandelt. Sie war von vierundzwanzig separaten Persönlichkeiten besetzt. Alle vierzehn Tage kam sie zwei Jahre lang in meine Sitzungen. Diese Zeitspanne benötigte sie, um die Traumata ihrer Vorinkarnationen erneut zu erleben und zu verarbeiten. So konnte sie sich von den sie quälenden Wesenheiten trennen und diese in die Lichtsphären entlassen.

Während der Sitzungen wurde das jetzige Leben auf unverarbeitete, posttraumatische Emotionen untersucht, die die Problematik verursacht hatten.

In einem der nächsten Kapitel werde ich die komplexe Materie der Erdgebundenheit weiter erörtern. Zur Veranschaulichung folgt ein leichter Fall von Erdgebundenheit und Besessenheit aus meiner Praxis. Ich nenne den Fall Franz.

Franz berichtet von seinen Problemen. Er fühlt sich in seinem Körper nicht wohl, hat das Gefühl, als sei er nicht richtig inkarniert, als sei sein Geist nicht vollständig in seinen Körper integriert. „Ich bin nur halb darin", sagt er.

Ich erkläre ihm, daß es so etwas nicht geben kann, daß er auf jeden Fall ein gutes Gefühl haben müsse, auch wenn er nicht voll in seinem Körper inkarniert wäre.

Es ist möglich, nur teilweise im Körper zu sein. Im alten Ägypten geschah dies zum Beispiel, wenn ein Priester in einen bestimmten Grad eingeweiht wurde und dazu schwere Prüfungen ablegen mußte. Gelang die Rückkehr aus der astralen Welt in den Körper nicht wie geplant, bedeutete dies zumeist den Tod.

Die erste Sitzung mit Franz.

Er versetzt sich in Trance und geht in sein Vorleben zurück, zur Ursache seines Problems. Er erlebt sich als Julius Vergilius, als ein fünfunddreißigjähriger Römer. Julius besaß ein fruchtbares Grundstück am Fuße eines Vulkans auf Stromboli, einer Insel im heutigen Süditalien.

An einem Sonntag geht er spazieren, als plötzlich der Vulkan ausbricht. Er wird bei einem Erdrutsch von einer Schlammlawine erfaßt und in kürzester Zeit unter dem Lavastrom begraben. Er erstickt augenblicklich. Als Geist über der heißen Lava schwebend, sieht er noch seine Arme und Beine. Er ist völlig schockiert durch den unerwarteten, traumatischen Tod, dessen er sich nicht bewußt wird. Er schwebt seitdem als Geist umher, auf der Suche nach seinem physischen Körper.

Franz, ein erdgebundener Geist, der an dieser Stelle fixiert ist, projiziert aus dem zeitlosen Raum den fließenden Schlamm mit seinen herausragenden Armen und Beinen, im ständigen Bemühen, seinen Körper wieder zu betreten.

Ich mache ihm in der Sitzung seinen irdischen Tod bewußt, wodurch eine erste Trennung von der Erde möglich wird, und er das gesamte Katastrophengebiet wahrnehmen kann.

Das unbewußte Erdgebundensein ohne Körper und die gleichzeitige Suche nach dem Körper verursachen bei Franz das Gefühl, nicht vollständig inkarniert zu sein. Franz ist von der Energie des Julius Vergilius besessen. Durch Bewußtwerdung und Freisetzung löst sich sein Problem.

Während der zweiten Rückführung zeigt sich, daß sich Julius Vergilius tatsächlich von der Unfallstelle getrennt, seine Fixierung aufgegeben hat. Sein Bewußtsein ist frei, und er versteht jetzt, was geschehen ist. Zu Anfang nimmt er noch einen Sandrutsch und dunkles Wasser wahr, später erkennt er saftige Wiesen und frisches Grün sowie einen kleinen Fluß. Er sieht sogar einen Mann an einer Wassermühle stehen. Alles ist jetzt ruhig, und Julius schwebt, befreit von seiner traumatischen Erdgebundenheit, schnell und friedlich nach oben, in die Lichtsphäre, zur Ebene vollkommener Liebe.

Franz ist sein Problem los, fühlt sich auffallend gut und vollkommen normal. Er ist ab sofort ganz in seinen Körper integriert.

Auf diese Weise werden viele erdgebundene Wesenheiten befreit und zurück ins Licht geführt. Es gibt jedoch auch zahlreiche schwierigere und hartnäckige Fälle von Besessenheit durch eine erdgebundene Wesenheit, mit stärkeren Widerständen. Die Wesenheit weigert sich, sich zu entfernen. Ein solcher Fall ist oft karmisch bedingt. Manchmal entfernen sie sich, kehren aber nach einiger Zeit wieder zurück, und die gequälte Persönlichkeit erleidet einen Rückfall. Nur mit viel Ausdauer läßt sich dann das Ziel erreichen.

Unter diesen Aspekten soll die nächste Inkarnation meiner Versuchsperson betrachtet werden.

Die vierzehnte Inkarnation

Montagabend, den 2. August 1982

Alles ist vorbereitet, sie befindet sich in tiefer Trance, ist gleichzeitig sehr klar und wach. Wir gehen zu ihrer vierzehnten Inkarnation.

„Was siehst du, was erlebst du?"

„Ich sehe viele Menschen, ein Volk, viele Stämme. Sie haben eine dunkle, nicht schwarze, eher gelbe Hautfarbe, wenig Haare, wahrscheinlich sind die rasiert. Ich sehe einen Mann, der rhythmisch eine Trommel, eine Art Bongo, schlägt. Aus dem Wald kommen junge, mit Lanzen bewaffnete Männer, sie singen monoton zu der rhythmischen Musik.

Plötzlich sehe ich eine Frau des Stammes mit einem Tuch über ihrem Kopf, nur ihr Gesicht ist frei. Sie sitzt unbeweglich im Lotos-Sitz und starrt vor sich hin.

Der Wald ist dicht und voller Nadelbäume, ich sehe auch einen Wasserfall und viele Menschen des gleichen Stammes. Dies alles habe ich gesehen, bevor du mich fragtest."

„Was ist los, und wo bist du?"

„Ich fühle mich dem Mann und der Frau sehr nahe." Dann schweigt sie, und ich frage sie nach dem Grund.

„Ich sehe eine Treppe, die in die Erde hinunterführt. Die Treppe geht steil nach unten und endet in einer Grotte an einem unterirdischen See. Hier kann man Wasser holen."

„Wo bist du?"

„Ich suche mich. Ich bin zwar mit einer Person verbunden, bin jedoch ein Geist, da ich alles von außen betrachten kann. Ich muß noch geboren werden, und die Frau mit dem Tuch auf dem Kopf ist meine Mutter, sie gebärt ein Kind, mich."

„Gehe weiter", gebe ich als Anweisung.

„Ich bin ein Mädchen, etwa vier Jahre alt." Sie hört sich nicht sehr begeistert an. „Ich habe glattes Haar und eine braungelbe Haut. Ich glaube nicht, daß ein ähnliches Volk heute noch auf Erden lebt. Wir sehen aus wie Afrikaner, aber mit glatten schwarzen Haaren."

Ich vermute, daß es Bewohner von Lemuria sind. Dieser Kontinent ist im Pazifik und im Indischen Ozean versunken. Die Lemurier waren die

Vorläufer der Atlanter, die ebenfalls eine gelbliche Haut hatten. Atlantis versank bis auf einige wenige Bergspitzen, die heute noch als Inseln sichtbar sind, im atlantischen Ozean.

„Warum schlägt der Mann die Trommel, und warum sitzt die Frau dort?"

„Es ist ein Ritual, bei dem er darum bittet, einen Sohn zu bekommen."

„Das heißt, daß es für ihn enttäuschend ist, daß du ein Mädchen bist?"

„Für meinen Vater schon. In diesem Stamm sollte man einige Söhne zum Jagen haben. Meiner Mutter ist es egal, sie freut sich sehr über das kleine Mädchen."

„Kennst du sie aus einem Vorleben? War sie schon einmal deine Mutter?"

„Sie strahlt viel Ruhe aus. Ich hatte ganz sicher schon einmal eine Beziehung mit ihr. In einem Leben war ich ihr Geliebter, in jener Inkarnation, in der ich bei der Einweihung zum Mann das erste Mal bewußt Augenkontakt hatte und wir uns wiedererkannten. Es war das erste Mal, daß ich Gefühle spürte."

„Du bist fünf Jahre alt, und sie ist jetzt deine Mutter. Erzähle mir von der Situation."

„Wir leben abseits vom Stamm, weil mein Vater ein wichtiges Stammesoberhaupt ist. Ich bin glücklich und brauche nicht viel zu arbeiten. Ein wenig Angst habe ich schon vor meinem Vater, obwohl er mir nichts tun würde, dafür bin ich ihm nicht wichtig genug.

Meine Mutter verbreitet eine tiefe Ruhe. Sie arbeitet viel mit den anderen Frauen zusammen, sie leitet und organisiert alles. Die Frauen stellen Kleider und Kopfbedeckungen her. Die Kopfbedeckung sieht aus wie eine kleine, längliche Matte aus geflochtenem Ried. Sie wird einfach auf den Kopf gelegt. Sie wird nicht von jedem und auch nicht immer getragen. Meine Mutter trug sie während jener besonderen Zeremonie, wodurch sie gezwungen wurde, gerade zu sitzen."

„Welche Art von Kleidern tragen die Frauen?"

„Sie tragen Röcke, ihr Oberkörper ist nackt. Die Männer tragen ebenfalls Röcke, die allerdings offener sind. Sie tragen viel Schmuck, das heißt Ketten aus Steinen und getrockneten Früchten. Der Schmuck dient als Amulett, besitzt eine heilende Wirkung oder sorgt dafür, Söhne zu bekommen."

„Wie groß ist der Stamm?"

„Etwa fünfzig Personen."

„Seid ihr Nomaden, oder bleibt ihr in einem Dorf?"

„Wir leben im Dorf und bleiben dort, ganz wichtig ist die unterirdische Wasserstelle, die wir hauptsächlich für Trinkwasser nutzen. Das Wasser ist glasklar."

„Badet ihr auch?" frage ich neugierig.

„Ja, die Frauen baden in einem unterirdischen See. Die Männer stellen sich unter die überirdischen Wasserfälle. Sie gehen nicht unter die Erde, dort erledigen die Frauen ihre Arbeit. Die Männer leisten schwere Arbeiten, wie zum Beispiel das Bauen der Hütten, die klein, aber stabil sind."

„Warum müssen sie stabil sein, hängt das mit dem Klima zusammen, kann es stürmisch sein?"

„Nein, Stürme gibt es nicht. Die Hütten dienen dem Schutz und der Abschottung."

„Gehe weiter in der Zeit, zu einem für dich wichtigen Ereignis."

„Ich bin etwa zehn Jahre alt. Ich schaue den Männern zu, die, in Röcke aus trockenen Blättern gekleidet, tanzen und trommeln. In der Mitte liegt ein Mann, er scheint tot zu sein. Ich beobachte die Szene, was streng verboten ist, aber keiner sieht mich. Sie tanzen immer schneller um den Mann herum. Ich bin jetzt sicher, daß er tot ist. Sie führen ein Ritual für ihn durch. Für mich ist alles neu."

„Keiner bedroht dich, während du zuschaust?"

„Ich werde nicht entdeckt. Ich verstehe nicht, was genau geschieht, aber es ist sehr beeindruckend."

„Was geschieht mit dem Toten?"

„Irgendwann wird er weggetragen, sie verlassen das Dorf. Danach weiß ich nichts mehr, weil die Frauen nicht mitgehen dürfen."

„Genießt du als Tochter des Stammesoberhauptes höheres Ansehen?"

„Mehr als andere Frauen, aber ich muß jetzt doch hart arbeiten. Mein Vater hat einen Mann für mich ausgewählt, der sein Nachfolger werden soll, weil meine Mutter keine Söhne geboren hat. Von anderen Frauen ist ihm auch kein Sohn geboren worden.

Der ausgewählte Mann wird sein Nachfolger und muß mich heiraten. Mein Vater hat noch weitere Töchter, aber ich bin die Erstgeborene und habe das Erstgeborenenrecht. Meine Mutter ist zudem die Hauptfrau meines Vaters."

„Habt ihr in dem Leben einen persönlichen Namen, mit dem ihr angesprochen werdet?"

„Wir sprechen miteinander, aber ich höre keine Namen. Jeder wird auf die gleiche Weise gerufen, was zur Verwirrung führen kann. Wir kommunizieren hauptsächlich durch Sprache und Gesten miteinander."

„Werden bei euch spirituelle Kräfte angerufen oder angewandt?"

„Es gibt einen Medizinmann, der Kräuter als Medizin benutzt. Er kennt sich gut aus, besser als alle anderen. Die Frauen suchen für ihn Kräuter. Er stellt Ketten und Amulette her, ebenso Heilmittel."

„Gehe zu einem späteren Zeitpunkt, an dem du älter bist und sich etwas Wichtiges ereignet."

„Ich lebe immer noch im Stamm und bin jetzt erwachsen. Ich bekomme ein Kind, ich sehe mich genau so dasitzen wie meine Mutter, als sie mich gebar. Ich sitze im Lotos-Sitz und habe eine Matte auf dem Kopf. Die Männer vollziehen das gleiche Ritual, um die Geburt eines Sohnes zu erbitten. Sobald meine Schwangerschaft sichtbar wird, tanzen sie dieses Ritual."

„Wie ist dein Verhältnis zu dem ausgewählten Mann? Ist es eine feste Beziehung, oder hast du noch Beziehungen zu anderen Männern?"

„Es ist eine Art Ehe, aber nur für mich. Er darf mehrere Frauen besitzen, obwohl nicht willkürlich. Ich lebe monogam. Er ist freundlich, und ich habe kein Bedürfnis nach einem anderen Mann. Ich fühle, daß ich eine Beziehung aus einem Vorleben zu ihm habe. Das Leben mit ihm ist glücklich und harmonisch, ich bin sehr zufrieden.

Ich bin achtzehn, und es ist mein erstes Kind. Sie wiederholen die gleiche Zeremonie, wie damals bei meiner Geburt."

„Schaue die Geburt an, wie vollzieht sie sich?"

„Ich sitze in der Hocke, andere Frauen sind dabei und helfen. Es geht schnell und ohne Komplikationen. Es ist ein Junge!" Sie sagt es voller Freude. „Er wird gleich eingewickelt, ich bekomme ihn kaum zu sehen. Sie halten ihn warm, indem sie ihn in weiche Blätter legen. Eine Frau trägt ihn aus der Hütte, sie zeigt ihn sofort den Männern. Anschließend wird er durchs ganze Dorf getragen und mit Jubel empfangen."

„Wie geht dein Leben weiter?"

„Ich habe jetzt die gleichen Pflichten, die meine Mutter auch hatte: ich leite und verteile die Aufgaben im Stamm. Ich bekomme noch viele Kinder, es ist ein schönes und harmonisches Leben."

„Gibt es irgendwelche natürlichen Bedrohungen?"

„Außer Krankheiten nichts. Die Männer können allerdings bei der Jagd verletzt werden."

„Gibt es keine Bedrohung durch Nachbarstämme?"

138

„Nein, wir leben sehr friedvoll und ruhig, dadurch wenig aufregend. Als Tochter des Stammesoberhauptes ist das Leben für mich recht einfach, im Gegensatz zum Leben vieler anderer Frauen. Ich habe sogar eine eigene Hütte, speziell für mich aus Balken, Lehm, Zweigen und geflochtenen Matten gebaut. Ich bin jetzt die stammesälteste Frau."

„Gibt es in deinem Leben noch ein wichtiges Ereignis?"

„Ich bin jetzt eine alte Frau, mein Leben ist leer geworden. Mein Mann ist umgekommen. Ich bin Witwe, und mein Sohn ist das Stammesoberhaupt."

„Ist dein Status dadurch geringer?"

„Nein, denn ich bin immer noch die Mutter des Stammesoberhauptes. Ich bin nur durch meine Position isoliert. Das Leben reicht mir, ich bin etwa vierzig Jahre alt, und mein Tod naht."

„Gehe zu deinem Todestag, was fühlst du?"

„Ich habe keine Lust mehr weiterzuleben, außerdem nutze ich dem Stamm nichts mehr. Ich springe von einem Felsen in den Abgrund. Ich handele ganz bewußt, jedoch nicht aus Trauer."

„Ist dies normal in deinem Stamm?" frage ich erstaunt.

„Nein, aber es ist nichts Schlimmes für die anderen."

„Du beendest dein Leben ganz bewußt", stelle ich fest. Sie hätte es besser unterlassen, wie sich später herausstellen wird.

„Ja, es ist ganz klar für mich, aber auch eigenartig", sie spricht leise.

„Ist es nicht traumatisch für dich?"

„Als ich vor dem Abgrund stand, zögerte ich kurz ..." Sie ist erstaunt über sich selbst, aber im Unterbewußtsein ist das Übel bereits gespeichert.

„Es ist eigenartig, so zu handeln", sagt sie und schweigt.

„Inwieweit hast du in der Situation ein klares Bewußtsein, kurz vor dem Sprung?"

„Ich tue es einfach, vielleicht aus dem instinktiven Gefühl heraus, daß ich verbraucht bin und ohnehin nicht mehr lange gelebt hätte. Ich handele impulsiv."

„Du springst und fällst. Was geschieht während des Falls? Hast du deinen Körper schon verlassen oder verläßt du ihn erst, als du auf dem Boden aufschlägst?"

Sie denkt nach und atmet dabei tief durch: „Ich verlasse schon während des Falls den Körper, kurz bevor er aufschlägt."

„Du hast deinen Körper verlassen und bist jetzt im Jenseits. Du schaust nun alles aus geistiger Perspektive an, der Lebensfaden ist abgebrochen, du bist frei und ohne Behinderung durch den physischen Körper. Wie siehst du jetzt deine Tat? Fühlt es sich gut an, den Körper auf diese Weise verlassen zu haben?"

„Es fühlt sich etwas gleichgültig an."

„Ist kein traumatisches Gefühl zurückgeblieben?"

„Nein, eher ein Gefühl von: „Ich brauche diesen blöden Körper nicht mehr, ich bin froh, daß ich ihn los bin." Ich fühle mich erleichtert und bereue es nicht, gesprungen zu sein, anstatt meinen natürlichen Tod abgewartet zu haben. Jetzt merke ich erst, wie sehr mir das Leben am Schluß zur Last wurde, es war leer und ohne Inhalt."

„Du hast als Geist die irdischen Einflüsse hinter dir gelassen und gehst in die unstoffliche Realität über. Wie geht es weiter?"

„Ruhe, ich erlebe ausschließlich Ruhe."

„War dir dein karmischer Auftrag für dieses Leben klar?"

„Ich sollte lernen, eine untergeordnete Rolle als Frau zu akzeptieren. Ich hatte es einfach und war äußerst passiv. Ich spüre jedoch, daß mir das jetzt reicht, ich werde wieder aufsässig."

„Bist du im Jenseits in Kontakt mit anderen Wesen? Was geschieht?"

„Jetzt noch nicht", antwortet sie.

„Wie geht es weiter?"

„Wie immer analysiere ich mich, mache mit anderen Wesen Pläne und tausche Erfahrungen aus. Die anderen kenne ich aus diesem Leben oder aus anderen Vorleben."

„Wie läuft der Prozeß genau ab? Machst du mit Hilfe von höheren, weiterentwickelteren Wesenheiten einen Plan für dein nächstes Leben?"

„Ich spüre einen intensiven Wachstumsprozeß, ich selbst bestimme zum größten Teil, was ich in der nächsten Inkarnation machen werde."

„Weißt du ungefähr, wie das nächste irdische Leben aussehen und wodurch es bestimmt sein wird?"

„Ich erhalte Hilfe bei der konkreten Ausgestaltung: wie, wann und wo alles stattfinden wird. Was sich abspielen wird, bestimme hauptsächlich ich selbst."

„Werden die konkreten Umstände ohne dein Zutun festgelegt?" Ich stelle diese Frage nachdrücklich.

„Nicht ganz, ich kann mich weigern", sagt sie. Ich zweifle an dieser Aussage.

„Was für Konsequenzen hätte eine solche Verweigerung?"

„Keine, glaube ich, aber normalerweise weigert man sich nicht."

140

„Auch jetzt verweigerst du nichts", sage ich, „du gehst zu der fünfzehnten Inkarnation auf Erden, bereite dich darauf vor."
Sie stöhnt.

Die fünfzehnte Inkarnation

„Du bist auf dem Weg zu deiner fünfzehnten Inkarnation. Du weißt genau, wohin du kommst. Was erlebst du, was siehst du? Bist du noch Geist oder bereits in einen Körper inkarniert?"

„Warte, es ist sehr mühsam", beklagt sie sich, „die Bilder sind sehr unklar."

Sie äußert jetzt schon Widerstände, wehrt sich unbewußt gegen das, was auf sie zukommt. Nach dem Selbstmord habe ich nichts anderes erwartet.

„Stimmt etwas nicht mit deiner Wahrnehmung?"

„Nein", antwortet sie kurz. Sie wagt die Konfrontation mit ihrem Schicksal noch immer nicht. Ich werde sie überzeugen müssen.

„Warum ist alles so unklar?" Stille …

„Gehe weiter, damit die Unklarheit verschwindet." Ich gebe weitere Anweisungen. „Was siehst du, was geschieht?" Keine Antwort, stattdessen eine bedrückende Stille.

„Bist du in einem Körper oder nicht", frage ich, um die Stille zu durchbrechen.

„Nein, ich bin nirgendwo." Verwirrt zögert sie die auf sie zukommenden Erfahrungen hinaus.

„Tritt in den nächsten Körper ein, in das Leben nach jenem als Frau des Stammesoberhauptes. Was kannst du mir erzählen?"

„Ich sehe Wälder, von ganz hoch oben. Ich habe noch keinen Körper." Sie spricht leise und unsicher.

„Gehe zum Körper deiner fünfzehnten Inkarnation auf Erden. Schwebst du als Geist um den Körper herum, oder bist du in ihm? Bist du vielleicht noch im Jenseits?"

„Ich habe die innere Sphäre gerade verlassen. Ich sehe einen Jungen, der …", sie zögert und spricht nicht weiter, versucht auszuweichen.

Ich gebe neue Anweisungen. Ganz ruhig frage ich: „Was kommt auf dich zu?"

„Es ist dunkel, so als wäre ich im luftleeren Raum." Endlich spricht sie es aus.

Hier sehen wir die beängstigende Situation, in der sich jemand wieder-findet, wenn er Selbstmord begangen hat. Für sie ist es das erste Mal in ihrem Lebenszyklus.

„Wie sieht das Leben nach dem Selbstmord aus? In der vierzehnten Inkarnation bist du von einem Felsen gesprungen, jetzt befindest du dich in der fünfzehnten Inkarnation." Sie hört nicht auf zu seufzen.

Wieder frage ich: „Was erfährst du?"

„Ich schwebe, aber nicht in der Nähe eines Körpers."

„Warum trittst du nicht in einen Körper hinein? Hast du keine Lust dazu?"

„Ich fühle mich sehr, sehr traurig. Es fühlt sich an, als würde das, was ich tun muß, nicht gelingen." Ihre Stimme klingt unglücklich.

„Kannst du dich etwas klarer ausdrücken?" Endlich beginnt sie.

„Ich muß lernen, demütig zu sein. Es fällt mir sehr schwer, als Frau die ganze Zeit langweilige Aufgaben zu erfüllen. Es ist grausam!" Sie sagt es sehr heftig.

„Findest du das ganze Leben grausam?"

„Nein, nur das Leben als Frau, immer eine Frau zu sein …" Sie klingt mutlos und verzweifelt.

„Stört dich der Inhalt des Frauenlebens?" Ich versuche es erneut.

„Nein, es geht alles nicht so, wie ich es möchte."

„Wie entscheidest du dich denn? Trittst du in den irdischen Körper ein oder nicht?"

Sie atmet tief durch, als würde sie einen Anlauf nehmen wollen, und sagt: „Erst gehe ich hinein, doch danach verlasse ich ihn wieder. Die Eltern, die ….", sie beendet den Satz nicht.

„Stirbt das Baby, als du es wieder verläßt?"

„Nein, ein anderer tritt in den Körper ein."

„Gehst du ins Jenseits zurück?"

Ihre Antwort ist erstaunlich: „Nein, ich bleibe dort, ich überlege, ob es mir leid tut."

„Ich vermute, daß du in einem anderen Körper das gleiche Lebensprogramm absolvieren mußt." Damit versuche ich sie zu warnen, aber es ist schon zu spät.

„Das muß nicht sein, vielleicht wird alles anders", sie sagt es sehr zögernd und unsicher.

142

Ich stimme damit nicht überein: „Deine Lebensaufgabe, dein Karma, muß gelebt werden."

„Du hast recht ... ich weiß es nicht", sagt sie hilflos.

„Was machst du jetzt?"

„Ich bleibe als Geist in der Nähe der anderen Persönlichkeit und schaue zu, wie sie ihr Leben lebt."

Sie bewegt sich im luftleeren Raum, „zwischen Himmel und Erde", bleibt jedoch aufgrund ihrer Erdgebundenheit in der Nähe der Erde.

„Ich muß in der Nähe der Erde bleiben, ich kann und darf nicht zurück. Ich bleibe die ganze Zeit über bei dem weiblichen Körper, der jetzt von dem anderen Wesen benutzt wird."

Sie hat sich geistig mit dem anderen Wesen verbunden.

„Wie lange bleibst du dort? Folgst du der Frau ihr ganzes Leben lang?"

„Nein, nur bis zu dem Moment, in dem sie meinen Prozeß durchmacht, bis sie eine deutlich untergeordnete Rolle spielt. Dann verlasse ich sie, weil es mir reicht. Ich kann nicht mehr." Sie betont das ICH.

„Wohin gehst du?"

„Nach oben, ins Jenseits, weg von der Erde."

„Was erlebst du dort oben?"

Ihre Antwort überrascht: „Dort erlebe ich das gleiche Problem."

Ironie des Schicksals!

„Wie ich dir vorher schon sagte, mußt du dein Schicksal, dein Karma, durchleben und zu Ende führen. Wirst du mit dem gleichen Schicksal, dem gleichen Karma, in einen anderen Körper geschickt?"

„Ich denke schon."

Sie hat sich dem Schicksal stärker unterworfen und ist ruhiger geworden.

„Mir wird eine kurze Ruhepause zugestanden. Ich muß selbst davon überzeugt sein, daß ich gehen will. Ich trage so großen Widerwillen in mir, es ist entsetzlich!"

„Was passiert jetzt?"

„Ich werde wohl gehen müssen." Sie hört sich ruhiger an, ohne Widerwillen.

„Gehe jetzt, alles bewegt sich dorthin, wohin du gehen sollst, und du kennst die Richtung. Wo befindest du dich jetzt?"

„Ich weiß es nicht genau, aber ich bewege mich auf einen Körper zu, ganz langsam, tastend. Ich fühle mich wie betäubt. Ich denke nicht darüber nach, ich gehe einfach weiter. Ich bin nicht traurig, eher gleichgültig." Ihre Stimme klingt gelassen.

„Du weißt, wie dein Schicksal aussieht, denn du hast die Frau, die deine Leben führte, genau beobachtet."

„Ich finde es trotzdem schrecklich."

„Es ist dein Schicksal."

„Je näher ich komme, desto schlimmer wird es für mich. Es ist reine Pflicht."

„Warst du beim ersten Mal sehr aufsässig?"

„Es war aber auch wirklich sehr schlimm für mich."

„Hat man es dir im Jenseits übel genommen, daß du nicht in den Körper eingetreten bist?"

„Nein, ich habe nur Karma angehäuft. Ich habe keine andere Wahl, ich muß es jetzt auf mich nehmen."

„Du bist jetzt in einem Körper. Wo befindest du dich, in deiner sechzehnten Inkarnation?"

Die sechzehnte Inkarnation

„Gehe zu deinem irdischen Leben, es ist deine sechzehnte Inkarnation. Erzähle, was du wahrnimmst."

„Ich bin bereits geboren, zumindest spüre ich, daß ich einen Körper habe. Meine Mutter hat nur geringes Interesse an mir, aber ich bin noch voller guter Gedanken. Ich weiß, warum ich hier bin, da ich mein Unterbewußtsein noch wahrnehme."

Das Unterbewußtsein wächst im Laufe der vielen Leben zu einer eigenständigen Kraft heran. Es reift zu einer Schaltstelle heran, die die Kontinuität des Geistes sicherstellt, zu einem Verbindungsglied zwischen dem niederen irdischen Bewußtsein und dem Bewußtsein der Seelen-Einheit. Das Rationale und das Emotionale bilden dabei eine Polarität.

„Ich bin ein Mädchen. Um mich herum fühlt sich alles dunkel an."

„Wie siehst du aus, als du älter bist?"

„Ich muß hart arbeiten, das ganze Leben ist viel härter als meine Vorleben. Ich habe kein Luxusleben mehr. Ich laufe weit, um Nahrung zu holen, und gehe deswegen aus den Wäldern und Bergen heraus, ins Flachland."

„Würdest du sagen, daß diese Lebensqualität die direkte Folge deines Selbstmordes in der vierzehnten Inkarnation ist?"

„Nicht wirklich, für mich stellt mein Freitod nichts Schlimmes dar. Ich kann es nicht genau sagen." Sie ist unsicher, sie spürt, daß irgend etwas nicht stimmt.

„Du beendetest dein Leben selbst, es war Selbstmord."

Kein Mensch darf sein „von Gott geschenktes Leben" selbst beenden. Die Entscheidung liegt einzig und allein beim Schöpfer. Mord, Selbstmord und Todesstrafe sind nicht erlaubt, sie haben ihre Konsequenzen. Auch der Henker muß sein Karma auf sich nehmen, dazu habe ich mehrere Beispiele.

„Für mich war es kein Selbstmord, ich wäre sowieso kurz danach eines natürlichen Todes gestorben."

Kann sie sich dessen wirklich so sicher sein?

Eine kurze Zeitspanne kann viel verändern. Sie hat ihr Schicksal, ihr Lebensprogramm, nicht wirklich abgeschlossen. Sie ist aus ihrem karmischen Prozeß ausgestiegen.

„Eine Art aktive Euthanasie", antworte ich. Die Folgen sind klar, für meine Versuchsperson scheint dies jedoch immer noch nicht der Fall zu sein.

„Ich muß mit zwei anderen Mädchen unendlich weit durchs Flachland wandern, um Nahrung zu finden und sie dann heimzuschleppen. Wir sind oft tagelang unterwegs, und ich habe extreme Schmerzen an den Füßen."

Sie erlebt jetzt das unabgeschlossene Karma der vierzehnten Inkarnation, ihr damaliges Leiden, in einer anderen Form.

Alles hat einen Sinn, alles trägt eine ganz bestimmte Bedeutung. Irgendeine Lektion ist in allem enthalten, und irgendwann werden wir sie verstehen. Dies ist ein unausweichliches kosmisches Gesetz, dem jeder unterworfen ist, ob er nun daran glaubt oder nicht, unabhängig davon, welcher Religion er angehört.

Wir tragen die Folgen unseres eigenen Schicksals, bis kein irdisches Leben mehr zu leben ist. Dazu gehört auch, daß wir den natürlichen, vom Jenseits bestimmten Tod akzeptieren. Wir Menschen haben nicht das Recht, über Leben und Tod zu herrschen. Die Entscheidung dazu liegt ausschließlich in Gottes Hand und in den Händen der Wesenheiten, die Seine Gesetze ausführen. Aus diesem Grund ist auch aktive Euthanasie nicht gestattet.

„Welche Art von Nahrung suchst du?"

„Früchte, nur Beeren, und es dauert Tage, bis unsere Körbe gefüllt sind. Wir sammeln für den ganzen Stamm, die ganze Saison über. Es ist nicht gefahrenlos, wir sind ohne Schutz. Es gibt kleine, giftige und aggressive Schlangen, wohingegen die größeren hunde- und schweineähnlichen Tiere ungefährlich sind.

Irgendwann auf dem Rückweg wird eines der Mädchen von einer Schlange gebissen und stirbt. Daraufhin müssen wir zu zweit drei Körbe weiterschleppen.

Anschließend werden wir von den Stammesmitgliedern bestraft, weil sie meinen, der Tod des Mädchens sei unsere Schuld: Hätten wir die Wunde ausgesaugt und richtig behandelt, würde sie noch leben. Sie war schwach und ohne Widerstandskraft, aber das wollten sie nicht akzeptieren. Wir werden abgesondert und müssen Zusatzarbeit verrichten. Ab sofort müssen wir zu zweit drei Körbe füllen. Ich fühle mich elend." Sie hört sich verzweifelt an, aber es klingt auch Aufsässigkeit durch.

„Wir haben keine Wahl. Irgendwie gehöre ich zu den Frauen, die für alles benutzt werden, die immer die undankbare Arbeit tun. Niemand setzt sich für uns ein, wir haben keine Wahl, außer unser Schicksal zu akzeptieren. Seit meinem achten Lebensjahr werde ich herumkommandiert, jetzt bin ich vierzehn und bereits verbraucht. Mein ganzer Körper schmerzt, ich bin völlig am Ende. Ich werde ausgestoßen, sie können mich nicht mehr gebrauchen. Ich sterbe an Magen- und Darmbeschwerden, wahrscheinlich an einer Nahrungsmittelvergiftung."

Damit endet ihr bitteres sechzehntes Leben auf Erden. Eine harte Lektion.

Schade, daß die Stammesmitglieder nicht verstanden haben, daß sie ihr durch eine liebevolle Haltung beim Abtragen ihres Karma hätten helfen können. Heutzutage wird dies leider immer noch nicht verstanden. Vielleicht können die Aufzeichnungen in diesem Buch dazu beitragen, die Lehre Christi besser zu verstehen.

ZEHNTES KAPITEL

Die siebzehnte und achtzehnte Inkarnation

Die Vulkane und Kraterseen von Lemuria. Ein früher Tod.
Eine gewaltige Vulkaneruption. Die ersten Sklaven.
Wiederholte Selbstmorde.

Wir setzen die Versuchsreihe mit ihrer siebzehnten und achtzehnten irdischen Inkarnation fort. Diese Leben finden immer noch in der Ur-Zeit statt, aber wir nähern uns langsam der ersten Kulturzeit auf Erden, der Zeit, die als Lemuria bekannt ist. Lemuria erstreckte sich als Kontinent vom Pazifik bis in den Indischen Ozean. Er bestand aus einigen großen Inseln und ist heute fast völlig versunken. Sein Name stammt von den Lemuren, einer Familie von Menschenaffen mit spitzer Schnauze, die etwa so groß wie ein Fuchs wurden, und die in großer Zahl dort lebten. Lemuria ging aufgrund von zahlreichen heftigen Vulkanausbrüchen im Meer unter und riß das gesamte Leben mit sich.

Montagabend, den 28. März 1983

Wir versetzen uns in zwei Vorleben meiner Versuchsperson aus der Anfangszeit von Lemuria, bevor das Land von Naturkräften zerstört wurde. Die Vulkane waren jedoch schon sehr aktiv.

Sie befindet sich wieder in tiefer Trance, alles ist vorbereitet, und ich habe meine Anweisungen gegeben. Sie wartet gespannt auf meine üblichen Fragen.

„Was erlebst du, was siehst du?"

„Ich sehe einen großen Schlammsee, in dem Menschen baden, ich selbst bin nicht dabei." Sie ist sehr angespannt.

„Von wo schaust du?"

„Von oben, ich bin noch rein geistig, einer schwangeren Frau sehr nahe. Ich werde am Ufer des Sees geboren. Alles geht sehr schnell. Ich bleibe dort im Gras liegen, während meine Mutter ins Wasser zurückgeht."

„Schaue genau hin, denn jetzt kannst du noch den Körper verlassen."

„Es fühlt sich angenehm warm an, aber ich bin nicht im Körper, nur intensiv mit ihm verbunden."

„Bist du über die Silberschnur mit ihm verbunden?"

„Nein, noch nicht. Meiner Mutter geht es gut."

„Wie fühlt sich dein kommendes Leben für dich an?"

„Gut. Ich liege da, und es gefällt mir. Ich bin ein gesunder Junge mit dunkler Haut und dunklen Haaren. Ich bin überall behaart, am Kopf, auf den Schultern, an den Armen und Beinen, am Bauch."

„Was geschieht mit dem Jungen?"

„Meine Mutter kommt aus den Wasser, nimmt mich hoch und geht mit mir fort. Ich bin jetzt im Körper, und es fühlt sich warm, kuschelig und geborgen an. Mir scheint es, als warte ein angenehmes, behütetes Leben ohne Bedrohungen auf mich. Wir gehen weit durch die Berge, durch eine felsige Gegend in beträchtlicher Höhe. Meine Mutter ist nicht allein, aber ich kann nicht erkennen, ob eine Frau oder ein Mann mit uns geht, weil ich in meinem Körper bin und nur den Weg sehe. Wir gehen tagelang zusammen weiter."

„Wie sieht die Gegend aus?"

„Wir haben die Felsen hinter uns gelassen und befinden uns auf einer Ebene, umgeben von Bergen. Als nächstes sehe ich eine Hochebene, auch umgeben von Felsen. Im Gegensatz zu dem Land in meinem Vorleben sehe ich saftig grüne Wiesen mit wunderbarem Gras. In den Felsen befindet sich ein großer Raum, der wiederum aufgeteilt ist in viele kleinere Räume. Er ist ziemlich hell und dient als Schutz für viele Menschen. Ich schaue aus der Höhle heraus auf die große, tiefe Ebene."

„Wie seid ihr hier hochgekommen?"

„Über Wege, es ist nicht wichtig, wir sind einfach oben."

„Bist du schon älter oder immer noch ein Neugeborener?"

„Ich kann laufen."

„Wie seid ihr gekleidet?"

„In ein Lendentuch aus braunem Leder, eine Art Gürtel. Alle Männer tragen es. Ich bin in einer Männergruppe, die Frauen sind von uns getrennt. Die Mann-Frau-Beziehungen sind sehr frei, die Frauen bestimmen mit. Die Männer ergreifen zwar die Initiative, die Frauen dürfen sich aber verweigern."

„Gehe wieder zu einem wichtigen Ereignis."

„Ich sehe ein großes Maul mit vielen scharfen Zähnen", sie fängt plötzlich an, laut zu lachen.

„Es ist ein Tier, ekelhaft! Es hat eine flache Schnauze, ähnlich wie ein Kro-

148

kodil, nur mit längeren Beinen. Es ist ein geschupptes Reptil mit großem, seitlich abgeflachtem Schwanz, und es hat den Rücken voller Warzen. Das Maul steht weit offen."

„Hat es einen Kamm auf dem Rücken?"

„Nein, es hat einen Buckel, es sieht wie ein kleiner Saurier aus. Ich bin in einem dunklen Wald und sehe seine zahlreichen kleinen, scharfen Zähne vor mir. Ich muß handeln." Sie zögert, versucht Zeit zu gewinnen.

„Was passiert mit dir?"

„Das Maul kommt auf mich zu, es greift mich an. Ich muß etwas tun, es ist keine Jagd ..." Sie ist schockiert, aufgeregt.

„Wie alt bist du", frage ich, damit sie sich beruhigen kann.

„Fast sieben Jahre, aber in dem Alter bin ich schon fast erwachsen."

„Wie geht es weiter? Bist du ganz allein?"

„Ja, ich sehe einen dicken Baum, ich stelle mich dahinter, aber das nützt nichts. Ich weiß nichts mehr." Sie möchte es nicht wahrhaben.

„Beobachte weiter, laß alles auf dich zukommen." Sie schweigt nur, sie ist sehr aufgeregt.

„Schreist du?"

„Nein, nein, ich nehme einen Stock und haue dem Tier aufs Maul, wodurch es nur noch aggressiver wird. Ich sehe das Maul von innen, rieche den Gestank. Ich stecke den Stock in das Maul, aber er bricht sofort ab." Sie stöhnt, spricht nicht weiter.

„Was macht das Tier?"

„Alles geht langsam vor sich, gleichzeitig auch wiederum schnell", sagt sie mühsam, sie weicht erneut aus.

„Wie meinst du das?"

„Es geht alles ganz, ganz langsam, ich sehe gar nichts mehr ..." Sie blendet die ganze Situation aus, was ich gut verstehen kann.

Ich gebe neue Anweisungen. „Alles ist klar und gut sichtbar für dich, du weißt genau, was geschieht."

„Ich werde aufgefressen, es beißt einfach meinen Kopf ab, ekelhaft!" Endlich schafft sie es, die Situation neu zu erleben.

„Deswegen konntest du das Maul von innen sehen."

Sie fängt an, ausgiebig und befreiend zu lachen. „Genau, ich habe den Körper schon verlassen und schaue zu, wie er von dem Tier genüßlich verschlungen wird."

„Du bist wieder getrennt von deinem Körper und im Jenseits. Der Lebensfaden ist abgebrochen, du bist nur noch Geist. Um welche Art von Tier handelt es sich, um ein Krokodil oder eher um einen Saurier?"

„Es ist ein kleiner Saurier, etwa eineinhalb Meter hoch und drei bis vier Meter lang."

„Erzähle, wie es weitergeht. Du kannst von oben alles betrachten."

„Ich werde nicht ganz aufgefressen, er beißt meinen Kopf ab. Ich werde von den Männern gefunden, die etwas gespürt hatten. Ich war mit ihnen auf der Jagd zum Lernen, war aber zurückgeblieben. Ganz allein ging ich dann weiter, was mir gut gefiel."

„Welche Bedeutung hatte dieses kurze Leben für dich?"

„Kurz, angenehm, es war schnell zu Ende."

„Kannst du die karmische Bedeutung erkennen?"

„Ich habe nur das Gefühl, es war schön, mehr nicht." Aus ihrer kindischen Antwort schließe ich, daß sie es noch nicht weiß.

Die Folge ihrer Weigerung, sich in der fünfzehnten Inkarnation zu inkarnieren, führte dazu, daß ihre siebzehnte Inkarnation nur kurz war und sie traurig sagt: „Es war schnell zu Ende."

Das kurze siebzehnte Leben diente dazu, sie dabei zu unterstützen, die nächste Inkarnation nicht zu verweigern. Sie hatte ein angenehmes, gutes Leben, das jedoch zu schnell vorbeiging. Die Fehler, die sie mittels ihres freien Willens machte, zeitigen ihre Folgen. Es ist nicht möglich, den einmal eingeschlagenen Lebensweg zu verlassen.

„Noch mehr Karma", sagte sie damals, und so geschah es.

„Du trennst dich ganz von dem Körper und wendest dich ab", sage ich.

„Ich kann ihn schon nicht mehr sehen."

„War es deine siebzehnte Inkarnation? Folgte sie direkt auf dein Leben als Mädchen, das an einer Nahrungsmittelvergiftung starb?"

„Ja, außerdem hattest du mich in die siebzehnte Inkarnation geschickt, also muß es stimmen."

„Was machst du im Jenseits?"

„Nichts, es ist leer, keine Verbindungen, auch nicht zur Erde", ist ihre hilflose Antwort.

„Hast du keinen Kontakt zu anderen Wesen?"

„Vielleicht später …", antwortet sie tonlos, sie ist fast eingeschlafen.

„Die Zeit existiert nicht mehr, gehe weiter."

150

„Ich begegne keinen anderen Wesen, ich verspüre kein Bedürfnis dazu."

„Warum nicht?"

„Ich brauche es nicht, ich brauche Ruhe. Mein Bewußtsein ist betäubt, wie im Schlaf. Alles ist neutral, nicht hell, nicht dunkel, nicht traurig, nicht glücklich."

„Irgendwann mußt du dich wieder inkarnieren, oder willst du erst alles analysieren?"

„Nein, ich mache mich irgendwann auf den Weg."

„Mache dich fertig für die achtzehnte Inkarnation. Was erfährst du?"

„Ich schwebe über der Erde, ich war sehr schnell da."

„Wie fühlt es sich an?"

„Es ist eine schnelle Bewußtseinsveränderung. Erst gibt es die Erde nicht, plötzlich ist sie da. Ein völliges Umschalten, so als würde ich durch etwas hindurchgehen. Danach ist die Erde sichtbar."

Die achtzehnte Inkarnation

„Dein achtzehntes irdisches Leben beginnt, seitdem du dich als Göttlicher Funken aus dem silbernen See des Geistes, aus dem Licht, abgespalten hast. Dieses Leben folgt direkt jener Inkarnation, in der du mit sechs Jahren von einem Saurier getötet wurdest. Wo landest du jetzt, wo befindest du dich?"

„Ich gehe durch einen langen, schönen Tunnel", antwortet sie begeistert. „Der Tunnel ist in Felsen gehauen, irgendwann endet er, und ich sehe eine Art Brücke im Nebel. Ich gehe dorthin. Es sieht phantastisch aus, dabei weiß ich nicht einmal, ob der Tunnel stofflich ist oder nicht. Er sieht aus wie jene inneren Tunnel, durch die ich schon gegangen bin, wie im Innern der Erde."

„Wohin gehst du? Ist es eine Inkarnation?"

„Ich weiß es nicht, es ist weiterhin neblig. Der Weg ändert sich, er wird zu einer Spirale, die spitz zuläuft. Ich habe das Bild von zwei Kegeln, die sich mit den Spitzen berühren. Der eine Kegel ist die Spirale, der andere besteht aus einer Masse, aus Felsen.

Die Spirale selbst ist aus Sand, irdischem, materiellem Sand. In der Mitte brennt ein fackelförmiges Feuer, das von einem Menschen bewacht wird. Für mich ist es das Feuer der Erde, das immer brennt. Jetzt sehe ich den Menschen ganz klar. Er steht in einem wunderschönen, weiten Raum, in dem sich ein See befindet. Oben sehe ich eine Öffnung nach außen. Es ist der Krater eines Vulkans", ruft sie begeistert.

„Woher kommt das Feuer?"

„Der Vulkan besteht aus einem hohlen Felsen, in dem man auf einem spiralenförmigen Weg nach oben gehen kann. Seitlich brennt das Feuer, aus einer brodelnden Masse hervorzüngelnd. Der wunderschöne See mit dunkelblauem, fast schwarzem Wasser befindet sich in der Mitte des Kraters, der nach oben hin kuppelförmig von Felsen umgeben ist."

„Der See ist zum größten Teil überdeckt?"

„Ja, obwohl es überall Löcher nach außen gibt. Es handelt sich um eine komplexe Felsenformation."

„Was machst du?"

„Ich weiß es nicht, ich bin noch Geist, ohne Körper."

„Suchst du etwas?"

„Ich sah den Mann am Feuer stehen, ein anderer badete, das Wasser ist nicht sehr warm. Ich sehe in dem spärlichen Licht bizarre Formen und zahlreiche Spitzen, Tropfsteine."

„Stalagmiten oder Stalaktiten meinst du."

„Ja, wenn ich an einem Tropfstein hochklettere, gelange ich in einen sehr schönen Raum. Beim Gehen muß man sehr aufpassen, es gibt überall Löcher im Boden."

Als Geist kann sie noch frei und problemlos überall hineingehen, ohne durch Distanz, Höhe oder Materie behindert zu sein.

„Hier werde ich geboren. Meine Mutter ist mit einer anderen Frau zusammen. Die Geburt verläuft problemlos."

„Bist du ein Junge oder ein Mädchen?" Ich selbst bin sehr gespannt auf die Antwort.

„Ich denke, daß ich ein Mädchen bin", sagt sie nach langer Pause. „Ja, jetzt bin ich sicher. Ich finde es spannend. Es gefällt mir."

„Ist die Situation nicht bedrohlich?"

„Nein, alles ist sehr schön."

„Gehe weiter in der Zeit, bis du die Situation überschaust und erkennst, mit welchen Menschen du zusammen bist. Du siehst den Stamm und das Leben. Wie alt bist du, was erfährst du?"

„Ich bin etwa zehn Jahre alt. Draußen wütet ein extremer Sandsturm. Die Berge um uns herum sind gewaltig. Es ist kein Sand, es ist die Asche des Vulkans. Oberhalb des Berges sehe ich Rauch und Nebel. Der Mann im Vulkan beobachtet das Feuer, das aus einer Seite des Vulkans brodelt. Wenn ein Ausbruch droht, warnt er uns, und wir müssen fliehen. Wir gehen weit weg zu einem anderen Felsen. Alles ist voller Asche, der Sturm wütet. Wir bewegen uns durch einen dichten Ascheregen."

„Wie ist euer Zustand?"

„Wir husten, die Luft ist trocken und unangenehm. Im Felsen war es noch schlimmer, dort haben wir es nicht mehr ausgehalten. Hier draußen können wir uns an die Felsen anlehnen."

„Ich bin mit einer Gruppe von etwa zwanzig Frauen und Kindern zusammen. Die Männer sind bereits vorausgegangen. Die Kinder kommen nur langsam voran, einige sind schon umgekommen."

„Wenn ich es richtig verstehe, flieht ihr vor einer Naturkatastrophe."

„Wir stehen da und überlegen, was wir machen könnten. Der Sturm hat uns eingeholt, und es hat keinen Sinn weiterzugehen. Viele Kinder ersticken, die Situation ist äußerst bedrohlich. Trotzdem fühle ich mich nicht gefährdet, ich habe keine Angst. Ich warte ab, bis das Schlimmste vorüber ist. Ich habe großen Durst, mein Mund ist völlig ausgetrocknet. Wir stehen alle hilflos herum. Die Umgebung ist kaum wiederzuerkennen. Es ist eine unangenehme Angelegenheit."

„Ist glühende Lava ausgeströmt?"

„Nein, zumindest nicht dort, wo wir stehen, aber im Inneren des Vulkans, dort, wo wir gelebt haben, bestimmt. Die Asche schwimmt überall auf dem Wasser."

„Auf welchem Wasser?"

„Auf den Seen und Gewässern in der Umgebung liegt eine dicke Schicht." Sie macht Laute mit ihrem trockenen Mund und schluckt einige Male sehr mühsam. „Wir fangen an zu laufen, aber es ist gefährlich. Wir sehen kaum etwas, können uns daher sehr leicht verlaufen oder einen Unfall erleiden. Wir müssen unbedingt Wasser finden."

„Gehe etwa eine Viertelstunde, eine halbe Stunde weiter. Wie sieht es aus?"

„Nach einiger Zeit wird es leichter, aber wir klettern immer noch über Felsen. Viele Menschen sind geschwächt, und es scheint, als würden wir ersticken. Wir haben entsetzlichen Durst und unsere Münder kleben. Wir können die Asche nicht herunterschlucken und leiden an Sauerstoffmangel. Die Asche scheint unsere Luftröhren zuzuschnüren. Viele Menschen stürzen von den Felsen. Einige von uns erreichen die Wiesen, wo weniger Asche in der

Luft ist und es Wasser gibt. Das Wasser ist zwar voller Asche, aber wir müssen es trinken, wir brauchen es. Es hilft nur wenig, weil wir immer wieder Asche einatmen. Wenn wir trinken, geht es einigermaßen, aber sobald wir aufhören, ist es wieder genauso schlimm."

„Was macht ihr danach?"

„Zuerst bleiben wir auf der Wiese, der Stamm ist überallhin zerstreut. Ich bin nur noch mit fünf Frauen und zwei Kindern zusammen. Die anderen laufen umher."

„Rette sich wer kann", dachte wohl jeder.

„Jeder versucht zu überleben. Wir hoffen natürlich, die anderen wiederzufinden."

„Wie versucht ihr zu überleben?"

„Wir leben in einer Ebene, in der es Blumen und kleine Sträucher gibt, und essen, was wir finden. Es schmeckt zwar nicht, aber wir haben keine Wahl."

„Wie steht es um eure Gesundheit nach dem Ascheregen?"

„Nicht sehr gut, aber sie bessert sich wieder, nachdem alles vorbei ist. Wir haben Wasser, und langsam verschwindet die Asche. Wir haben genug zu trinken und zu essen, nur gegen Tiere haben wir keinen Schutz."

„Gibt es dort gefährliche Tiere?"

„Ja, wir sind im Flachland."

„Welche Tiere bedrohen euch?"

„Es gibt schweineähnliche Tiere, Wölfe und Schlangen."

„Sagtest du Wölfe?"

„Die Wölfe leben in Rudeln, das ist gefährlich für uns. Wir suchen Schutz bei den Felsen oder klettern auf Bäume."

„Was für ein Klima habt ihr?"

„Es ist warm."

„Welche Kleidung tragt ihr?"

„Männer und Frauen tragen unterschiedliche Kleider. Die Frauen tragen längere und viergeteilte Lendenschürze und Ketten aus farbigen Steinen." Sie hustet und spricht nur mühsam.

„Spürst du die Asche in deinem Hals?"

„Nein, mein Mund ist nur trocken." Sie erlebt die Ereignisse in ihrer Trance sehr realistisch.

„Irgendwann finden wir in der Ebene einen Hügel mit einer kleinen Höhle. Hier finden wir Schutz. Vor dem Eingang stehen Sträucher, die als Tarnung dienen, und zusätzlich hängen wir noch unsere Schürzen auf. Die Tiere kommen abends, wenn es kühl wird. Schlafen können wir kaum, weil die Tiere viel Lärm machen, außerdem müssen wir sitzen, weil es so eng ist. Wir sind nur Frauen und zwei Kinder."

„Wie geht es weiter? Schaue in die Nacht hinein." Ich bin neugierig.

„Die Tiere haben uns nichts an."

„Suche nach einem wichtigen Ereignis für dich und die Gruppe."

„Wir ziehen weiter in Richtung Wald. Wir können nicht mehr zu dem Vulkan zurück, um dort zu wohnen. Dort gibt es nur noch Asche. Wir ziehen immer weiter, und plötzlich sehe ich Hütten mit Blattdächern zwischen den Bäumen stehen. Andere Menschen müssen dort leben, ich sehe einige Kinder. Sie akzeptieren uns nicht, sind aber auch nicht aggressiv. Wir fühlen uns hier nicht zu Hause und ziehen weiter. Wir sind nur noch zu dritt, zwei Frauen und ein Kind. Die anderen sind gestorben."

„Wie alt bist du?"

„Etwa dreizehn oder vierzehn Jahre. Ich werde als erwachsene Frau betrachtet, allerdings sind wir nur noch zwei Frauen mit einem Kind." Sie hustet wieder. Ihr Hals bereitet ihr noch Beschwerden.

„Wir sind an einem Felsen, aber drinnen ist es viel zu dunkel zum Leben. Es ist kalt ... mir gefällt es nicht, obwohl wir dort Schutz finden."

„Bleibt ihr dort?"

„Ja, es geschieht etwas. Eines Tages kommen jagende Männer vorbei, die uns dort finden. Sie gehören nicht zu unserem Stamm, sind sehr unfreundlich und zwingen uns mitzugehen. Sie haben die gleiche Hautfarbe wie wir und wollen uns in ihren Stamm aufnehmen."

„Was passiert weiter?"

„Wir werden zu Arbeitsfrauen", sie lacht plötzlich.

„Zu einer Art Sklaven?"

„Sie haben Frauen und Arbeitsfrauen. Du kannst uns als Sklaven bezeichnen, aber wir werden nicht mißhandelt, wir werden einfach nicht beachtet. Man trägt uns Arbeit auf, anschließend kümmert sich niemand mehr um uns."

„Nähern sich dir die Männer?"

„Nein, das ist verboten, weil wir einem anderen Stamm angehören. Es wäre eine schreckliche Erniedrigung für die Männer."

„Gibt es Rassenunterschiede?"

„Ich sehe keine Unterschiede."

„Welche Arbeit müßt ihr verrichten?"

„Beeren suchen, sie auslesen, die Kinder versorgen. Wir bleiben, weil wir uns geschützt fühlen, passen uns an. Irgendwann sterbe ich, es gefällt mir nicht mehr." Sie sagt es ganz plötzlich und für mich unerwartet.

„Wie denn", frage ich erstaunt.

„Ich esse sehr wenig. Ich weiß, bald ist alles vorüber."

„Du leidest sehr unter der Situation, sonst würdest du nicht so gerne sterben wollen."

„Es ist nicht angenehm. Ich esse wenig und kenne giftige Pflanzen. Die anderen Frauen wissen, was ich vorhabe, sie hindern mich nicht daran. Irgendwann bin ich tot."

Zum zweiten Mal! In der vierzehnten Inkarnation springt sie als Witwe des Stammesoberhauptes vom Felsen. Sie tötet sich selbst. Nun wiederholt sie ihre Tat. Erneut lebt sie in einer bedrängenden Situation mit der großen Versuchung, ihr Leben durch Selbstmord vorzeitig zu beenden. Sie hat ihre Lektion nicht gelernt und wiederholt ihren Fehler. Sie weicht ihrem Karma noch einmal aus, indem sie ihr Leben nicht auf normale Art und zur „wahren" Zeit beendet. Durch den Selbstmord bestimmt sie selbst ihren Tod, anstatt ihren Lebensplan zu Ende zu führen.

Ihr Eingriff wird in den nächsten Inkarnationen Folgen zeitigen. Die Ereignisse werden sich so lange wiederholen, bis sie gelernt haben wird, ihr Leben nicht mehr selbst zu beenden.

An dieser Stelle wird klar, daß nicht die Eltern oder Erzieher dafür verantwortlich sind, wenn ein Mensch Selbstmord begeht, obwohl die Psychologen immer wieder die Schuld in falscher Erziehung suchen, was meines Erachtens nach nur Panik verursacht. Nur die Person selbst trägt die volle Verantwortung für ihre Tat, die oft die Folge von Ereignissen aus ihrem Vorleben ist. Die Anlage ist schon bei der Geburt vorhanden.

Eltern sollten sich auf keinen Fall Schuldgefühle einreden lassen, wenn ihr Kind Selbstmord begeht. Sie können in den meisten Fällen nicht einmal Hilfe leisten, weil die sich in Not befindenden Menschen nur selten ihren Zustand kundtun. Ihre Umwelt wird leider oft vor vollendete Tatsachen gestellt.

„Hat das Gift der Pflanzen keine unangenehmen Nebenwirkungen", frage ich vorsichtig.

156

„Nein, ich schlafe langsam ein und wache nicht mehr auf. Ich bin gelähmt, habe aber keine Krämpfe. Es ist ein angenehmer, ruhiger Tod."

„Du bist wieder im Jenseits, es war deine achtzehnte Inkarnation auf Erden."

Sie bestätigt es.

„Du schaust jetzt das Leben mit größerem Abstand an. Möchtest du noch etwas zu dieser Inkarnation sagen?"

„Wir wohnten in Felsen aus Vulkangestein, es waren wunderschöne, bizarre Felsen."

„Wie umschreibst du das Volk, die Art der Menschen?"

„Sie sehen aus wie Inder, sind aber größer und kräftiger gebaut. Sie haben keine chinesischen Züge."

„In welcher Zeit hast du gelebt?"

„Es war die Anfangszeit von Lemuria."

„Kannst du sagen, wo auf Erden die Gegend mit den Vulkanen war?"

„Ja. Lemuria lag im Pazifik und wurde nach Süden hin schmaler. In diesem südlichen Teil, etwa in der Gegend von Australien, lebten wir."

„Warst du in dem Leben eine junge oder alte Frau?"

„Ich stand in der Mitte meines Lebens, war etwa fünfzehn oder sechzehn Jahre alt."

„Wie fühlt es sich im Jenseits für dich an? Ähnlich wie das letzte Mal?"

„Ich bin froh, daß das Elend vorüber ist. Am Anfang sah alles so schön aus, aber dann …" Sie braucht es nicht auszusprechen, es spricht für sich.

„Welches Bewußtsein hast du jetzt?"

Sie gähnt tief. „Ich fühle mich betäubt und spüre, daß ich in eine Lebenssituation verwickelt bin, die ich noch lösen muß. Es gibt nichts zu diskutieren, ich muß meine Situation in Ordnung bringen, erst danach kann ich weitergehen."

„Gehe zu deiner neunzehnten irdischen Inkarnation."

Ende der Sitzung.

157

ELFTES KAPITEL

Die neunzehnte und zwanzigste Inkarnation

Ein „afrikanisches" Lemuria.
Eskalation von Angst und Gewalt. Kopfjäger.

Aus einem Zyklus von zwanzig Inkarnationen des gleichen ICHs werden wir im Folgenden die letzten zwei Inkarnationen untersuchen. Aus persönlichen Gründen werden wir die zwanzigste Inkarnation nicht ganz durchleben.

Die zwanzig aufeinanderfolgenden Inkarnationen geben ein Bild des menschlichen Werdegangs von Anfang an. Jeder kann sich selbst Gedanken über die Folgen machen, die noch im heutigen Zusammenleben sichtbar sind, erkennbar an den unterschiedlichen Lebensschicksalen.

Ein klarer roter Faden von Karma und Traumata zieht sich durch diese zwanzig Inkarnationen. Es scheint, als sei alles, was heute weltweit geschieht, nur eine Eskalation dessen, was früher bereits geschah. Vieles hat sich nicht gebessert, sondern eher verschlechtert. Es ist höchste Zeit, uns zu besinnen, denn in absehbarer Zeit wird eine andere Welt auf uns zukommen.

Montagabend, den 25. April 1983

Sie sitzt vor mir und ist auf die Rückführung vorbereitet. Sie kommt schnell in Trance, ich gebe ihr Anweisungen, in ihre neunzehnte irdische Inkarnation einzutreten. Es ist ihre letzte Inkarnation in der Ur-Zeit.

„Was siehst du, was erlebst du?"

Sie atmet tief ein und aus, als ob sie einen Anlauf nähme. Es herrscht Stille.

„Verläßt du das Jenseits und beginnst dein neunzehntes irdisches Leben? Hast du bereits einen Körper? Was erlebst du?"

„Alles ist grün, aber ich kann nicht dort hin."

Ich gebe weitere Anweisungen. „Wie erlebst du es jetzt?"

„Ich komme als Geist aus dem Jenseits, bin zur Erde unterwegs. Es ist dunkel, wie in einem Tunnel." Danach schweigt sie wieder.

„Ich bin jetzt in einem Dorf. Ich sehe eine Grotte aus gelblich-weißem Sandstein. Davor hat man ein Dach aus Zweigen und Blättern gebaut. Auch der Boden besteht aus feinem Sandstein. Ich bin bereits einige Jahre alt. Unsere Haut ist fast schwarz. Ja, wir sind Neger. Alles ist in diesem Leben anders, viel zivilisierter."

„Was geschieht?"

„Ich fahre in einem Boot, in einem ausgehöhlten Baumstamm, auf einem Fluß. Als Paddel dienen zwei große Zweige, an die viele kleine Zweige gebunden sind. Die Ufer sind dicht bewachsen, und über dem kleinen Fluß ist alles mit Blättern zugewachsen. Am Ufer stehen Menschen."

Sie macht eine kurze Pause, dann erzählt sie weiter: „ Auf dem Fluß werden viele Dinge transportiert. Ich sehe zahlreiche Flöße, die aus geflochtenen Zweigen hergestellt sind und von den Menschen stromabwärts geschoben werden. Ich weiß noch nicht, was ich in dem Boot dort mache."

Sie schweigt wieder. Sie baut bereits eine Abwehrhaltung gegen die Konfrontation mit den Schwierigkeiten auf, die auf sie zukommen.

„Ich gelange an einen hohen, aber schmalen Wasserfall. An einem überhängenden Baumzweig baumeln Menschenschädel. Vielleicht ist es eine Drohung, hier nicht weiterzufahren. Es ist sehr schwer, nach oben zu gelangen, aber ich muß weiterfahren. Ich muß aussteigen, um über einen kleinen, schmalen Weg, der in die Felsen eingehauen ist, zu gehen. Ich bin erwachsen und relativ alt. Ich bin eine Frau."

„Wie gehst du weiter?"

„Ich lasse das Boot am Wasserfall zurück und gehe zu Fuß weiter."

„Wohin gehst du?" Ich spüre, daß sie einen kritischen Moment ihrer Inkarnation berührt.

„Ja, nun", fragt sie sich etwas ängstlich.

„Bist du bekleidet?"

„Ich trage nur ein Lendentuch."

„Ich denke, du lebst in einer zivilisierteren Zeit. Warum bist du ängstlich? Weil du ein primitives Boot ruderst?"

„Nein. Das Leben spielt sich in einem afrikanischen Stamm ab. Es gibt Feuer, schwere Töpfe aus hartem, schwarzem Material, die aus Kleie gebrannt sind. Das Zusammenwohnen spielt sich anders ab. Die Höhlen mit ihren Dächern sind besser als früher, und alles sieht wie eine Siedlung aus. Die Menschen leben bewußter zusammen, sie haben eine klare Aufgabenteilung."

„Wohin gehst du? Folgst du dem Weg nach oben bis zum Wasserfall", frage ich?

160

„Ich weiß, daß ich ein bestimmtes Kraut, das nur ganz hoch auf dem Berg wächst, holen muß. Wir wohnen weit weg, tief unten im Tal, und ich muß ganz nach oben am Fluß entlang klettern. Hier oben in den Bergen, hinter dem Wasserfall, leben feindliche Stämme, die das Gebiet streng abgrenzen. Ich befinde mich jetzt auf feindlichem Territorium und spüre die Bedrohung."

„Wozu brauchst du die Pflanze, warum nimmst du so große Gefahren auf dich?"

„Es ist ein sehr wirksames Heilkraut, das für vieles verwendbar ist, kein magisches Kraut. Es hat eine reinigende Wirkung. Wir nehmen es auch zu uns, wenn wir nicht krank sind. Ich bin für die Beschaffung des Krautes verantwortlich.

Ich klettere weiter nach oben, am Ufer des Flusses entlang. Oben entdecke ich die Stelle, an der das Kraut wächst. Es sieht aus wie sehr große gelbe Petersilie. Ich ziehe sehr viele Pflanzen samt ihrer Wurzeln aus, bündele sie und gehe wieder nach unten."

„Irgendwie wird es schiefgehen", fährt sie fort, nachdem sie für längere Zeit geschwiegen hat. „Ich habe das Gefühl, bald angegriffen zu werden, und daß später mein Kopf neben allen anderen am Baum hängen wird.

Tatsächlich, ich werde kurz vor dem Wasserfall, genau dort, wo alle Schädel hängen, angegriffen. Die Menschen des feindlichen Stammes stehen oben auf den Felsen und greifen mich von hinten an. Sie haben alles genau abgepaßt, springen auf mich und stürzen mich in den Fluß.

Dabei ist es noch ein Glück, daß die Menschen meines Stammes ihre Kräuter trotzdem bekommen, weil diese flußabwärts zu der Stelle treiben, an der viele Menschen am Ufer stehen."

„Was geschieht mit dir?"

„Mein Genick bricht, als mein Kopf unten aufschlägt. Der Fluß ist nicht sehr tief."

„Damit endet deine Inkarnation, und du bist wieder im Jenseits. Den Körper hast du verlassen, der Lebensfaden ist abgebrochen, und du bist wieder Geist."

Ich gebe weitere Anweisungen.

„Ich habe die Erde verlassen", antwortet sie.

„War dieses Leben tatsächlich deine neunzehnte Inkarnation?"

„Ja, aber es war an einer ganz anderen Stelle der Erde, südöstlich von Afrika, im indischen Ozean, aber noch in der lemurischen Zeit. In meinem vorigen Leben war ich in der Nähe von Australien."

„Wenn es noch ein anderes Leben zwischen deinem Leben als Frau bei den Vulkanen und diesem letzten als Kräutersammlerin gegeben hat, gehe jetzt dorthin. Du wirst sofort wissen, ob du dazwischen noch einmal inkarniert warst."

Nach meinen üblichen Anweisungen frage ich: „Was siehst du, was erlebst du?"

„Ich sehe den grasbewachsenen Felsen aus dem letzten Leben."

„Siehst du noch mehr?"

„Ich friere ganz furchtbar."

„Warum? Gehe weiter zu dem Ereignis, das direkt mit dieser Kälte zu tun hat."

„Ich schaue durch einen Felsenspalt nach außen und sehe dort einen kleinen schwarzen Jungen. Er steht da, langweilt sich und kratzt auf den Steinen herum. Ich sehe hohe Felsen aus Sandstein. Überall sind schwarze, vom Sandstein verstaubte Menschen."

„Was geschieht?"

„Ich gehe umher. Es ist tatsächlich das gleiche Leben! Ich gehe weiter und erreiche eine Ebene, auf der wir wohnen. Wenn ich noch höher hinauf klettere, sehe ich einen See, dort ist es sehr kalt. Ich kann von der Ebene aus gut mit einem Boot zu dem Wasserfall kommen. Für mich ist es das gleiche Leben."

„Gehe zu dem Moment, wenn du frierst, was passiert dort?"

„Die Kälte steigt aus den Felsen auf, an die ich mich anlehne. Ich muß dort sitzenbleiben."

„Aus welchem Grund?"

„Irgend etwas wird dort gemacht, alle Kinder sitzen in der kuppelförmigen Grotte an der Wand. In der Mitte sind die Männer mit irgend etwas beschäftigt, wir dürfen sie nicht stören, vielleicht essen sie …" Weiter geht sie nicht.

„Deswegen wirst du doch nicht frieren."

„Die Felsen sind wirklich sehr kalt", sagt sie ärgerlich.

„Was machen die Männer", frage ich neugierig.

„Sie haben einen Feind gefangen, wir müssen zuschauen. Sie wollen seinen Kopf aufhängen." Sie ekelt sich.

„Foltern sie ihn?"

„Nein, er ist schon tot, sie wollen seinen Kopf abhacken", sagt sie widerwillig. „Wir müssen sitzenbleiben und zuschauen. Mich friert es. Der ganze Kopf wird ausgehöhlt, bis nur noch der Schädel übrig bleibt. Der wird als Trophäe aufgehängt. Wir müssen zuschauen, um es zu lernen. Ekelhaft! Aber die Felsen sind wirklich sehr kalt."

„Die ganze Prozedur läßt dich bestimmt noch stärker frieren."

„Schon", sagt sie und zittert dabei. „Kurz danach komme ich in eine Situation, wo mir fast das gleiche passiert wäre. Die Stämme wechseln sich ab, nach und nach kommt jeder an die Reihe.

Die Stämme schlachten sich gegenseitig ab. Mit den eroberten Köpfen wird das eigene Gebiet markiert. Sie sollen die anderen abschrecken, denn der eigene Kopf wird schnell daneben hängen, wenn man das feindliche Gebiet betritt. In bestimmten Abständen aufgehängt, markieren die Köpfe die Grenze. Eine grausame Art, das eigene Gebiet abzustecken."

„Es war ganz sicher deine neunzehnte Inkarnation", stelle ich fest. „Jetzt bist du wieder im Jenseits, nachdem du in diesem Leben zu Tode gestürzt wurdest. Du hast unfreiwillig dein Genick gebrochen, im Gegensatz zu der achtzehnten Inkarnation, wo du freiwillig dein Leben beendetest, indem du giftige Kräuter gegessen hast. Darüber hinaus hast du ein anderes Mal dein Leben durch einen Sprung vom Felsen beendet."

Gehörte dieses Leben zu jenen, in denen sie negatives Karma abtrug, bevor im Jenseits ein weitergehendes Betrachten ihrer Zukunft möglich wurde?

Die zwanzigste Inkarnation

„Gehe zu deiner nächsten Inkarnation. Es ist dein zwanzigstes Leben, und es folgt direkt auf jenes Leben, in dem du beim Wasserfall getötet wurdest." (Ich gebe weitere Anweisungen.)

„Du gehst zu einer Zeit, in der sich Wichtiges ereignet. Was erlebst du, was erfährst du?"

„Ich komme aus dem Jenseits und bewege mich als Geist schnell durch den Raum, ohne ein klares irdisches Ziel zu haben. Ich friere immer noch."

Ich gebe Anweisungen, die Kälte verschwinden zu lassen. Sie fängt unbewußt an, Auswege zu suchen, indem sie verwirrende, kaleidoskopische Bilder aus späteren Leben kreiert. Ich beharre auf ihrer zwanzigsten Inkarnation, wiederhole immer wieder die gleichen Anweisungen. Irgend etwas Unangenehmes kommt auf sie zu.

„Gehst du zu einer schwangeren Frau, bist du schon in einen Körper inkarniert?"

„Ich habe das Gefühl, in einem „zugigen Raum zu sitzen", ich friere überall, so als säße ich im Wind. Ich befinde mich in einer feuchten Grotte. Dort sitzen Menschen im Halbrund, sie tragen schwarze Tücher. In einem Nebenraum sitzen viele Menschen. Sie haben eine gelbe Hautfarbe und tragen nur Lendentücher. Sie sind Gefangene, und ihre Hände sind an der Mauer festgebunden. Es herrscht eine unheilvolle Atmosphäre. Die Menschen mit den schwarzen Tüchern warten auf ihren Richter, der ....", sie hört plötzlich auf.

„Warum frierst du ständig?"

„Wegen der Feuchtigkeit."

„Wo gehörst du hin?" Die Spannung ist spürbar, als ich sie frage.

„Ich sehe mich nicht, nur den Raum mit den Menschen. Ich gehöre weder zu den schwarzen Männern noch zu den Gefangenen. Vielleicht bin ich die Person, auf die alle warten." Sie zögert beim Aussprechen.

„Auf wen warten alle? Wer kommt?"

„Sie werden irgend etwas mit den Gefangenen machen."

„Was wollen sie mit den Gefangenen machen", frage ich mit Nachdruck.

„Sie werden ermordet, ihre Köpfe werden abgehackt. Ich weiß nicht, warum es nicht gleich gemacht wird. Insgesamt sind dort zwischen vierzig und fünfzig schwarze Männer. Sie schauen alle dieser Schlachterei zu."

„Gibt es einen Henker?"

„Ja." Sie sagt es knapp und ausweichend.

„Ist er schon da?"

„Ja, er gehört zu den schwarzen Männern. Sie haben sich mit einer schwarzen Farbe eingeschmiert."

„Wo bist du?"

„Entweder hacke ich Köpfe ab oder ich werde selbst geköpft, eins von beiden."

„Sage mir genau, auf welcher Seite du stehst", bedränge ich sie.

Sie lacht eigenartig und sagt: „Ich vermute, daß ich Köpfe abhacke. Ich bin der einzige ..." Sie redet leise und beendet den Satz nicht.

„Du bist einer der schwarzen Männer." Es ist eine Feststellung, keine Frage.

„Nein, ich bin derjenige, der die Köpfe abhackt", antwortet sie sehr betont. „Ich spüre es, sehen kann ich es nicht." Sie will nichts mehr sehen, sie wehrt sich verständlicherweise.

„Mich friert", fügt sie noch hinzu.

„Hackst du die Köpfe ab", frage ich nochmals, etwas erstaunt.

164

„Ja, ich bin ziemlich sicher", wiederholt sie jetzt ganz ruhig und emotionslos.

„Ich zähle jetzt bis drei, danach ist dieses Bild für immer aus deinem Geist verschwunden", gebe ich als Anordnung.

„Eins, zwei, drei." Es folgt eine tiefe Stille.

Ende.

Ganz sicher war es nicht ihr letztes Leben, in dem negatives Karma erlöst werden mußte. Im Jenseits läßt sich zu diesem Leben nicht viel sagen.

Für meine Testperson sind es Vorleben aus der irdischen Ur-Zeit, Leben, die längst verarbeitet und vergessen sind, aufgelöst in irdischer Zeit und irdischem Raum, für immer verweht in den Ur-Zeiten.

Dieser Zyklus von zwanzig Inkarnationen eines ICHs stellt ein Modell dar, welches auf jeden anderen menschlichen Zyklus angewandt werden kann. Es läßt sich auf den Werdegang aller Persönlichkeiten einer Seeleneinheit umsetzen, inklusive aller Folgen. Diese Folgen sind heutzutage klar erkennbar.

Die Lebenserfahrungen und Reaktionen der verschiedenen Persönlichkeiten darauf sind allerdings sehr unterschiedlich. Dadurch entwickeln sich einzigartige Persönlichkeiten, jede wiederum mit einer einzigartigen Infrastruktur. Die Einzelheiten wirken sich stets unterschiedlich aus: einige Persönlichkeiten werden durch ihre positiven Lebensqualitäten schnell zu einer spirituellen und ethisch hochstehenden Bewußtseinsebene aufsteigen, wohingegen andere durch ihre negativen Ansätze auf niedriger Ebene stehenbleiben, sogar noch tiefer abstürzen. Es handelt sich um einen sich beständig ändernden Wachstumsprozeß der vielen Persönlichkeiten.

Dabei gelten für alle die gleichen Maßstäbe. Deshalb ist es nicht notwendig, die Lebenszyklen anderer Seeleneinheiten aufzuzeichnen. Diese zeigen im wesentlichen die gleichen Grundprinzipien auf. Dies hat sich in meiner Praxis bei den unterschiedlichsten Menschen gezeigt.

Alle Erfahrungen aus den aufeinanderfolgenden Leben der Persönlichkeiten einer Seeleneinheit dienen dem Lernen und der Weiterentwicklung. Das Leben auf Erden ist eine Schule, eine Herausforderung. Es gibt in Wirklichkeit keine schlechten Menschen. Es gibt nur Menschen, die kleine oder große Fehler machen oder gemacht haben, die sich jedoch immer wieder in Ordnung bringen lassen.

ZWEITER TEIL

EINE ANDERE WELT

Weiter in die Zukunft weisende Forschungen in Trance.

ZWÖLFTES KAPITEL

Chiltars erster Bericht

*Chiltar und der feinstoffliche Planet. Chiltars
erste Entdeckungsreise. In „fliegenden Kugeln" zur Erde.
Zukünftiges Leben in einer anderen Wirklichkeit.*

Ich weiß nicht, was die heutige Menschheit von der Zukunft der Erde erwartet; die Erde ist völlig verschmutzt, die Wälder verschwinden, die Erde ist überbevölkert, und die Menschen sind unterernährt. Wir geben ein vielfaches dessen, was wir für Nahrung ausgeben, für Waffen aus. In vielen Teilen der Welt mangelt es an der Befriedigung der elementarsten Grundbedürfnisse. Ganz gleich, wohin wir auch schauen, überall sehen wir das gleiche Bild – Krieg, Anarchie, Aufstand, Revolution, Ausbeutung und Hunger. Die Militärs sind immer übermächtig.

Die ärmsten Länder, die sogenannten Dritte Welt-Länder, verfügen über einen Überfluß an schweren Waffen. Sie sind das einzige, was die dortigen Herrscher interessiert; Waffen sind wichtiger als ausreichende Nahrung. Mit den Waffen bekämpfen sie sich gegenseitig auf blutige Weise und mit den grausamsten Mitteln. Warum? Nur aus Machtgier, um andere zu beherrschen. Dies wiederum aus persönlicher Gier oder Gewinnstreben für die jeweilige Volksgruppe oder aus Motiven des Neides, Hasses und der Rache heraus.

Überall herrscht der Terror der Angst, ein einzelnes Menschenleben zählt nichts. Mit bestialischer Grausamkeit wird gefoltert und gemordet, während Hunger und Armut herrschen. Durch die modernen Kommunikationsmittel wissen wir alle, wie es in der Welt aussieht, und trotzdem hören wir nicht damit auf, uns gegenseitig in großem Stil auszurotten. Fast jedes Land dieser Erde trägt Mitschuld daran.

Es ist eine Schande, unglaublich und primitiv. Wo bleibt die Liebe für einander? Auch in unserer Gesellschaft herrschen Rivalität und Unverträglichkeit zwischen verschiedenen Gruppierungen vor.

Jedem vernünftigen Menschen wird klar sein, daß dies nicht unbegrenzt so weitergehen kann. Wir stricken fleißig an unserem eigenen Untergang. Wo wird dieses Weltchaos enden? Wirkliche Lösungen werden weggeschoben.

Die lebendige Schöpfung bleibt stets auf Ordnung auf kosmische Ordnung, hin ausgerichtet. Es wird jedem von uns klar sein, daß eine bessere Welt kommen muß. Sie wird auch kommen, dies ist unabänderlich. In der Geschichte der Erde gab es schon einmal eine Umwälzung. Es entstand „eine neue Welt", alles Bestehende wurde umgepflügt, damit auf sauberem, fruchtbarem Boden neu ausgesät werden konnte.

Aber vielleicht geht es auch anders ...? Haben wir noch die Wahl?

Für die Person, die sich bei mir in Trance befindet, ist es nicht schwer, in der irdischen Zeit vorauszugehen und zu erblicken, was mit uns geschehen wird. In der kosmischen Ordnung existiert die Zeit nicht. Zeit und Raum sind irdische Begriffe, sie bilden ein flexibles „System", das beliebig wandelbar ist.

Das Ewige Jetzt steht außerhalb von Zeit und Raum, ohne Gegenwart, Vergangenheit und Zukunft. Das Leben spielt sich dort in einer anderen Wirklichkeit, in einer anderen Dimension ab. Soweit wir wissen, kennt man die Illusion einer Zukunft nur auf der Erde.

Wir treten in eine feinstoffliche Welt ein. Die exoterische oder äußere, wissenschaftlich ausgerichtete Welt erkennt diese esoterische, innere Welt nicht an, weil sie nicht greifbar und mit irdischen Augen nicht wahrnehmbar ist. Im allgemeinen lehnen die Wissenschaftler die innere Welt samt allen Erfahrungswerten darüber ganz klar ab. Dabei handelt es sich um eine schwere, selbst auferlegte Beschränkung.

Das Leben selbst ist aus der inneren Welt heraus entstanden und weder greifbar noch mit irdischen Augen wahrnehmbar. Dieses Leben ermöglicht den Wissenschaftlern ihre Arbeit; aber sie werden das Rätsel des Lebens nicht durch ihre Art der Forschung ergründen.

Die wissenschaftlichen Forschungen zur Evolution von Mensch, Tier und Pflanze stoßen immer wieder an die gleichen Schlüsselfragen: Wo finden wir das letzte Bindeglied, das allem bisher Entdeckten zugrundeliegt, und wodurch wird alles am Leben erhalten? Es ist die Frage nach dem Leben selbst. Wie können wir an diese Frage herangehen? Rein materiell ausgerichtete Denkweisen und Forschungsmethoden helfen uns auf keinen Fall weiter. Denn jede oftmals tiefgehende, sinnvolle wissenschaftliche Forschung läuft sich an der Frage fest, was die Materie zum Leben bringt. Schade.

Wir könnten viel mehr erreichen, wenn beide Betrachtungsweisen, die exoterische und die esoterische, zu einer wissenschaftlichen Quelle verschmelzen würden. In atlantischer Zeit war dies schon einmal der Fall.

Könnten wir diese Hürden überwinden, ergäben sich ungeahnte Möglichkeiten, aber leider ist es noch nicht so weit. Wollen wir die Erscheinung Mensch wirklich kennenlernen, muß es jedoch irgendwann zu einer Verschmelzung kommen.

Für mich stellt das Gehirn nur eine Art Schaltstelle dar, es dient als Übersetzer zwischen Körper und Geist. Der Geist ist die wirklich empfangende und wahrnehmende Substanz.

Ich gebe Anweisungen, in ein zukünftiges irdisches Leben einzutreten, in eine andere Wirklichkeit. Dies ist auch möglich von einem anderen Planeten unseres Sonnensystems her oder aus einer für uns vollkommen unbekannten Dimension heraus.

Montagabend, den 15. September 1980

Sie sitzt in tiefer Trance, bereit, zu der zwischen uns verabredeten Zeit zu gehen, in der wir einige Überraschungen erleben werden. Ich gebe klare und ausführliche Anweisungen, aber eine „höhere Intelligenz" übernimmt die Führung.

„Was siehst du, was erlebst du?" sind meine Fragen.

Nach einer kurzen Pause antwortet sie mit klarer Stimme: „Es ist dunkel, es ist Nacht. Ich sehe ganz viele kleine, runde, weiße Lichter. Das Ganze ist wie im Halbrund angeordnet. Die Lichter stammen nicht von Straßenlaternen oder etwas ähnlichem. Vielmehr sehen sie wie Sterne aus, aber ich stecke in einem der Lichter drinnen, und die anderen Lichter sind ganz in meiner Nähe."

„Wie sieht deine Gestalt aus", frage ich.

„Das ist schwierig, ich habe keine Gestalt. Ich bin einfach im Raum, und es ist sehr angenehm. Ich schwebe ohne Körper umher. Meinem Gefühl nach befinde ich mich in einer Kugel, die mit großer Geschwindigkeit einen Berg herunterrutscht. Ich kann über diese Bahn genauso wieder zurückgehen. Es ist alles etwas eigenartig, aber so nehme ich es wahr. Ich sehe sehr viele Bäume, aber es ist kein Wald. Ich schaue von oben herab, ohne zu wissen, wo ich mich genau befinde. Ich sitze in einer Kugel, die sich sehr schnell auf einer mentalen Bahn entlang bewegt.

Vorher sah ich Berge, jetzt sind diese sehr weit weg, weil ich mich so schnell vorwärtsbewege. Die Situation ist sehr merkwürdig." Sie lacht dabei.

„Hast du eine schöne Aussicht", erkundige ich mich.

„Ich schaue mir gerade die Konstruktion der Kugel an", antwortet sie.

„Gehe zu dem endgültigen Ziel der Kugel. Du steigst aus, was siehst du?"

„Es sieht völlig leer und unbewohnt aus, sehr unwirtlich, felsig, mit vielen Zacken. Ich weiß nicht, ob es die Erde ist. Ich suche eine Gruppe von Menschen, denen ich etwas beibringen möchte."

„Hast du Nahrung bei dir?"

„Nahrung brauche ich nicht." Sie atmet tief durch und schweigt. „Ich sehe eine kleine Stadt mit sehr vielen Menschen, von denen die meisten unglücklich sind."

„Um was für eine Art von Lebensgemeinschaft handelt es sich?"

Sie atmet wieder tief durch und sagt: „Es ist ein normales, ganz armes Dorf. Es herrscht Panik, und überall liegt Schutt herum. Alle sind beunruhigt, aber das Schlimmste ist schon vorüber. Vielleicht herrschte Krieg, oder es gab eine Naturkatastrophe."

„In welcher Zeit spielt sich das ab? Kannst du eine Zahl sehen? In welchem irdischen Jahr befindest du dich?"

Wieder ein tiefer Atemzug. „Eins, zwei. Die Zahl zweitausend ist sicher."

„Weiter?"

„Eins, vier, eins ... 2141. Eine Katastrophe hat stattgefunden, alles ist stark verwüstet. Es sieht wie eine Überflutung aus, ich sah vorher den Strand eines Meeres, angefüllt mit Schutt. Ja, es war eine Flutwelle, überall sehe ich eingestürzte Häuser, am Strand und im Meer drinnen."

Für einen lange Zeit schweigt sie, in ihrer Stimme liegen Verzweiflung und Schrecken, wenn sie fortfährt: „Ich sehe überall nur Wasser." Sie ist kaum zu verstehen.

„Wo gehst du hin?"

„An einen großen See, der von vielen Bäumen umgeben ist. Ich sehe viele Flüchtlinge, die die Katastrophe überlebt haben. Die Menschen haben eine dunkle, aber nicht schwarze Haut. Das Land ist nicht so warm, kein tropisches Klima. Ich befinde mich hoch in den Bergen, es erinnert mich an Südamerika.

Sie haben ein behelfsmäßiges Dorf gebaut. Eigenartigerweise werden sie von anderen Wesenheiten angeleitet. Ich gehöre auch zu diesen höheren Wesen, die den Auftrag haben, den Flüchtlingen zu helfen. Sie haben alles verloren, und alles muß neu organisiert werden, um einen Neuanfang zu schaffen.

„Woher bist du gekommen", frage ich neugierig.

„Nicht von der Erde. Ich bin zwar jetzt auf der Erde und habe einen menschlichen Körper, aber ich komme woanders her. Mein Körper sieht denen der Menschen zwar sehr ähnlich, unterscheidet sich aber deutlich von ihnen."

„Ist deine Kugel eine Art Ufo?"

„Ja", antwortet sie.

„Wie heißt du eigentlich?"

Ich erwarte keinen Namen, aber überraschenderweise antwortet sie: „Ich sah einen Namen. Ich heiße Chiltar (Aussprache: Sjiltar)." Sie buchstabiert ihn. „Als du mir diese Frage stelltest, erschienen die Buchstaben in der Luft. Ich heiße so, auch wenn sich der Name unbekannt für mich anhört."

„Woher bist du mit deiner fliegenden Kugel gekommen?"

„Ich komme aus einer völlig anderen, viel ganzheitlicheren Welt. Die Erde ist Bestandteil meines Zuhauses, deswegen kann ich sie auch bereisen."

„Ist dein Zuhause ein anderer Planet unseres Sonnensystems, oder kommst du von außerhalb, von weit entfernt von der Erde her?"

„Es ist schwer zu sagen, die Struktur ist so völlig unterschiedlich."

„Kannst du sie beschreiben?"

„Ein Land und ein Leben im Raum. Alles ist sehr weit ausgedehnt. Der Planet ähnelt einer Landungsbahn. Der Raum ist auch eine Kugel, aber kein Planet. Wir bewegen uns mit unseren „Kugeln" immer wieder dorthin zurück."

„Wie meinst du das", frage ich erstaunt.

„Ich komme an, die Kugel saugt sich irgendwie fest, und danach kann ich aussteigen. Ich gehe durch lange Tunnel hindurch."

„Lebt ihr glücklich zusammen?" Ich frage danach, weil hier auf Erden alles so unschön ist.

„Ja. Es ist eine sehr glückliche und friedvolle Gemeinschaft, ohne Aggressionen, ohne Streit. Negativität gibt es dort nicht. Ich besuche die Erde, um den Menschen ein Gefühl davon zu vermitteln, indem ich den Überlebenden der Katastrophe helfe."

„Kannst du die irdischen Umstände beschreiben. Stimmt das Jahr 2141?"

„Ja, da steht es: zwei … eins … vier … eins", bekräftigt sie noch einmal. „Die Atmosphäre auf Erden ist nicht angenehm, das Lebensklima ist nicht gut."

„Wie kommt das? Was ist geschehen?"

„Die Menschen verursachen diesen Zustand selbst."

„Gibt es nur Naturkatastrophen oder auch Kriege?"

„Es gibt auch Kriege, wie immer. Ich überschaue das Ganze nicht, aber es fühlt sich nicht gut an. Die Menschen sind unglücklich. Sie wünschen sich eine andere Welt, wissen aber nicht, wie sie es bewirken können."

„Ihr geht dorthin, um zu helfen. Ist es dein Auftrag, ein Vorbild zu sein?"

„Sie müssen alles selbst machen. Vor allem müssen sie selbst zu der Veränderung finden, sonst hilft es nichts. Wir können nicht immer dort bleiben. Sie müssen selbst lernen, alles aufzubauen. Wir arbeiten mit Gedankenprojektionen. Wir versuchen, einige Menschen in leitender Funktion zu beeinflussen. Sie können dann die Kugel sehen und ihr folgen, oder sie spüren unbewußt, daß sie eine bestimmte Richtung einschlagen müssen."

„Ist die Kugel sichtbar?"

„Ja, aber nicht für jeden Menschen, nur für jene mit einer hoch entwickelten Wahrnehmungsfähigkeit."

„Was habt ihr am Ende erreicht? Siehst du eine Weiterentwicklung aufgrund der Projektion eurer positiven Gedanken?"

„Langsam breitet sich ein positiver Einfluß aus. Ich bin in der irdischen Zeit weitergegangen. Die Situation hat sich zum Teil verbessert. Wir müssen die Menschen für unsere Ideen öffnen, wodurch sich unser Arbeitsbereich langsam vergrößert und der Plan auf die gesamte Erde ausgeweitet wird. An vielen Stellen sind geistige, spirituelle Prozesse in Gang gesetzt worden. Langsam breitet sich die Idee aus, und nach und nach wird die ganze Erde erfaßt werden. Wenn es gelingt, wird es Frieden auf Erden geben."

„Versuchst du eine bestimmte Geisteshaltung zu projizieren?"

„Ja, aber keine bestimmte religiöse Richtung, vielmehr eine spirituelle Idee. Einige Menschen sind in der Lage, Kontakt mit uns aufzunehmen. Sie werden als Leitfiguren verehrt, genießen Autorität und haben eine beratende Position inne. Sie werden beschützt, weil sie Vorhersagen machen, die sich bewahrheiten. Sie sind die neuen Propheten und sehr weise."

„Wieviele Jahre bist du vorwärtsgegangen, vom Jahr 2141 an gerechnet?"

„Ziemlich viele."

„Warst du in der Zwischenzeit in deinem Zuhause? Bist du noch einmal über ein „Rohr" zu deiner eigenen Welt zurückgekehrt, oder warst du die ganze Zeit als Helfer auf der Erde?"

„Ich war immer in Erdnähe."

„Wie hältst du dich am Leben? Lädst du dich nur energetisch auf, oder brauchst du zusätzlich bestimmte Nahrung?"

„Nein, ich ernähre mich nicht. Ich bin einfach; ich bin ich."

„Ist dir bewußt, daß du früher auch ein irdischer Mensch warst?"

„Ob ich … auch einmal ein Mensch war", sie erschreckt sich bei der Frage.
„Ja", stöhnt sie, „aber es ist vorbei, ich bin jetzt nicht mehr dort, gehöre woanders hin. Nein, ich bin kein irdischer Mensch mehr." Sie hört sich sehr erleichtert an.

„Du warst also einmal ein Mensch." Ich frage auf die bewährte Art und Weise, ich will wissen, wie ihre Erinnerung daran aussieht.

„Ja …", stöhnt sie nochmals, sie will es nicht wahrhaben.

„Erinnerst du dich an dein letztes irdisches Leben als Mensch?"

„Es gab so viele Leben. Du bist an dem letzten interessiert?" Sie weicht, verständlicherweise, meiner Frage aus.

„Du erinnerst dich an deinen letzten irdischen Körper, bevor du in die andere Welt übergetreten bist."

„Ja, ich sehe eine Zahl. Zweitausend … zwanzig … vierundachtzig, 2084. In dem Jahr bin ich in eine andere Realität hinübergegangen. Jetzt reise ich in Kugeln, um der Erde zu helfen."

„Kannst du dich noch daran erinnern, was du damals auf Erden gemacht hast?"

„Ich prüfe, ob ich Bilder sehen kann."

„Willst du sie sehen?"

„Eigentlich nicht … das Leben war nicht sehr angenehm."

„War die Situation auf Erden nicht angenehm?"

„Auch das, aber die Menschen wandten sich gegen mich. Es sieht so aus, als wären die Menschen nicht mit dem einverstanden, was ich tat und erzählte."

„Verkündigst du eine bestimmte Philosophie?"

„Ja, aber nicht wie ein Pfarrer. Ich habe klare Ideen, mit denen die Menschen nicht einverstanden sind. Ich sehe Bilder von einer schreienden und aufgebrachten Menschenmenge. Ich sitze hinter Gittern …"

Chiltar ist schockiert, sie beendet den Satz nicht.

„Ich bin eingesperrt, weiß aber nicht, was geschehen ist." Sie will es wahrscheinlich gar nicht wissen, weil sie vielleicht auf unangenehme Weise gestorben ist.

„Bist du danach direkt zu deiner neuen Welt gegangen, von wo aus du dich jetzt auf der Erde nützlich machst?"

Sie wartet kurz und antwortet: „Ziemlich bald, glaube ich…" Ihre Antwort ist vielsagend.

Ende der Sitzung.

Eine Zeitangabe ist nicht immer sicher. Eigentlich wird die Zeit den irdischen Ereignissen und Erfahrungen wie ein „ unbestimmtes" Etikett angeheftet. Sie ist zwar als Indikator für das jeweilige irdische Leben nützlich, im Feinstofflichen gibt es jedoch die Zeit nicht.

DREIZEHNTES KAPITEL

Chiltars zweiter Bericht

Beginn einer großen Katastrophe?
Silberkugeln verlassen den „röhrenförmigen Planeten"
und machen sich auf den Weg zur zerstörten Erde.
Ein Meister reinkarniert widerwillig auf einer neuen Erde.

Montagabend, den 1. März 1982

Wir setzen die Untersuchungen der Leben des Chiltar anderthalb Jahr später fort. Alles ist vorbereitet. Auch wenn es schon lange her ist, läßt sich der Faden problemlos wieder aufnehmen.

Nach meinen letzten Anweisungen frage ich: „Was siehst du, was geschieht?"

Sie berichtet von ihren Erfahrungen: „Ich sitze in einem Rohr, aus dem heraus Kugeln ausgestoßen werden. Sie werden ohne Brennstoff in den Raum geschleudert. Ich sitze in einer jener Kugeln und warte, bis ich an der Reihe bin. Ich kann es nicht anders ausdrücken. Alles geschieht ruhig und problemlos, ohne Nutzung einer Energiequelle.

„Wodurch werdet ihr angetrieben?"

„Durch Gedankenkraft", antwortet sie, ohne zu zögern. „Wir dürfen nicht zu schnell hintereinander starten, denn dadurch würden wir uns gegenseitig beeinflussen. Jetzt bin ich an der Reihe, ich bin kaum noch zu sehen."

„Schaue genau hin. Du bist dir deines Daseins und deiner Umgebung klar bewußt", weise ich sie an.

„Ja, ich bin mit der silbrigen Kugel herausgeschleudert worden. Die Antriebskraft ist größer als meine Gedankenkraft. Von mir stammt nur der Anfangsimpuls, danach übernimmt eine Kraft des Planeten die Steuerung. Ich bezeichne den Ort, an dem ich mich befinde, am besten als einen Planeten. Von dem Planeten geht eine kollektiv verstärkende Gedankenkraft aus, die die Kugel auf einer festen Bahn entlang durch das Universum hindurch steuert. Das geschieht mittels einer gebündelten und dadurch gesteigerten

Kraft. An Bord gibt es nur wenige Instrumente, nur ein paar Knöpfe zur Steuerung. Die Knöpfe sind grün und rot."

„Wie stabil sind die Fahrzeuge? Drehen sie sich im Raum?"

„Nein, sie behalten die richtige Position bei."

„Wodurch erhalten sie ihre Stabilität?"

„Die Schubkraft, die von dem Planeten ausgeht, sorgt für das Gleichgewicht. Ähnlich wie die Anziehungskraft der Erde, erlebe ich hier eine Art Zentrifugalkraft des „Mutterplaneten", dessen Einfluß sehr stark ist, er lenkt sogar das Fahrzeug."

„Wie hießt du", frage ich zur Sicherheit.

„Chiltar", antwortet sie, ohne zu zögern.

„Diese Existenz haben wir schon einmal untersucht?"

„Genau", antwortet sie. (Erstaunlich, es ist anderthalb Jahre her.)

„Wie unterscheidet sich dein Körper von einem irdischen?"

„Er ist unsichtbar. Nur ganz wenige Wesenheiten sind dazu in der Lage."

„Kannst du dich selbst wahrnehmen?"

„Ja, aber ich besitze kein Körpergefühl. Eine feinstoffliche Kraft sorgt dafür, daß ich eine abgegrenzte, veränderliche Form besitze. Ich bin nicht nur Geist."

Hier bildet sich die Möglichkeit heraus, die eigene Form zu erschaffen, bestehende Formen zu verändern oder zu manifestieren, das Hauptmerkmal der feinstofflichen Welt. Bis zu einem gewissen Grad trägt der irdische Mensch diese schöpferische Kraft ebenfalls in sich, obwohl diese im Laufe der vielen Leben stark abgenommen hat.

„Ich kann meine Form nur schwer mit der menschlichen Form vergleichen, sie ist weniger einengend. Aufgrund der Feinstofflichkeit kann ich sie ganz anders nutzen."

„Ist der Körper bestimmten Gesetzmäßigkeiten unterworfen, wie zum Beispiel bei uns der Aufnahme von Flüssigkeit und Nahrung?"

„Er benötigt nur Energie, keine Nahrung. Wir müssen uns an ein bestimmtes System anschließen, danach haben wir für sehr lange Zeit genug Energie, so als würden wir von einer riesigen Batterie aufgeladen."

In Atlantis wurde das gleiche Prinzip verwendet. Die Batterie war damals ein riesiger Kristall, der Sonnenstrahlen in Energie umwandelte.

Alle sich bewegenden Objekte schöpften Energie aus dieser Zentrale,
ohne eine feste Verbindung mit ihr zu haben.

„Was ist dein Ziel", frage ich.

„Die Erde", sagt sie, ohne zu zögern.

„Kannst du aus der Kugel heraus irgend etwas erkennen?"

„Ja, ich sehe den Planeten, den ich gerade verlassen habe."

„Kannst du etwas über ihn sagen?"

„Er sieht wie eine große Halbkugel aus. Seine Farbe ist goldbraun, und er ist in verschiedene Flächen eingeteilt. Auf ihm befindet sich ein Netzwerk aus Röhren. Jetzt erst sehe ich, daß es sich um eine vollkommene Kugel handelt, in der unteren Hälfte haben die Röhren nur keine Mündungen zur Oberfläche hin."

„Was für einen Zweck haben diese Mündungen", frage ich erstaunt.

„Sie bewirken ein Gleichgewicht. Ähnlich wie die Pole der Erde. Wenn ich in einer Silberkugel den Planeten verlasse, dann nur von der oberen Hälfte her. Der Planet wird von einer Intelligenz gesteuert, er ist eine Art Sendeplanet: Es leben dort zwar einige Wesen, aber hauptsächlich dient der Planet dazu, Wesen zu anderen Planeten auszusenden, nicht nur zur Erde.

Es ist ein rein geistiges Objekt, zu dem wir immer wieder zurückkehren, nachdem wir auf einer anderen Ebene gewesen sind. Es handelt sich um eine Form der Reinkarnation, wenn auch weniger materiell als auf Erden."

„Was verstehst du unter Reinkarnation, seid ihr sterblich?"

„Ja, und alles läuft nach einem genauen Plan ab."

„Ich nehme an, daß du deinen Plan kennst."

„Ja, ich gehe mit anderen zusammen zur Erde, wo wir beim Wiederaufbau helfen, weil dort einige Naturkatastrophen stattgefunden haben. Dann kehre ich von der Erde zum Röhrenplaneten zurück, um ihn danach erneut zu verlassen und zu einer höheren Ebene zu gehen. Es ist ein sehr bewußter Prozeß, kein Sterben im eigentlichen Sinne. Alles ist viel angenehmer. Im Gegensatz zur Erde, wo die Menschen nicht wissen, was nach dem Tode mit ihnen geschieht, ist es hier allen bekannt. Wir sind nicht in unmittelbarem Kontakt mit der höheren Welt, aber die Trennung besteht nur in einer ganz dünnen Schicht, wie bei einem durchscheinenden Schleier. Der Übergang ist weniger traumatisch. Wir können hier die höheren Welten immer wahrnehmen, auch wenn wir nicht dort sind. Dies ist auf Erden unmöglich.

Das Bewußtsein ist ein viel höheres. Jeder weiß, warum er hier ist und daß alles zeitlich begrenzt ist. Dadurch besteht eine große Harmonie."

„Weißt du, warum du dort bist, du persönlich, als Chiltar?"

„Ja, ich wollte hierher, es ist keine neue karmische Lehre. Als irdischer Mensch habe ich oft versucht, anderen zu helfen, aber so richtig ist es mir nie gelungen. Nur in einigen unbedeutenden Situationen. Davon bin ich immer noch frustriert.

Jetzt kann ich unbeschränkt helfen. Ich habe eine guten, positiven Einfluß auf die Menschen, dem sie sich nicht entziehen können. In einem irdischen Körper würden die Menschen mich für verrückt erklären, wenn ich diese Ideen verbreiten würde, oder ich würde einfach nicht beachtet werden. Doch nun müssen sie sich beeinflussen lassen, sie wissen es nicht einmal.

Der Idealismus hat mich hierher geführt. Dieser Planet dient als Reiseplanet, er ist in jeder Hinsicht für diesen Zweck eingerichtet: Sowohl die Art, wie hier gelebt wird, als auch die Struktur selbst. Von hier aus werden verschiedene Projekte ausgeführt. Nur einige Projektleiter wohnen dauerhaft hier. Sie haben eine beratende Funktion inne. Auf Erden würde man sie als Meister bezeichnen. Das Angenehme hier ist eine Atmosphäre von Frieden und Glück, die Anwesenheit anderer entwickelter Wesenheiten, mit denen ich mich gedanklich austauschen kann. Das Ganze ist einfach stimmig, die Umgebung ist unwichtig, sie ist rein zweckmäßig ausgelegt. Ich komme nur dorthin, um wieder zu meinem Aufgabenbereich, der Erde, zurückzukehren. Ich habe keinen physischen Körper und damit auch kein körperliches Verlangen.

Ich befinde mich wieder in einer Kugel und bewege mich durch das Universum hindurch. Die Kugel ist mit Gedankenkraft geschaffen, sie besteht aus sehr feiner Materie. Ihre Materie ist dichter als meine eigene Substanz und dient als Schutz. Gedanken und Energie lassen sich in Materie umwandeln."

„Beim ersten Mal sagtest du, daß du auf einer festen, vorbestimmten Bahn zur Erde fliegen würdest. Um was für eine Bahn handelt es sich, wie ist sie markiert?"

„Sie hat keine Form, sie besteht nur aus einer Richtung, in der die Kraft wirkt, die vom Planeten ausgestrahlt wird. Mein Ziel ist beim Verlassen des Planeten genau vorgegeben. Ich bewege mich automatisch."

„Was siehst du auf Erden?"

„Alles sieht nicht so schlimm aus", sie schweigt erst, danach korrigiert sie sich. „Ich sehe große Brandherde und hohe Flutwellen."

„Du befindest dich im Anflug auf die Erde, Chiltar, du kennst die Weltkarte, die genaue Lage der Kontinente. Erkennst du den Kontinent, auf den du zufliegst?"

„Er sieht aus wie Südamerika. Ich sehe Lawinen aus Schutt, Felsen und Sand herunterstürzen, riesige Felsbrocken, die ganze Städte und Dörfer verwüsten. Es sieht nach einem Erdbeben aus, durch das sehr viel zerstört wird. Zusätzlich wird viel Elend durch Kriege verursacht, aber die Zerstörung der Umwelt ist das Schlimmste. Das Gleichgewicht der Erde ist gestört. Vor allem in Nord- und Südamerika ist vieles zerstört. In Europa gibt es auch Erdbeben und Überschwemmungen, aber viel milder."

„Haben die Kriegshandlungen Einfluß auf die traurigen Ereignisse?"

„Ja und nein", antwortet sie, „die Kriegshandlungen sind Folge einer falschen Einstellung der Menschen. Sie bilden die Ursache des Geschehens, und daher zwingt die Natur ihnen ein Gleichgewicht auf. Die Erde schlägt zurück. Ich bin auf Erden, um die Menschen zu begleiten. Ich versuche, sie zu ermutigen und anzuleiten. Es gelingt auch, ein Anfang ist gemacht."

„Regeneriert sich alles wieder?"

„So schnell geht das nicht, erst nach und nach bessert sich alles. Die Menschen verstehen den Sinn des Geschehens nicht. Ein Teil der Menschheit muß wieder von vorne anfangen, den Weg zur Natur erneut finden."

„Weißt du, in welchem Jahr du zur Erde geflogen bist und die Verwüstungen gesehen hast?"

„Ich sehe eine Zwei, damit fängt es an. Zwei ... Zwei ... Sieben ... Fünf. Bei den letzten zwei Ziffern bin ich mir nicht ganz sicher, die ersten zwei sind richtig."

„Wie erkennst du die Zahl?"

„Ich sehe Ziffern, die nebeneinander stehen. Die ersten zwei Ziffern sind klar zu sehen, die beiden letzten sind verschwommen und unklar."

„Ich bleibe in der Kugel und projiziere von dort meine positiven Gedanken auf die Erde. Ich könnte die Atmosphäre gar nicht ertragen, ich muß in der Kugel bleiben. Die Luft ist schmutzig und ungesund, aber den Menschen macht es nichts aus. Für mich wäre es gefährlich, mich dieser Luft auszusetzen, sie würde meine Hülle angreifen oder zumindest beeinflussen."

„Wie groß ist die Kugel im Verhältnis zu dir?"

„Etwa so wie ein geräumiges Zimmer; ich bin allein dort."

„Bist du gleich nach der letzten irdischen Inkarnation als Chiltar zu diesem feinstofflichen Planeten gegangen?"

„Ziemlich bald, zuerst war ich in dem Bereich, den wir das Jenseits nennen. Dort habe ich, zusammen mit den Führern und Meistern, noch einiges in Ordnung gebracht.

Ich kehre jetzt wieder zu dem Röhrenplaneten zurück, andere Wesen gehen zur Erde, wo sie mich ersetzen. Ich werde an den Planeten „geklebt", danach kann ich meine Kugel verlassen. Die Kugel besteht aus der gleichen Materie wie die Röhren und verschwindet, sobald ich sie verlasse. Die Röhren übernehmen dann die Funktion der Kugel für mich."

„Gehe etwas tiefer hinein, erlebst du eine Art des Sterbens? Hast du das Gefühl, eine andere Form anzunehmen, ein anderes ICH?"

„Wenn ich zurückkehre, trete ich vor ein Tribunal. Es ist sehr schön, keine feindliche oder angespannte Atmosphäre, alles verläuft friedlich und liebevoll, ähnlich wie im Jenseits, im Licht. Hier sind die Meister, wie ich sie nenne, die höheren Wesen. Es folgt eine bestimmte Zeremonie. Ich brauche nicht zu erzählen, was ich getan habe, das wissen sie natürlich. Ich spüre jetzt die irdische Energie, die ich während meiner Arbeit aufgenommen habe. Ich kämpfe stark gegen Gefühle von Mitleid und gegen die Emotionen der Menschen an, wodurch ich mich mit der Erde verbinde. Die menschlichen Gefühle beeinträchtigen mich sehr. Ich habe alles gut überstanden."

„Ist es nicht gut, die Gefühle der Menschen zu erleben, wenn du in der Kugel in der Nähe der Erde bist?"

„Doch, aber es besteht die Gefahr, daß ich mitgerissen werde, falsche Anweisungen gebe und Fehler mache. Die menschliche Mentalität beeinflußt mich dann zu sehr, und ich fange an, irdisch zu denken und übernehme ihre falschen Gedankenformen."

„Die Meister sind der Meinung, daß du alles gut gemacht hast. Wie geht es nun weiter?"

„Ich nehme die Stelle eines Meisters ein, der in die feinstoffliche Ebene zurückkehrt."

„Wie macht er das?"

„Er verläßt seine stoffliche Hülle. Es läßt sich am besten mit einer Luftblase im Wasser vergleichen: die Blase steigt auf und verschwindet. Genauso verhält es sich mit dem Zurückziehen in die feinstoffliche Welt. Der Meister projiziert sich an die Schnittstelle beider Welten, die Hülle öffnet sich, und er tritt aus. Die Seele verläßt die Hülle."

„Was meinst du mit „Seele"? Woraus besteht sie?"

„Ich besitze ein ICH, ein Gruppen-ICH. Die Gruppe auf dem Planeten hat ein gemeinsames ICH. Wenn ich die Hülle verlasse …" Sie hält plötzlich inne.

„In diesem Moment findest du dein persönliches ICH wieder", frage ich.

„Nein, das habe ich immer. Durch die Verschmelzung mit dem Gruppen-ICH des Planeten ist es nur weniger stark ausgeprägt. Ich muß diese Ebene erst verlassen, bevor ich es erklären kann."

„Dann gehe weiter, es gibt keine Zeit für dich. Du bist jetzt ein Meister und hast, wie ich annehme, einen bestimmten Auftrag. Was ist dein Auftrag?"

„Gerade sind Wesen von ihrer Aufgabe auf einem anderen Planeten zurückgekehrt. Es gibt zwar einen Plan, den sie ausführen müssen, die Einzelheiten werden aber erst vor Ort ausgearbeitet. In meiner Funktion als Meister berate ich sie, auch in bezug auf die Erde. Ich bleibe so lange auf dem Röhrenplaneten, bis ich meine Aufgabe erfüllt habe, dann gehe ich. Ein anderer ersetzt mich, es ist ein System, in dem jeder ständig voranschreitet und ersetzt wird.

Es folgt ein kurzer Prozeß, bei dem ich mich von den anderen verabschiede. Ich trete in eine andere Welt ein. Ich konzentriere mich auf den Übergang. Ich spüre die Veränderung wie eine Art Aufstieg, bei dem sich meine Hülle auflöst, mein ICH frei wird und ins Jenseits eintritt."

„Du bist im Jenseits", rufe ich erstaunt aus. „Inkarnierst du dich von dort aus wieder?"

„Ich weiß es nicht …" Sie schweigt, ist etwas durcheinander.

„Gehe weiter, folge dem Weg", bedränge ich sie.

„Ich gehe zum Licht", antwortet sie spontan. „Jetzt stehe ich mitten im Licht, herrlich! Es ist wunderbar im Jenseits." Sie stöhnt vor Glück, ist ganz aufgeregt.

„Es ist noch nicht das vollkommene Licht. Hier im Jenseits werde ich ein Führer, ein Meister, diesmal von Verstorbenen. Auf dem Röhrenplaneten hatten die Wesen noch einen feinstofflichen Körper, hier sind sie körperlos, Seelen, die auf die nächste Inkarnation warten und dafür einen Plan aufstellen."

„Du hast als Meister die gleiche Funktion wie auf dem Planeten?"

„Ja, nur stehe ich hier höher."

„Glaubst du, daß ein Meister das Licht noch verlassen muß, um sich auf Erden zu inkarnieren?" Eine hinterlistige Frage von mir.

„Ich weiß es nicht, vielleicht habe ich einfach keine Lust … Vorerst muß ich noch nicht gehen."

„Schreite zu einem Moment weiter, wenn du erfährst, daß du gehen sollst.

Du bist ein Meister und stehst im Licht, aber es ist nicht das vollkommene Licht. Du mußt dich noch weiterentwickeln. Was geschieht?" Es fällt mir schwer, diese Frage zu stellen.

„Es fühlt sich zwar schrecklich an, aber ich muß mich noch einmal inkarnieren. Zum Glück liegt dies noch sehr weit in der Ferne, es dauert noch mehrere tausend irdische Jahre."

„Begib dich zu dieser Inkarnation. Da, wo du jetzt bist, sind Zeit und Raum unwichtig. Gehe zur Erde, wo es Zeit und Raum gibt, und inkarniere dich. Stimmt deine Vermutung?"

„Ich fliege zur Erde und sehe einen Garten, in dem eine schwangere Frau ist. Sie wird meine Mutter. Sie scheint mich wahrzunehmen, sie schaut hoch, zu mir hin, so als würde sie mich begrüßen. Die Menschen haben ein viel lichteres Bewußtsein als in früheren Zeiten. Ich habe den Embryo noch nicht betreten."

„Wie sieht die Erde aus, was ist dein Lebensplan?"

„Die Erde ist wunderschön, sie fühlt sich sehr friedlich an, hat sich völlig verändert. Überall herrscht Ruhe und Harmonie."

„Kannst du noch mehr sehen? Besitzt du auch hier ein erweitertes Bewußtsein, so daß du deine Mutter bereits erkennst, bevor du in ihrer Gebärmutter bist?"

„Ja, sicherlich."

„Wie sieht dein Lebensplan aus, was hast du vor?"

„Ich weiß es nicht, ich schwebe gemütlich um meine Mutter herum."

„In welchem irdischen Jahr bist du? Du siehst die Zahl vor dir, du weißt es."

„Ich bin nicht so viel weiter als ich dachte. Sechs sehe ich, eine Eins, also etwa viertausend Jahre später. Ich sehe 6102. Das ist ein wenig enttäuschend."

„Erzähle von dem Leben. Wie verhalten sich die Menschen untereinander?"

„Sie stehen auf dem gleichen technischen Stand wie vorher, aber sie gehen verantwortlich und beherrscht damit um. Es gibt keine Wirtschaft, die nur darauf ausgerichtet ist, Bedürfnisse zu schaffen. Sie produzieren nur das, was sie wirklich brauchen. Es geht nicht darum, menschliche und spirituelle Qualitäten künstlich zu ersetzen, sondern diese mit Hilfe der materiellen Möglichkeiten zu unterstützen und zu verstärken, das tägliche Leben auf diese Weise angenehmer zu gestalten."

„Bist du glücklich in diesem Leben?"

184

„Ja, aber als Meister im Licht war ich glücklicher." Sie ist deutlich enttäuscht.

„Ich kann es mir gut vorstellen, denn du bist in einen fleischlichen, grobstofflichen Körper eingetreten", antworte ich mitfühlend.

„Ich hatte keine Lust, mich zu inkarnieren. Ich mußte es dennoch tun, um noch tiefer ins Licht eintreten zu können."

„Wie sieht die Welt um dich herum aus?"

„Nur der Anfang meines Lebens ist so herrlich friedlich. Ich erlebe die Atmosphäre, ansonsten sehe und weiß ich nichts. Kein Mensch ist zu sehen." Sie hört sich gleichgültig und unzufrieden, sogar verbittert an. „Ich weiß noch nicht, was ich in diesem Leben tun werde."

„Gehe zu der Zeit, wenn du erwachsen bist, vielleicht weißt du dann mehr."

„Es passiert nichts, ich schwebe weiter um den Körper herum." Langsam wird ihr Widerstand deutlich. Die negative Einstellung wird sich karmisch auswirken."

„Du inkarnierst. Wirst geboren und wächst heran, bis du erwachsen bist", gebe ich jetzt sehr betont als Anweisung.

„Ich habe immer noch keinen Körper, aber ich sehe jetzt Menschen. Die Sonne scheint ..." Weiter kommt sie nicht.

„Fehlt dir das Glück, das du oben im Licht erlebtest?"

„Ich weiß es nicht, ich spüre einen enormen Widerstand. Ich will einfach nicht."

„Gehst du irgendwann doch in den Embryo hinein?" Ich weiß nicht, was ich sonst noch fragen könnte.

„Ich glaube ja, sonst wäre ich ja nicht dort. Ich weiß, daß ich hineingehen muß, aber ich will nicht." Ihre Stimme klingt sehr finster.

„Was machst du jetzt? Erzähle, ob du dich verweigern darfst."

„Ich fühle, daß ich aus Wut alles durcheinander bringen, ein riesiges Chaos verursachen werde, nur weil ich mich wieder inkarnieren muß. Gut ist das nicht."

„Das ist sehr unvernünftig, denn dadurch wirst du weitere Inkarnationen herbeiführen, mit der Gefahr, neues Karma anzusammeln."

„Das alles interessiert mich nicht. Ich inkarniere nur, weil ich es muß. Sonst ginge es für mich immer weiter, würde nie zu einem Ende kommen." Ihre Verbitterung ist nicht mehr normal.

„Der Embryo wächst weiter und irgendwann, nach neun Monaten, wird er geboren werden. Bis dahin wirst du dich entscheiden müssen, auch des Kindes wegen. Gehst du hinein oder gehst du zurück ins Jenseits, zum Licht, um zu protestieren?" Ich muß selbst darüber lachen.

„Nein, ich kann nicht zurück", sagt sie mit einem verkrampften Lächeln.

„Du sitzt ziemlich in der Klemme", stelle ich fest.

„Ja, ich kann nur zurück ins Jenseits, wenn ich vorher in den Körper eingetreten bin."

„In dem Fall müßtest du dort weiterschweben."

„Genau, bis ich irgendwann in einen Körper hineingehe. Ich ärgere mich selbst über meine Aufsässigkeit."

„Gefällt dir das Leben in einem physischen Körper nicht? Ist dies, bewußt oder unbewußt, für dich mit negativen Erinnerungen verbunden?"

„Ich glaube nicht."

„Vielleicht wird es ein wunderbares und angenehmes Leben werden."

Sie fängt an zu lachen. „Du würdest einen guten „Verkäufer von Menschenleben" abgeben."

„Die Mutter ist sich der Tatsache nicht bewußt, daß du wütend um sie herumschwebst. Ihre Schwangerschaft läuft normal weiter, das Kind wird geboren. Ist es ein Junge oder ein Mädchen?"

„Ein Junge, auch das noch", ruft sie aus.

„Was machst du jetzt, bist du im Körper."

„Nein, aber ich werde es wohl bald sein."

„Du bist jetzt mit starkem Widerwillen hineingegangen. Merkt deine Mutter etwas davon?"

„Ich bin sehr lästig, weine den ganzen Tag. Ich bin kein angenehmes Kind. Es gefällt mir überhaupt nicht. Ich sitze hier und spiele den ganzen Tag stupide mit Klötzen oder ähnlichem, wie ich es schon viel zu oft gemacht habe. Mir reicht es, ebenso wie das ständige Liegen auf dem Rücken." Sie nörgelt vor sich hin.

„Jetzt beruhige dich erst einmal", empfehle ich ihr.

„Ganz langsam wird alles etwas besser."

„Du erlebst es als langsam. In Wirklichkeit ist das Entwicklungstempo völlig normal, wie bei jedem anderen Kind."

Sie stöhnt und sagt etwas Unverständliches. „Ja, vielleicht."

„Du wächst weiter heran und hast zwangsläufig deinen Widerstand überwunden. Du bist erwachsen. Was ist das Auffälligste an der Gesellschaft im Jahre 6102?"

186

„Was mir am meisten auffällt, ist die Harmonie im Zusammenleben. Weiter ist dort nicht viel zu erleben, aber vielleicht liegt das an mir."

„Ich vermute auch, daß deine negative Einstellung damit zu tun hat. Was meinst du mit „Weiter ist dort nicht viel zu erleben"?"

„Die Harmonie macht alles sehr monoton. Das Leben ist langweilig, weil nichts passiert."

„War dein Leben als Höheres Wesen im Licht nicht ebenfalls monoton? Hast du dort mehr erlebt?"

„Dort ist alles ganz anders."

„Du bist auf eine viel tiefere Ebene gegangen. Vermißt du das starke Erlebnis von Harmonie, Glück und Liebe?"

„Wahrscheinlich." Sie redet gelassen und ausdruckslos.

„Meintest du, als du zur Erde gegangen bist, daß es das letzte Leben deines irdischen Zyklus sein würde, oder war dir bekannt, daß noch mehr Leben folgen würden? Denn wenn du dich ständig gegen alles wehrst, baust du neues Karma auf."

„Ich weiß, wenn ich so weitermache, werden noch viele Leben folgen. Ich schaffe es nicht, den Widerstand zu überwinden. Daher wird es wohl so kommen. Es ist schlimm für mich, aber ich habe mich schon mit dieser Einstellung inkarniert." Sie lacht und ist gleichzeitig aggressiv.

„Was meinst du mit „schlimm"?"

„Ich finde es schlimm, wie ich mich verhalte. Jetzt lache ich und denke: Warum mache ich dies? Warum verhalte ich mich nicht normal. Aber es gelingt mir einfach nicht."

„Erfährst du so große Widerstände?" Ich gebe zu, ich kann es kaum glauben.

„Ja, das ist typisch für mich."

Ich frage mich, ob sie sich mit dieser Aussage machtlos in ihr Schicksal fügt.

„Du bist ein junger Mann, wie heißt du?"

„Es klingt wie Pam-da. In jedem Fall sind es zwei Silben."

„Was ist deine Beruf?"

„Ich bin Computerfachmann."

Ende der Sitzung.

Am nächsten Montag wird sie mir vor der Sitzung erzählen, daß sie sich drei Tage lang darüber geärgert habe, im Jahr 6102 als Hohe Wesenheit noch einmal inkarnieren zu müssen, eingesperrt in einen irdischen Körper, wie jeder normale Mensch, einschließlich aller irdischen Probleme.

VIERZEHNTES KAPITEL

Chiltars dritter Bericht

„Wissen ist Erfahrung" (Albert Einstein).

Schon einmal hat die Erde ein neues Gleichgewicht finden müssen, indem sich der Winkel der Erdachse zur Ekliptik änderte. Aus Forschungen weiß man, daß die Pole früher an anderen Stellen lagen. Die Verschiebung ging mit gewaltigen Veränderungen der Erdoberfläche und mit großen Klimawechseln einher. Kalte Gegenden wurden wärmer und umgekehrt.

Das rotglühende, fast flüssige, schwere Magma im Erdinneren strebt ein Gleichgewicht an, an dem sich die Position der Erdachse orientiert. Wenn jetzt wieder ein Ungleichgewicht im Magma entsteht, hervorgerufen durch negative Einflüsse von Menschen auf die Umwelt, z.B. durch Feindschaft untereinander, materielle Habgier und, vor allem, unterirdische Atomversuche im Nordpolgebiet, werden sich die Ereignisse unwiderruflich wiederholen.

Wir haben bereits heute ein Ungleichgewicht. Messungen ergaben, daß sich die Erdachse bereits verändert, wie bei einer Spindel, die aufhört, sich zu drehen. Die Drehung des Nordpolpunktes ist zwar gering, aber es ist ein erstes Anzeichen für die Instabilität der Erde. Wenn das Magma sich weiter in großem Umfang verschiebt und ein neues Gleichgewicht anstrebt, verursacht durch schwere Atombewegungen und hochfrequente Schwingungen, kommt eine enorme Katastrophe auf uns zu. Die gesamte obere Erdschicht, die Lithosphäre, fängt an, sich zu bewegen, wodurch sich die gesamte Erde grundlegend ändern wird. Viele Vulkane werden gleichzeitig ausbrechen, hunderte von Metern hohe Flutwellen werden Überschwemmungen verursachen und alles mit sich reißen. Ein Alptraum wird Wirklichkeit, der sintflutartige Untergang von Atlantis, vor 12.000 Jahren, wird sich wiederholen.

Der Mensch wird für dieses Geschehen selbst verantwortlich sein, weil er ohne nachzudenken, aus reiner Selbstsucht und Angst, nach Macht strebt.

Alles wird so kommen, wie Chiltar es voraussah, es sei denn …

Ein Jahr und fünf Monate sind vergangen. Sie begibt sich in Trance zum dritten Mal zum Röhrenplaneten, von wo aus sie als Chiltar in einer Silberkugel zur unglücklichen, zerstörten Erde fährt. Erst jetzt wird sich Chiltar des Ausmaßes der Verwüstungen bewußt, die auf Erden entstanden sind.

„Was siehst du? Was erlebst du?" frage ich, nachdem alle Vorbereitungen getroffen und alle Anweisungen gegeben sind. Das Nachfolgende ist eine Bestätigung von Chiltars früheren Entdeckungsreisen.

„Ich sehe eine Kugel, wahrscheinlich die Erde. Sie wird von großen Armen umschlossen. Sie sieht aus wie ein Globus, der in einem ausgedehnten Raum hängt."

„Was soll das heißen?"

„Ich befinde mich in einem Raumschiff, einer fliegenden Kugel. Vorne ist eine Glasplatte, durch die ich hinausschauen kann. Bei den Armen handelt es sich um Strahlungsbahnen, die die Richtung weisen. Ich fliege mit Hilfe einer automatischen Steuerung auf die Erde zu. Alles vollzieht sich automatisch. Die Kugel ist fast leer, ich kann nur eine Art Stuhl erkennen. Ich befinde mich in einem dichten braun-gelben Nebel. Ich fühle mich nicht allein, sehe aber niemanden. Auch mich selbst sehe ich nicht."

„Schaue dich an. Wie siehst du aus?"

„Ich habe keine feste Form."

„Du siehst die Innenseite der Kugel. Kannst du die Bewegung durch das Universum erkennen?"

„Nein, ich weiß nur darum, daß ich zur Erde fliege. Ich sehe sie durchs Fenster, erkenne aber nur die Umrisse. Ich bin noch zu weit weg, um sie deutlicher wahrzunehmen."

„Bewegst du dich sehr schnell?"

„Wahrscheinlich, aber ich spüre die Bewegung nicht. Auf dieser Ebene gibt es keine Geschwindigkeit; ich könnte genauso gut stillstehen, während die Erde auf mich zukäme."

„Berichte alles, was du siehst."

Sie bleibt lange still, danach sagt sie: „Ich lande in einem Krater, einer riesigen Grube. Überall liegen versteinerte Menschen. Es sieht nach einem plötzlichen Vulkanausbruch oder Bombeneinschlag aus. Die Menschen sind wirklich versteinert, sie sind in merkwürdigen Positionen."

„Was machst du dort?"

190

„Der Krater ist mit gelbem Sand und Staub angefüllt. In der Mitte befindet sich eine brodelnde Masse, ein dicker Brei. Es handelt sich um geschmolzenes Gestein. Es strahlt eine intensive Hitze aus."

„Glüht die Masse?"

„Die Masse wirbelt herum wie ein Strudel."

„Was machst du?"

„Ich befinde mich in einem dunklen Gang."

„Mit der Kugel?"

„Nein, ich glaube nicht."

„Hast du die Kugel verlassen?"

„Ich kann es nicht genau feststellen. Mein erster Eindruck ist, daß ich mit der Kugel in den Krater, sogar in die brodelnde Masse hineingeflogen bin. Ich sehe lange unterirdische Gänge. Plötzlich kommen Menschen, ich habe keine Ahnung woher. Vielleicht handelt es sich um einen anderer Gang, denn ich habe mich sehr schnell durch die feste Materie hindurchbewegt."

„Laß uns systematisch vorgehen. Du bist mit einem speziellen Auftrag zur Erde gekommen?"

„Ja, vielleicht hat eine Atomexplosion stattgefunden, und ich untersuche die Folgen davon, stelle fest, was noch übriggeblieben ist. Es war eine sehr heftige Explosion, alles ist verwüstet. Nichts steht mehr, alles ist kahl. Ich befinde mich in Südamerika, das etwa zur Hälfte verwüstet ist."

„Beschreibe so gut wie möglich, was du siehst."

„Ich sehe gelben Sand und Staub, auf der Erde gibt es keine Menschen."

„Siehst du Überreste von Siedlungen?"

„Ja, ich sehe Städte und Dörfer, völlig verdeckt von einer Sandschicht. Sie bestehen nur noch aus Staub; wenn man sie berühren würde, brächen sie in sich zusammen. Es war sicherlich eine Atomexplosion."

„Was machst du? Beschreibe, was du siehst."

„Ich befinde mich in einer wasserreichen Landschaft. Die vielen Flüsse und Bäche deuten auf eine Überschwemmung hin. Zwischen den Bergen, wo früher Täler waren, strömt das Wasser. Ich sehe, wie gewaltige Wassermassen das ganze Land überschwemmen. In kürzester Zeit verschwinden riesige Erdflächen."

„Wo kommt das ganze Wasser her?"

„Aus dem Meer", ruft sie entsetzt. „Es ist eine einzige Überschwemmung, eine riesige Flutwelle, dreißig, vierzig Meter hoch. Das ganze Meer bäumt sich auf und stürzt als eine Wassermauer aufs Land. Das Land sinkt … unglaublich! Von den Bergen sehe ich nur noch die Spitzen ..." Sie ist heiser, kann nicht mehr weitersprechen.

„Der Meeresspiegel steigt und steigt", schreit sie heftig und laut. „Ich werde richtig seekrank beim Betrachten. Das Land verschwindet, und der Wasserspiegel steigt ständig weiter an."

„Ist es nur eine Flutwelle", frage ich besorgt.

„Nein, das Wasser steigt immer weiter, nichts wird verschont. Ich sehe keine Menschen mehr, bin aber sicher, daß es sie vorher gab."

„Hast du sie gesehen?"

„Ich habe sie in Panik weglaufen sehen, es gab jedoch keine Rettung mehr, alle sind ertrunken. Das Meerwasser stieg an, schlug aufs Land und begrub alles unter sich. Es ist schrecklich und unfaßbar. Das Wasser steigt immer noch an." Sie spricht nur leise.

„Wo bist du?" Auch ich rede leise.

„Ich schwebe darüber, schaue wie gefesselt aufs Wasser."

„Befindest du dich immer noch in Südamerika?"

„Ich weiß nicht, wo ich bin, alles ist dunkel. Vielleicht bin ich dort."

„War es schon dunkel, als du ankamst?"

„Nein, es stürmte, mehr weiß ich nicht." Sie antwortet abrupt.

„Gibt es einen Zusammenhang zwischen dem Sturm und der Finsternis?"

„Es ist stark bewölkt, die ganze Atmosphäre ist düster. Der Sturm peitscht das Wasser hoch. Es ist unerträglich. Die Sonne ist verschwunden, die Finsternis ist unangenehm, die Luft hängt voller Schmutz."

„Was machst du?"

„Ich beobachte alles", antwortet sie.

„Wo kommst du her?"

„Aus dem Universum, aber ..." Sie unterbricht den Satz.

„Wo ist deine Kugel?"

„Sie ist immer da. Ich weiß nicht, ob ich drinnen sitze oder ob sie nur dann da ist, wenn ich sie brauche. Sie ist ein interessantes Gefährt."

„Bewirkst du, daß sie dir folgt?"

„Sie verhält sich so, wie ich es will, sie ist meine Hülle."

„Siehst du noch andere Dinge? Gibt es Teile der Erde, die weniger verwüstet worden sind?"

„Auf der anderen Seite der Erde sieht es weniger schlimm aus, vielleicht in Asien ... Ich muß genauer hinschauen."

„Wie meinst du das, Asien?"

„Dort kann ich nichts erkennen, trotzdem könnte es auch dort Verwüstungen geben. Es ist zu weit entfernt für mich, ich sehe alles, was geschieht, nur aus der Ferne und kann es daher schlecht lokalisieren."

„Gehe weiter und versuche, die Situation klarer zu sehen."

„Die ganze Erde ist betroffen, es ist eine einzige riesige Naturkatastrophe."

„Alles nur eine Naturkatastrophe?"

„Ja", betont sie.

„Sind die katastrophalen Zustände nicht durch Menschen verursacht worden?"

„Die Menschen sind Schuld an dem Entstehen, ihr Eingreifen in die Natur hat zahlreiche Wirkungen ausgelöst. Überall sehe ich Flutwellen, Überschwemmungen, Wüsten. Ich weiß nicht, was genau wann und wo passiert."

„Untersuche die Situation, es ist doch dein Auftrag. Gehe in der Zeit voran, bis du klarer sehen kannst. Bist du näher zu den Menschen gegangen?"

„Die Erde sieht unbewohnt aus, obwohl ich glaube, daß es noch Menschen gibt. Ich sehe nur Chaos, keinen einzigen Menschen."

„Bist du vielleicht noch zu weit von der Erde entfernt und kannst dadurch zwar das große Bild jedoch nicht die genauen Einzelheiten sehen?"

„Ja, vielleicht."

„Hast du Angst, näher heranzufliegen?"

„Das brauche ich gar nicht, überall sind Wasser und Land noch in Bewegung, und es ist dunkel."

„Hast du eine Ahnung davon, wo die Naturkatastrophen ihren Ausgangspunkt hatten, was die Menschen getan haben, um solche Folgen auszulösen?"

„Nein, mehr als das bereits Erwähnte weiß ich nicht. Benutzung von Atomenergie, Verschmutzung, die Ausbeutung der Natur, die Beeinflussung des Klimas, und so weiter. Das gesamte Gleichgewicht ist gestört, und die Erde schlägt zurück, wie wir es hier sehen."

„Hat sich die Erdachse verschoben?"

„Ja, die ganze Erde schaukelt, die Erdachse bewegt sich, überall herrscht das gleiche Bild."

„Kannst du den Himalaya, das höchste Bergmassiv der Welt, sehen?"

„Ja, aber auch das ist im Verschwinden begriffen, alles schaukelt und macht ellipsenförmige Bewegungen." Sie scheint nachdenklich.

„Die Erdplatten verschieben sich und verursachen neue Verwerfungen der

Steinmassen. Die Sonne ist unsichtbar, sie ist hinter Staub und Schmutz verschwunden, die durch Erdbewegungen und Stürme hochgewirbelt wurden."

„Siehst du Teile von Europa?"

„Europa ist nicht klar zu erkennen, die Umrisse haben sich verändert. Ich sehe ausgedehnte Flächen voller Wasser und Schutt. Aber es gibt an verschiedenen Stellen, besonders im Zentrum, noch Wälder. Auch die Gegend von Norwegen, Schweden, Lappland, Finnland und Rußland ist grün."

„Meinst du, daß dort ebenfalls große Veränderungen stattgefunden haben?"

„Dort sieht alles unverändert aus, aber letztlich ist alles durcheinandergebracht worden. Bis alles zur Ruhe gekommen ist, werden noch einige Jahre vergehen."

„Was meinst du mit „zur Ruhe gekommen"?"

„Bis sich der Staub gesetzt hat, alle Flüsse wieder einen ruhigen Lauf genommen haben, wird es Jahre dauern."

„Gibt es Anzeichen von Leben?"

„Ich glaube, daß es noch Menschen gibt, die die ganze Zeit unterirdisch gelebt haben. Ich erinnere mich an die Atlanter, die ebenfalls ganz vorsichtig ihre unterirdischen Druckkammern verließen und an die Oberfläche kamen."

„Du bist ständig dort und beobachtest alles?"

„Ja."

„Bist du rein geistig, oder hast du einen feinstofflichen Körper?"

„Nein, ich bin nicht nur Geist, ich habe doch meine Kugel, in der ich mich befinde. Mein Wesen ist für Menschen auf Erden nicht wahrnehmbar."

„Und für dich selbst?"

„Ja, aber ich kann dir nicht sagen wie. Ich bestehe aus einer feinstofflichen Substanz, aber ..." Sie zögert.

„...keine menschliche Gestalt", ergänze ich.

„Richtig", bestätigt sie.

„Besitzt du das Wahrnehmungsvermögen eines Menschen, vielleicht sogar ein umfassenderes?"

„Ich kann alles wahrnehmen."

„Kannst du hören? Hörst du den Lärm und das Getöse des Sturmes, des Wassers und der herunterstürzenden Gesteinsmassen?"

„Nicht bewußt, ich kann es mir jedoch vorstellen. Ich nehme nur wahr. Ich habe keine Ohren, es ist ein reines Wahrnehmen."

„Du kannst auch „geistig" hören", stelle ich fest.

194

„Das meine ich mit „Wahrnehmen". Ich besitze keine Sinnesorgane für ein „normales" Hören."

„Du hörst also die Geräusche nicht, die mit den Veränderungen einhergehen", frage ich nachdrücklich.

„Nein, ich erkenne es nur."

„Sind noch Städte oder deren Reste zu erkennen?"

„Überall stehen Ruinen, wahrscheinlich gibt es auch unzerstörte Gebäude, aber ich bin zu weit weg, um diese zu erkennen."

„Kannst du näher an die Erde heran fliegen?"

„Das versuche ich bereits seit einiger Zeit, aber ich sehe nur Sand und Wüste. Für die noch vorhandenen Menschen sieht es sehr traurig aus. Sie müssen ganz von vorne anfangen, was sie auch versuchen."

„Wieviele Menschen der Weltbevölkerung sind schätzungsweise übriggeblieben?"

„Fast keine. Überall befinden sich kleine umherziehende Stämme mit einigen hundert Personen, insgesamt einige Tausend Menschen, keine Milliarden mehr. Das Leben auf Erden fängt wieder ganz von vorne an."

„Was macht dich bei dieser Katastrophe am meisten betroffen?"

„Es macht mich wütend. Die Menschen sind selber Schuld, diese Dummköpfe! Traurig ist auch, daß es so viele Vorzeichen gab, so daß jeder hätte erkennen können, was auf die Welt zukommt. Dann geschah es. Ein elendes Gefühl steigt in mir hoch, aber ..." Sie beendet den Satz nicht. Mir ist auch so klar, was sie sagen wollte.

„Du drückst dich noch mäßig aus", bemerke ich. „Wie sieht die Erde jetzt aus?"

„Es ist ein einziges Chaos."

„Kannst du noch die alten Umrisse der Ozeane und Kontinente entdecken?"

„Nein, alles ist anders, die Weltkarte hat sich völlig verändert. Es gibt kein Europa oder Amerika mehr."

„Wie liegen Nord- und Südpol?"

„Alles steht schräger. Der Norden liegt in Richtung Osten, der Süden in Richtung Westen."

„Die Erdachse ist also deutlich verschoben."

„Ja, aber höchstens um 45 Grad, vielleicht sogar um noch weniger. Dadurch muß sich alles auf Erden ändern. Es ist traurig."

„Wo bleibst du?"

„Ich gehe dorthin, woher ich gekommen bin: Zu einer Art Raumschiff mit vielen „Armen", an denen sich Saugnäpfe befinden." Sie scheint sich ihrer vorherigen Reisen nicht bewußt zu sein.

„Wie heißt du?"

„Chiltar, zumindest sehe ich diesen Namen vor mir. Es handelt sich um eine andere Existenzform."

„Du meinst um einen anderen Teil deiner Existenz als Chiltar?"

Sie ist viel ruhiger geworden. „Vorher sah ich an den Küsten Südamerikas überall Schutt liegen."

„Vielleicht befindest du dich doch in einer früheren Zeit?"

„Ich weiß es nicht."

„Du kommst jetzt bei einem Raumschiff mit Saugnäpfen an?"

„Ja, es ist eine Station mit vielen Röhren. Diese saugen Kugeln an. Sie werden über Energiebahnen angezogen." Sie stöhnt und scheint nicht sehr fröhlich zu sein. „Ich steige aus und befinde mich in dem Raumschiff, in dem eine eigenständige Welt existiert. Ich könnte sie auch als einen Planet bezeichnen."

„Ist sie so groß?"

„Nein, sie ist wesentlich kleiner als die Erde, alles ist künstlich hergestellt. Vielleicht ist es ein Planet, aber von der Erde aus ist er nicht sichtbar."

„Erkundige dich, ob diese Beobachtungsreise die erste oder die letzte deiner drei Reisen war."

„Es war vermutlich die erste. Ich reise wieder, wenn alles etwas zur Ruhe gekommen ist, das scheint mir besser zu sein."

„Hast du dich sehr über deine Wahrnehmungen der zerstörten Erde erschreckt. Es hörte sich so an."

„Habe ich mich erschreckt? Ich weiß es nicht, kann sein, es sah nicht gut aus."

„Deswegen möchte ich, daß du viel darüber erzählst."

„Es gibt nicht viel zu erzählen. Alles ist in Bewegung, die Erdachse wakkelt, die Erdumdrehung ist sehr unregelmäßig. Du kannst dir ja denken, was passiert. Wie ein Kartenhaus bricht alles zusammen, nichts bleibt bestehen. Das vertraute Bild der Erde existiert nicht mehr. Kontinente verschwinden, und an anderen Stellen entsteht neues Land. Aus den Weltmeeren werden ungeheure Mengen Sand auf die Kontinente gespült, Erdschollen stoßen aneinander und lassen neue Berge entstehen, überall gibt es neue Seen und Ozeane.

Die Weltkarte ist völlig verändert. Die Erdatmosphäre ist mit Staub ange-füllt, wodurch es sehr dunkel ist. Die Menschheit wurde fast ausgerottet."

„Weißt du, was mit all den Seelen der Verstorbenen im Jenseits geschieht? Weißt du etwas darüber, stehst du mit ihnen in Kontakt?"

„Viele sind ungeduldig, möchten sich wieder inkarnieren, alles wieder in Ordnung bringen und eine bessere Welt schaffen. Leider gibt es jedoch zu we-nige Körper."

„Die Ereignisse wiederholen sich", bemerke ich.

„Ja, ich hoffe, daß sie alles besser machen werden."

„Nicht nur das. Am Anfang der Evolution fehlte es auch an Körpern. Kennst du deinen Namen genau?" Ich überprüfe sie.

„Ja, ich bin Chiltar."

„Wir hatten verabredet, daß du zu einem früheren Zeitpunkt zur Erde ge-hen solltest, weißt du das noch?"

Sie nickt.

„Du kommst auf deinem Planeten an und hast an einem der Rohre ange-legt. Was machst du jetzt?" Sie antwortet nicht, so daß ich erneut frage: „Du sagtest, du wüßtest von den Menschen, die ungeduldig auf ihre Inkarnation warten."

„Sie sind aber nicht hier, sie sind irgendwo anders", antwortet sie.

„Das ist klar, aber kannst du sie von dem Röhrenplaneten aus sehen?"

„Ich weiß nicht, ob es im Jenseits war. Ich sah es, als du mich in meinem Dasein als Chiltar danach fragtest. Ich habe die Information irgendwo erhal-ten.

Ich bin zur Erde gegangen, weil uns vorher bekannt war, was für eine Kata-strophe sich ereignen würde, wenn ich auch keine Einzelheiten wußte. Ich bin dort hingegangen, um abzuschätzen, wie die Situation sich entwickeln würde. Anschließend wurden Pläne für meine nächste Reise erstellt."

„Warst du die einzige, die das Geschehen aus einer Kugel beobachtete?"

„Nein, es waren wahrscheinlich sehr viele."

„Warum wart ihr dort?"

„Wir wollten die Ereignisse beobachten, um uns ein genaues Bild machen zu können. Danach sind wir wieder zurückgeflogen."

„Wie fühlst du dich als Chiltar? Oder gibt es so etwas wie Gefühle nicht in deiner jetzigen Existenz?"

„Natürlich gibt es Gefühle."

„Kennst du den Begriff der Liebe?"

„Ja, aber nur den einer allumfassenden Liebe. Die Liebe schließt auch außerirdische Wesen mit ein sowie alles Leben auf anderen Planeten unseres Sonnensystems. Ich selbst war aber nur auf der Erde."

„Bist du erst seit kurzer Zeit als Chiltar auf diesem Planeten? Oder hat die Zeit für dich keine Bedeutung?"

„Zeit im üblichen Sinne gibt es nicht."

„Machst du jetzt deine nächste Reise?"

„Ja, eine sehr lange."

„Wie siehst du aus? Hast du einen Körper? Beschreibe dich einmal."

„Wenn ich an mich als Menschen denke, sehe ich mich auch als Menschen. Wenn ich mir vorstelle, ich sei ein Hund, sehe ich mich als Hund."

„Das heißt, du schaffst deine eigene Wirklichkeit."

„Ja, durch Projektion. Alles ist so, wie ich es mir vorstelle."

„Genauso wie im Jenseits, nach dem irdischen Tod; oder wie auf Erden, wenn man die Manifestationstechnik beherrscht."

Plötzlich sagt sie: „Seitdem wir die dritte Progression begonnen haben, spüre ich ein Band um meinen Kopf herum, fühle dort eine Irritation und einen Schmerz."

Darum beenden wir die Sitzung.

„Dummköpfe", so bezeichnet sie verärgert die Menschheit. Ich denke, Chiltar war von den Katastrophenbildern unbewußt stärker berührt als sie selbst zugab. Wahrscheinlich spürte sie, was auf sie zukam, als sie diese dritte Untersuchung begann.

Handelt es sich bei dieser Sitzung um Schwarzmalerei? Keinesfalls, es ist harte Realität, die Situation ist unumgänglich. Trotzdem sind positives Denken und Handeln genauso wichtig für die Zukunft jedes einzelnen, weniger jedoch für diese Erde.

Ich bin nicht der einzige Mensch, der für das 21. Jahrhundert weltweite Katastrophen erwartet. Auch Edgar Cayce, der weltberühmte amerikanische „schlafende Prophet" sprach von zukünftigen Umwälzungen, ebenso Ruth Montgomery, Jeane Dixon und Dr. Chet B. Snow; vom Seher Nostradamus ganz zu schweigen.

Edgar Cayce, gestorben 1945, sah in den dreißiger und vierziger Jahren dieses Jahrhunderts große Veränderungen und Katastrophen für das Ende des zwanzigsten Jahrhunderts voraus. Nach dem Jahr 2000 würden sich die Pole verschieben, wodurch kalte und subtropische Gegenden tropisch würden. Ein Großteil von Nordeuropa würde in kurzer Zeit mit Eis bedeckt sein.

Ruth Montgomery schrieb 1971 in ihrem Buch *The World before* ebenfalls über die Verschiebung der Erdachse. Das Buch wurde mittels „automatischer" Schrift auf ihrer Schreibmaschine geschrieben, medial gelenkt von ihrem Freund und Medium Arthur Ford und seiner Leiterin Lily. Naturkräfte werden eine apokalyptische Katastrophe verursachen, ohne daß der Mensch in der Lage sein wird, sie aufzuhalten. Das Ganze kann deshalb nur als Reinigung der Seelen betrachtet werden.

Die Pazifikküste wird in den nächsten Jahren von Erdbeben bedroht sein. Der Sankt Andreas Graben wird auseinanderdriften und die tiefer gelegenen Landstücke verschwinden lassen. Ein Teil von Kalifornien bleibt jedoch erhalten.

Manhattan und einige andere Teile der Ostküste, bis hoch nach Neufundland, bleiben in diesem Jahrhundert unberührt. Sie verschwinden erst, wenn die Erdachse ihren Winkel ändert, ebenso Hawaii, der größte Teil Japans und weitere Inseln im Pazifik. Auch Florida wird stark betroffen sein. Ägypten und der größte Teil der Mittelmeerländer werden nicht betroffen sein.

Venedig, die Königin der Adria, wird vollkommen im Meer versinken. Die Wüste Gobi wird ein fruchtbares und blühendes Gebiet mit angenehmem Klima werden.

Jeane Dixon, eine bekannte amerikanische Astrologin und Hellseherin, sagt in ihrem Buch *The Call to Glory* für 1999 einen dritten Weltkrieg voraus, in dem die Russen eine verräterische Rolle spielen werden. Sie werden von den Karpaten aus einen globalen Nuklearangiff auf die amerikanischen Küstenstädte in Ost und West sowie auf europäische Städte beginnen. Im mittleren Osten wird sich eine politische Katastrophe ereignen.

Inmitten dieser Gewalt wird aufgrund heftiger Schockwellen eine längere Finsternis eintreten. Überall wird sich die Angst ausbreiten, ob die Menschheit dies alles wird überleben können … nicht ohne Grund.

Dr. Chet B. Snow ist ein Schüler der bekannten klinischen Psychologin, Rückführungstherapeutin und Schriftstellerin Dr. Helen Wambach. Er setzte 1985, nach ihrem Tod, ihre wissenschaftlichen Untersuchungen fort und veröffentlichte die Ergebnisse in dem 1989 erschienenen Buch *Mass Dreams of the Future*.

Insgesamt wurden dazu zweitausendfünfhundert Versuchspersonen durch Trance in die Zukunft versetzt, in der Gruppe oder einzeln. Diese Zukunftsvisionen vermitteln ein bedeutsames Bild der künftigen Ereignisse unseres Planeten in den nächsten dreihundert Jahren.

Nur fünf bis sieben Prozent aller Versuchspersonen sahen in Jahr 2100 eine Form von Leben auf Erden. Die restlichen Personen empfanden ein Gefühl von Schweben, Leichtigkeit und Freiheit. Sie befanden sich also als Geist im Jenseits und nicht in einem physischen Körper.

Dr. Snow erlebte 1984, unter der Leitung von Helen Wambach, persönlich eine Progression, bei der er im Jahr 2091 starb. Er sah eine große blaugrüne Kugel unter sich und wußte, daß es die Erde war. Er sah den nördlichen Teil der Erde – das nördliche Eismeer, umgeben von Kanada und Sibirien. Anschließend sah er die ganze Erde, sie war weiß, wie von einer Eisschicht bedeckt und von Wolken verhangen. Während sich die Erde weiterdrehte, wurde das Eismeer nach und nach tiefblau, und die sibirische Landmasse verfärbte sich teilweise grünblau. In dem Moment wurde ihm bewußt, daß er die vorhergesagte Verschiebung der Erdachse beobachtete.

Beobachtungen während eines Nuklearkrieges

Am Freitag, den 21. August 1981, geschah nachmittags etwas Eigenartiges.

Ich war mit einem Klienten beschäftigt, der wegen seiner irrationalen Angst bei mir in Therapie war. Das Vorleben, in dem die Hauptursache für sein Problem lag, hatten wir schon untersucht und durchgearbeitet. Er befand sich bereits in Trance und erhielt von mir die folgende Anweisung: „Wenn es noch ein weiteres, bis jetzt von uns nicht untersuchtes irdisches Leben gibt, in dem eine Ursache für deine irrationale Angst in diesem Leben als Person x zu finden ist, so lasse dein Unterbewußtsein direkt durch die Zeit zu diesem Leben wandern. (Ich gab noch weitere Anweisungen dazu.)

Spontan versetzte er sich in ein zukünftiges irdisches Leben. Dies zeigt, daß die Zeit nicht existiert und unser heutiges Leben auch von zukünftigen Leben beeinflußt werden kann. Während vieler Jahre Praxiserfahrung habe ich dies Phänomen häufig erlebt. Dabei bleibt jedoch die Frage offen, ob man in einem solchen Fall das zukünftige irdische Leben als Vision erlebt oder bereits gestorben ist und das Geschehen als Geist erfährt.

Ich frage ihn: „Was siehst du, was erlebst du", worauf er mit trauriger und phlegmatischer Stimme von seiner Situation erzählt.

„Ich stehe auf Sand und sehe einen eigenartigen Turm, ähnlich dem einer mittelalterlichen Kathedrale. Das geht doch nicht …", sagt er verzweifelt. „Ich sehe eine tropische Landschaft, mit Palmen, weißem Sand und ein wenig begrünt. Im Hintergrund sind Bäume und Wälder; dort steht der Turm."

„Gehe zu einem für dich wichtigen Ereignis."

„Ich bin allein, der Turm ist eine Ruine. Ich gehe durch den Sand, durch die Wüste. Der Sand ist geschmolzen."

„Ist es so heiß?"

„Es war heiß, jetzt jedoch nicht mehr. Ich bin ganz allein, gehe immer weiter und schaue mir alles an. Ich fühle mich nicht einsam."

„Gehst du spazieren?" Er reagiert nicht auf meine Frage.

„Ich sehe eine stählerne Treppe am oberen Ende einer Kabine. Dort steht ein Mann mit Glatze, er trägt einen weißen Kittel und eine Brille. Ich stehe unten an der Treppe, ich weiß nicht, ob er mich sieht. Jetzt dreht er sich um, sieht mich und greift nach irgend etwas. Ich glaube, er möchte nicht, daß ich nach oben steige. Die Kabine ist Teil einer großen stählernen Halle, einer Art Flugzeughalle."

„Du bist sicher, daß es kein Fahrzeug ist?"

„Nein, es ist kein Fahrzeug, es ist ein Gebäude, eine Halle. Der Mann greift nach etwas und zeigt auf mich. Ein Licht- oder Laserstrahl schießt heraus."

„Was passiert dann?"

„Der Strahl schießt knapp an mir vorbei und trifft einen Stahlbalken, der sofort schmilzt."

„Er will dich also warnen."

„Den Eindruck habe ich auch."

„Was ist das Wichtigste in diesem Leben? Wie geht es weiter?"

„Ich weiche dem Lichtstrahl aus."

Mein Eindruck ist, daß er getroffen wurde und der irdische Tod meines Klienten eingetreten ist, dieser sich aber der Tatsache nicht stellen will. „Was passiert danach?"

„Er schießt nicht mehr. Ich bin draußen und sehe überall Sand. Dann kann ich einen gewissen Gegenstand erkennen, eine Art Ofenrohr oder Rakete auf Kettenrädern. Das Ganze sieht noch gut erhalten aus, fährt aber nicht mehr. Ich laufe einmal darum herum und sehe einen Satelitenempfänger." Er atmet tief durch.

„Weißt du, wo du bist?"

„Ich vermute, ich bin in Nordafrika – Lybien oder Marokko. Ich bin mir nicht ganz sicher …"

„In welcher Zeit befindest du dich?"

„Das weiß ich auch nicht …", antwortet er.

„Was passiert mit dir? Was ist für dich wichtig?"

„Irgend etwas hat sich ereignet. Es gibt keine Menschen, abgesehen von dem Mann, der auf mich schoß. Ich sehe niemanden."

Dies wird oft so nach dem irdischen Tod erlebt, wenn jemand mit geistigen Augen „schaut".

„Bist du einsam?"

„Nein, ich bin allein, aber nicht einsam. Ich versuche herauszufinden, was eigentlich geschah."

„Findest du es heraus?"

„Ich weiß es noch nicht", antwortet er.

„Gehe zu dem Moment, wo du alles erfährst. Was geschah?"

„Krieg", sagt er kurz und deutlich.

„Wer kämpft mit wem", frage ich.

„Wer kämpft denn nicht", ist seine trockene Antwort.

„Du hast recht, wer kämpft nicht. Aber in welcher Zeit befindest du dich?"

„Später!"

„In der Zukunft", frage ich erstaunt, aber er reagiert wiederum nicht.

„Ich sehe ein Meer …", sagt er abwesend.

„Wie weit bist du in der Zeit vorangeschritten", dränge ich ihn.

„Nicht sehr viel weiter." Das sagt immer noch nicht viel aus.

„Welches Jahr hast du?"

„September 2018." Ob es sich um eine exakte Angabe handelt, bleibt unsicher, es kann uns jedoch als Indikator dienen. „Jetzt ist alles vorbei."

„Was ist vorbei?"

„Das, was ich gesehen habe." Mehr sagt er nicht.

„Was ist vorbei? Ist die Welt untergegangen?"

„Ich weiß es nicht. Da, wo ich war, ist immer alles leer." Plötzlich fährt er fort: „Ich sehe den eigenartigen Turm wieder, auch die Kabine mit der Treppe. Plötzlich explodiert alles, der Mann mit dem weißen Kittel war noch dort drinnen."

„Dann ist er jetzt tot", stelle ich lakonisch fest.

„Vermutlich ja, ich bin aber nicht tot."

„Was geschieht mit dir?"

„Nichts besonderes, ich erlebe alles ganz neutral." Wieder ein tiefes Durchatmen.

„Gehe noch weiter vorwärts in der Zeit und beschreibe alles, was mit dir passiert. Ist deine Umgebung oder sogar die ganze Welt menschenleer?"

„Alles ist leer, die ganze Gegend ist verlassen. Ich bin erstaunt über den Turm, der dort steht."

„Fühlst du dich verloren?" Seinem Verhalten nach scheint es so zu sein.

„Es ist ... ja ..." Er bringt es nicht heraus.

„Lebst du noch lange dort?" Ich versuche, ihm eine Antwort zu entlocken, um die Gesamtsituation überschauen zu können.

„Ich fühle mich gut." Er beantwortet meine Frage nicht. Er ist schon längst gestorben, aber es ist ihm nicht bewußt. Wahrscheinlich weil er zu plötzlich im Krieg umkam.

„Wohin gehst du", frage ich.

Er geht nirgendwo hin, er ist an den Ort seines Todes gebunden. Dort wandert er umher. Er ist *an die Erde gebunden*.

„Ich gehe einfach umher, bis ich jemandem begegne", antwortet er.

„Wie alt bist du?"

„Fünfunddreißig." Das ist das Alter, mit dem er plötzlich und unerwartet, völlig unbewußt starb.

„Fühlst du dich nicht klar bei Bewußtsein?"

„Nein", ist seine knappe Antwort.

„Gehst du nach Hause?"

„Nein", wieder ganz kurz.

„Streifst du einfach ziellos umher?"

„Ja, ich will sehen, wie alles aussieht." Ähnliches hatte er schon gesagt.

„Du meinst nach dem Krieg?"

„Wahrscheinlich, die Gegend ist zu leer, um genaue Folgen sehen zu können. Nur dieses Glas im Sand ...", bemerkt er nachdenklich.

Vermutlich die Folgen einer Atomexplosion, aber ich frage ihn: „Vielleicht durch die Hitze von Laserstrahlen?"

„Nein, dafür sind die Brocken zu groß ..."

„Kann es nicht sein, daß die Laserstrahlen dorthin gerichtet waren und den Sand zu Glas schmelzen ließen?"

„Dafür ist die Fläche zu groß."

„Gehe dorthin, wo du schließlich hinkommen wirst. Was siehst du?" Wieder ein tiefes Durchatmen. „Was siehst du" , bedränge ich ihn.

„Ich sehe ein Gebäude, an dem zwei Männer eine eiserne Treppe hinauf-
steigen. Oben befindet sich eine Art Plattform mit einer Tür ..., die Männer
bleiben still stehen, als wäre es ein Foto, sie gehen nicht weiter."

„Stell dir vor, sie würden weitergehen, sich bewegen. Wie ein Film läuft alles an dir vorbei. Was siehst du, was geschieht? Was bedeutet dies alles?"

„Die Menschen gehen durch die Tür ..."

„Wie fühlst du dich?"

„Neutral", ist seine unemotionale Antwort.

„Hast du Hunger?"

„Nein, Durst ..." Ein körperliches Gefühl, entstanden beim Durchwan-
dern der Wüste. Als Geist hat er es über den Körpertod hinaus ins Jenseits
mitgenommen.

„Steigst du auch die Treppe hinauf?"

„Nein" , wieder Schweigen.

„Was machst du?"

„Ich schaue zu; sie sind hineingegangen. Die Treppe fällt herunter, aber
zum Glück sind die Männer schon im Gebäude. Jetzt können sie nicht mehr
hinaus. Kaum zu glauben, gerade eben sind sie noch über die Treppe gestiegen." Ein tiefer Atemzug, dann sagt er: „Ich gehe schlafen, ich bin müde ..."

„Laß alles sein", sage ich, und er atmet noch einmal tief durch.

Die Situation ist unheimlich, verdrängt in seinem Geist. Ein starkes
Trauma mit sehr tiefsitzender Angst.

FÜNFZEHNTES KAPITEL

Anbruch einer neuen Welt

Im 23. Jahrhundert. Rox und die Hilfe der Außerirdischen.
Mißtrauen existiert nur im Bewußtsein der Menschen.

Dienstagnachmittag, den 12. Juni 1984.

Angela, eine gut aussehende Frau mittleren Alters, kommt in meine Praxis zur Therapie. Sie leidet unter Angstträumen, einer „Brunnenangst", wie sie es nennt. Sie ist äußerst nervös und niedergeschlagen.

Als sie zur Ruhe gekommen ist, beginnt sie zu erzählen: „Ich erinnere mich an einen Traum, den ich als Kind oft hatte. Immer wieder sah ich das gleiche Bild." Der genaue Inhalt der Träume ist hier nicht wichtig. Die Kernidee läßt sich in Angelas Aussage zusammenfassen: „Niemand hat mir je zugehört. Wie kann ich Menschen helfen, die mir nicht zuhören wollen? Alle meinen, ich hätte nichts zu sagen."

Nach dem Vorgespräch versetze ich sie in tiefe Trance. Ruhig und gelassen, voller Erwartung, sitzt sie auf ihrem Stuhl. Kurze Zeit später jedoch, beim Eintauchen in ihre Zukunft, reagiert sie stark emotional.

Ich sage zu ihr: „Angela, tauche in ein irdisches Leben ein, in dem du eine ähnliche Situation erlebt hast wie in deinem Traum." Wahre Ereignisse könnten die Ursache für die bedrängenden Bilder sein. (Ich füge noch genaue Anweisungen hinzu.)

Ich benutze hier das Wesentliche der Träume als Leitmotiv, als Zugang zur wahren Ursache und ihrer Bedeutung. Bei der Traumforschung verwende ich diese Methode häufig.

Auf die Frage, wie es ihr gehe, was geschehen sei, landet sie spontan in einem zukünftigen Leben. Ihre Antwort kommt schnell und ist emotionsgeladen.

„Ich blicke durch ein Rohr nach unten in ein sehr tiefes Loch. Es fühlt sich an, als käme ich von sehr weit her und ginge in das Loch hinein." Sie hört sich erst bedrängt an, dann wallen ihre Emotionen auf, Tränen laufen ihr über die Wangen. „Ich will es nicht", weint sie.

„Tauche in die Situation ein, durchlebe sie", dränge ich. „Gehe weiter in diesem Leben."

„Ich sacke immer tiefer hinunter, ich befinde mich in einer Grube. Ich bin dort mit anderen Menschen zusammen, und wir können nicht heraus." Angela ist voller Panik.

„Was ist passiert?"

„Vielleicht ist es eine Strafe. Es ist eine Sandgrube, ich bin nicht ganz sicher. Ich bin dort drinnen, sie ist sehr groß, alles ist voller Sand." Sie spricht laut und ist verzweifelt. „Es ist ein sehr großes, rundes Loch, alles ist bröckelig. Irgend etwas sehr Großes schlug hier ein."

„Ist etwas explodiert, meinst du das?"

„Nein, es ist ein exakt rundes Loch, als ob eine Art Flugzeug gelandet und dann wieder aufgestiegen sei und so das Loch erzeugt habe. Ich bin dabei, es zu untersuchen." Sie ist etwas ruhiger geworden.

„Mehrere Menschen sind da, gemeinsam untersuchen wir unsere Situation und wie wir wieder hinausgelangen könnten."

„Wahrscheinlich genauso, wie ihr hineingeraten seid", antworte ich.

„Es ist unheimlich, ich friere. Es ist etwas, das wir nicht fassen können. Ich bin ein junger Mann, der Dinge aufzeichnet."

„Du bist mit einer Untersuchung beschäftigt", stelle ich fest.

„Ja, das Loch ist rund und glatt. Ich weiß nicht, wie wir herauskommen können, vielleicht gibt es eine Leiter. Etwas Eigenartiges hat hier stattgefunden, als ob ein Gegenstand gelandet sei. Wir untersuchen alles, suchen nach Spuren." Sie befindet sich in leichter Panik und spricht nur leise. „Unglaublich, wie groß das Loch ist, tief genug um … es ist riesig!"

„Wie groß, welchen Durchmesser hat es", frage ich.

„Vielleicht hundert Meter, etwas ist in die Erde eingeschlagen." Sie ist erstaunt.

„Erzähle von deinen Ergebnissen, was schreibst du auf?"

„Wir notieren die Abmessungen des Loches. Wir gehen umher und messen alles aus. Ich fühle mich sehr unwohl. Gruselig, wir können das Ereignis nicht einordnen." Eine verständliche Verwirrung und Angst.

„Kann alles einstürzen?"

„Nein."

„Die Wände auch nicht?"

„Vielleicht. Es ist, als ob ein Gegenstand mit der Form einer Halbkugel gelandet und wieder aufgestiegen sei."

„Ich will heraus, fühle mich nicht gut." Plötzlich ist sie wieder emotionsgeladen und hat Tränen in den Augen. Ihre „Brunnenangst" breitet sich aus.

„Am Rande sehe ich etwas, sie haben eine freihängende Leiter heruntergelassen, über die wir das Loch verlassen können." Ihre Stimme klingt deutlich erleichtert.

„So viele Menschen waren es doch nicht, höchstens vier. Wir klettern über die kleine Leiter nach oben. Am Rand stehen Menschen, die uns fragen, was wir gefunden haben. Wir haben zwar gesucht, aber nichts gefunden. Nur die Abmessungen kennen wir."

„Auf dem Boden war nichts zu sehen?"

„Nein, es ist nur ein riesiges Loch."

„Wie tief in etwa?"

„Ich schätze etwa zehn Meter, viel höher als ein Haus."

„Was vermutet ihr, ist geschehen?"

„Wir gehen davon aus, daß eine Art Ufo gelandet ist. Wir erzählen es den Menschen, aber die halten uns für verrückt, obwohl jeder sieht, daß dort ein Objekt gelandet sein muß. Wir stehen da und wissen nicht mehr weiter."

„Gehe weiter in der Zeit, ihr wertet die Untersuchung aus. Wo gehst du hin? Habt ihr ein Büro?" Sie muß überlegen, antwortet nicht.

„Es gab noch etwas – die Menschen, die ganz flach und verbrannt waren. Keiner glaubt mir das." Sie flüstert. „Völlig verbrannt und flach. Was soll ich damit anfangen? Deswegen friere ich, ich verstehe nichts."

„Etwas muß mit einem enormen Gewicht aus der Luft gekommen sein."

„Ja, außerhalb der Stadt. Ich friere fürchterlich", beklagt sie sich.

„Warum?"

„Ich habe Angst."

„Du bist doch ein Mann, nicht wahr?"

„Ja, ich bin ein Mann, warum fragst du?"

„Wovor oder vor wem hast du Angst?"

„Ich will weg von dieser Stelle, sie ist unheilvoll. Sonst weiß ich nichts." Sie steckt voller Angst.

„Gehe weiter und schaue, wie sich alles weiterentwickelt."

„Ich weiß es nicht." Sie weint.

„Was ist dein Beruf? Bist du Wissenschaftler, Forscher, Ingenieur?"

„Wir arbeiten als Team zusammen. Wir reden nicht über das, was wir gesehen haben, jeder behält es für sich.

Wir gehen zu dem Gebäude zurück, in dem wir normalerweise arbeiten.

Man hat uns von dort aus losgeschickt, um das Loch zu untersuchen. Wir sitzen jetzt zu viert in dem Gebäude, aber ich möchte nicht anfangen, starre dauernd aus dem Fenster. Schließlich tue ich es doch und frage: „Habt ihr gesehen, was dort lag?" Ich sage nicht, was ich selbst gesehen habe, sondern frage, ob sie etwas gesehen haben."

„Was antworten sie?"

„Ja, sie hätten es auch gesehen und fänden es unglaublich, fremdartig. Als ob wir etwas ausgegraben hätten, was schon tausend Jahre alt sei. Es sah aus wie Moorleichen. Wir überlegen gemeinsam, was zu tun ist, was wir den anderen erzählen werden. Sind es Leichen aus früherer Zeit oder Menschen, die erschlagen wurden?"

„Wie entscheidet ihr euch?"

„Ich muß in eine Stadt gehen, die ganz aus Aluminium gebaut ist, also keine normalen Häuser hat. Ich steige in eine Art Rakete, mit der wir zur Stadt fahren."

„Eine Rakete? Fliegt ihr durch die Luft?"

„Nein, wir fahren über eine Straße. Das Fahrzeug hat die Form einer Rakete. Wir fahren sehr, sehr schnell, zu der …" Sie hält plötzlich ein.

„Wir haben Angst, daß wir überall Panik verursachen könnten, und das dürfen wir nicht. Außerdem würde man uns wahrscheinlich sowieso nicht glauben."

„Wir stülpen uns eine gläserne Kappe über den Kopf und fahren sehr schnell zu einem fremdartig aussehenden Gebäudekomplex. Alles ist kuppelförmig.

Es ist eine Art Raumstation. Sie ist absolut glatt und rund, besteht aus einem silberfarbenen Metall, wahrscheinlich Aluminium. Sie macht den Eindruck, als sei sie unantastbar, sie ist sogar strahlungssicher. Sie glänzt in der Sonne. Wir fahren jetzt mit unserem raketenförmigen Fahrzeug auf Rädern hinein. Hinten befinden sich mehrere Düsen, ähnlich wie Strahlmotoren. Wir sind eigenartig gekleidet." Sie bemerkt es erst jetzt. „Was trage ich eigentlich, ich weiß es gar nicht." Fährt sie fort, ohne eine Antwort zu geben.

„Schaue dich gut an." Ich will es wissen.

Erstaunt und erschreckt sagt sie: „Oh, wir tragen die gleichen braunen Jacken wie die Menschen, die in dem Loch lagen. Sie gehörten zu uns. Tatsächlich, wir tragen die gleichen braunen Jacken! Wir tragen Stiefel und haben sehr kurzes Haar, sehr kurzes. Wir fahren in eine Stadt hinein, die mittelalterlich aussieht und von einer Mauer umgeben ist. Der Fahrer drückt irgenddeinen Knopf, dann öffnet sich eine große, runde Pforte, die sich hinter uns sofort wieder automatisch schließt. Ich denke, daß ..." Sie spricht nicht weiter.

„Ich friere, es ist sehr kalt", ruft sie, „alles ist so geradlinig, so technisch. Wir fahren in ein Gebäude hinein, in dem die Türen ebenso automatisch auf- und zugehen. Wir steigen aus und müssen einem älteren Mann Bericht erstatten. Er sitzt hinter einem Schreibtisch und trägt die gleichen Kleider wie wir. Wir erzählen ihm, was wir gesehen und gefunden haben, er sammelt die Informationen. Er wiederholt, was wir gesagt haben, und spricht es in ein Gerät, eine Art Computer, dort wird alles archiviert. Wir gehen nach Hause zurück, dürfen über nichts sprechen, alles ist geheim."

„Du weißt alles über die Ereignisse. Du kannst mir ruhig alles detailliert erzählen. Ich werde es niemandem aus deinem Leben, in dem du ein Forscher bist, weitersagen."

„Ja", sie zögert, „etwas kam von oben und ist gelandet."

„Befanden sich Menschen deines Volkes darin?"

Stille. Unerwartet sagt sie: „Die Welt ist leer, es gibt nur wenige Städte. Die Menschen bekämpfen sich immer noch, sie hören nicht damit auf. Ohne Feindschaft wären diese Menschen nicht getötet worden. Warum hören sie nicht damit auf?"

„Wie sind sie getötet worden?"

„Platt gedrückt und verbrannt", ist ihre Antwort.

„Wie konnte dies geschehen, wie fand es statt?"

„Sie sind ahnungslos über Land gegangen oder in einem Auto gefahren. Plötzlich landete dieses Ding dort, ohne zu beachten, ob dort Menschen waren. So wurden sie in die Erde hineingedrückt. Gesehen habe ich so etwas noch nie, nur davon gehört. Ich nehme an, es war ein feindlicher Angriff, obwohl dies für mich kaum vorstellbar ist, weil Feindschaften der Vergangenheit angehören.

Wir haben gerade angefangen, alles wieder aufzubauen. Stell dir vor, alles, das ganze Land, ist leer, absolut leer! Das Land ist eine Wüste! Wir haben mit viel Mühe einige Städte aufgebaut, die unempfindlich Strahlungen gegenüber sind. Aus diesem Grund sehen sie so aus. Es gibt nur noch wenig Menschen. Die paar Städte sind durch Wege miteinander verbunden. Die Werkzeuge, die wir haben, sind sehr gut."

„Technisch gut", frage ich.

„Ausgezeichnet, wir haben alles, auch viele chemische Hilfsmittel. Stelle dir vor, wir brauchen nicht zu essen, für alles gibt es Pillen, z.B. als ... und jeden Tag kaue ich etwas für meine Körperkondition, es schmeckt wie eine Mischung aus Möhren und Kohl.

Wir sind erstaunt und haben Angst. Fängt das Gleiche noch einmal an? Es darf nicht wahr sein!" Ihre Stimme ist angstvoll, erfüllt von Abwehr und Abneigung.

„Alles, alles ist vernichtet worden."

„War es ein Krieg?"

„Ja, wir haben uns selbst vernichtet. Nirgendwo gibt es noch Leben, alles ist eine Wüste. Nirgendwo gibt es noch richtige Bäume, nur kleine, junge Pflanzen. Bäume ... unsere Kinder werden nicht wissen, was ein Baum ist." Sie lacht bitter.

„Was ist geschehen, wie konnte sich alles so entwickeln. Wer kämpfte gegen wen?"

„Ich weiß auch nicht mehr, ich weiß alles nur vom Hören-Sagen."

„Was wurde dir erzählt?"

„Die Menschen haben sich gegenseitig vernichtet", wiederholt sie. „Das ist bereits Generationen her. Mein Großvater hat mitgeholfen, diese Stadt zu bauen."

„Deswegen wundert dich der unerwartete Angriff?"

„Ja, stell dir vor, wir wissen, was geschah, und daß kaum ein Mensch überlebt hat. Wir haben Angst vor der Vernichtung. Sie können doch nicht wieder damit anfangen." Ihre Stille ist voller Wut. Die Angst überkommt sie, wenn sie daran denkt.

„Du hast Angst, daß alles wieder von vorne anfängt, daher auch das Frieren." Ich mache Angela, in ihrer zukünftigen Persönlichkeit, darauf aufmerksam.

„Ja, entsetzlich. Es darf nicht sein! Einen erneuten Angriff überleben wir nicht." Sie ist fast hysterisch, ihre hohe Stimme überschlägt sich. „Wir sind so wenige Menschen. Wir leben in drei oder vier kleinen Städten nicht weit voneinander entfernt."

„Wie heißt du?"

„Wie ich heiße? Daran habe ich noch gar nicht gedacht. Ich habe nur Angst."

„Angst, ja, ich frage dich später noch einmal."

Sie geht doch auf meine Frage ein: „So wie R, Ro ... Rox! Roxo ... Roxel?"

„Du hörst deinen Namen ganz genau in dir, ganz präzise", gebe ich als Anweisung.

„Ich heiße Rox", sie ist selbst erstaunt. „Yes, Rox." Später wird sich zeigen, wie wichtig die englische Sprache für Rox ist.

„Jeder hat hier einen kurzen Namen", fügt sie noch hinzu.

„Wie heißt das Land?"

„Ich vermute, daß es in der Nähe des jetzigen Ägypten liegt."

Rox erzählte, es sei kalt. Gut möglich, da die Pole durch die Verschiebung der Erdachse an einer anderen Stelle als heute liegen. Bestimmte Teile der nördlichen Halbkugel sind unter einer Eiskappe verborgen. Die Erde hat sich nach Osten hin geneigt, wodurch die kalten Gebiete im Süden liegen.

„Nein, es ist nicht in der Nähe von Ägypten, aber zwischen Nordafrika und … es ist Gibraltar. Aber Gibraltar gibt es nicht mehr", ruft sie. Alles ist Sand, gelber Sand. Der Sand ist unser größter Feind. Ja, unser größter Feind", wiederholt sie. „Wir haben angefangen, rund um die Städte alles zu begrünen. Große Farne wachsen dort, aber keine großen, alten Bäumen." Wie in der Anfangszeit der Erde.

„Wie nennt ihr euer Land, Rox", frage ich neugierig?

„Es scheint, als ob es gar keinen Namen habe", ist ihre Antwort.

„Ganz sicher hat es einen Namen. Vielleicht ist es Teil eines größeren Gebietes, das einen Namen hat." Sie geht darauf nicht weiter ein.

„Eigenartig. Es sieht so aus, als seien einige Kontinente zusammengewachsen. Die Menschen sehen so aus, wie in meinem Leben als Angela, sie sind nur länger."

Das erinnert mich sehr an die Atlanter, die während der großen Katastrophe aus tiefen Erdschichten nach oben kamen. Das war vor 12.000 Jahren. Sie waren ebenfalls eine Rasse mit hochgewachsener Gestalt.

Während des Untergangs ihres Kontinents flohen einige Gruppen mit ihren Luftschiffen unter die Wasseroberfläche, unter anderem aus Yucatan. Mittels Spezialschleusen, ähnlich wie beim U-Boot, tauchten sie tief ins Meer ein, wo sich ein von ihnen angelegtes Kanalsystem mit riesigen Lagerhallen befand, die mit einem computergesteuerten Transport- und Lagersystem ausgestattet waren. Über tausende von Jahren haben sie dort eine spezielle Zivilisation aufrechterhalten. Vielleicht waren es die Vorfahren von Rox und von den anderen Überlebenden. Irgendwo

*müssen sich die Atlanter während der Katastrophe aufgehalten haben.
Ihre Raumschiffe waren nicht nur für interstellare Zwecke geeignet, sondern auch in der Lage, einen hohen Druck unter Wasser auszuhalten.
Sie besaßen unglaubliche technische Möglichkeiten, sogar aus unserer
heutigen Sicht heraus. Viele Atlanter inkarnieren in irdische menschliche Körper, indem sie ihr im Geist gespeichertes Wissen mitbringen. Wie
so oft, wiederholen sich die Ereignisse.*

„In welchem Jahr lebt ihr", frage ich Rox.

„Viel später als heute. Ich sehe eine Zwei. Zwei? Good Lord. Ich glaube
…, das kann nicht sein", flüstert sie.

„Doch, es ist möglich. Du siehst eine Zwei."

„Ich sehe noch eine Zwei, es muß das Jahr 2200 sein", sagt sie erstaunt.

„2200, welche Ziffer siehst du noch?"

„Null und vier. Die Null könnte auch eine Acht sein, da bin ich mir nicht sicher. Es ist das Jahr 2204 oder 2284."

„So wichtig ist der Unterschied nicht. Was hat dort stattgefunden? Welche
Katastrophen haben das Land zu einer Sandwüste gemacht?"

„Unsere Vorväter haben keine Warnungen beachtet." Sie sprach ganz langsam. „Sie waren guten Willens, haben aber nicht auf die Warnungen gehört.
Ein schrecklicher Krieg begann, in dem nur wenige überlebten. Mir scheint,
als sei der Krieg gerade erst vorüber. Ich sehe Zwei, Null, Acht, Vier, 2084.
Ganz sicher bin ich nicht. Anyhow. … wir …", sie spricht nicht weiter.

„Erst ging alles noch gut, das zwanzigste Jahrhundert haben wir überstanden. Danach fing alles erst richtig an, es wurde immer schlimmer, alle Bäume
wurden vernichtet."

„Wann, in welchem Jahr kam die große Vernichtung? Welche Zahl siehst du?"

„Einundzwanzig. Da war alles verschwunden. Im Jahr 2100." Sie spricht
ganz langsam und überlegt, Wort für Wort. „Alles war weg, wir konnten jahre-
lang nichts tun."

„Wie wurde alles dem Erdboden gleich gemacht?"

„Es war … keine Atombombe", fährt sie ganz bedächtig fort.

„Keine Atombombe?" Ich bin erstaunt.

„Nein. Es war eine Bombe, die alles verbrannte." Sie sagt es langsam, aber
sehr entschieden.

„Eine Atombombe verbrennt auch alles", sage ich.

„Schon, … aber es ist eine andere Bombe gewesen."

212

„Was denn für eine? Eine Wasserstoffbombe oder eine Kobaltbombe?"
„Die Bombe dehnte sich horizontal aus, ganz tief übers Land. Alles, wirklich alles, wurde vernichtet. Die Häuser waren nur noch Asche und Staub. Wenn sie jemand anfaßte, fielen sie einfach auseinander!" Sie schreit, ist sehr emotional.

„Sie standen da, obwohl sie nur noch Asche waren?" Ich schaudere, wenn ich daran denke.

„Ja, die Häuser sahen nur noch aus, als seien sie intakt. Beim Anfassen fielen sie zusammen. Ich habe es nicht erlebt, ich weiß es nur aus Erzählungen. Die Menschen haben ganz von vorne anfangen müssen." Sie weint verzweifelt.

„Aus Staub seid ihr entstanden, und zu Staub werdet ihr zurückkehren! Schrecklich hört sich das an. Die Strahlung der Bombe war anders als die einer Atombombe. Sie verglühte, tötete, und alles wurde zu Asche. Durch die Strahlung wurde das ganze Land unbrauchbar. Alles wieder aufzubauen, braucht eine sehr lange Zeit. Wir mußten uns Gedanken darüber machen, welche Materialien wir benützen sollten. Holz gab es nicht mehr. Zum Glück hatten wir viel unterirdisch gebaut." (Also doch Atlanter?)

„Rox, gab es auch Naturkatastrophen?"

„Ja, zusätzlich!" Sie sagt es rasch, überzeugt. „Aus dem Erdinneren, als Folge der Zerstörung."

„Wie war die Reihenfolge? Erst die Naturkatastrophe und dann die Bombe oder genau umgekehrt?"

„Nein, erst die Bombe. Außerdem wurde alles durch die heimlichen unterirdischen Versuche verursacht, die von niemandem verhindert werden konnten."

„Vielleicht wußte keiner etwas davon?"

„Es wird heute gesagt, daß dadurch die Verschiebungen stattgefunden haben, z.B. die Verschiebung von Afrika. Es scheint so, als sei das Mittelmeer verschwunden." Sie spricht wieder träge und leise.

„Rox, was meinst du mit heimlichen Versuchen? Sind es ..." Weiter komme ich nicht.

„... die Bomben", ergänzt sie. „Sie haben mit den unterirdischen Versuchen immer weitergemacht, erzählten meine Großeltern. Keiner wollte die Warnungen hören. Es ist die Ohnmacht der Vernunft. Der Preis war hoch. Jetzt haben wir dieses Loch. Die Idee, es könnte noch einmal von vorne beginnen, diesmal von außen gesteuert, ist einfach ... Erst haben wir uns selbst vernichtet und nun diese außerirdische Gefahr ..."

„Aus dem Universum?"

„Ja, aber wie sollen wir wissen, von wo. Und was gibt es hier noch zu holen? Wir haben doch nichts. Was wollen sie? Warum sollten sie das Wenige, was wir haben, vernichten wollen. Jeder ist in Panik, keiner weiß, wie es enden wird. Es ist absurd." Sie ist aufgeregt, ihre Stimme ist hart und grell.

„Rox, wie geht es weiter? Was passiert?" Die jetzt folgende Stille ist äußerst spannungsgeladen.

„Ich weiß es nicht."

„Gehe vorwärts in der Zeit, zu einem wichtigen Ereignis. Was geschieht?"

„Wir schicken ein Raumschiff nach oben", ist ihre Antwort. „With, eh, extremely advanced equipment. Yes."

„Warum redest du englisch?"

„We usually do."

„Aha, sprich jetzt wieder holländisch. Was ist das Ergebnis der Raumfahrtmission?"

„We try any kind of radio signals. Wir speichern sie in unserem Computer." Sie spricht mühevoll holländisch, mit starkem englischen Akzent.

„Wir wollen mit den anderen Wesen in Kontakt treten. Wir senden Friedenssignale aus. Eine sehr anstrengende Arbeit. No hostility, you know."

„Nicht feindlich?"

„Nein, wir hoffen, daß die Friedenssignale überall hingelangen und auf positive Resonanz stoßen. Mehr können wir nicht tun. Unsere technischen Hilfsmittel dienen ausschließlich dem Überleben. Wir haben keine Raumschiffe, mit denen wir andere Himmelskörper besuchen oder Angriffe abwehren könnten.

Immer noch gibt es Menschen, die meinen, wir sollten sofort angreifen. Genau das wollen wir nicht. Wir haben doch gerade gesehen, was dadurch ausgelöst werden kann. Zum Glück sind diese Menschen in der Minderheit. Wir versuchen, sie zu belehren."

„Rox, welches Ergebnis hat die Aussendung von Friedenssignalen?"

„Keines, es kommt kein Kontakt zustande. Danach fordern einige Menschen, wir sollten uns bewaffnen. Sie wollen kämpfen. Sie sind so dumm! Genau dies sollten wir lassen. Ich gehe davon aus, daß andere Planetenbewohner in Kontakt mit uns stehen, wir jedoch nicht mit ihnen. Sie überprüfen unsere Handlungen. Might be a test case. Nein, bewaffnen sollten wir uns nicht."

„In dem Moment würden sie angreifen", sage ich.

„Genau. Wer sich bewaffnet, muß einen Feind haben, ohne Waffen kein

Feind. Wenn wir den anderen zeigen, daß es keinen Feind gibt, gibt es keinen Grund für sie anzugreifen? Ehhm …" Sie unterbricht sich selbst, fährt dann weiter fort mit: „To get in touch in the human way. Wir müssen uns damit durchsetzen. Ich werde für den Frieden kämpfen." Sie ist ganz aufgeregt.

„Rox, hast du Einfluß auf die anderen?"

„No, not very much. I am afraid. I am a scientist, you see, and my colleagues, we are thinking along similar lines. Ja, meine Kollegen denken genauso wie ich, unsere Ideen sind ähnlich. Es sind alles intelligente Menschen, die verstanden haben, daß wir eine Krisensituation auch selbst schaffen können. Bewaffnen wir uns nicht, brauchen andere es auch nicht zu tun. Man kann durch Verhandlungen viel erreichen. Wir senden in alle Richtungen Friedenssignale aus. Dafür verwenden wir unser Geld. Geld? Eigentlich haben wir gar kein Geld."

„Du meinst wahrscheinlich eure Arbeitskraft?"

„Yes, we are spending energy. Just plain simple energy."

„Gehe zu einem wichtigen Ereignis."

„We are approaching."

„Was erreicht ihr", frage ich neugierig.

„A very peculiar kind of vessel. Yes, we are making contact", antwortet sie.

„Wie stellt ihr denn den Kontakt zu dem Raumschiff her? Durch Radiosignale?"

„Ja, erst über Radiosignale, it is a kind of miracle." Sie lacht fröhlich.

„Was ist ein Wunder?"

„Well, we switch on … They speak the same language. Isn't that a miracle?"

„Welche Sprache?"

„Well, English of course."

„Englisch? Ah", rufe ich erstaunt.

„And on the screen … we see a face."

„Seht ihr ein menschliches Gesicht?" Jetzt bin ich sehr neugierig.

„Yes, a human face. It is not what we have ever been afraid of, not some kind of a monster. Well, it is not a monster. Es ist ein Mensch."

„Wie sieht das Fahrzeug aus? Ist es ein Raumschiff?"

„Ja, yes."

„Was macht es?"

„Well, finally we succeeded. Über Funk erreicht eines unserer Fahrzeuge eine Antwort. Wir treten miteinander in Kontakt, indem von beiden Raumschiffen eine Person von Bord geht."

„Tragen sie Raumfahrtanzüge?"

„Ja, sie treten miteinander in Kontakt. Oh, jetzt geht unserer Mann bei ihnen an Bord. Wir können nur Vertrauen haben." Sie ist sehr aufgeregt und
fängt an zu weinen. „Ich bete, daß er ihnen vertrauen kann. Ich will Vertrauen haben. Wir warten voller Spannung auf das, was geschieht. Wir beobachten das fremde Fahrzeug ganz genau. Andere beten auch, … wir müssen
abwarten." Sie sagt es in einem Atemzug, die Spannung ist schneidend.

„Wie geht es zu Ende?"

„Ich weiß es noch nicht. Wir beten weiter." Sie weint erneut. „Ich schaue
durchs Fenster, ein Luke öffnet sich, zu zweit verlassen sie das Raumschiff."

„Ist das ein gutes Zeichen?"

„Ja! By all means! Sie kommen zu uns. Sie tragen am Rücken ein Steuergerät
mit Düsen. Sie kommen in unser Raumschiff, hängen in der Luft. Die Schleuse
schließt sich, und sie nehmen ihre Helme ab. Der andere Mann ist lang und
schmal, mager. Wir reden miteinander, er hat ähnliches erlebt wie wir."

„Auf Erden?"

„Ich werde ihn fragen. „Waren Sie auf der Erde, als das geschah?" Nein, er
war nicht auf Erden."

„Wo war er dann?"

„Sie haben alles mit angesehen", sagt sie nachdenklich.

„Von außerhalb der Erde?"

„Ja."

„Sind sie vorher von der Erde geflohen?"

„Nein, sie kommen von einer anderen Galaxis … dort haben sie gelebt und
versucht, mit uns Kontakt aufzunehmen, aber es gelang nicht." Sie scheint
sehr interessiert.

„Kommen sie ursprünglich von der Erde?"

„Er sagt, es gäbe mehrere Erden, auf denen Menschen wohnen. Wir waren
so arrogant zu glauben, wir seien die einzigen im Kosmos. Sie haben es besser
gemacht als wir."

„Ihr Planet ist nicht vernichtet worden?"

„Nein, sie haben ihre Entwicklung fortgesetzt. Es gab zwar einige Schwierigkeiten, aber die standen in keinem Verhältnis zu den unsrigen. Ob sie mehr
Gehirnsubstanz haben? Ich frage ihn, aber er lacht nur und antwortet, das
wisse er nicht. Sie haben gesehen, wie es mit uns auf Erden ständig abwärts
ging. Sie haben es kaum glauben können, aber genau verfolgt. Die Landung
bei uns tut ihnen leid."

„Ist es ein Unfall gewesen?"

216

„Nein, die Landung selbst nicht, aber das Töten der Menschen war ein Unfall. Es war keine Absicht. Wir dachten, es sei Absicht gewesen. Dieses negative Denken sei in unserem Denken verankert, meint er."

„Sie sind also unglücklicherweise auf Menschen gelandet. Dort, wo das große Loch ist?"

„Ein sehr großes Raumschiff war dort gelandet, da sie dachten, niemand befinde sich dort. Es war ein Unfall. Sie wollen ihn wiedergutmachen. Das Raumschiff hatte zwar eine Landebeleuchtung, aber bei der hohen Geschwindigkeit konnten sie die Menschen unten kaum erkennen. Wahrscheinlich waren die Menschen auch noch wie hypnotisiert von dem beeindruckenden Ereignis."

„Danach ist das Raumschiff wieder aus dem zehn Meter tiefen Loch aufgestiegen?"

„Ja, und weggeflogen. Sie hatten keine Angst vor eventuellen Feindseligkeiten unsererseits, nur davor, daß der Unfall einen Grund für neue Aggressionen sein könnte."

„Du meinst einen Gegenangriff provozieren könnte? Sie hatten Angst, daß der Unfall als eine neue feindliche Tat betrachtet werden könnte."

„Deswegen haben sie sich zurückgezogen, sich nicht mehr sehen lassen. Wir mußten auf sie zugehen. Hätten wir nicht die Friedensbotschaft ausgesandt, wäre die Situation von ihnen möglicherweise falsch aufgefaßt worden. Erst nachdem wir keine Waffen eingesetzt und ein unbewaffnetes Raumschiff als Friedensmission ausgesandt hatten, waren sie in der Lage, zu uns zu kommen.

In Wirklichkeit ist nichts Schlimmes passiert, wir befanden uns im Recht. Warum ist das Gute oft in der Minderheit? *Die Ohnmacht des Guten.* Die Ohnmacht, Menschen retten zu können."

„Eigentlich ist es die stille Mehrheit. Die Macht des Bösen ist oft eine Minderheit, sie ist aber heftig und aggressiv", werfe ich ein.

„Ja, es ist nichts Schlimmes passiert", sagt sie.

„Meistens ist das Böse in der Minderheit, aber viel stärker."

„Ja, jetzt ißt er sogar mit uns. Er spricht englisch."

„Ist es eine wichtige Person?"

„Nein, die halten sich meist im Hintergrund. No, I guess he is sent to us for an errand."

„Er hat euch eine Nachricht gebracht?"

„Ja, jetzt kann er zurückkehren. Dieser Mensch hat friedliche Augen."

„Welche Farbe haben seine Augen?"

„Blau. Blue. Er geht, aber verspricht wiederzukommen." Sie redet wieder Wort für Wort, ganz langsam.

„Wo befindet ihr euch?"

„Oben im All. Wir sind noch nicht in der Lage, weiter weg zu fliegen. Wir sind technisch noch nicht dazu fähig, weitere Reisen ins Universum zu unternehmen. Wir können nur kurz hochsteigen, um gleich wieder zurückzukehren. Zuerst müssen wir die Erde wieder bewohnbar machen, damit haben wir genug zu tun. Wir sind schon einige Generationen lang damit beschäftigt. Er verspricht, mit seinem großen Raumschiff zurückzukommen. Danach können wir dann auf höherer Ebene und in größerem Umfang verhandeln. Er bietet seine Hilfe an."

„Hilfe? Für den Wiederaufbau der Erde?"

„Ja, sie sind in der Entwicklung viel weiter als wir. Sie können viele Dinge, die wir nicht können. Oh, that is a generous offer, isn't it?"

„Ja, das ist es bestimmt."

„Er geht zurück und wir auch. Wir sind müde, völlig erschöpft", betont sie. „Die vielen Spannungen, die unglaubliche Begegnung mit einem solchen Menschen. Wir sind immer davon ausgegangen, andere Wesen seien ganz anders, viel fremdartiger als wir es sind …, aber daß wir ausgerechnet einem Menschen begegnen. Unglaublich, ich kann es nicht fassen!" Sie ruft es ganz laut und jubelnd.

„Ich glaube, wir sind an unserer eigenen Dummheit zugrunde gegangen."

„Dummheit führt oft zu Rückschritt. Rox, hör zu. Gehe zu einem weiteren Zeitpunkt, an dem Wichtiges für euch passiert."

„Es ist gelandet", jubelt Rox/Angela.

„Die große runde Schüssel?"

„Ja, ein riesiges Ding. Wir haben so etwas noch nie gesehen. Interessant, es hat die gleichen technischen Anlagen, die wir früher in unseren Autos hatten. Ein Teil der Wand wird hochgeklappt, und eine ganze Menschengruppe geht hinein. Erst betreten die Kranken das Raumschiff."

„Was meinst du damit?"

„Well, some kind of disease. Die Tatsache, daß sie hineingehen, stellt ein enormes Vertrauen dar. Sie werden mitgenommen, zur Heilung. Sie haben nach der Landung die kranken Menschen dazu eingeladen. Bei ihnen stirbt ein Mensch nur, wenn er selbst es will. Sie können den Zeitpunkt des Todes selbst bestimmen. Sie sagen, alles ist völlig unterschiedlich zu den hiesigen Umständen, sie brauchen z.B. nicht zu leiden."

Vielleicht ist das Karma-Gesetz für sie nicht gültig. Wenn die Menschen ihren Verstand benutzen, ließe sich das Leiden vermindern. Noch wichtiger ist, daß die Menschen sich gegenseitig vertrauen.

„Gibt es kein Mißtrauen bei ihnen?"

„Nein. Kurz habe ich gedacht, es könnte der Himmel sein, aber das stimmt natürlich nicht."

„Haben sie den gleichen Körperbau wie wir?"

„Nein, sie sind viel länger, schmaler. Alle sehen aber gesund aus, ohne zu viel Fett."

„Weichen sie sonst noch in irgendeiner Weise von uns ab?"

„Ihr Gesicht ist schmaler, und ihre Züge sind viel edler."

Letzteres hat natürlich noch andere, kosmische Ursachen.

„Wir müssen jetzt unsererseits einen Vertrauensbeweis liefern. Vielleicht ist ihr ganzes Angebot ein test case. Vertrauen! Sie nehmen kranke Menschen mit ihrem Raumschiff mit. Das ist ein enormes Vertrauen unsererseits, denn wir wissen ja nicht, ob sie zurückkommen werden. Aber wir stehen zu unserem Vertrauen. Die Menschen gehen, wir können es ihnen nicht verübeln. Die kranken Menschen suchen nur „healing".

„Wie sieht später alles aus?"

„Sie kommen wieder! Yes, healed and healthy", betont sie.

„Fantastisch", rufe ich spontan.

„Kommen sie doch vom Himmel? Oder ist unser „Armageddon" beendet?"

„Ich vermute, ja. Warum soll es nicht noch mehr bewohnte Planeten geben? Wir auf Erden sind vorläufig noch an bestimmte kosmische Gesetzmäßigkeiten gebunden, die wir befolgen müssen."

„Also wird letztendlich doch ein fundiertes und anerkanntes Vertrauen entstehen, durch das eine positive Zukunft beginnt."

„Ja, wenn ich das alles so höre, glaube ich daran. Wie geht es mit dir weiter? Wie alt bist du, Rox?"

„Etwa fünfunddreißig."

„Passiert noch etwas Aufsehenerregendes, als du älter wirst?"

„Mein Ansehen wird größer, ebenso das der drei anderen Personen. Wir haben gute Ideen und sind bereit, sie mit viel Risiko umzusetzen. Es lohnt sich.

Ich denke oft an Christus, den wir mitgenommen haben."

„Wie meinst du das, mitgenommen?"

„Sein Vorbild und Sein Wort sind über Generationen hinweg überliefert worden. Ich meine, seine Worte: „Wer zum Schwert greift, wird durch das Schwert umkommen" bewahrheiten sich. Wir hatten nie den Mut, das Schwert zu begraben. Alle gehen immer wieder davon aus, daß ein Held nur durch das Schwert zum Helden wird. Das stimmt nicht. Ich glaube, daß meine Kinder …"

Sie schweigt, und ich ergänze: „Wahrer Mut heißt, auch die andere Wange hinzuhalten."

Sie nickt. „Der Austausch mit ihnen bringt uns viel, aber wir dürfen uns nicht nur auf sie stützen, nur dann ist es gesund."

„Alles im Leben hat einen Sinn", antworte ich.

„Stimmt … ich sterbe in Frieden, … ich wähle selbst den Moment."

„Wie alt bist du dann?"

„Ziemlich alt, ich schätze neunzig Jahre." Ich erzähle meinen Enkeln, was ich alles erlebt habe. Dann sagen sie: „Großvater, du brauchst es uns nicht zu erzählen, wir sehen es auf jedem Bildschirm." Es stimmt, aber die Bilder sind nicht genug. Die menschliche Geste, der Blick, drücken noch viel mehr aus. Da sehe ich eine andere Gefahr. Wir dürfen uns nicht nur auf Apparate verlassen. Apparate sind gut, aber sie können niemals die Wärme des Herzens ersetzen. Alles, was ich als Großvater erzählen kann, steht irgendwo geschrieben und ist per Knopfdruck abrufbar."

„Und auf einem Bildschirm sichtbar", ergänze ich.

„Genau, aber durch das persönliche Erzählen kann auch die Herzenswärme vermittelt werden."

„In welchem Jahr stirbst du?"

„Ich sterbe kurz vor dem Jahr 2300."

„Das heißt, daß alles später anfing, als du ursprünglich gesagt hattest, Rox, oder?"

„Zweiundzwanzig … Null und Vier müssen es gewesen sein. Ich habe richtig geschaut."

„Weißt du, in welchem Verhältnis dieses Leben als Rox zu deinem jetzigen Leben als Angela steht?"

„Ja sicher, als Rox richten sie sich nach meinen Worten."

„Darin liegt die Verbindung zu dir als Angela. Auf ihre Worte achtet man ebenfalls."

„Ja, meine Ideen waren gut und haben einiges bewirkt. Wir sollten grundsätzlich auf andere Menschen hören."

In dieser Zukunftsschau zeigt sich deutlich eine Ursache für die Angstträume und die „Brunnenangst". Es gibt noch einige andere wichtige Aspekte dafür, die für uns hier jedoch nicht relevant sind. Ein zukünftiges Leben hat Einfluß auf das heutige Leben.

Für uns ist die Lösung von Angelas Problem nur sekundär. Uns geht es um den Inhalt ihrer Darstellungen als Rox in einem zukünftigen Leben. Ihre Geschichte ist klar, auch im Zusammenhang mit dem, was Chiltar berichtete. Die beiden Berichte, die völlig unabhängig voneinander und zu unterschiedlichen Zeiten gegeben wurden, bekräftigen die Glaubwürdigkeit der Aussagen.

Die zahlreichen englischen Sätze des Berichtes zeitigen eine subtile Form von Xenoglossie, dem spontanen Sprechen in einer anderen Sprache als der Muttersprache. Angela sprach in der Sprache aus ihrem Leben als Rox. Ich war ständig bemüht, sie dazu zu bringen, statt englisch wieder holländisch zu sprechen; die meisten dieser Anweisungen habe ich hier jedoch weggelassen.

„Ich denke oft an Christus, den wir mitgenommen haben", sagte Rox.

Die Christusliebe ist eine Liebe für alle Menschen, unabhängig davon, welcher Kirche oder Religion sie angehören. Es handelt sich um eine auf die Welt ausgerichtete Lebenseinstellung, die sowohl das Denken als auch das Tun beeinflußt, das ist der eigentliche Sinn des Wortes Pan-Theismus.

Die Christusliebe kennt keine religiöse Spaltung oder Absonderung, keinen Fanatismus oder Fundamentalismus. Sie ist kein alles andere beherrschender Glaube. Die Christusliebe spaltet nicht in feindliche Gruppierungen. Sie ist für jeden da, ohne Ausnahme, ohne Vorzug.

Meiner Meinung nach wollte Christus keine Kirche gründen. Noch weniger entspricht die heutige verwirrende Aufspaltung in Tausende von sogenannten Kirchen und Sekten seiner Absicht. All dieses existiert nur, weil die Menschen „Sein Wort" ihrem Bewußtsein entsprechend interpretieren.

Christus kam für das jüdische Volk in die Welt. Die Juden haben ihn nicht als Erlöser anerkannt. Der Grund dafür bestand schon damals in der Angst vor dem Verlust des eigenen Ansehens und der Macht über ein Volk. Seine Lehre und seine Botschaft der Liebe und Gnade sind für die ganze Menschheit und den gesamten Kosmos gedacht – eine offene, freie Lebenseinstellung, ohne die Beherrschung anderer.

Christusliebe ist nicht das Eigentum einer sich selbst erhöhenden Kirche, deren fanatische Vertreter in fast 2000 Jahren etwa 20 Millionen Menschen umgebracht haben und die sich auch heute noch untereinander mit dem Schwert bekämpfen.

Die Gedanken Christi müssen kosmisch gesehen werden, sie sind über den irdischen Tod hinaus ins Jenseits ausgerichtet. Sie sind universell und sollten in der Welt umfassend in die Tat umgesetzt werden, ohne Streit über die Bedeutung oder Auslegung eines Textes. Die Lehre Christi ist glasklar und läßt nur eine Interpretation zu – Einheit und Gleichberechtigung in Denken und Handeln der Menschen, in Liebe zueinander, ohne Unterschiede und ohne Feindschaft.

Die Christusliebe kennt keine Eifersucht, ist einfach und für jeden Menschen annehmbar. Sie kennt kein: „Mein Glaube ist besser als dein Glaube, du Ungläubiger." Die Christusliebe liegt in dir, zeigt sich im ganz alltäglichen Leben. Wer diese Liebe nicht hat, ist arm im Geiste.

Der Gnadenaspekt der Christusliebe steht in direktem Zusammenhang mit der Reinkarnationslehre. Sie betrachtet die Aufspaltung in unterschiedlich denkende Gruppen als überflüssig, läßt sie jedoch zu. Die Reinkarnation reicht über die Betrachtung eines einzelnen Lebens hinaus, und jede Seele ist ihr unterworfen, unabhängig davon ob wir es glauben oder nicht.

Nach Edgar Cayce, dem berühmten amerikanischen Trance-Propheten, unterlag die Seele von Jesus von Nazareth ebenfalls der Reinkarnation. Edgar Cayce hatte einen besonderen Kontakt zu einer hohen Intelligenz im Jenseits. Diese sagte: „Er, der Herr, gehörte zu den ersten, die sich der Sterblichkeit unterwarfen", und nannte die irdischen Vorleben von Jesus. Christus betrachtete sie als die erste inkarnierte Persönlichkeit aus der „Anfangswoge" der sich inkarnierenden Wesenheiten. Cayce, der ein tief christlicher Mensch war, nannte ihn Adam. Als seine Inkarnationen nannte er Henoch, Melchisedek, den König von Salem (Jerusalem) und Priester des allerhöchsten Gottes, Joseph, Joshua, Jeshua und schließlich Jesus.

In den vorhergehenden Zukunftserlebnissen haben wir einen vernichtenden Untergang und einen mühsamen Aufbau unserer ruinierten Erde und ihrer übriggebliebenen Bewohner miterlebt. Zum Glück bleibt es nicht so bedrückend, auch wenn das Erwachen des Lichtes lange dauert. Die Welt von Rox und seiner Mitmenschen erlebt eine neue, ausgedehnte Blütezeit in unterschiedlichen Gegenden der Erde, wodurch nach und nach wieder eine

Weltbevölkerung entsteht, die eine ausgezeichnete Kommunikation und ein positives Einheitsgefühl besitzt. Wir haben viel gelernt, sind durch Schaden und Schande gereift.

Nach einer langen Regenerationphase der Erde, nach der die Atmosphäre wieder klar und sauber ist, erhebt sich aus dem Schutt ein Mosaik neuer Städte, entwickeln sich fruchtbare Agrargebiete und ausgedehnte Wälder. Allerdings dauert dies einige Jahrhunderte. Auferstanden aus dem fast völligen „Nichts" zeigt sich die Weltbevölkerung verständiger und lebendiger als je zuvor. Eine neue, positive Lebenshaltung hat sich herausgebildet.

Ein guter Abschluß des zweiten Buchabschnitts.

DRITTER TEIL

REINKARNATION UND JENSEITS

Erfahrungen im Trance-Zustand zwischen Tod und Wiedergeburt.
Therapeutische Möglichkeiten

SECHZEHNTES KAPITEL

Jessicas Todesangst, Schmerz und Selbstmordneigung

Überleben in den Konzentrationslagern Ravensbrück und Auschwitz. Jenseitige Liebe. Abneigung gegen Reinkarnation.

Bei den Rückführungen im dritten Teil des Buches handelt es sich um therapeutische Behandlungssitzungen. Sie werden aber nicht aus diesem Grund von mir hier wiedergegeben, vielmehr geht es um den Inhalt und die Erfahrungen, die in den unterschiedlichen Leben gemacht wurden, Erfahrungen als physische Wesen auf Erden oder als unstoffliche Geistwesen im Jenseits.

Jedesmal wird die Polarität zwischen dem Sein im warmen, liebevollen Licht des Jenseits und der trüben irdischen Existenz sichtbar. Die Wesen, die aus einer niedrigen Lichtsphäre zur Erde zurückkehren – bisweilen sogar voller Verlangen – erleben die hiesige Atmosphäre als dunkel, verwirrend und kalt.

Viele Menschen haben eine verständliche Angst vor dem Tod, unter anderem bedingt durch ihre Unwissenheit über das „Danach". Als Trost kann ich ihnen heute mitgeben, daß sich in meiner jahrelangen Forschung gezeigt hat, daß die meisten Menschen sich nach dem irdischen Tod befreit und erleichtert fühlen. Bis auf einige wenige sind alle sehr glücklich mit ihrem jenseitigen Leben im Licht.

Der Tod ist eine Befreiung, eine Gnade, keine Strafe. Die Trennung zwischen Körper und Geist, der Riß des Lebensfadens, der beide miteinander verbindet, vollzieht sich blitzartig. Der physische Körper wird verlassen. Ausschließlich eine vorhergehende Phase der Krankheit oder der Sterbeprozeß selbst kann qualvoll sein.

Das Leiden ist nie ohne Sinn oder Bedeutung, auch wenn es so scheint. Wie schon häufig betont wurde, ist Leid ein aus den Vorleben mitgebrachtes, selbst bestimmtes Schicksal. Deswegen ist es uns auch nicht erlaubt, einen Menschen vorzeitig sterben zu lassen, gleichgültig unter welchen Umständen. Der Augenblick des Todes steht für jeden Menschen bei der Empfängnis bereits fest. Wenn wir jemanden vorzeitig sterben lassen, bedeutet dies, daß die Person ihr Leben und ihr vorgegebenes Schicksal, ihr Karma, nicht zu Ende führen kann. Zweifelsfrei wird dieser nicht durchlebte Teil des Lebens (und Leidens) erneut in einem der nächsten Leben anstehen.

Das Leben im Schoße des Schöpfers ist ewig. Sein Licht ist unser Zuhause, das Land der Liebe. Das irdische Leben ist kurz und voller Spannung. Trauer, Krankheit, Unglück und Verwirrung haben gemeinsam die Angst als ihre Ursache. Zum Glück ist das Leben auf Erden zeitlich begrenzt, auch wenn viele Menschen sich auf unvorstellbare Art und Weise daran klammern, nicht zuletzt deswegen, weil viele meinen, es sei ihr einziges Leben auf Erden. Für viele gibt es kein Leben nach dem Tode, sie klammern sich ans irdische Leben wie ein Ertrinkender an einen Strohhalm.

Der französische Dichter und Schriftsteller Voltaire (1694-1778), einer der wichtigsten Vertreter der Aufklärung, sagte: „Zweimal geboren zu werden ist nicht erstaunlicher als einmal; alles in der Natur wiederholt sich." In diesem Sinne sind mehrere Reinkarnationen genauso wenig erstaunlich.

In den nachfolgenden Berichten zu Vorleben geht es nicht nur um die Inkarnation selbst, sondern auch um die Erfahrungen im Jenseits, zwischen den Inkarnationen. Zum besseren Verständnis schien es mir angebracht, die Vorleben als Ganzes wiederzugeben.

Die hier aufgezeichneten Rückführungen sind nur einige von vielen, aber sie geben die Grundidee klar wieder. Der Vollständigkeit halber füge ich noch hinzu, daß es nicht die einzigen Leben waren, die diese Menschen in den Rückführungssitzungen bei mir erlebten.

Die ersten vier Kapitel handeln von den vier Leben Jessicas.

Dienstagnachmittag, 15 November 1988

Jessica, eine hochgewachsene, schlanke Frau von etwa sechsunddreißig Jahren, mit goldblond-gewellten langen Haaren und wunderschönen hellblauen Augen, kommt in meine Praxis.

Sie ist äußerst nervös, was bei der Komplexität ihrer Probleme verständlich ist. Sie hat eine irrationale Todesangst, starke Schmerzen, Angst vor der Sexualität sowie eine Suizidneigung.

Nach einem kurzen Vorgespräch versetze ich sie in Trance und erteile die notwendigen Anweisungen. Danach frage ich: „Jessica, was siehst du, was geschieht?"

228

Die Ursache ihres Problems liegt nahe an der Oberfläche, bricht förmlich aus ihr hervor.

Sie antwortet sofort mit heftiger Stimme: „Ich stehe vor einem Fenster und spüre die Einsamkeit." Sie beginnt zu weinen. „Ich warte auf meinen Vater, ohne ihn ist mein Zuhause leer, einsam und langweilig. Mit ihm ist alles viel lebendiger."

„Wie alt bist du, Jessica?"

„Vier Jahre. Ich werde krank, sehr krank. Ich habe Keuchhusten mit hohem Fieber. Ich bin völlig benommen. Im Zimmer steht ein Apparat, aus dem eine Mischung aus Wasserdampf und Benzoeharz aufsteigt, ich rieche es und höre das Brodeln der Flüssigkeit. Das Gerät brummt die ganze Nacht hindurch. Die bittere Medizin, die mir der Arzt verordnet hat, liegt mir ständig auf der Zunge, schwarze, bittere Tabletten. Ich fühle mich schwach."

„Womit beschäftigst du dich? Woran denkst du?"

„Einsamkeit. Wenn ich wieder gesund bin, ist die Einsamkeit wieder da. Mutter und Vater arbeiten, tagsüber sind sie nie zu Hause, und abends sind sie nicht ansprechbar. Ich kenne nur Kindermädchen. Ich beschließe, für sie genauso unerreichbar zu sein. Sie dürfen mich nicht anfassen.

Meine Mutter ist neidisch auf mich. In ihren Augen stelle ich mich zwischen meinen Vater und sie. Mein Vater ist verrückt nach mir. Ich verschließe mich beiden gegenüber, fühle mich sehr einsam. Ich verhalte mich lieblos, halte alles zurück, gebe nichts von mir."

„Ohne Liebe zu leben, das geht doch nicht?"

„Nein ..."

„Niemand kann ohne Liebe leben", sage ich.

„Ich gebe nichts, ich will nichts mehr geben. Ich verschließe mich vollkommen."

„Bist du wieder gesund?"

„Die Einsamkeit ist wieder da. Alles ist monoton und still, wie der Tod."

„Erinnert es dich an irgend etwas? Vielleicht an etwas aus früheren Zeiten?"

„Ich weiß es nicht", flüstert sie.

„Vielleicht unbewußt", frage ich vorsichtig.

Sie fängt an, schneller zu atmen, sagt aber nichts.

„Versuche es", ermutige ich sie.

„Ja, jetzt sehe ich ... Fächer für Särge ... ich weiß nicht, wo ich bin." Sie spricht nur mühsam und mit leichter Angst und Panik.

„Was geschieht?"

„Ich sehe jemanden mit einer Tragbare ... darauf liegen ... Leichen." Stille.

„Was für Leichen?"

„Verhungerte."

„Weshalb sind sie verhungert?" Ich bekomme keine Antwort.

„Zwei Männer mit gestreiften Pyjamas liegen auf der Tragbahre."

„Nein ... nein", flüstert sie. Sie wehrt sich dagegen.

„Wo bringen sie sie hin?"

„Ich weiß es nicht. Ich sehe Stacheldraht ... Ich will nicht sterben", ruft sie heftig, voller Panik.

„Überall ist Matsch, Wasser. Ich sehe braune Baracken. Was mache ich dort? Warum bin ich hier?"

„Weißt du es? Natürlich weißt du es."

„Ich bin noch viel zu jung zum Sterben. Ich will nicht, ich habe nichts getan!" Sie ist völlig verzweifelt.

„Wie alt bist du?"

„Ich sehe mich nicht."

„Das stimmt, du schaust dich nicht an und kannst deine eigene Gestalt nicht sehen. Aber du weißt alles. Bist du einen Junge oder ein Mädchen?"

„Ein junges Mädchen."

„Was ist deine Religion?"

„Ich bin Jüdin!" Sie schreit es heraus.

„Wo bist du? Du weißt es ganz genau."

„In Auschwitz", sagt sie mit zitternder Stimme, völlig verzweifelt.

„Wie bist du dort hingekommen", frage ich erstaunt.

„Mit dem Zug, es war furchtbar. Wir wurden mit Gewehrkolben in die Wagen gedrängt, die Körper zusammengepreßt. Alles ist schmutzig und stinkt." Sie flüstert nur noch.

„Warum", frage ich automatisch.

„Unsere Körper sind ungewaschen, die Kleider schmutzig. Wir waten in unseren eigenen Fäkalien, eine Toilette gibt es nicht. Alles ist sehr eng, wir haben Angst."

„Das kann nicht wahr sein. Gott würde so etwas nie zulassen", stottert sie.

„Nicht Gott, sondern die Menschen tun es. Wer drängt euch in die Waggons?"

„Deutsche. Nazis!" Die Antwort war natürlich klar.

„Von wo seid ihr gekommen?"

„Aus Ravensbrück", sagt sie zu meiner Überraschung. Ich hatte die Frage anders gemeint.

„Dort waren wir vorher gefangen."

„Weißt du, warum man dich ins Lager gebracht hat?"

„Nein!" Sie ringt nach Luft.

„Bist du einfach auf der Straße aufgegabelt worden?"

„Ja", antwortet sie kurz und knapp.

„Wo? Wie?"

Sie schluckt einige Male: „Ich sehe Grachten, es ist hell. Ich dachte, sie kriegen mich nicht. Ich sehe gar nicht wie eine Jüdin aus."

„Hat man dich verraten?"

„Wahrscheinlich. Sie greifen mich in einer kleinen Gasse auf und bringen mich zur Hauptstraße, wo ich in einen graugrünen Armeewagen einsteigen muß."

„Von dort fahrt ihr zum Bahnhof, zu den Waggons?"

„Ja."

„Verhört man dich vorher?" Sie schweigt und schluckt einige Male, ihr Mund ist ganz trocken.

„In welcher Stadt geschah das? Wie heißt die Stadt mit den Grachten?"

„Leiden. Ich bin Holländerin."

„Was passiert, als du den Wagen verläßt?"

„Sie nehmen uns alles ab, Geld, Schmuck, die Handtasche, meinen schönen Hut."

„Wie heißt du?" .

„Ich heiße Sarah Steinemann. Mit zwei „n" am Schluß."

„Sarah, wo bringt man dich hin?"

„Zu einem Gebäude, in dem wir verhört werden. Sie tun uns weiter nichts. Danach werden wir in einem Zug abtransportiert. Dieser Zug ist noch nicht so überfüllt. Wir gehen nach Ravensbrück." (Ein berüchtigtes Konzentrationslager für Frauen.)

„Was passiert, als ihr dort ankommt?"

„Wir werden mit Stöcken und Knüppeln auf den Rücken geschlagen. Wir müssen hart arbeiten, erhalten nur wenig Essen. Unsere schönen Kleider müssen wir ausziehen, stattdessen sollen wir uns einen Sack oder ein Stück Lumpen überziehen."

„Einen Sack als Kleidung", frage ich erstaunt.

„Ja, aber ohne Streifen. Wir müssen Kartoffeln schälen."

„Wirst du körperlich angefaßt? Wirst du sexuell mißbraucht? Sarah?" Eine lange Pause folgt. Sie schluckt, ist verstört.

„Sarah, erzähle mir alles."

Schließlich fängt sie an. „Ja, wir werden sexuell mißbraucht."

„Was machen sie mit dir?"

„Alles. Die Offiziere sind es."

„Wirst du vergewaltigt?"

„Nein. Sie stecken einen Knüppel in meine Geschlechtsteile, in meine Vagina. Es tut furchtbar weh. Sie sind grausam, schlagen mich."

„Machen sie das oft mit dem Knüppel?"

„Zum Glück nicht. Sie bestrafen alle."

„Wie fühlst du dich, wenn du mit dem Knüppel bearbeitet wirst? Wie beeinflußt es dich geistig?"

„Ich versuche, mich zu verschließen. Ich will nicht mehr leben, nichts geben, nichts vergeben. Ich kann den Menschen nicht mehr vertrauen, das Leben ist eine einzige Strafe."

„Wie erlebst du dich?"

„Warum passiert mir so etwas? Ich möchte mir das Leben nehmen, indem ich aufhöre zu essen." In ihrem heutigen Leben als Jessica taucht diese Suizidneigung wieder auf.

„Was passiert dann?"

„Ich magere ab und kann nicht mehr arbeiten. Daraufhin werde ich nach Auschwitz abtransportiert. Dort erhalte ich einen gestreiften Anzug."

„Wo fängt deine extreme Angst vor den Ereignissen an?"

„Ich sehe Leichen!" Sie spricht voller Abscheu. „Ich spüre Angst, Todesangst, das Leben hat keinen Sinn mehr. Ich möchte so schnell wie möglich sterben. Leider muß ich arbeiten, werde geschlagen, mißhandelt. Wieder sind es die Offiziere. Überall herrschen Krankheiten – Ruhr, Lungenentzündung. Sexuell werde ich in Ruhe gelassen."

„Du bist eine Jüdin aus Leiden. Waren deine Eltern reich?"

„Nein, gehobene Mittelklasse. Wir wohnten in Leiden, wo ich lernte."

„In welchem Jahr kommst du nach Auschwitz?"

„Ich sehe das Jahr 1943."

„Erzähle mehr über den Aufenthalt in Auschwitz."

„Ich sehe Baracken, Stacheldraht und Matsch. Überall liegen Leichen herum, getötet mit Gas oder mit dem Gewehr."

„Was geschieht mit dir, Sarah? Läßt man dich in Ruhe", frage ich.

„Ich sehe nichts", antwortet sie. Hat sie vielleicht Angst, genauer hinzuschauen?

„Schaue genau hin. Du siehst klar, was mit dir passiert. Wirst du krank?" (Ich gebe neue Anweisungen).

„Nein, ich werde nicht krank, wir werden befreit. Es interessiert mich nicht, ich fühle nichts mehr. Innerlich bin ich bereits tot. Es hilft nicht, zu trauern und zu weinen, ich kann nichts mehr ändern. Ich fühle nichts, bin innerlich ausgebrannt. Ich kann nichts mehr geben und nicht mehr vergeben." Sie wiederholt sich.

„Was erlebst du, als die Alliierten euch befreien?"

„Gar nichts. Die Polen befreien uns."

„Wie geht es weiter? Verläßt du das Lager?"

„Nicht sofort, erst später. Ich bin in schlechter gesundheitlicher Verfassung. Ich werde nicht mehr gesund, einige Jahre später sterbe ich an Brust- und Magenkrebs. Es ist 1949, ich liege im Krankenhaus. Die Sonne scheint durch das geöffnete Fenster, die Wände sind gelb. Es ist irgendwo in Deutschland."

„Weißt du, wo?"

„In Baden-Baden." Sie stöhnt.

„Du liegst im Bett, die Sonne scheint hinein. Wie fühlst du dich?"

Sie stöhnt und antwortet: „Ich bin froh, daß alles vorbei ist. So ein Leben brauche ich nicht noch einmal."

„Konntest du noch gehen, bevor du an Krebs stirbst?"

„Kaum. Ich wurde immer schwächer. Ich konnte nicht mehr nach Holland zurückkehren."

„Was fühlst du jetzt?"

„Freude, daß alles vorbei ist. Ich erlebe nur Leere und habe kein Vertrauen mehr. Ich kann nichts mehr geben und nicht mehr vergeben. Es ist mir zu anstrengend zu hassen. Es gibt nur Leere ..."

„Wie steht es mit deiner Angst?"

„Ich weiß ja nicht, was kommt", ist ihre rätselhafte Antwort.

„Hast du Ängste", frage ich jetzt direkter.

„Ja, die werde ich nie verlieren."

„Du wirst sie loswerden. Du kennst jetzt den Grund deiner Ängste, deswegen kannst du sie auch verändern." Ich versuche, sie zu überzeugen, weiß aber, wie schwer das ist.

„Jetzt kommt der Augenblick, in dem du stirbst."

„Ja", antwortet sie ganz ruhig.

Ich gebe Anweisungen. „Gehe zu dem Tag, zu dem Moment deines Todes zurück, Sarah." Es hört sich für mich eigenartig an, aber sie reagiert sofort. „Ich liege im Bett. Ich bin erschöpft, ohne Schmerzen. Die Sonne scheint, es ist Nachmittag, ich bin allein. Ich liege am Ende des Saales, auf der linken Seite. Ich verlasse den Körper, ganz einfach und schmerzlos."

„Zum Glück", mehr kann ich nicht sagen. „Du bist jetzt als Geist im Jenseits, getrennt von deinem Körper. Die Silberschnur, der Lebensfaden, durch den du mit dem Körper verbunden bist, ist gerissen. Du bist erlöst von deinem irdischen Leben. Du bist als feinstoffliches Geistwesen ganz bewußt im Jenseits. Was siehst du, was erlebst du dort?"

Sie atmet befreit durch und sagt: „Ich schaue noch einmal kurz meinen Körper an."

„Was siehst du?"

„Nur wenig. Der Körper ist mager und bleich. Ich wende mich ab, drehe mich um."

„Was geschieht in dir?"

„Ich habe Angst", sagt sie sofort. „Auch ohne Körper spüre ich den Druck in der Brust und im Magen. Ich bin traurig, daß mein Leben so verlaufen ist. Es hätte ganz anders sein können. Ich will nicht mehr unter Menschen sein."

„Tauche tief, ganz tief in die Angst ein", gebe ich als Anweisung. „Gehe so tief, daß du sie erneut erlebst, damit du sie danach viel besser loslassen kannst. Was fühlst du?"

„Nichts ist sicher, nur der Tod. Mein Körper brennt, mein Magen tut weh. Keinem Menschen kann ich vertrauen."

„Das gehört alles zu deiner Angst?"

„Ja, ich bin völlig verunsichert. Sexuell fühle ich mich nicht mehr als Frau."

„Wodurch ist das entstanden?" Ich frage damit bewußt nach den bereits bekannten Gründen.

„Die Mißhandlungen im Lager, dadurch wurde mein Selbstwertgefühl systematisch vernichtet." Jeder Phallus wird von ihr mit den Knüppeln in Verbindung gebracht.

„Das ist hauptsächlich durch den Aufenthalt in Ravensbrück entstanden", ergänze ich.

„Genau, durch die Zerstörung jeglicher Menschenwürde."

„Hast du Angst vor sexuellem Kontakt?"

„Ja, niemand darf mich anfassen." Verständlich nach so einem tiefsitzenden Trauma.

234

„Hier findest du die Ursache für das, was du in einem nächsten Leben als Jessica Männern gegenüber empfinden wirst. Erkennst du diese Tatsache?"

„Ja, natürlich. Eine tiefe Angst breitet sich bei jeder sexuellen Annäherung aus", antwortet sie.

„Du mußt diese Angst loslassen. Sie ist zu einer früheren Zeit entstanden. Alles ist vorüber, gehört der Vergangenheit an."

„Ich fürchte mich davor, die Angst loszulassen. Ich kenne nur den Schmerz, er ist mein einziger Halt."

„Du sagst, du hast den Schmerz erlebt. Erlebe jetzt die Angst."

Sie atmet schwer. „Grausam", flüstert sie.

„Durchschreite das Gefühl der Angst, durchlebe die Angst", bedränge ich sie. „Der Schmerz gab dir Sicherheit, aber die Angst ebenfalls. Gleichzeitig schützte sie dich vor zu viel Wissen, hielt dich in Unsicherheit fest!"

„Vor zu viel Wissen", wiederholt sie meine Worte.

„Gehe hindurch, Sarah. Du bist jetzt als Geistwesen in Erdennähe und kannst in sie eintauchen. Was passiert?" Ich frage es mit Nachdruck. Es ist der Versuch, die mit der Angst verbundenen, unverarbeiteten Gefühle freizusetzen. Ich will ein tiefes Wiedererleben hervorrufen. Aber vorerst weicht sie, die Frau, die im Vorleben Sarah war, dem noch aus.

„Ich sehe ein Licht, dort möchte ich hingehen", weicht sie aus.

„Ja, begib dich dorthin, Sarah! Ich nenne dich einfachheitshalber weiterhin Sarah, auch wenn du in Wirklichkeit keinen irdischen Namen mehr hast. Steige nach oben! Du bist dem Licht ganz nahe, nur ein Gedanke trennt dich noch davon. ICH will zum Licht, ICH gehe zum Licht! Gehe weiter", wiederhole ich und gebe weitere Anweisungen. „Du spürst, wie du nach oben schwebst, du hast kein Gewicht, du bist feinstofflich. Du fliegst nach oben."

„Ja ... ja", ruft sie erleichtert.

„Was siehst du?"

„Warmes, grelles gelbes Licht. Ich befinde mich in einer Hülle aus goldenem Licht."

„Siehst du jemanden, der dich abholen und begleiten wird?"

„Nein, ich sehe niemanden ..."

„Tauche noch tiefer ins Licht ein. Vielleicht ist deine Familie dort, Vater oder Mutter, oder ein Lehrer. Du spürst, wie die allgegenwärtige Liebe auf dich zuströmt. Dort herrscht ausschließlich Liebe."

„Ja, jetzt sehe ich Gestalten, aber ..."

„Eine Person erkennt dich, kommt liebevoll auf dich zu und begleitet dich."

„Es ist eine alte Frau, es ist meine Großmutter", sagt sie jetzt.

„Was fühlst du?"

„Liebe und Wärme", antwortet sie und atmet tief und zufrieden durch.

„Noch etwas anderes?"

„Unsicherheit darüber, wohin wir gehen werden."

„Wo geht ihr denn hin?"

„Ich muß zurück zur Erde, muß ein neues Leben beginnen."

„Welches Leben wird es sein?"

„Ein Leben im Jahr 1951."

„Ich weiß, welches Leben das ist."

„Ich will nicht dorthin", sagt sie monoton.

„Es ist dein Leben als Jessica, nicht wahr?"

„Ich will nicht", betont sie nochmals. „Ich will diese Eltern nicht, dann bin ich wieder allein."

„Welchen Sinn wird das haben?"

„Ich muß lernen, allein sein zu können." Scheinbar will sie das aber nicht.

„Ohne Angst zu sein", füge ich hinzu.

„Ja, aber ich werde Angst haben, wenn ich mich als Jessica inkarniere."

„Du sollst die Angst loslassen."

„Ja ...", flüstert sie.

„Haben sie dir gesagt, wie du die Angst loslassen kannst, haben es dir jene Wesen gesagt, die dich im Jenseits beraten haben."

„Durchhalten, irgendwann wird die Sonne wieder scheinen", antwortet sie.

„Auf diese Weise fängst du an, die Angst abzubauen", ermutige ich sie.

„Ich kann es kaum glauben." Sie flüstert wiederum.

„Ganz sicher, du wirst das Trauma aus dem vorigen Leben, in dem die Angst entstand, völlig loslassen, indem du alles in diesem Leben verarbeitest. Langsam aber sicher werden wir es gemeinsam schaffen."

„Ja ..." sagt sie ganz leise und weint. „Ich habe Angst zu geben, Angst vor der Intimität. Ich kann den Menschen nicht mehr vertrauen, ich traue mir selbst auch nicht mehr. Ich besitze kein Selbst mehr."

„Versuche wieder zu vertrauen, das ist die Basis des Zusammenlebens, der zwischenmenschlichen Beziehungen. Mache dir bewußt, daß du in eine andere Welt geboren wirst als in jene, in der Sarah lebte."

„Wo ist mein Selbst geblieben? Wo nur?" Sie ist verzweifelt.

„Das Selbst ist das Zentrum deiner Seele, die Quelle all deiner irdischen Persönlichkeiten. Dein Selbst ist immer und zu jeder Zeit für dich erreichbar."

„Ich fühle es nicht."

„Es befindet sich ganz tief in dir. Es ist dein innerstes Wesen, dein Höheres Selbst. Ich werde dir helfen, dorthin zu gelangen. Willst du es finden?"

„Ja", sie ist ruhiger geworden.

„Gut. Steige auf zu einer höheren Ebene deines Geistes. Gehe direkt und ohne Umwege zu der göttlichen Ebene deines Geistes, gehe."

„Ja." Völlig ungerührt folgt sie meinen Anweisungen.

„Steige auf zu der göttlichen Ebene deines Selbst, dorthin, wo ein viel höheres Bewußtsein vorhanden ist."

„Ja", wiederholt sie. Sie folgt den Anweisungen und bestätigt die Ebenen, die sie durchlebt.

„Begib dich zu den höheren Schichten deines Geistes. Du findest dort dein Höheres Selbst. Du nimmst dein Höheres Selbst als eine Lichtgestalt wahr."

Ich gebe noch genauere Anweisungen. „Du findest dein Selbst, und damit deine Kraft und dein Vertrauen, wieder. Deine Angst kannst du jetzt loslassen. Du schaffst es, wenn du dir selbst vertraust!"

Sie bestätigt dies mit einem kurzen „Ja".

„Du stehst im Licht, auf der Ebene deines Höheren Selbstes. Schau dich um, du siehst eine Lichtgestalt, es ist dein Höheres Selbst. Es ist der Ursprung von allem, was du bist. Es umfaßt alles. Du kannst dich gedanklich mit ihm verbinden. Was sagt dein Höheres Selbst? Es hat ein kühle, analytische, unemotionale Ausstrahlung. Du erlebst dich, wie du bist, was du bist."

„Mein Höheres Selbst sagt: „Schreite hindurch, verliere den Mut nicht!"" Sie hört sich gefestigter an.

„Hast du dein Selbst gefunden?"

„Nein, ich muß erst die Angst überwinden."

„Dann überwinde sie!" Es hört sich an wie ein Befehl.

„Ja", ist ihre flüsternde Antwort.

„Kehre zurück zu einer niedrigeren Ebene deines Geistes, verlasse dein Höheres Selbst. Dort läßt sich die Angst leichter überwinden." (Ich gebe die nötigen Anweisungen.)

„Überwinde die Angst. Sie kommt in ihrer ganzen Heftigkeit auf dich zu. Es ist die Angst, die in Leiden begann, sich in Ravensbrück fortsetzte und in Auschwitz zum Ausdruck kam."

„Auschwitz", wiederholt sie ganz leise, so als würde sie mit sich selbst sprechen.

„Bist du dort umgekommen?"

Sie stöhnt heftig, sagt kaum hörbar: „Nein".

„Physisch nicht, nein, aber geistig ist etwas in dir getötet worden. Die Angst steigt in dir hoch, du wirst sie jetzt verarbeiten. Du kannst sie ruhig zulassen, du weißt jetzt, woher sie kommt. Erlebe sie stark emotional." Ich wirke bewußt suggestiv auf sie ein, ermutige sie, in die Angst hineinzugehen. Sie zittert und atmet schwer. „Die Angst steigt in dir auf, wie fühlst du dich?"

„Dunkle Angst, Unsicherheit, Leere."

„Wo sitzt die größte Angst? Erzähle mir von deinem schlimmsten Ereignis."

„Das sexuelle Erlebnis mit dem Knüppel in meiner Vagina, das Zerstören meiner Persönlichkeit. Beide Erlebnisse sind gleich bedrückend für mich. Sie verdunkeln mein Wesen, ich fühle mich erniedrigt." Sie atmet mühsam und schwer.

„Durchlebe alles noch einmal. Du fühlst es wieder, körperlich und emotional, die Angst kommt zurück." Ich dränge weiter, versuche mittels mehrerer Wiederholungen des Geschehens zu einer Katharsis zu gelangen. Dabei handelt es sich um eine wichtige therapeutische Methode. Das Trauma wird aufgelöst, indem die verdrängten, mit dem Trauma verbundenen Gefühle „weggespült" werden, ein sogenanntes „flooding" durch Wiedererleben. Das wird solange wiederholt, bis sich alles aufgelöst hat, eine Methode, die häufig mühsam und langwierig ist.

„Erlebe noch einmal alles, versuche, es noch tiefer zu verarbeiten."

„Ja ...", sie spricht leise und erschöpft. „Ich war nicht einmal erwachsen, gerade erst zwanzig. Ich wußte von all dem nichts." Sie schluckt schwer.

„Gehe tiefer hinein. Du erlebst es in voller Schärfe. Du gehst hindurch, um dich anschließend von den Ängsten zu trennen, solange bis du zum Schluß keine Angst mehr verspürst." Ich lasse ihr die Zeit, ihre Gefühle zu verarbeiten. Dann frage ich sie: „Wie geht es dir jetzt?"

„Viel besser", antwortet sie, „ mir ist nur übel."

„Wodurch?"

„Ich bin leer, es ist so viel passiert, in Leiden und in den beiden Konzentrationslagern. Ich habe zu viel gesehen und erlebt, aber ich möchte es verarbeiten. Ich will es nicht mehr sehen."

„Laß es los." Einige Zeit danach fordere ich sie auf: „Erzähle, wie es dir jetzt geht."

„Ich bin müde."

„Was bedeutet die Müdigkeit?"

„Trauer", antwortet sie gelassen.

„Warum weinst du nicht?"

„Ich bin leer, Weinen hat keinen Sinn mehr."

„Es kann dich erleichtern, tauche in die Trauer ein. Gehe darin auf, laß dich fallen!" Danach kommen einige Gefühle hoch, sie atmet schnell und schwer, ihr Gesicht verzieht sich.

„Wage es, in die Trauer einzutauchen, gib nach!" Sie fängt ganz leise an zu weinen.

„Laß alles zu. Du spürst, wie die Trauer aufsteigt, dich umgibt ... und alles leicht wird. Deine ganze verborgene Trauer kommt in dir hoch. Sie war verborgen, weil du nicht geglaubt hast, es hätte einen Sinn, sie zu zeigen. Weine alles aus dir hinaus!" Ich befehle es ihr fast.

Jetzt erst fängt sie an, richtig zu weinen. Eine Tränenflut wird ungehemmt freigesetzt, sie läßt es zu.

„Alle sind tot!" Sie schreit und weint. „Die schönen Menschen. Wir hatten keinem etwas angetan!" Durch ihre Worte werden noch mehr Gefühle freigesetzt, die ganzen bis heute verdrängten Gefühle.

„Weine alles aus dir hinaus. Du trägst noch so viel Trauer und Leid in dir." Ich lasse sie weinen, bis sie von allein zur Ruhe kommt.

„Ich spüre alles in meinem Magen."

„Du spürst, wie aus deinem Magen alles hochsteigt und sich in Trauer verwandelt, laß es geschehen." Nach dieser Anweisung fängt sie noch einmal an zu weinen. Ich ermutige sie dazu.

„Die vielen schönen Menschen", ruft sie voller Leid.

„Tot, gefoltert, verbrannt, sie hatten niemandem etwas angetan." Damit verstärke ich ihre Emotionen.

„Nein ... nein", schreit sie herzzerreißend. Es ist für mich auch schwer, aber ich weiß, es hat eine intensive Wirkung, und deswegen kann ich es ertragen.

„Laß dich treiben", sage ich.

„Ich kann nicht mehr weinen, ich bin zu müde." Sie ist sehr schwach.

„Das nächste Mal läßt du die restliche Trauer zu. Wie geht es deinem Magen?" (Die Sarah hatte Magen- und Brustkrebs.)

„Besser. Er ist schon viel ruhiger."

„Du brauchst keine Angst mehr zu haben. Verstehst du jetzt, wovor du die ganze Zeit Angst hattest?"

„Ja ..."

„Du benötigst diese Angst nicht mehr. Wirf sie von dir. Laß sie nicht in dieses Leben hinein, Jessica. Ja, du hast dich jetzt, nach deinem Leben als Sarah, als Jessica inkarniert", füge ich noch hinzu.

„Dieses Leben ist so unsicher", setzt sie erneut an.

„In dem Leben als Sarah bist du vom Selbstmord verschont worden. Auch bist du nicht in einer Gaskammer umgekommen oder verbrannt. Du bist eines natürlichen Todes gestorben, gestorben an einer Krankheit, auch wenn die Krankheit eine Folge der schlimmen Umstände war."

„Ja ..."

„Man hat dich verschont, damit du das Lager lebendig verlassen konntest. Beende jetzt als Jessica nicht selbst dein Leben. Ich habe dich vor den unangenehmen Folgen, die ein Selbstmord im Jenseits nach sich zieht, gewarnt; Erdgebundenheit, Bewußtlosigkeit, Verwirrung und Kälte in der Finsternis."

„Ich spüre die Angst, die ich in meinem Leben als Jessica haben werde", verteidigt sie sich.

„Woher kommt diese Angst", frage ich ungeduldig.

Sie fürchtet sich, die Angst loszulassen. Angst, Trauer und Einsamkeit sind alles, was sie kennt. Sie fürchtet sich vor dem Leben. „Du brauchst die Angst nicht. Ihre Ursache liegt in Sarah, und die gibt es nicht mehr. Du mußt dich von ihr trennen."

„Jessica hat Angst, sich zu behaupten, denn dann würde sie bestraft werden. Genau wie früher."

„Nein, das wird sie nicht werden", protestiere ich.

„Im Lager war es so", entgegnet sie.

„Du bist nicht mehr im Lager. Du bist frei und brauchst dich vor niemandem zu fürchten."

„Ich habe trotzdem Angst."

„Die Angst ist alt, sie kommt aus unterschiedlichen Vorleben, das weißt du. Sie beeinflußt dich immer noch sehr stark, aber du mußt sie loslassen. Die größte Angst stammt aus deinem Leben als Sarah, aus jenem Leben vor diesem als Jessica. Stimmt das nicht?"

„Ja, aber ich habe auch heute noch Angst. Erik, mein Mann, möchte nach Deutschland reisen, und ich muß mitgehen. Ich muß die Angst überwinden."

„Nein, nein, du solltest damit noch warten. Weiß er von deinem Leben als Sarah?"

„Nein."

„Sage es ihm, er sollte deine Gefühle berücksichtigen."

„Das tut er auch. Irgendwann werde ich mit ihm nach Deutschland reisen, vorher muß ich jedoch meine Angst überwinden."

„Ja, irgendwann", sage ich.

Plötzlich sagt sie: „Ich, Jessica, war heute in Deutschland."

„Warum? Wußtest du von der damaligen Situation in Deutschland?"

„Ich habe es immer gewußt, ich hatte immer ein Vorgefühl davon."

„Reise lieber nicht nach Deutschland. Es ist noch zu früh."

„Nein, ich werde es nicht tun. Heute morgen war ich in Glanerbrücke, nur wenig entfernt von der Grenze. Es ging gut."

„Wenn das möglich war, brauchst du nicht mehr so ängstlich zu sein."

„Ja", sagt sie tonlos.

„Die Zeit ist vorbei, in der die Deutschen junge Mädchen in Holland aufgriffen. Es kann dir nichts mehr geschehen, dein Leben als Sarah ist vorbei. Du hast als Jessica ein neues Leben begonnen."

„Erik will Baden-Baden besuchen. Wir waren in der Nähe. Ich hatte einen Zusammenbruch und Atemnot."

„Das ist nicht weiter verwunderlich, von deinem Unterbewußtsein her wurde dein Leben als Sarah reaktiviert. Etwas Schlimmeres hätte Erik dir nicht antun können, aber wie sollte er es auch wissen. Du gehst vorläufig nicht mehr dorthin, denn der Ort löst zu viel bei dir aus. Dein autonomes Unterbewußtsein reagiert wie ein Echo auf deine Vergangenheit. Warte, bis du stabil genug bist, die neu geweckten Emotionen auch zu ertragen, oder bis sich all das Negative aufgelöst hat und du frei von den Auswirkungen bist."

„So werde ich es machen." Sie hört sich überzeugt an.

„Die Ursache der Angst gehört der Vergangenheit an, wirkt jedoch immer noch in deinem Geist fort. Sie war in deinem Unterbewußtsein eingesperrt, ohne daß du ein klares Wissen davon besessen hättest. Alles, was dort festgehalten wird, zeigt irgendwann seine Auswirkungen und verursacht Unannehmlichkeiten. Dein Trauma ist jetzt nicht mehr verborgen. Das Problem strömt frei in dein Bewußtsein hinein, und du kannst es so verarbeiten. Du kennst die Ursache. Verstehst du, was ich damit meine?"

„Ja, aber wie soll ich all das verarbeiten?"

„Wir haben bereits damit begonnen. Hier verarbeitest du bei jeder Sitzung

Teile deines Traumas. Nebenbei läuft der Verarbeitungsprozeß selbständig weiter."

„Aber die Sarah hat die kleine Jessica beeinflußt, verursachte Angst in ihr ...", protestiert sie.

„Nein, jetzt nicht mehr, heute nachmittag ist sie ins Licht aufgestiegen."

„Das stimmt", gibt sie zu.

„Aus diesem Licht strahlt Liebe und friedliche Wärme zu dir. Sarah konnte ihre Angst leicht auf dich projizieren, weil dein ICH und ihr ICH gleich sind. Ich hoffe, sie beendet das jetzt." Ich gebe ihr Zeit, meine Worte aufzunehmen, dann frage ich: „Wie fühlst du dich?"

Sie stöhnt. „Ich bin müde. Mein Magen schmerzt, mein Hals ist wie zugeschnürt. Ich trage die Angst, die Unsicherheit und Trauer von damals immer noch in mir, sowohl von Sarah als auch von Jessica, alles ist doppelt in mir."

„Gehe noch einmal zu der Ursache deiner Angst im Leben Sarahs, jene Angst, die sich in deinem Magen verankert hat. Schreite durch sie hindurch." Ich gebe ihr Anweisungen dazu. „Welches Ereignis erscheint zuerst?"

„Ich befinde mich in Ravensbrück, bin meiner sicheren Umgebung beraubt, von den mir vertrauten Menschen weit weg, in Einsamkeit und Leid gestoßen. Ich spüre die Bedrohung der fremden Welt. Ich war töricht."

„Löse dich von all dem, laß es durch dich hindurchfließen. Es ist vorbei."

Sie stöhnt und flüstert: „Ja".

„Du bist tief in die Ursache eingetaucht, jetzt löst sich der Schmerz in deinem Magen. Die Ursache der Angst wird dir keinen Schmerz mehr bereiten."

„Nein ... Mein Magen fühlt sich besser an, ich bin müde. Ich möchte nicht mehr weiterreden, ich habe so viele Schmerzen gehabt. Es fällt mir schwer, mit Menschen zu sprechen. Mein Magen verkrampft sich schon wieder."

„Als du in Ravensbrück warst, steckte der Nazi-Offizier einen Stock in deine Vagina. Hattest du Angst, er würde dich brutal verletzen", frage ich.

„Jaa ...", stöhnt sie. „Ich werde völlig zerstört und fühle mich geistig gebrochen. Nichts bleibt übrig von mir."

„Wirst du körperlich zerstört?"

„Ich werde geschlagen und blute."

„Laß jetzt alles los", sage ich nochmals.

„Gut."

Es wird deutlich, daß ihre Probleme noch nicht gelöst sind, aber ein Anfang ist gemacht. Wir werden die Hoffnung auf Heilung nicht aufgeben.

SIEBZEHNTES KAPITEL

Das Leben im Jenseits

Angst und Einsamkeit als Lulu-Jessica.
Analyse vor der Inkarnation.

Viele Menschen fragen sich immer wieder, warum zum Beispiel Jessica und unzählige andere „Leidensgenossen" ein Schicksal als Juden in den Konzentrationslagern von Ravensbrück und Auschwitz erleben mußten. Würden wir nur einmal auf die Erde kommen und irgendein willkürliches Leben verbringen, wäre das eindeutig ungerecht. Ähnlich fragen sich viele Menschen tagtäglich: „Warum habe ich ein so schweres Schicksal? Warum?" Ja, warum wohl?

Alles hat eine Ursache, nichts ist ohne Bedeutung oder Sinn. Es gibt keine Willkür. Wenn wir in der irdischen Zeit zurückgehen, werden wir immer wieder auf ein Vorleben treffen, in dem sich genau das Umgekehrte zu dem heutigen Leben abspielte.

Ich nenne diesen Prozeß „Karma-Verursachung". Haben wir einer Person in einem Vorleben geistig oder körperlich Schmerzen bereitet, werden wir der Person in einem darauffolgenden Leben erneut begegnen, und wir werden durch sie das gleiche erleben. Erst bin ich Verursacher, später ernte ich die Folgen.

Wenn wir diesen Kreislauf nicht durchbrechen, vollzieht sich der Prozeß über viele Leben ständig weiter. Wir müssen die Lektion lernen, anderen nichts anzutun, was wir selbst nicht erleben möchten. Wer nicht hören will, muß fühlen, damit er lernt, vorsichtiger und liebevoller mit seinen Nächsten umzugehen. Nur so können wir eine bessere Gesellschaft schaffen, im Großen wie im Kleinen. Deinen Nächsten lieben wie dich selbst, das ist der Weg dazu, Karma zwischen Menschen zu lösen. Ich habe dies bereits erwähnt, aber es kann nicht oft genug gesagt werden.

Diesem kosmischen Gesetz, diesem göttlichen Prinzip, unterliegen auch Sarah und Jessica. In der nächsten Sitzung wird sich dies noch klarer zeigen. Niemand kann sich an anderer Stelle über sein eigenes Schicksal beklagen, nur bei sich selbst. Das Lebensschicksal wird stets durch unseren freien Willen verursacht, wie die vielen Beispiele in meinem Archiv zeigen. Ab und zu kommt es vor, daß ein Mensch sein Karma oder seine Schulden schneller abtragen möchte und dazu ein schwereres Schicksal auf sich nimmt.

Folgendes möchte ich noch klarstellen: Wir dürfen niemals verallgemeinern. Im zweiten Weltkrieg sind mehrere Millionen Menschen in den Konzentrationslagern umgebracht worden, Juden und Nicht-Juden. Ich weiß nicht, aus welchen persönlichen Gründen diese Menschen dieses Schicksal erleiden mußten. Erst in den Rückführungen einzelner Personen wurden mir die persönlichen Schicksale offenbart, wurde mir ihr Karma deutlich. Aber niemand sollte versuchen, ähnliche Situationen aus eigener Phantasie heraus zu erklären.

Zurück zu Jessica.

Dienstagnachmittag, den 29. November 1988

Jessica sitzt in meinem spärlich beleuchteten Praxisraum, bereit für die nächste Sitzung. Anhand meines Berichtes haben wir die vorhergehende Sitzung noch einmal analysiert. Danach versetze ich sie sofort in Trance. Nachdem alle Vorbereitungen getroffen und die Anweisungen gegeben worden sind, frage ich wiederum: „Was siehst du, was geschieht? Wo bist du?" Sie reagiert nicht, und ich frage: „Du bist in der Zeit vor oder während deiner Geburt als Jessica."

„Ich befinde mich in der Gebärmutter. Ich bin gar nicht froh, so bald geboren zu werden." Sie stöhnt leise auf.

„Spürst du die Ängste, die später auftreten werden", frage ich.

„Es fühlt sich an, als ob mein ganzer Körper brennen würde. Es ist dunkel." Sie flüstert, als käme ihre Stimme von weit her.

„Erzähle so viel wie möglich über deine Gefühle, als du in den Geburtskanal gepreßt wirst, kurz vor der eigentlichen Geburt."

„Ich will nicht, ich fühle mich unsicher. Ich will die Wärme der Gebärmutter nicht verlassen." Ihre Stimme wird kräftiger.

„Ich spüre keine Verbindung zu diesem Menschen, zu meiner Mutter", beklagt sie sich.

„Warum fühlst du dich nicht sicher?"

„Sie, meine Mutter, hat Angst. Sie will mich nicht, sie hat Angst vor der Verantwortung. Sie ist selbst noch ein Kind."

„Ach … vielleicht ist es nur deine eigene Projektion, vielleicht willst du ein Kind bleiben. Wie alt ist deine Mutter wirklich?"

„Einundzwanzig."

„Berichte von dem, was du fühlst." Stille. „Hast du vor irgend etwas Angst", frage ich weiter.

„Ich fühle mich leer, mein Magen knurrt, weil ich nicht genug zu essen bekomme", antwortet sie.

„Obwohl du dich in der Gebärmutter befindest", frage ich erstaunt.

„Nein, später." Sie scheint bereits geboren worden zu sein, ohne es gemerkt zu haben.

„Warte. Ich möchte, daß du zu dem Moment zurückkehrst, in dem du dich durch den Geburtskanal hindurchbewegst, die warme Höhle der Gebärmutter verläßt. Wie fühlst du dich dabei?"

„Angst. Angst, den warmen Körper zu verlassen und in die große, kalte, bedrohliche Welt hineingehen zu müssen."

„Erlebst du sonst noch etwas in dem engen Geburtskanal?"

„Ich spüre Schmerzen am Kopf ... es ist eine Zangengeburt."

„Hast du noch Ängste, die vielleicht mit deinem Vorleben oder der Zeit vor dem kommenden Leben zu tun haben?"

„Angst vor dem, was auf mich zukommt. Einsamkeit. Meine Eltern sind nicht da. Eine Krankenschwester versorgt mich, nicht meine Mutter. Sie lassen mich lange und laut weinen. Ich weine, weil ich essen möchte und Wärme brauche. Ich fühle mich verlassen."

„Hast du Angst vor den Problemen, die später auf dich zukommen werden?"

„Ja, Angst vor Menschen, Angst, mit ihnen zu reden, ihnen zu vertrauen, sie lieb zu haben, Angst vor Intimität."

„Nennt man dich Jessica?"

„Ja, aber niemand benutzt diesen Namen."

„Wie nennt man dich dann?"

„Lulu, aber das bin ich nicht. Schrecklich."

Ich beschließe, diese Phase abzuschließen. „Hör zu, Jessica. Ich möchte, daß du in der Zeit zurückgehst, die Zeit, die du in der Gebärmutter warst, durchquerst, zurückgehst über den Zeitpunkt der Zeugung hinaus, bis zu deiner körperlosen Existenz zwischen deinen Leben als Sarah und Jessica. Was erfährst du dort?"

„Angst", antwortet sie mit hoher Stimme.

„Bist du allein, oder ist jemand bei dir?"

„Ich sehe niemanden."

Ich versuche es jetzt auf eine andere Weise. „Gehe zu einer Phase über, in der du dich bewußt zwischen den beiden Leben erlebst. Suche einen wichtigen Moment, der mit deiner Inkarnation als Jessica in Beziehung steht."

Da erneut keine Antwort kommt, frage ich weiter: „Wo bist du? Siehst du Führer oder andere Wesenheiten, mit denen du dich über die bevorstehende Inkarnation austauschst, Wesen, die gemeinsam mit dir dein kommendes Leben als Jessica und deine Vorleben analysieren, die dir klarmachen, welches Karma du auf dich nimmst, die dich beraten und deinen Lebensplan erklären? Wo bist du?"

Endlich antwortet sie: „Ich befinde mich in einem Zimmer, an der Wand sind rote Schubladen mit schwarzen Knöpfen. Der Boden ist grün." (Haben die Farben eine symbolische Bedeutung?)

„Was ist das für Zimmer? Erzähle davon. Findet dort ein Gedankenaustausch statt?"

„Ich muß zur Erde zurück, daran ist nichts zu rütteln, ich habe keine Wahl. Sie sagen mir, daß ich es schon schaffen werde, auch wenn es nicht leicht sein wird. Es hängt ganz von meinem freien Willen ab, was ich aus dem Leben machen werde. Ich bestimme es selbst."

„Zeigen sie dir etwas aus deinem Vorleben als Sarah, Erlebnisse, die Einfluß auf dein kommendes Leben als Jessica haben werden, oder aus einem anderen Leben, in dem du Karma angehäuft hast? Weisen sie dich auf die Lehre hin, die du daraus ziehen solltest. Warum wird dein Leben als Jessica voller Schwierigkeiten und Leid sein?"

„Ich muß erstens angstfrei werden, und zweitens muß ich einflußreich werden. Ich stehe vor einem Rat aus drei Personen. Sie verfügen über ein Archiv."

„Was zeigen sie dir? Was sagen sie dir über dein Höheres Selbst?"

„Sie zeigen mir einige Abschnitte aus meinem kommenden Leben als Jessica. Sowohl das Gute als auch das Schwierige läuft wie ein Film ganz schnell vor mir ab."

„Was ist das Wichtigste dabei?"

„Einsamkeit und Abtreibung", antwortet sie zögernd.

„Was sagt man dir darüber?"

„Es sei das Beste für mich, Erfahrungen zu machen, Grenzen zu akzeptieren lernen."

„Erlaubt man die Abtreibung?"

„Weder noch. Es ist eine Erfahrung."

„Entscheidest du selbst darüber", frage ich mit Nachdruck.

„Ja", sagt sie.

Die Entscheidung wird wahrscheinlich karmische Folgen nach sich zie-
hen, die sie wiederum akzeptieren muß, ähnlich wie damals, als wir un-
sere Inkarnationsreihe auf Erden anfingen. Damals war es unsere freie
Entscheidung, mit all den damit verbundenen Konsequenzen. Es gab
weder ein Verbot noch eine Erlaubnis. Wir bestimmten alles selbst.

„Empfiehlt man dir nicht, die Abtreibung zu unterlassen", frage ich nach.

„Einer der drei sagt „nein" zur Abtreibung. Ich muß die Grenzen akzeptieren lernen, auch wenn ich die Wärme der Menschen noch so stark herbei-
sehne. Nein, keine Abtreibung!"

„Was sagt man zu deiner Ehe, über die Beziehung zu Erik? Welche karmische Beziehung besteht zwischen euch? Was ist das Hauptthema eurer Ehe?"

„Sexualität. Die Angst, mich anzuvertrauen. Er meint es gut mit mir, aber
er muß auch noch lernen zu geben."

„Woher resultieren die Probleme? Aus welchem Leben? Was ist damals
passiert? Wenn du sagst, er meine es gut, warum hast du dann Angst, eure Beziehung könnte zerbrechen?" Vielleicht sind das zu viele Fragen auf einmal,
denke ich plötzlich.

„Ja, ich will nicht allein sein", ruft sie heftig und unerwartet. „Ich will nicht
allein sein, ich will ihn nicht verlieren!"

„Woher stammt diese Angst?"

„Wir haben uns schon einmal verloren. Ich bin damals weggelaufen."

„Ach so, und jetzt traust du dir selber nicht mehr", schlußfolgere ich.

„Ja, ich will es jetzt lernen."

„Warum bist du damals weggelaufen?"

„Ich wollte mich nicht durch eine Ehe binden."

„Warum nicht?"

„Damals wollte ich frei sein."

„Aus welchem Grund?"

„Ich wollte keine Verpflichtungen haben, stattdessen wollte ich lieber tanzen, lachen, flirten. Ich habe ihm damals, ohne es zu wollen, weh getan."

„Welches Leben war das? Weißt du, in welcher Zeit das war?"

„Etwa 1830. Ich hieß Anna Meyer, er Rudolf. Rudolf ist jetzt Erik. Der Rat
der Drei sagte mir, ich müsse es noch einmal versuchen, jetzt würde es gelingen. Sie meinen damit, daß ich keine Angst zu haben brauche. Angst ist der
größte Feind. Es ist besser, sie loszulassen."

„Und das machst du jetzt", sage ich.

„Sie sagten: „Du wirst zu Beginn deines Lebens deine Gefühle selbst anzweifeln. Das ist nicht nötig, die Ehe wird gut werden. Es wird dir einige Mühe bereiten, aber mit Vertrauen und Willenskraft wirst du es schaffen."

„Wie verlief dein Leben als Anna Meyer weiter, gemeinsam mit Rudolf, im Jahre 1830?"

„Ich habe ihm viele Schmerzen bereitet. Dafür war er sehr dominant. Am Ende ging aber doch alles noch gut."

„Was heißt das „alles ging gut"?"

„Er wurde alt und krank, ich wachte an seinem Bett."

„Was passierte dann mit dir, Anna?"

„Ich blieb zu Hause, wurde sehr alt und war sehr einsam. Ich vermißte ihn, wollte alles von vorne beginnen."

„Gibt es noch mehr Vorleben, die mit einem ähnlichen Erlebnis zu tun haben?"

„Ja."

„Werden sie dir gezeigt?"

„Nein. Diesmal nicht, aber ich kenne jenes Leben. Alles wird gut werden."

„Welches Leben vor jenem als Anna Meyer hatte eine Verbindung zu diesem Erlebnis?"

„Ein Leben als Frau in England. Mein Mann und ich sterben beide jung. Er kämpft gegen Oliver Cromwell und stirbt dabei."

(Oliver Cromwell lebte von 1599 bis 1658. Er wurde 1644 vom Parlament zum General benannt. Er siegte über Schottland und Irland sowie über Karl den Ersten, der von ihm hingerichtet wurde. Cromwell bildete 1657 eine Militärregierung.)

„Wir konnten unsere Ehe nicht richtig zu Ende führen. Ich werde ihn in meinem Leben als Jessica wiedersehen. Ich liebe ihn sehr. Wir müssen beide lernen zu geben und zu nehmen. Ich will ihm nicht mehr weh tun und möchte keine Fehler dabei machen. Ich will ihn nicht verlieren", ruft sie laut aus.

„Wenn du ihn nicht verlieren willst, wird es auch nicht passieren", beruhige ich sie. „Der Rat der Drei hat dir das bereits bestätigt."

„Alles wird wieder gut werden. Habe keine Angst vor ihm, aber noch weniger vor dir selbst. Du mußt jede Form der Angst loslassen, du benötigst sie nicht. Das Leben besteht aus Höhen und Tiefen, aber Angst ist nicht notwendig", betont sie selber noch einmal. „Laß alles los", fährt sie fort und analysiert ihren eigenen Zustand. „Alles wird gut werden", sagt sie weiter, unter dem Einfluß der drei hohen Wesenheiten.

248

Dieser Rat kann auch aus fünf, sieben oder noch mehr Wesenheiten bestehen. Die Zahl ist jedoch stets ungerade, weil einer von den Wesenheiten der Leiter ist und mehr Licht und Weisheit besitzt. Er sitzt in der Mitte und hat zu beiden Seiten seine Ratgeber.

Sie setzt ihren Monolog fort: „Vertraue dem Leben, du brauchst keine Angst vor Liebe und Sexualität zu haben. Ich muß jegliche Angst loslassen."

„Wird dir gesagt, woher deine Angst stammt", frage ich sie.

„Ja. Sie stammt aus dem Leben von Sarah Steinemann, ist bedingt durch die Konzentrationslager. Sie wird aber auch durch Jessicas Mutter in ihrem neuen Leben beeinflußt. Die Mutter hat Angst vor der Sexualität. Sie spricht nie mit Jessica darüber, sie weiß davon nichts. Sie erzählt Jessica, daß das Leben sehr, sehr schön und perfekt sein wird. Jessica wird in die kalte Welt hinausgeschickt und glaubt, alles sei perfekt. Aber das stimmt nicht."

„Sag mir, wo bist du? Immer noch in dem Zimmer?"

„Ja", sie sagt es voller Gleichmut.

„Erkundige dich, ob die Schmerzen zwischen den Schulterblättern „geplant" waren."

„Ja, sie gehören zu meinem Prozeß, bei dem ich lerne, die Angst loszulassen."

„Wo haben die Schmerzen angefangen?"

„In Auschwitz, durch die Schläge mit einem Knüppel auf meinen Rücken. Aber auch, weil sie als Jessica nicht gelernt hat, selbständig zu werden. Ihre ängstliche und dumme Mutter hat ihre eigenen Ängste auf ihre Tochter übertragen. Auch dies ist nötig, um bestimmte Lektionen zu lernen."

„Das alles muß sich für dich doch positiv anhören?"

„Tut es auch", gibt sie zu.

„Wenn du jetzt im Jenseits vor dem Rat der Drei stehst, zwischen deinen Leben als Sarah und Jessica, kannst du sie dann fragen, warum du als Sarah die schrecklichen Erfahrungen in den Konzentrationslagern durchleben mußtest. Stand das im Zusammenhang mit einem anderen Vorleben?"

„Ja", sagt sie sofort.

„Was ist passiert? Wodurch wurde dieses Karma ausgelöst?"

„Ich sollte lernen, stärker zu werden."

„Wie sah denn das Vorleben aus? Sagen sie dir etwas darüber?"

„Ich sehe Wagenräder, ich bin in Rom, in der Zeit vor Christi Geburt. Ich war ein Mann, der so handelte, wie es ihm in den Sinn kam. Ich lebte ein wildes Leben, kümmerte mich nicht um die Gefühle anderer Menschen. Dies werde ich nach und nach lernen müssen. Als Jessica brauche ich nicht mehr zu leiden, keine Schmerzen mehr zu ertragen, keine Angst mehr zu haben. Sie braucht nur noch eine positive Einstellung zum Leben zu entwickeln."

„Wie lange vor Christi Geburt lebtest du in Rom?"

„425 Jahre, ich heiße Cornelius und besitze eine Bäckerei. Die anderen machen die Arbeit, ich gehe knobeln. Ich bin spielsüchtig, spiele mit hohem Einsatz."

„Was bedeutet „ein wildes Leben"?"

„Trinken und Wetten. Ich schlage meine Frau Fabia und führe mein Geschäft schlecht."

„Begegnetest du Fabia in früheren Leben, oder wirst du sie später wiedertreffen?"

„Ja, sie ist später Erik."

„Das macht einiges klar", bemerke ich.

„Ab und zu hatte ich andere Frauen, etwas, was ich später bereut habe. Als ich starb, wollte ich neu anfangen und alles besser machen, aber da war es zu spät."

„Dein Leben als Jessica steht in Verbindung zu dieser Fabia, die jetzt Erik ist. Habe ich das richtig verstanden?"

„Ja", antwortet sie.

„Welches Vorleben steht in Verbindung zu Sarah Steinemann, dem zwanzigjährigen jüdischen Mädchen?" Ich habe die Frage schon einmal gestellt.

„Ich weiß es nicht", ist ihre ausweichende Antwort.

„Doch, du weißt es. Untersuche den Fall, frage den Rat, ob sie dir etwas zeigen können", beharre ich.

„Es gibt verschiedene Leben. Einmal als Roberti, der Kreuzritter. Er lebte nach dem letzten Kreuzzug in Perugia. Sein Orden wurde zu mächtig, so verriet ihn die Kirche und verbot den Orden. Sein Leben war bedroht, er mußte fliehen."

„Welche negativen Ereignisse seines Lebens spielen für dich eine Rolle?"

„Rachegefühle bei den Kreuzzügen, die vielen Menschen, die er tötete.

Mein Leben als Twwi (Twie), als keltischer Söldner in Brittannia. Er kämpft gegen Römer und Sachsen. Es gab dort viel Haß und Gewalt, er wollte sich an den Römern rächen. Zum Glück hat er keine Menschen getötet.

Dann hatte ich ein Leben als reiche Lady Laura Marquiz. Sie wurde 1929, im Alter von zwanzig Jahren, in einer Seitenstraße ermordet. Auch sie interessierte sich nur wenig für die Gefühle anderer Menschen." Hier hört sie auf. Diese Leben haben wir in der Behandlung bereits erörtert.

„Kennst du noch andere Leben, die das Leben von Sarah Steinemann beeinflußten?"

„Nein", antwortet sie kurz.

„Wenn du die drei Leben von Roberti, Twwi und Lady Laura zusammen betrachtest, wie würdest du deren Einfluß auf Sarahs Leben zusammenfassen?"

„Rache ist nutzlos. Die Deutschen rächen sich, aber das bringt gar nichts, im Gegenteil. Rache und Haß sind niemals eine Lösung."

„Was bedeutet dies für dich als Sarah?"

„Genau dies muß ich lernen. Nur Vertrauen hilft weiter!"

„Löst sich deine Angst denn auf?"

„Nein", stöhnt sie.

„Was verursacht bei dir sonst noch Angst", frage ich geduldig.

„Ereignisse aus Jessicas Leben, alles Mögliche aus ihrer eigenen Vergangenheit. Ich bin müde", beklagt sie sich.

„Sollen wir ein anderes Mal darüber reden?"

„Ja, ein anderes Mal", flüstert sie.

„Welches ist die Grundidee?"

„Die Angst loszulassen Ich habe noch so viel Angst in meinem Leben als Jessica. Ich benötige Selbstvertrauen, um die Schmerzen loszulassen, Geben und Nehmen."

„Das ist deine Lektion?"

„Ja, furchtlos meine Gefühle zulassen." Sie atmet tief durch.

„Dies ist deine karmische Lektion? Oder gibt es vielleicht noch andere Lektionen?"

„Ja, einfach weiterzumachen, ohne Angst." Das ist der Kernpunkt ihres Traumas, sie kommt immer wieder darauf zurück.

„Laß deine Angst los. Es hat keinen Sinn, sie länger mit dir herumzutragen."

„Ich spüre nur Leere. „Fülle sie mit Positivem", wird mir gesagt."

„Wie geht es dem Schmerz zwischen den Schulterblättern?"

„Er ist immer noch da …" Sie hört sich bedrückt an.

„Tauche in die Ursache des Schmerzes ein. Was erlebst du?" Die Antwort ist schon vorher klar.

„Sie schlagen mich in Auschwitz mit einem Knüppel auf den Rücken." Sie landet jedesmal an der gleichen Stelle, das Trauma sitzt sehr tief.

„Gehe noch einmal dort hinein." Ich gebe Anweisungen dazu.

„Du erlebst es jetzt, du spürst die Schläge physisch", ich zwinge sie in das Erleben hinein. Sie fängt schwer an zu atmen und schreit: „Aaaah … aaah!" All die Verzweiflung und die Schmerzen lösen sich jetzt.

„Laß alles so lange zu, bis es von selbst nachläßt!"

„Aaah … aaaah", sie stöhnt weiterhin und atmet sehr schwer.

„Wirst du sehr fest geschlagen", frage ich.

„Ja, auf Rücken und Kopf. Ich habe Angst vor der Einsamkeit und dem Schmerz." Langsam lassen die Gefühle nach.

„Geht es dir jetzt besser", frage ich vorsichtig.

„Ja, nur die Angst bleibt bestehen. Ich habe Angst vor der Inkarnation als Jessica." Sie ist schon viel ruhiger.

„Gehe weiter, und sage mir, wohin du kommst."

„Ich bin jetzt in Jessicas Körper." Sie hört sich verzweifelt an. Der Kreis schließt sich, denn an dieser Stelle haben wir in der ersten Sitzung angefangen.

„Wie fühlst du dich?"

„Sie sucht nach Wärme und Verständnis, stattdessen bestimmt ihre Mutter alles. Sie möchte erwachsen werden, aber ihre Mutter läßt es nicht zu."

„Gehe hinein, laß alle Gefühle zu!" Sie fängt an zu weinen. „Wir dürfen zu Hause keine Gefühle zeigen. Aaaah. Ich kann nicht mehr!" Sie schreit verzweifelt.

„Doch, es geht." Damit versuche ich, sie vergeblich zu ermutigen.

„Nein, ich kann es nicht zulassen!" Ich gebe weitere Anweisungen.

„Alles, was du in deinem Unterbewußtsein verdrängt und versteckt hast, kommt an die Oberfläche." Ich gebe nicht auf.

„Ah … ah … ah", jammert sie. „Jessica hat so viel Angst, was haben sie mit ihr gemacht? Man hat sie neurotisch und ängstlich gemacht. Ich durfte nicht ich sein, wurde ständig klein gehalten. Ich wollte erwachsen sein. Immer war ich allein. Ich wollte nur Liebe, anstelle der teuren Geschenke." Sie schreit es heraus. Ich spüre ihre Trauer körperlich.

„Ich wollte immer mehr, fing an zu fordern. Ich wollte ihnen nicht wirklich weh tun, ich bin kein schlechter Mensch. Nie waren sie da, nichts habe ich von ihnen bekommen. Sie waren keine Stütze für mich, hatten sogar Angst vor mir." Es wird zu einer einzigen Anklage der Eltern. Sie weint, ihr Körper zuckt beständig.

„Alles sitzt so tief", beklagt sie sich.

„Jetzt kannst du alles hochkommen lassen", ermutige ich sie.

Heftig schreit sie jetzt: „Ich will behütet werden. Sie hatten Angst, mich älter werden zu lassen und hielten mich klein."

„Du bist jetzt erwachsen, alles ist vorbei." Damit beruhige ich sie ein wenig.

„Ja", flüstert sie, doch gleich danach ruft sie aus: „Erik! Ich will zu Erik! Zusammen mit ihm verlasse ich mein Geburtsland Norwegen, ich will bei ihm bleiben, weg von meinen Eltern. Ich will selbständig und glücklich werden, will meine Ängste loswerden."

„Ab jetzt bist du ganz du selbst, findest deine eigene Persönlichkeit", antworte ich.

„Ja, ich will mein Leben genießen, meine Ängste lösen." Sie ist viel ruhiger geworden.

„Beruhige dich, alles, was du über die Jahre hinweg verdrängt hast, verschwindet, fließt von dir ab."

„Ich fühle mich so einsam. Ich möchte so gerne mit Menschen sprechen, aber ich fühle mich dazu nicht in der Lage. Ich habe zu viele Schmerzen erlebt und fühle mich jetzt völlig leer. Ich bin müde und habe Angst vor der Zukunft. Ich möchte wissen, was auf mich zukommt."

Ich bringe sie in eine entspannte und ruhigere Verfassung. „Warum schaukelst du seit Anfang der Sitzung mit dem Oberkörper", frage ich dann.

„Der Trance-Zustand ruft das Schaukeln hervor. Am Anfang des Jahrhunderts war ich eine Wahrsagerin in San Fransisco. Ich hieß damals Norma und lebte ein wildes Leben. Seeleute und Gaukler kamen zu mir, wollten ihre Zukunft von mir wissen, dafür bekam ich Geld oder Küsse. Ich bin nicht schlecht, aber es ist kein guter Beruf für mich. Ich muß mich von den okkulten Sachen trennen. Ich sehe, daß ich 1906 sterben werde, ich habe Angst."

„Was ist die Ursache für diese Art von Körperbewegungen", unterbreche ich sie.

„Angst und Unsicherheit. Norma starb mit siebzig Jahren, als alter Mensch, sie lebte von 1836 bis 1906. Sie ging nach dem Tod ins Licht."

„Du bist müde, wir unterbrechen die Sitzung." In der nächsten Sitzung werden wir uns das Leben von Norma in San Fransisco anschauen.

„Ja", sagt sie ganz leise.

Wir haben in diesem Kapitel über die karmischen Ursachen gesprochen. Es steht fest, daß in irgendeinem ihrer Vorleben ein Beziehungsproblem zwischen Jessica und ihren Eltern entstanden ist, an dem sie beteiligt war. Wir haben diese Beziehung in der Therapie noch nicht weiter untersucht. Aber jede Handlung ruft eine Wirkung hervor; was du säst, wirst du ernten. Jeder Mensch hat zu allen anderen Menschen, mit denen er in Berührung kommt, irgendeine positive oder negative Beziehung. Dies ist grundsätzlich der Fall, im Kleinen wie im Großen. Das gilt für Nationen, Völker, Stämme, Kulturen, Religionen, Gruppierungen und Einzelpersonen. Jede Spannung hat eine Ursache in der Vergangenheit, und in irgendeiner Form sind immer beide Seiten dafür verantwortlich. Im schlimmsten Fall weitet sich eine negative Beziehung von Leben zu Leben weiter aus. Daher liegt es in der Verantwortung beider Parteien, den Konflikt zu lösen und erneut eine Harmonie aufzubauen.

Jede Konfliktsituation, sei sie subtil oder offensichtlich, ist immer selbstverschuldet.

ACHTZEHNTES KAPITEL

Jessicas Leben als Norma Litchfield

Hellsichtige Prostituierte.
Das Erdbeben und die Verwüstung von San Fransisco
im Jahr 1906. Todesangst. Vor dem Rat der Drei.
Wahlmöglichkeit für oder gegen Auschwitz.

Donnerstag, den 15. Dezember 1988

Jessica ist wieder bei mir in der Praxis. Wie verabredet, werden wir ihr Leben als Hellseherin Norma betrachten. Auch in diesem Leben stehen ihre sexuelle Problematik und ihre Orgasmusschwierigkeiten im Vordergrund. Zudem betrachten wir ihre Todesängste und den Konflikt mit ihren Eltern. Alle diese Probleme erlebt sie erneut in ihrem jetzigen Leben als Jessica.

Nach den nötigen Anweisungen kommt sie schnell in Trance. Mit der wichtigen Analyse der letzten Sitzung werden wir uns später beschäftigen.

Ich stelle die üblichen Fragen: „Was siehst du, was geschieht? Wo bist du?"

Sie antwortet sofort: „Ich befinde mich irgendwo an einem Gewässer, an einer Straße mit Kopfsteinpflaster. Ich sehe Schiffe, es ist Nacht, und ich stehe am Ufer. Betrunkene Seemänner wanken Arm in Arm lallend an mir vorüber. Ich stehe am Eingang einer Bar und schaue nach draußen. Der Abend ist ruhig, es gibt keine Kunden."

„Wem gehört die Bar? Dir?"

„Nein, ich nutze nur ein Zimmer hinter der Bar."

„Wofür benutzt du es?"

„Ich bin Wahrsagerin."

„Wie alt bist du?"

„Fünfundvierzig, also nicht mehr so jung, Ich bin eine Frau." Sie redet sehr monoton und ohne Gefühlsäußerung.

„Wie heißt du?"

„Norma Litchfield." Sie antwortet, ohne zu zögern.

„Führst du ein angenehmes Leben?"

„Bisweilen ist es schön. Es ist wild und unberechenbar. Ich verdiene meinen Lebensunterhalt, indem ich den Menschen ihre Zukunft voraussage. Ich bin unverheiratet und lebe ganz allein, ohne Mann und ohne Kinder. Zu meiner Familie habe ich keinen Kontakt mehr."

„Der Abend ist ruhig", sagtest du. „Gehe zu einem Moment, in dem etwas Wichtiges geschieht."

„Es ist spät am Abend. Einige Kunden betreten den Raum und trinken etwas. Anschließend kommen sie zu mir, und ich lege ihnen die Karten. Ich kann ihnen einiges voraussagen, und manchmal gehe ich bewußt in Trance.

„Warum gehst du in Trance?" Sie gibt mir keine direkte Antwort, sondern sagt: „Es ist reine Zeitverschwendung, ich fülle damit nur die Zeit."

„Ja, und du kannst sie mehr fragen", vermute ich.

„Nein, ich habe nichts zu tun."

„Ist es wichtig, daß du an diesem Abend die Karten liest?"

„Ja, ich sehe den Tod, meinen eigenen Tod", antwortet sie kurz.

„War es deine Absicht, den Zeitpunkt deines Todes zu erfahren, oder erblickst du ihn ganz unvorbereitet?"

„Ich hatte nichts zu tun und kam auf die Idee, meine eigene Zukunft zu lesen. So oft tue ich das nicht. Ich hätte es besser bleiben gelassen", bedauert sie.

„Ich hätte mir einen anderen Beruf suchen sollen, er ist zum Fluch geworden. Ich wollte immer alles wissen, jetzt bereue ich es."

(Ein guter Wahrsager gibt normalerweise nur die positiven Prognosen weiter, die negativen sollte er stets für sich behalten.)

„Was hast du an dem Abend alles über dich erfahren?"

„Meinen eigenen Tod, in vielen Jahren."

„Wann genau? Du bist jetzt fünfundvierzig", bedränge ich sie.

„Erst in fünfundzwanzig Jahren." Sie redet immer noch mit monotoner, emotionsloser Stimme.

„Gute Jahre?"

„Durchschnittlich, viel ändert sich nicht."

„Was liest du noch über dich", frage ich weiter.

Nach kurzer Pause antwortet sie traurig: „Einsamkeit."

„Hast du keinen Mann?"

„Doch, Kunden, mit denen ich gegen Bezahlung ins Bett gehe."

„Gefällt es dir, brauchst du das?"

„Nein, es gefällt mir nicht sehr, aber ich brauche das Geld zum Leben."

„Bist du attraktiv?"

„Nicht sehr, etwas rundlich sehe ich aus, habe kastanienbraune Haare und trage nur einen roten Morgenmantel aus Seide, unter dem ich nackt bin. Das ist praktisch, außerdem ist es draußen sehr warm. Ich bin ordinär."

„Was siehst du noch?"

„Ich schaue nicht mehr hin, ich habe Angst vor dem Tod. Am liebsten möchte ich ihm entfliehen. Irgendwann, ganz plötzlich, ist er da."

Jeder, der davon ausgeht, daß er nur einmal lebt und danach alles vorbei ist, hat diese Angst. Er hat keine Perspektiven. Es ist eine Gnade, daß wir mehrere irdische Leben haben.

„Ich möchte nicht an den Tod denken, aber es gelingt mir nicht. Die Angst davor läßt mir keine Ruhe. Ich hätte mich nie mit dem Okkulten beschäftigen sollen, nie in die tobende Großstadt ziehen sollen."

„Wie alt warst du damals?"

„Zwanzig oder einundzwanzig. Ich hatte keine Lust, auf dem Bauernhof zu leben, und jetzt kann ich nicht mehr zurück. Ich habe zu viel gesehen."

„Gibt es auch schöne Erlebnisse in deinem Leben?"

„Ja. Bisweilen lege ich die Karten für einen Menschen, der wirklich Glück hat. Dann erzähle ich ihm gerne davon. Oder ich gehe auf Feste und tanze mit den Männern. Ich trinke Alkohol und Kaffee, damit ich wach bleibe. Dann bekomme ich ein warmes Essen. Ich lebe im Jahr 1880, also bin ich fünfundvierzig Jahre alt."

„Gehe vom Jahr 1880 weiter zu einem wichtigen Moment in deinem Leben als Norma."

Sie antwortet nicht, und ich ergänze: „Vielleicht gehst du besser in der Zeit zurück." Ich gebe weitere Anweisungen dazu.

„Ich wohne auf einem Bauernhof, das Leben dort ist eintönig. Ich lebte nur für Sex." Ihre Stimme wird lebendiger. „Ich treibe es mit allen Jungen aus der Nachbarschaft. Dadurch wird mein Ruf schlecht, und es ist besser, von dort wegzugehen. Ich möchte in die Großstadt."

„Du hast einen schlechten Ruf? Hast du so oft mit Jungen geschlafen?"

„Ja, in der Scheune."

„Hattest du dort ein Bett stehen?" Ich bin mir bewußt, wie blöd die Frage ist.

„Nein, einfach im Heu."

„Du mußtest also in die Stadt gehen, weg von dort?"

„Ja, ich habe es schon arg schlimm getrieben, aber ohne Sex war alles so langweilig. Ich mußte weg, in die Stadt, sonst wäre ich vor Langeweile umgekommen. Ich wollte Aktion, die quirlige Stadt." In diesem Leben war Sexualität noch etwas Positives für sie.

„Gehe zu einem Moment, in dem du mit einem der Jungen, die du mochtest, im Heu liegst. Erzähle mir, was dabei geschieht?" Ich gebe wieder Anweisungen.

„Wir necken uns, es ist aufregend, es gefällt mir."

„Was passiert dann?"

„Sex. Ich liege mit dem Rücken im Heu, er öffnet meine Bluse. Ich protestiere, aber in Wirklichkeit gefällt es mir. Er ist sehr zärtlich zu mir, küßt meine Lippen, meine Brüste, meine Brustwarzen werden hart. Wir necken uns und lieben uns dann leidenschaftlich." Sie macht eine Pause und sagt dann: „Ich bin traurig. Ich wünschte, es würde immer so bleiben, aber die Beziehung ist beendet. Er wird zur Armee eingezogen." Sie hustet plötzlich sehr heftig.

„Was hast du", frage ich.

„Heuschnupfen. Er wird eingezogen. Ich werde ihn nie wiedersehen. Das ist sehr schlimm." Sie hat einen Kloß im Hals.

„Siehst du, wie leicht du damals zu einem Orgasmus kommen konntest?"

„Ja, damals schon", gibt sie zu.

„Eigentlich müßte es in deinem späteren Leben als Jessica genauso leicht möglich sein."

„Eigentlich ja."

„Präge dir diese Tatsache tief ein. Du sahst den Jungen nie wieder. Wie sah er aus?"

„Er hatte dunkle Haare, eine schöne Haut und wunderschöne Augen."

„Schau ihn dir genau an, sieh seine Ausstrahlung, erkennst du ihn in deinem Leben als Jessica wieder?"

„Ja, es ist Erik, mein Mann. Ich liebe ihn."

„Du siehst, wie erfüllt du mit deinem Mann schlafen kannst. Es müßte doch in deinem Leben als Jessica genauso gut gehen."

„Warum geht er in die Armee? Schade", überlegt sich Norma, erstaunt und traurig zugleich.

„Ich weiß es auch nicht", ist alles, was ich antworten kann. „Sein Karma, nehme ich an."

„Daher die Angst, die ich jetzt als Jessica habe, er könne mich verlassen.

258

Irgendwo herrscht Krieg, aber nicht in Amerika, und ich sehe ihn nie wieder."

„Wo herrscht denn Krieg?"

„In Kuba", antwortet sie (Der Spanisch-Amerikanische Krieg).

„Er stirbt an Malaria, und ich halte es auf dem Land nicht mehr aus. In der Stadt möchte ich meine Einsamkeit besiegen. In der Nähe meiner Pension wohnt eine alte Frau, die mir das Kartenlesen beibringt. Ich lerne es sehr schnell, außerdem habe ich eine gute Intuition. Es fällt mir leicht, Vorhersagen zu machen. Es wird jedoch zum Fluch für mich."

„Du meinst das Kartenlesen?"

„Ja, wenn ich ständig alles sehe, weiß ich am Ende zu viel, auch über mich selbst. Ich lernte noch viel von der alten Frau, las okkulte Bücher. Das war nicht gut, außerdem trank ich viel Alkohol und blieb nächtelang wach. Ich bin jetzt fünfundvierzig, sehe aber aus wie sechzig. Meine Haare sind struppig und ungepflegt, ich bin verbraucht, wie eine alte Hure. Ehrlich gesagt, bin ich auch eine", relativiert sie ihre Aussage.

„Hauptsächlich lese ich Karten, aber wenn ich Lust dazu habe, gehe ich auch mit einem Kunden ins Bett."

Plötzlich sagt sie: „Oh ... ja", und schweigt erneut.

„Was meinst du mit "Oh ... ja?"

„Natürlich", antwortet sie rätselhaft. „Viele Menschen sterben in dieser Stadt, vielleicht auch ich. Alles bebt ..., ein Erdbeben! Ich sehe alles in meinen Karten."

„Welche Stadt ist es?"

„San Francisco. Am alten Hafen, dort, wo ich wohne. Ich sehe das Beben, den Turm ... alles stürzt ein. Jetzt tanzen und lachen wir, aber in etwa zwanzig Jahren wird alles zerstört sein. Ich schaue zu viel in meinen Karten."

„Was machst du jetzt, nachdem du all dies gesehen hast?"

„Ich habe Angst, möchte alles vergessen. Es gelingt mir nicht." Plötzlich wechselt sie das Thema: „Es riecht nach Fisch, nach frischem Fisch. Ein Fischerboot ist gerade eingelaufen. Es ist das Boot eines meiner treuen Matrosen. Sein Boot ist direkt vor meiner Kneipe am Kai festgemacht. Er trägt die Fische an Land. Die Inhaber der Läden und Restaurants kommen und kaufen die Fische. Sie stinken fürchterlich.

Ich mag einen der Matrosen sehr gerne. Er ist jung, nett und blond. Er heißt Bradley. Ich bin nicht in ihn verliebt, ich schlafe nur mit ihm. Aus Kuba bekomme ich keine Post, mein Freund ist tot. Ich vermisse ihn sehr."

„Begegnest du Bradley, dem jungen Fischer, in deinem Leben als Jessica wieder?"

„Ja, er ist mein Sohn. Der Fischer ist sehr nett, manchmal neckt er mich. Wir lachen viel über seine Witze. Er ist noch nicht einmal dreißig, und ich bin schon fünfundvierzig. Wir sind sehr gute Freunde. Wir haben viel getrunken, und ich rauche eine Zigarette. Ich trage meinen roten Morgenmantel, er ist offen, so liege ich auf dem Bett. Ich bin nicht schlank, mollig mit vielen Fettpolstern und Hängebusen."

„Du bist dick und fett, sagst du?"

„Nun ... ich nenne es lieber mollig, sehr mollig. Ich liege nackt auf dem Bett, und wir reden miteinander. Ich habe keine Scham vor ihm. Er ist ein guter Junge, ich kann ihm vertrauen. Wir schenken einander Trost." Sie schweigt.

„Was passiert weiter?"

„Er geht weg ... Nein! ...." Sie flüstert plötzlich und redet nur noch mit sich selbst.

„Was ist? Nein?" Ich erschrecke ein wenig.

„Ja ... ja. Ich sehe seine Zukunft. Er wird nicht wiederkommen. Die nächste Fahrt wird seine letzte sein. Er fährt auf See und wird im Sturm ertrinken. Er wird nicht zurückkommen", sagt sie mit trauriger Stimme.

„Ich bin jetzt eine einsame alte Hure. Ich habe es gewußt. Ich will nicht mehr! Ich will nicht mehr", ruft sie.

„Ich will die Zukunft nicht mehr vorhersehen! Ich habe niemanden mehr. Ich bin jetzt fünfzig Jahre alt und eine alte Hure", beklagt sie sich.

Es ist bedrückend, diese Mischung aus Selbstanschuldigung und Selbstmitleid anhören zu müssen.

„Wie geht dein Leben weiter", frage ich.

„Normal, ich lebe von einem Tag zum nächsten. Manchmal muß ich die Karten legen. Wenn ich Wärme brauche, schlafe ich mit jemandem. Ich kann gut Kartenlesen, die Seeleute finden es immer wieder spannend. Ich langweile mich dabei, immer das gleiche. Das Leben ist eintönig."

Mit zwanzig Jahren, als sie noch bei ihren Eltern auf dem Bauernhof wohnte, sagte sie dasselbe.

„Zwei Männer, die ich liebte, sind fortgegangen. So ist das Leben, ich kann nichts daran ändern. Ich werde sie später wiedersehen, in meinem Leben als Jessica. Ich hänge sehr an den beiden." Sie atmet tief durch.

„Ich spüre Angst und Spannung. Ich will nichts mehr über die Zukunft wissen, es wird mir zu viel. Dazu kommen noch mein eigener Tod und das Erdbeben."

„Erlebst du das Erbeben noch", frage ich vorsichtig.

„Ja, es ist furchtbar."

„Du willst nicht mehr in die Zukunft sehen, Norma. Fange also in deinem Leben als Jessica gar nicht erst damit an", empfehle ich ihr.

„Ja. Ich höre auch auf zu rauchen und zu trinken."

„Gehe zu dem Moment, in dem das Erdbeben beginnt, Norma", sage ich und gebe ihr Anweisungen.

„Ooohh", beginnt ein langgezogenes Klagen. „Es fängt früh morgens an, die Sonne scheint intensiv. Ich bin unruhig, habe eine eigenartige Vorahnung. Es wird kein normaler Tag werden. Es fängt an! Unter meinen Füßen … ich kann nicht mehr richtig atmen. Das Haus stürzt ein, der Staub begräbt mich. Die Bar, alles ist verwüstet. Die ganze Stadt ist zerstört! Überall liegen Tote und Verletzte." Sie schweigt, die Stille ist fast greifbar. „Ich überlebe nicht, schade. Ich hatte es in den Karten gelesen und vorhergesagt."

„In welchem Jahr geschieht das?"

„1906", antwortet sie.

„Kennst du das genaue Datum?"

„Ja, am 26. September 1906."

„Du bist unter dem Schutt begraben. Wie geht es weiter?"

„Ich kann nicht mehr atmen, ich ersticke …, der dichte Schutt erdrückt mich. Es ist schnell vorbei. Aber mein Leben war sowieso nicht mehr viel wert. Problemlos steige ich zum Licht auf."

„Bist du sicher?"

„Ja, aber das Sterben war ekelhaft. Keine Luft, Schmerzen, Angst, ein großer Schock. Hätte ich nur mehr aus meinem Leben gemacht …" Weiter kommt sie nicht. „Das Gewicht der Steinmassen drückt auf mich, auf meinen Nacken, Kopf und Rücken. Mein ganzer Körper ist begraben, ich kann mich nicht mehr bewegen. Anfangs höre ich noch Autos, dann ist alles vorbei."

„Spürst du Ängste?" Ich frage auf die gängige Art und Weise.

„Todesängste! Ich liege ganz allein im Dunkel unter den Steinmassen!"

„Erlebe deine Ängste, durchlebe sie noch einmal, um dich für immer davon zu befreien."

„Ja", stimmt sie etwas ruhiger zu.

„Gehe hindurch!"

„Ja. Die beiden Männer warten auf mich. Schön, daß ich sie wiedersehe.

Sie stehen auf der anderen Seite im Licht. Jetzt habe ich weniger Angst. Ich will das goldene Licht durchschreiten und zu ihnen gehen. Mein Geliebter vom Bauernhof und Bradley, der Fischer, sind dort. In meinem Leben als Jessica werden sie mein Mann und mein Sohn sein."

„Wie sehen sie aus?"

„In der Zukunft?"

„Ja, kannst du sie beschreiben."

„Sie sind weiß gekleidet und strahlen Liebe aus. Ich bin so froh, sie wiederzusehen. Sie sind ganz vom Licht eingehüllt. Ich kann mich ihnen jetzt leichter nähern. Dazu muß ich das goldene Licht durchschreiten."

„Kannst du es?"

„Ich versuche es, aber es geht nicht ganz. Ich weiß nicht, wie ich das Problem lösen kann. Wie komme ich nur zu ihnen?" Sie ist hilflos.

„Indem du dir von mir helfen läßt. Du bist immer noch nicht bei ihnen, nicht wahr?"

„Noch nicht ganz. Ich sehe sie auf der anderen Seite des goldenen Lichtes."

„Steige auf und bleibe in ihrer Nähe. Sie werden dir folgen. Steige nach oben", bedränge ich sie. „Du bist unstofflich und gewichtslos."

„Die beiden sind schon da, aber auf der anderen Seite."

„Gut. Begib dich zu ihnen. Stelle dir vor, du durchquerst das Licht."

„Ja."

„Du stellst dir vor, du gingest zu ihnen, du kannst es. Du spürst deine Kraft und deinen Willen, dies zu tun. Durchquere das Licht!"

„Ja, ich schreite durch das Licht und bin jetzt bei ihnen. Wir umarmen uns. Ich freue mich wirklich, sie zu sehen und bei ihnen zu sein. Es ist sehr schön, auch wenn in der Zukunft nicht alles so leicht sein wird." Sie spricht nur noch ganz leise.

„Es wird in Zukunft nicht alles so leicht sein", wiederhole ich.

„Ja, so ist das Leben nun einmal. Ich meine die Zukunft." Sie spricht sehr philosophisch. „Die beiden strahlen viel Liebe aus."

„Du beginnst ebenfalls damit, Norma."

„Nach den Jahren der Einsamkeit ist es schwer, Gefühle zu haben und zu lieben."

„Welche Lektion hattest du in deinem Leben als Norma zu lernen?"

„Nicht so bequem zu sein und mehr aus mir zu machen. Ich hätte viel mehr aus diesem Leben machen können. Ich habe viel Zeit mit der okkulten Arbeit

262

vergeudet, dem nur passiven Beobachten aller Schwierigkeiten. Es ist schade um die Gefühle und die Zeit."

„Was war nicht gut an der okkulten Arbeit?"

„Ich wollte alles wissen und in die Zukunft schauen. Dadurch erhielt ich die Macht, die ich später dann nicht mehr unter Kontrolle hatte. Nein, ich möchte nicht erneut ein so zügelloses Leben führen, mir reicht es."

„Du sprichst von einem zügellosen Leben. Was hast du für dein jetziges Leben als Jessica daraus gelernt?"

„Ich will nicht mehr so zügellos leben."

„Was hast du in bezug auf deine Sexualität, deine Frustrationen diesbezüglich, daraus gelernt?"

„Sexualität ist etwas Natürliches. Sie füllt eine Leere aus, sie erfüllt ein Bedürfnis. Erst dann ist sie schön und macht nicht mehr traurig."

„Genau, in deinem Leben als Jessica lernst du, diese Leere auszufüllen."

„Ja."

„Dadurch wird in deinem Leben als Jessica alles viel harmonischer und normaler werden. Du bist selbstsicher und offen der Sexualität gegenüber." Ich versuche, sie so positiv wie nur möglich zu programmieren.

„Ja. Jetzt bin ich müde. Wir sind zusammen, ich habe es geschafft. Ich bin froh, daß mein Leben als Norma vorüber ist."

„Wo gehst du jetzt hin", frage ich weiter.

„Ich bin im Himmel", ist ihre einfache Antwort.

„Bleibst du jetzt immer dort?"

„Nein, ich sehe schon wieder die Kästen, die roten Schubladen in der Mauer. Ich muß mich erneut inkarnieren. Vorerst aber darf ich noch bleiben."

„Die Seele von Norma, dein wahres Wesen, bleibt dort oben. Es verläßt das Jenseits nie."

„Richtig, aber das Leben selbst ist vorüber", antwortet sie vorsichtig.

„Ja, dein unstofflicher Körper bleibt dort oben, ein neues ICH inkarniert sich auf Erden."

„Ja, etwas Neues inkarniert sich", bestätigt sie.

„Das Neue ist einerseits ein offenes, unbeschriebenes Blatt und andererseits trägt es karmische Einflüsse aus deiner Vergangenheit. Du inkarnierst dich mit Hilfe einer neuen Persönlichkeit, die ihre eigene, einzigartige Lebenserfahrung auf Erden machen wird, wie ein Buch, das von deinem ICH auf der Erde noch geschrieben werden muß, stimmt das?"

„Ja, genauso ist es", bestätigt sie.

„Du siehst wieder die gleichen Kästen mit den Schubladen. Siehst du noch mehr?"

„Ich befinde mich wieder in dem Zimmer mit dem grünen Boden."

„Erzähle mehr über das, was geschieht."

„Der Rat der Drei spricht mit mir. Einer von ihnen legt seine Hand auf meine Schulter und sagt: „Gehe und lerne, für andere von Bedeutung zu sein, anstatt immer nur an dich selbst zu denken." Danach sehe ich eine meiner nächsten irdischen Inkarnationen an mir vorüberziehen."

„Was für ein Leben ist das?"

„Ein Leben als Jüdin. Es ist grausam." Sie hört sich bedrückt an.

„Wie wirst du heißen?"

„Sarah ...!"

„Was ist an diesem Leben so grausam? Was sagt der Rat der Drei dazu?"

„Ich sehe Konzentrationslager ..." „Du kannst dich weigern", sagt er. „Aber wenn du dies durchlebst, wirst du dich schneller von deinem Karma befreien." Die Umstände sind grauenvoll. Trotzdem, ich nehme dieses Leben an", sagt sie.

„Wo spielt es sich ab?"

„Auschwitz ... Ich sehe vollkommen zerstörte Städte, Feuer und Rauch, Luftangriffe, schreiende und kreischende Menschen ... Oh!" Sie ist entsetzt. „Dazu habe ich ja gesagt!" Sie stöhnt unentwegt.

„Was sagen sie über deine Ängste?"

„Sie sagen, ich solle sie tief empfinden und dann ganz loslassen."

„Probiere es, spüre kurz die Angst, um sie danach sofort loszulassen."

„Jaaah ...", flüstert sie.

„Was fühlst du jetzt?"

„Erleichterung ... Ich fühle mich befreit! Dieses Erlebnis werde ich nie wieder haben. Ich brauche keine Angst mehr zu haben. Ich lerne aus dem Erlebten, gut und schlecht zu unterscheiden."

„Du inkarnierst dich jetzt als Sarah. Spüre aber vorher noch einmal die Befreiung und die Erleichterung. Du hast damit die Angst aus deinem Leben als Jessica losgelassen."

„Ja. Ich brauche mich nicht mehr vor der Angst zu fürchten", sagt sie ganz ruhig.

„Du wirst dich nachher viel besser fühlen."

„Ganz sicher", bestätigt sie.

„Kannst du mir sagen, welchen Namen du im Jenseits hast?"

„Ich habe keinen Namen, ich brauche keinen. Nur auf Erden und auf anderen Planeten oder in anderen Sonnensystemen habe ich einen Namen." Damit bestätigt sie, was viele andere vor ihr ebenfalls gesagt haben.

„Kurz noch einmal zu deinem Leben als Norma. Verstehst du jetzt, warum du so viel Angst hast, Erik könnte weggehen?"

„Ja, jetzt verstehe ich es."

„Nun ist alles viel klarer. Eines der beiden Wesen im Licht ist Erik. Er war der Junge, mit dem du im Heu geschlafen hast und der später in Kuba starb. Er kam nie wieder, und das ist der Grund für deine Angst und deine Tränen in der letzten Zeit."

„Mir ist alles klar. Ich sehe ihn jetzt, und das ist sehr schön."

„Wie hieß er in deinem Leben als Norma?"

„Jason. Ich sehe Erik vor mir."

„Du verstehst alles. Woher kommt deine Suizid-Neigung in diesem Leben als Jessica?"

„Von Auschwitz", stöhnt sie.

„Du bist jetzt frei davon. Der Rat sagte: Erst die Angst fühlen, dann loslassen. Ich habe dich die Angst fühlen lassen, du bist in sie eingetaucht, danach hast du dich befreit und erleichtert gefühlt."

„Richtig", sagt sie.

„Die Erlebnisse kommen nie wieder. Du hast gelernt, zwischen gut und schlecht zu unterscheiden. Von jetzt an ist dies eine Tatsache!"

„Ja, jetzt ist es eine Tatsache", wiederholt sie.

„Norma Litchfield ruht in Frieden im Himmel, in ihrer Seeleneinheit. Sie ist dort ein integrierter Bestandteil des Ganzen. Die neue irdische Inkarnation des gleichen ICHs ist eine ganz andere Persönlichkeit."

„Richtig", bestätigt sie.

„Hast du noch etwas zu sagen oder weitere Fragen?"

„Nein, ich habe nichts mehr zu sagen."

Das Ende einer zufriedenstellenden Rückführung von Jessica ist erreicht. Diese Sitzung hat uns viel Information gegeben und Klarheit geschaffen.

Ähnlich wie Norma verließ auch Jessica ihr Elternhaus voller Anschuldigungen und Selbstmitleid. Die Jugendzeit von Norma legte den Grundstein für den Konflikt und das mangelnde Verständnis zwischen Jessica und ihren Eltern. Norma hat den Bauernhof ihrer Eltern bestimmt nicht in Harmonie verlassen, sie floh in die Stadt.

Jessica hat die gleichen Eltern wie Norma, und der Konflikt ist von Anfang an vorhanden. Die Unzufriedenheit mit der häuslichen Situation, alles was wir über ihr Verhalten in ihrer Kindheit wissen, ihr Weglaufen von Zuhause, dies alles führt uns zurück zu einem weiteren Leben vor der Inkarnation als Norma. Zu einem Leben, in dem sie von Zuhause floh. In ihren Leben begegnet sie immer wieder den gleichen Eltern. Der Konflikt eskaliert immer stärker und äußert sich in dem schlechten Verhältnis zwischen Jessica und ihren heutigen Eltern. Es gibt nur eine Lösung: in Liebe, Verständnis und Vergebung zueinander finden. Ansonsten verschlimmert sich die Situation immer mehr. Aber jeder muß bei sich selbst anfangen.

NEUNZEHNTES KAPITEL

Die Liebe für Mohammed Ben Al-Rashid

Amalias Liebesnächte im alten Persien.
Arabisches Essen als Öffnung für die Sexualität.
Der Tod von Roberti, dem Templer. Erdgebundenheit.
Der Rat der Drei sitzt erneut beisammen.

Wir werden in diesem Kapitel die Inkarnation vor dem Leben als Norma untersuchen. Es zeigt sich ein völlig konträres Bild zu Jessicas sexueller Frustration. Wir werden genau das Gegenteil sehen – ekstatische, orientalische Erotik.

Am Ende des vorherigen Kapitels sprachen wir kurz über ein Leben vor Norma Litchfield, in dem eine wichtige Ursache für den Konflikt zwischen Jessica und ihren Eltern zu finden ist. Sie heißt Amalia und lebt im 12. Jahrhundert, also lange vor ihrer Inkarnation als Norma. Da Zeit bedeutungslos ist, ist dies nichts Ungewöhnliches.

Montagnachmittag, 19. Dezember 1988

Unsere nächste Sitzung findet statt. Jessica erzählt von ihrer neuesten Entdeckung. Arabische Gerichte versetzen sie in starke sexuelle Erregung. Sie hatte sogar beim Sex mit Erik einen spontanen, intensiven Orgasmus. Wir benutzen ihre Entdeckung als Leitmotiv für diese Sitzung, um die Ursache dieses Erlebnisses herauszufinden.

Nach einer kurzen Beratung versetze ich sie in Trance und gebe ihr die notwendigen Anweisungen. Ich frage sie: „Was siehst du, was erlebst du, was erfährst du?" Nachdem sie nicht antwortet, ergänze ich: „Ist es hell oder dunkel?"

„Es ist ganz dunkel. Ich bin eine Frau, allein irgendwo dort draußen." Sie ist kurz angebunden, läßt sich nur ganz langsam heranführen.

„Was machst du dort draußen, ganz allein im Dunkeln?"

„Ich laufe davon, ich bin meinem Vater entwischt."

„Was wollte er von dir?"

„Ich muß zu Hause bleiben, damit ich meine Jungfräulichkeit nicht verliere. Aber ich will nicht, ich möchte mit einem Mann schlafen und irgendwann später heiraten. Ich bin siebzehn Jahre alt und sehe sehr erwachsen aus, ich habe eine dunkle Haut und lange, dunkle, glatte Haare. Ich bin nicht groß." Plötzlich sagt sie: „Ich möchte die Sitzung abbrechen, die Trance beenden, mir ist übel."

„So ... meinst du nicht, das wird sich wieder legen?"

„Ja, gut ...", stöhnt sie.

„Es ist besser, wir suchen nach der Ursache für deine Übelkeit, sonst löst sie sich nicht. Finde die Ursache für deine Übelkeit." Sie hört nicht auf zu stönen. Ich gebe ihr weitere Anweisungen. „Du spürst jetzt die Ursache deiner Übelkeit. Schau genau hin."

Sie atmet sehr schwer und antwortet mühsam: „Ich muß jemanden heiraten, habe aber keine Lust dazu."

„Was machst du?"

„Ich fliehe!"

„Deine Übelkeit verschwindet, und du fühlst dich frei. Kannst du sehen, wohin du fliehst?"

„Ich fliehe aus der Stadt hinaus in die Wüste. Ich bin zum ersten Mal allein und habe Angst. Es ist heiß, ich habe Durst, suche nach Wasser ..."

„Gehe zu dem Moment, in dem sich die Situation klärt. Suche nach einem angenehmeren Erlebnis. Wo bist du jetzt?"

„In einem kleinen Zimmer mit Bodenfliesen", antwortet sie.

„Fühlst du dich jetzt besser?"

„Ich habe Durst und blicke über die Stadt."

„Bei wem bist du?"

„Bei einem mir unbekannten reichen Mann."

„Wie bist du dorthin gekommen", frage ich erstaunt.

„Er hat mich draußen vor der Stadt gefunden. Ich kniete vor ihm und flehte ihn an, als er mit seiner Karawane an mir vorbeizog. Er lag auf der Seite und wurde in einer Sänfte getragen."

„Warum? War er krank oder verletzt?"

„Nein, natürlich nicht. Er ist reich und braucht deshalb nicht selbst zu gehen. Ich bin ein schönes Mädchen, und er nimmt mich mit in sein Haus. Ich stehe jetzt allein in einem schönen, kühlen Raum. Ich bin verwirrt, habe Kopfschmerzen und Durst", beklagt sie sich.

„Du kannst doch um etwas zu Trinken bitten."

„Das tue ich auch. Ein Diener bringt mir klares, kühles Quellwasser. Ich habe auch Hunger und erhalte etwas zu Essen, Feigen, Datteln und leckeres Schafsfleisch."

„Hört sich gut an", bemerke ich.

„Jetzt bade ich, herrlich."

„Wo ist der Mann, der dich mitgenommen hat", frage ich interessiert.

„Er kommt später, er ist noch jung. Ich fühle mich sehr wohl", sagt sie heiter.

„Wie heißt du?"

„Amalia", antwortet sie sofort.

„Weißt du schon, wie er heißt?"

„Ja, er heißt Mohamed ben Al-Hasid", antwortet sie und buchstabiert den Namen anschließend.

In den Sitzungen sind die Namen oft nicht klar, vor allem dann nicht, wenn die Inkarnation lange Zeit zurückliegt. Doch hier scheint der Name Mohamed ben Al-Rashid stimmig zu sein, es ist ein arabischer Name.

„Er ist sehr nett", fügt sie hinzu.

„Liegst du im Bad?"

„Nein, ich stehe neben der Wanne und werde von einer schwarzen Sklavin abgetrocknet. Sie ist noch ein Mädchen, elf oder zwölf Jahre alt. Ich bin eine schöne junge Frau mit siebzehn Jahren, mein Körper ist voll entwickelt."

„Was passiert, nachdem du abgetrocknet wurdest?"

„Der Mann kommt herein, in prächtige Kleider gekleidet."

„Bewunderst du ihn?"

„Ja, er sieht gut aus. Er hat stechende dunkle Augen, die durch mich hindurchschauen. Ich blicke ihn an, unsere Blicke treffen sich. Ich darf bei ihm bleiben."

„Wie schaffst du das?"

„Erst treffen sich unsere Blicke, danach nimmt er meine Hand. Eine starke Anziehungskraft bemächtigt sich unser. Ich möchte bei ihm bleiben und nicht wieder zu meinem Vater zurückkehren. Er wird mir zeigen, wie man richtig lebt. Er ist so schön gekleidet …", flüstert sie, voller Ekstase. „Ich bin sehr glücklich und möchte nicht, daß er noch andere Frauen bewundert. Nur mich, mich allein! Ich bin sehr schön.

Wir essen zusammen, danach wartet er in einem anderen Raum auf mich. Als er den Raum betrat, war ich noch ganz naß und nackt, aber es hat mir nichts ausgemacht. Ich habe mich abtrocknen und anziehen lassen. Es ist ein Gefühl, als hätte ich ihn schon immer gekannt."

„Vielleicht stimmt das auch." Für mich ist das eine Tatsache.

„Ich glaube es auch. Er hat viel Macht, er ist der Sultan einer kleinen Provinz. Er ist dort Alleinherrscher. In der Hauptstadt Bagdad sitzt die Hauptregierung, der er unterworfen ist. Hier wohnt der mächtigste Sultan.

Ich muß mich jetzt anziehen, danach wollen wir essen", wechselt sie das Thema.

„Bekommst du schöne Kleider?"

„Ja, eine smaragdgrüne, weite, durchscheinende Hose und eine kurze Bluse. Ein Teil meiner Taille bleibt unbedeckt. Ich trage einen hellgrünen Schleier voller goldener Münzen, Holzperlen und ganz kleinen echten Perlen. Er bedeckt mein Gesicht, wenn ich nicht in seinem Raum bin.

Ich gehe in seinen Raum. Ich trage süße kleine Pantoffeln aus dünnem, zartgrünem Leder, übersät mit goldfarbenen Blumenmotiven. Er trägt ein Gewand aus blaugrüner Seide, darunter eine Hose und ein Hemd aus weißer Seide. Auf dem Kopf trägt er einen weißen Turban mit einer wunderschönen Brosche und Federn. Alles ist wunderbar, nicht zu üppig, fast schlicht. Alles hat die blaugrüne Farbe eines Sonnenuntergangs im Sommer." Sie wird fast lyrisch.

„Einfach und schön, sagtest du. Er beherzigt also die Weisheit "In der Beschränkung zeigt sich der Meister". Wie geht es weiter, Amalia?"

„Er ist etwa fünfunddreißig Jahre alt und einsam."

„Wie kann er einsam in einem Land sein, in dem er so viele Frauen haben kann", frage ich erstaunt.

„Er will nur eine Frau, mich", ist ihre stolze Antwort.

„Nennt er dich Amalia, oder benutzt er einen Kosenamen für dich?"

„Anfangs nennt er mich nicht beim Namen."

„Wie nennt er dich später?"

„Er nennt mich sein Täubchen."

„Begegnest du ihm in deiner Inkarnation als Jessica wieder?"

„Ja, es ist Erik, mein heutiger Mann. Er kürzt meinen Namen ab und nennt mich Ama oder Amali. Ich bin seine Stütze, außer mir traut er niemandem sonst."

„Wieso ist das so?"

270

„Er steht unter starkem Druck von außen. Er führt Krieg mit seinem Bruder und muß sehr vorsichtig sein. Das gefällt mir nicht."

„Erzähle von einigen angenehmen Ereignissen. Welche Speisen schmekken dir", frage ich arglos.

„Ich mag kühle, saftige Früchte und heißes, gewürztes, saftiges Schaffleisch, mit viel Soße."

„Wirst du davon nicht übermäßig dick?"

„Nein, ich werde davon sexuell erregt. Beim Essen sind wir sehr entspannt, trinken viel Wein und Wasser." Als Jessica trinkt sie auch wieder (zu) viel Wein. Diese Angewohnheit hat sie beibehalten.

„Wasser! Wir haben Springbrunnen im Raum, in ihnen baden wir. Das ist für mich das Schönste, was es gibt: Essen und danach im Springbrunnen baden, begleitet von Musik und Gesang. Wir sprechen auch miteinander. Wir können bis tief in die Nacht hinein miteinander reden."

„Was passiert, wenn du bei Tisch durch das gewürzte Essen sexuell erregt wirst?"

„Ich fange an zu tanzen. Als Frau lernen wir diese Kunst schon früh." Das hat sich seit Urzeiten nicht geändert, glaube ich.

„Wie tanzt du?"

„Mit langsamen Bewegungen, aufregend und sinnlich, aber sehr stilvoll. Anschließend trinken wir Wein aus dem Becher des anderen. Er löscht das Licht, alles ist dunkel im Raum, er zieht mich aus, und ich entkleide ihn. Danach ziehen wir uns gegenseitig durchscheinende Gewänder an, die bis zum Boden reichen.

Es ist dunkel, und wir ziehen uns gegenseitig aus", wiederholt sie. „Ich blicke nach draußen, das einzige Licht kommt von den Sternen und dem Mond. Er stellt sich neben mich und legt mir die Hände auf meine Schultern. Ich bin glücklich, drehe mich um, und wir umarmen und küssen uns. Ich habe keine Angst, kenne seinen Geruch." Der Geruch dieser Urzeit ist bis heute mit ihm verbunden. „Wir legen uns auf die Kissen, die überall im Raum und am Wasser liegen. Er fragt, ob ich bei ihm bleiben möchte, und ich stimme zu, ich möchte nicht zu meinem Vater zurück. Ich muß auch nicht, es liegt in seiner Macht, mich bei sich zu behalten. Sein Wort ist Gesetz. Außerdem komme ich aus einem guten Elternhaus."

„Wie geht es weiter, nachdem ihr euch geküßt habt?"

„Er führt mich zu den Kissen, und wir legen uns nebeneinander. Wir streicheln uns und lauschen auf die Geräusche der Nacht. Ich lege meinen Kopf auf seine Brust und höre seinen Herzschlag. Er streichelt meine langen dunklen Haare, und wir küssen uns lange und leidenschaftlich. Ich genieße es. Es entspricht genau dem, was ich immer gesucht habe, anstatt mit einem alten Mann verheiratet zu werden. Dies alles habe ich selbst gewählt.

Ich bremse mich nicht. Er nimmt mich, wie Männer Frauen nehmen. Ganz kurz überkam mich die Angst, ich mußte weinen. Jetzt ist es vorbei, und wir küssen uns wieder."

„Du weintest?"

„Nur kurz, ich war noch Jungfrau. Ich gewöhne mich an die Berührungen und hoffe, es möge die ganze Nacht dauern."

„Du sagst, du gewöhnst dich an die Berührungen. Es war doch immer schon dein Wunsch?"

„Ja, ich hoffe, es wird die ganze Nacht dauern", wiederholt sie.

„Warum hoffst du das?"

„Ich bin sehr in ihn verliebt. Unser Zusammensein gefällt uns, und wir leben unsere sexuellen Wünsche aus. Ich genieße alles intensiv."

„Du schüttelst mit dem Kopf. Warum?"

„Ich weiß nicht, wo ich bin." Sie ist plötzlich verwirrt.

„Wie sieht der Ort aus, an dem du dich befindest?"

„Ich befinde mich zwischen Zeit und Raum." Ihre Antwort versetzt mich in Erstaunen, scheinbar ist sie geflohen.

„Wie kommst du dorthin, warum bist du dort", frage ich, neugierig auf ihre Antwort.

„Ich weiß es nicht", antwortet sie. Unbewußt hat sie die Flucht an einen neutralen Ort ergriffen. Jessicas Angst ist plötzlich aufgetaucht.

Ich gebe Anweisungen. „Gehe zurück zu eurer Liebesnacht. Du siehst dich dort. Liegst du immer noch auf den Kissen, am Rande des großen Bades?"

„Ja, wir essen, und ich trage immer noch mein durchscheinendes weißes Kleid. Wir haben keine Geheimnisse voreinander. Ich werde seine Hauptfrau. Fast jede Nacht sind wir zusammen, essen gemeinsam und lieben uns.

Der Krieg mit seinem Bruder belastet ihn. Nachts schläft er unruhig. Im Gegensatz zu seinem Bruder beachtet er die Gesetze Bagdads nicht. Mohamed möchte Herrscher über sein Gebiet bleiben. Er weiß, was gut für sein Volk ist. Er ist streng, aber gerecht. Sein Bruder ist ein feiger Kriecher."

„Wie geht es weiter mit dir?"

„Ich empfange viel Liebe und habe oft Gesellschaft. Er hat noch mehr

Frauen, aber sie interessieren ihn nicht. Seine Mutter und seine Schwester werden ebenfalls von ihm versorgt. Aber ich bin die Wichtigste, von mir erhält er alles, was er braucht.

So bleibt es, bis wir alt sind. Er stirbt als erster, mit sechzig Jahren. Ich kann die Trauer darüber kaum verkraften, ziehe mich mit fünfundfünfzig ganz zurück. Ich verlasse den Palast und ziehe in ein anderes Haus mit einem großen Garten. Ich möchte mit der Politik nichts mehr zu tun haben. Sein Sohn ist jetzt Sultan. Ich möchte nur noch essen und im Garten arbeiten, das einfache Leben genießen. Aber ohne ihn ist es …" Ihre Stimme zittert.

„Ich bin dicker geworden. Manchmal besuchen mich meine Enkel. Das ist genug."

„Hast du in diesem Leben die Sexualität sehr genossen?"

„Ja, es war sehr schön. Ich habe viel erlebt und weiß, wie schön Sexualität sein kann."

„Was bedeutet das für dein Leben als Jessica? Welche Erfahrung nimmst du aus deinem Leben als Amalia mit?"

„Keine Angst zu haben, entspannt zu sein und die einfachen Dinge des Lebens zu genießen. Alles ist bereits da, ich muß es mir nur nehmen. Und: *Essen ist der Weg zur Sexualität.* Ich brauche vor dem Essen keine Angst zu haben."

„Denke darüber in deinem Leben als Jessica gut nach und verinnerliche diese Tatsache!"

„Ja. In meinem Leben als Amalia hatte ich keine Orgasmusschwierigkeiten."

„Dann muß es in deinem Leben als Jessica auch möglich sein, deine Sexualität ohne Probleme zu leben", betone ich.

„Selbstverständlich", antwortet sie zu meinem Erstaunen.

„Du, Amalia, lebst jetzt in einem schönen kleinen Palast." Damit nehme ich den Faden wieder auf.

„Ja, ich lebe dort und versorge den Garten, bis ich erschöpft bin."

„Um wieviele Jahre überlebst du deinen Mann? Wie alt wirst du?"

„Ich werde achtzig, das war damals sehr alt. Ich weiß sehr viel. Ich beschäftige mich intensiv mit meinen Enkeln, mehr brauche ich nicht. Ich sterbe in aller Ruhe während des Schlafes, mein Herz ist einfach müde."

„Gehe zu deinem Sterbemoment und sieh dich im Jenseits. Ganz ruhig verläßt du deinen schlafenden Körper, der Lebensfaden ist zerrissen, und du befindest dich als feinstofflicher Geist im Jenseits. Wie erfährst du das Getrenntsein vom Körper sowie dein Schweben?"

„Eigenartig", antwortet sie.

„Was meinst du, wohin gehst du? Hattet ihr eine Religion, die euch über das Jenseits belehrte?"

„Ja, man sagte mir, ich würde zu einem Himmel voller Springbrunnen gehen, Springbrunnen, aus denen immerzu Wein fließen würde. Ich hoffe, ich werde dort den Sultan, meinen Mohamed, treffen."

„Begib dich zu dem Augenblick eurer Begegnung", bedränge ich sie.

„Sehr schön! Er ist jung und trägt sein wunderschönes blaugrünes Seidengewand." Sie spricht ekstatisch und erschafft augenscheinlich ihre eigene Realität. Es kann jedoch auch sein, daß er sich bewußt, für sie erkennbar, manifestiert.

„Wir umarmen uns. Er erinnert mich daran, daß ich noch zu dem Rat der Drei gehen muß."

„Gehe dorthin und beschreibe, was du dort siehst."

„Ich sehe wieder den großen Raum mit den roten Schubladen. Die gleichen Personen, ich erkenne sie, eine von ihnen trägt einen Bart."

„Was sagen sie dir?"

„Sie fragen mich, ob ich mein Leben genossen habe, und ich bejahe diese Frage. Sie sagen, daß ich ein schönes Leben gehabt, doch meinem Vater Schmerzen bereitet hätte. Ich sei jung gewesen, hätte einen Mann haben wollen, antworte ich. Es sei alles gut so, ich hätte richtig gehandelt und meinen Lebensauftrag erfüllt, sagen sie."

„Stimmt das wirklich? Sage etwas zu deinem nächsten Leben, wo wirst du dich inkarnieren?"

„In Frankreich", antwortet sie. „Ich bin ein Krieger. Ich bin ein Templer namens Roberti. Dieses Leben endet etwa 1350 nach Christi Geburt."

„Dieses Leben kennen wir schon, darauf brauchen wir nicht weiter einzugehen."

„Nein, das brauchen wir nicht", sagt sie sofort.

„Welches war dein karmischer Auftrag", frage ich.

„Vergebung zu lernen und Grenzen zu setzen, zu üben, mich zu beschränken."

„Ist dir das gelungen? Hast du deine Lektion gelernt?"

„Nein. Einiges habe ich gelernt. Es war schwer, meine Rachegefühle loszulassen", stöhnt sie.

274

„Wie sieht es in diesem Leben als Roberti mit der Liebe zu einer Frau aus?" Ich stelle die Frage ganz arglos, aber sie stellt sich als sehr wichtig heraus.

„Ich will nicht, nein! Ich bin Templer." Sie antwortet nur zögernd. Hier zeigt sich ihr Karma aus ihrem Vorleben als Amalia, in dem sich alles um die Sexualität drehte! „Wir legen einen Eid ab, aber ab und zu habe ich einen Ausrutscher und anschließend Schuldgefühle. Ich verstoße gegen das kirchliche Gebot. Ich hatte Affären mit arabischen Frauen."

„Arabische Frauen sind dir ja ein Begriff. Hast du einige Frauen aus deinem Leben als Amalia wiedererkannt?"

„Daran kann ich mich nicht erinnern", antwortet sie abweisend.

„Du hast in deiner Inkarnation als Roberti von Papst Clemens V. und Philipp dem Schönen gesprochen. Begegnest du den beiden in deiner Inkarnation als Jessica wieder?"

„Ja. Ich erkenne die Kirche wieder", antwortet sie sarkastisch.

„Nein, ich meine Personen."

„Ja, ja ...! Ich vermute, Erik war Papst Clemens. Sicher bin ich mir aber nicht."

„Den gleichen Gedanken hattest du bereits in deiner allerersten Rückführung."

„Es ist nicht ganz klar", wiederholt sie.

„Erkennst du noch weitere Personen aus deinem Leben als Roberti in deinem jetzigen Leben als Jessica wieder?"

„Ja, meine Schwester. Sie war damals eine Hure mit schlechtem Charakter, eine echte Dorfhure. Sie hat unentwegt geschimpft."

„Triffst du in diesem Leben auch erneut auf Philipp den Schönen?"

„Ja, er ist ein Geschäftspartner von Erik."

„Wie endet das Leben von Roberti? Hatten wir uns damit schon beschäftigt?"

„Ja, ich weiß es genau. Er stirbt einen einsamen, bitteren Tod in Griechenland. Er starb im Kloster eines anderen Ordens, nördlich von Thessaloniki, in einer hügeligen Gegend am Meer.

Ich habe die Templer nicht verraten! Das stimmt nicht", schreit sie plötzlich. „Nein, ich habe sie nicht verraten. An meinen Händen klebt kein christliches Blut. Ich fühle mich schuldig, wenn ich an mein Leben als Roberti denke. Er hätte nicht töten dürfen, aber in der Hitze des Kampfes ... Es gefiel ihm auch nicht."

„Wann lebtest du als Amalia in Persien? Wie lange warst du zwischen den Leben als Amalia und Roberti im Jenseits?"

„Etwa fünfzig Jahre lang." Ganz stimmen kann es nicht, sie besitzt keinen klaren Zeitbegriff.

„Wann starb Amalia nach der christlichen Zeitrechnung?"

„Im Jahr 1180 oder 1170."

„Welcher Religion gehörtest du an?"

„Dem Islam", antwortet sie.

„Ich wollte dich noch etwas anderes fragen: Du hast dein Leben als Amalia gut abgeschlossen. Ist Roberti auch zum Licht aufgestiegen?" Sie antwortet nicht. „Schau genau hin."

„Nein ... Roberti ist nicht im Licht. Er ist noch an die Erde gebunden und wandert ruhelos und verwirrt umher."

„Wir sollten dagegen etwas tun", sage ich.

„Über ihm sehe ich Licht, aber ..." Weiter kommt sie nicht.

„Du befindest dich jetzt in Robertis Leben und gehst zu dem Moment seines Todes", fordere ich sie auf.

„Ja. Er liegt auf einem hohen Bett, umringt von Mönchen. Überall brennen Kerzen, zwei mannshohe Kerzen befinden sich an seinem Kopfende." Sie spricht mit tiefer Stimme.

„Begib dich jetzt ins Jenseits. Wo bist du?" Sie sagt nichts, bleibt still. „Was siehst du, nachdem du hinübergegangen bist?"

„Alles ist dunkel und hängt voller Nebelschwaden, ich weiß nicht, wo ich bin, jedenfalls nicht im Himmel." Sie klingt ganz erstaunt.

„Bedauerst du dieses Leben", frage ich ganz ruhig.

„Ja, ich bedaure die vielen Toten und meine eigene Verbitterung. Ich bedaure auch, daß ich nicht verzeihen kann. Ich bin des ständigen Kämpfens müde."

„Vorher sagtest du, du würdest in Erdnähe schweben."

„Ich weiß nicht, wo ich mich befinde, alles um mich herum ist dunkel. Ich bin verwirrt, müde und friere."

„Gehe von dort fort", dränge ich.

„Ja", stimmt sie sofort zu.

„Die Zeit ist gekommen, zum Himmel aufzusteigen und ins Licht zu gehen."

„Gerne ..." flüstert Roberti.

„Ich helfe dir. Steige auf! Du bist federleicht. Mache dir klar, daß du unstofflich bist. Langsam dringt dir ins Bewußtsein, daß du schwerelos bist und schweben kannst." Ich gebe noch einige zusätzliche Anweisungen. „Du schießt jetzt wie ein Pfeil dem Licht entgegen."

„Ja, ich bin jetzt von Licht umgeben, von goldenem Licht. Ich hätte dies schon viel früher tun sollen."

„Wartet jemand auf dich, wirst du abgeholt? Schaue genau hin, irgendein Führer oder eine Person, die du magst, wird sicherlich auf dich warten."

„Ja … eine Person, die jetzt als Erik inkarniert ist, ich erkenne ihn. Meine Urgroßmutter ist ebenfalls dort."

„Erik? Wie sieht er aus? Erscheint er in einer bestimmten Gestalt?"

„Ich erkenne ihn einfach. Beide strecken mir ihre Hände entgegen, ich gehe zu ihnen und bin plötzlich von Menschen umringt, danach trenne ich mich langsam von ihnen und begebe mich zum Rat der Drei."

„Wie empfindest du die Begegnung?"

„Positiv. Sie sind ein wenig unzufrieden mit mir, ich habe noch ein paar Dinge zu lernen."

„Willst du wissen, was sie sagen?"

„Nein!"

Hiermit verlassen wir Jessica.

ZWANZIGSTES KAPITEL

Lucies Besessenheit

Konflikt mit der Zwillingsseele.
Wer ist (der erdgebundene) Huub. Lucies Suizid-Neigung.
Das glücklose Leben von Rosanna und Eugene.

Am Anfang des neunten Kapitels habe ich die Besessenheit erdgebundener Wesenheiten kurz behandelt. Wir haben über das Besessensein durch eine verstorbene und verwirrte Persönlichkeit desselben ICHs gesprochen.

Es gibt jedoch auch eine dämonische Besessenheit. In diesem Fall ist ein Mensch von der Persönlichkeit einer anderen Seelen-Einheit besessen. Ein Dämon kann sehr rachsüchtig sein, als Folge früherer Streitereien oder anderer negativer Ereignisse. Rache, Haß, Neid, Konkurrenzsucht und vieles mehr können als Gründe dafür stehen. Ich habe mehrere solcher Fälle erlebt und möchte nicht zu intensiv darauf eingehen. Es reicht aus, diese Möglichkeit an einem Fall zu verdeutlichen.

Es handelt sich um eine junge, stark intuitive Frau. Sie heißt Valeria und leidet unter Depressionen. In einem Vorleben kam sie als sehr junges Mädchen in ein Kloster; sie besaß hellseherische Fähigkeiten. Wir befinden uns in der Zeit vor Nebukadnezar im Zweistromland, das Land heißt Babylon Tigri. Der Tempel, in dem sie lebt, ist in der Nähe des Fluß Tigris. Die wichtigste Gottheit, die hier angebetet wird, ist Baal-Bachra.

Sie war ein junges Mädchen namens S'hulah'-mit, was soviel bedeutet wie „die Neugierige". Ihr Rufname lautet Shulah. Sie lernt viel von den Meistern des Tempels und wird schließlich, gemeinsam mit vier anderen Mädchen, Priesterin.

Es ist eine merkwürdige Gemeinschaft, in der sowohl die positiven als auch die negativen Kräfte eine Rolle spielen. Shulah wird das Oberhaupt einer Gruppe talentierter Frauen, in der Konkurrenz und Neid für Schwierigkeiten sorgen.

Sie befindet sich in tiefer Trance, und ich bitte sie, sich in jene Zeit zurückzuversetzen, in der sie ihre Macht und ihre Fähigkeiten mißbraucht.

„Ich muß meine Macht mißbrauchen, sonst schadet man mir. Ich muß mich wehren. Es gab schon einmal eine Person, die bewußt Fehler machte, um mir die Schuld zuzuschieben. Sie ist jetzt wieder da und besitzt das gleiche Wissen wie ich. Saädra heißt sie, eine sehr hübsche Frau. Sie will mir Böses antun, ebenso wie ich ihr. Eigentlich möchte ich es nicht, denn ich weiß, später wird es wieder auf mich zurückfallen." Sie schweigt.

„Was geschieht dann", frage ich neugierig.

„Ich muß zukünftige Ereignisse vorhersagen. Erst faste ich, dann schaue ich in das Wasser, in dem ich auf den Tag genau die Zukunft vorhersehen kann. Saädra ist neidisch und wünscht mir, daß ich einen Fehler mache. Dadurch zwingt sie mich, Dinge zu tun, die ich sonst nie tun würde.

Durch meine Macht und Fähigkeiten könnte ich sie beseitigen lassen. Wir sind gleich stark. Sie gibt meine Vorhersagen verfälscht weiter, verbreitet Lügen über mich. Sie gefährdet meine Ehre, und ich sehe mich gezwungen, dagegen etwas zu unternehmen", sagt Shulah. „Sie flieht mit Hilfe eines alten Priesters, ihres früheren Lehrmeisters, aus dem Tempel. Er mag sie und erkennt die Gefahr."

Anschließend frage ich sie nach der Ursache ihrer Depressionen in ihrer Inkarnation als Valeria. In tiefer Trance begegnet sie Saädra, die bis jetzt erdgebunden ist, im Jenseits wieder. Sie hat Shulah über den Tod hinaus verfolgt, besessen von ihrem Neid und in der festen Absicht, ihre Rivalin auf dämonische Art weiterhin zu quälen. Hier liegt die Ursache von Valerias Depressionen.

„Sie ist feinstofflich, ich kann sie nicht fassen. Ich kenne sie aus meinem irdischen Leben in Tigri, sie heißt Saädra. Sie lacht mich aus. Sie ist das Wesen, das mich schon immer verfolgt. Dabei habe ich ihr nie etwas angetan … vielleicht nur ganz wenig. Ich sage ihr, daß ich im Tempel von Tigri nie geglaubt hätte, ihr überlegen zu sein. Wir waren gleich stark. Saädra hört es mit Erstaunen und akzeptiert es."

„Führe sie zum Licht", sage ich zu Valeria.

„Ja. Ich bin schon dabei, sie an ihren Platz zu geleiten. Sie wartet, bis sie ins Licht zugelassen wird. Sie geht weiter, immer noch erstaunt. Sie war der Meinung, ich fühlte mich ihr überlegen, und das konnte sie nicht ertragen. Jetzt ist alles gut, und sie verläßt mich."

Hier handelt es sich um eine leichte Form der Besessenheit. Oft ist es eine mühsame Angelegenheit, dämonische Wesen zu lösen.

Es gibt auch Formen der Besessenheit, die nicht lösbar sind, zumindest nicht durch mich. Wenn es mir nicht möglich ist, mit dem negativen Wesen (über die sich in Trance befindende Person) in Kontakt zu treten oder wenn kein vernünftiges Gespräch zwischen mir und dem Wesen zustande kommt, ist keine Hilfe oder Lösung möglich. Die Therapie wird blockiert, bevor sie wirklich angefangen hat. Das Problem zeigt sich deutlich und schnell. Die Person fängt dann an zu schimpfen und zu wüten, perverse oder unzusammenhängende Sätze von sich zu geben. Dann ist keine Rückführung möglich.

Einmal sagte eine besessene Person vor der Sitzung: „Wirst du mir böse sein?" Das ging mir sehr nahe, und ich habe mich später machtlos gefühlt.

In diesem Zusammenhang möchte ich vor der Planchette (automatischem, medialem Schreiben), Gläserrücken und ähnlichem warnen. All dies kann verheerende Folgen haben. Wenn sich ein sensitiver Mensch ohne Vorbereitung und Schutz hiermit beschäftigt, ermöglicht er fremden Wesen, oft Elementalen und anderen niedrigen Wesenheiten aus den unteren Astralebenen, in seine Ebene einzudringen. Das unbewußte Öffnen macht sie sehr empfänglich für negative Energien, die überall in der Astralsphäre vorhanden sind und nur darauf warten, irgendwo eindringen zu können. Oft verhalten sie sich anfänglich positiv und scheinen auch vertrauenswürdig zu sein, aber in Wirklichkeit ist das, was sie sagen, falsch oder bedeutungslos. Sie können zudem eine Abhängigkeit des Mediums verursachen. Ist eine Angst vorhanden, ist meist schon alles zu spät.

Ich wurde einst von einer Mutter angerufen, deren Sohn sich in seiner Studentengruppe mit dem Gläserrücken beschäftigte. Es handelte sich um einen normalen, intelligenten jungen Mann, der später völlig verwirrt in eine Nervenheilanstalt eingewiesen wurde. Sie war ratlos und bat mich um Hilfe, die ich ihr leider nicht geben konnte. In solchen Fällen ist das Wesen, das die Person negativ beeinflußt, auch in Trance nicht ansprechbar. Es läßt sich nicht vertreiben und redet nur wirres Zeug. Ich bin dann machtlos!

Laien, ungeschützt und ohne Kenntnisse, sollten ihre Finger von solchen Praktiken lassen. Sie setzen sich sonst einem großen Risiko aus.

In diesem Kapitel beschreibe ich den Fall eines Menschen, der von einem erdgebundenen Wesen besessen ist. Die Ursache dafür ist in diesem Fall völlig unterschiedlich zu dem im letzten Beispiel.

Eine etwa dreißig Jahre alte Frau befindet sich in meiner Praxis. Während des Vorgespräches stellt sie ihr Problem dar. Sie hat eine Suizid-Neigung. Sie ist zwanghaft davon besessen, sich vor einen Zug zu werfen. Außerdem neigt sie zu Depressionen und hat Beziehungsprobleme mit ihrem Mann Edo, der scheinbar ihre Zwillingsseele ist. Zusätzlich vermute ich paranormale Fähigkeiten bei ihr.

Nachdem wir über ihre Problematik gesprochen haben, versetze ich sie in Trance. Sie erhält von mir die Anweisung, sich in jene Inkarnation zurückzuversetzen, in der die Hauptursache ihrer Suizid-Neigung zu finden ist.

Ich frage: „Was siehst du, was geschieht, was erfährst du?"

Sie beginnt sofort zu erzählen: „Es ist dunkel und warm."

„Warum ist es warm? Aufgrund der Sonne, des Klimas?"

„Nein, mein Körper ist warm …"

„Warum? Trägst du warme Kleider, oder bist du krank?"

„Er drückt meinen Kopf, seitlich hinten, aber es tut nicht weh."

„Weißt du, wer ihn drückt?"

„Nein, ich spüre nur meinen Kopf, es drückt …"

„Was drückt auf deinen Kopf?"

„Oben auf den Kopf …" Sie flüstert nur, ist abwesend.

„Wo bist du? Schaue dich um", dränge ich.

„Ich sehe nichts, alles ist dunkel. Ich spüre meinen Kopf, es drückt auf meine Schläfen, meine Arme sind warm. Ich bin nirgendwo. Mein Mund ist warm und etwas trocken." Stille. „Hier bin ich", sagt sie anschließend.

„Hör zu. Gehe zu der Inkarnation, in der die Ursache für deine Suizid-Neigung zu finden ist, der Grund deines Zwanges, dich in diesem Leben als Lucie vor einen Zug zu werfen. Willst du das tun?"

„Ja", sie flüstert kaum hörbar.

„Gut!" Ich gebe weitere Anweisungen. „Was passiert jetzt? Wo bist du?"

„Hier bin ich", sagt sie nochmals. „Ich spüre einen Druck auf meinem Kopf, auf den Schläfen und auf der Nase. Es fühlt sich wie Edos Hände an. Er drückt mich auf die gleiche Weise."

„Sprich deutlicher, ich kann dich kaum verstehen."

„Er drückt seine Fingerspitzen auf meinen Kopf, immer wenn er zu mir kommt."

„Warum macht er das?"

282

„Ich weiß es nicht. Er sagt es mir nicht, und ich frage nicht danach. Er drückt ganz sanft, aber ich erlebe es sehr intensiv; wenn er drückt, zittere ich innerlich."

„Erzähle, wer du bist, wie du heißt?"

„Lucie. Ich sitze bei dir in der Praxis. Mir ist sehr warm." Sie redet sehr leise und weint lautlos.

„Warum weinst du?"

„Ich denke an Edo. Ich spüre seine Hände, das ist sehr angenehm. Ich will zu ihm, er versteht mich."

„Gehe in deiner Vorstellung zu ihm. Ich werde dir dabei helfen." Sie erhält weitere Anweisungen. „Stelle dich intuitiv auf seine Schwingung ein."

„Nein … Edo möchte nicht, daß ich zu ihm komme, er hat Angst vor mir und vor sich selbst", sagt sie weinend. Tränen laufen über ihre Wangen.

„Wovor hat er Angst", frage ich erstaunt.

„Er erkennt sich selbst in mir."

„Wieso? Habt ihr die gleiche Grundschwingung? Ist er deine Zwillingsseele? Hat er Angst vor dir, weil du Gedanken hast, die ihn bedrohen könnten, oder fürchtet er sich vor deiner Neigung, dich vor einen Zug zu werfen? Erkennt er sich darin wieder und hat deswegen Angst davor?"

„Er hat Angst vor allem, vor allem, was ich sage. Wir sind uns sehr ähnlich."

„Du fühlst wie er, meinst du das?" Sie weint nur. „Du bist in tiefer Trance und hast genaue Kenntnisse von deinem Geist. Kann es sein, daß er deine Zwillingsseele ist?"

Sie zögert. „Vielleicht, ich weiß es nicht. Alles ist so ähnlich bei uns. Er will nicht, daß ich komme, er muß arbeiten …"

„Warum beschäftigst du dich so intensiv mit Edo? Warum gerade jetzt?"

„Er drückt wie immer auf meinen Kopf. Ich weiß nicht warum."

„Erforsche diese Frage, du kannst es", sage ich sehr streng.

„Er öffnet meinen Kopf, dann kann er in mich hineinsehen."

„Was passiert, wenn er in dich hineinsieht, Lucie? Suche nach so einem Moment!"

„Er denkt an mich und erkennt sich selbst, er sieht sich selbst."

„Wenn er sich so gut in dir wiederfindet, ist er vielleicht doch deine Zwillingsseele. Schaue ihn genau an, erkennst du dich in ihm", frage ich noch einmal.

„Mir scheint es so", antwortet sie.

„Erkennst du, was es bedeutet, gleichzeitig mit deiner Zwillingsseele auf Erden zu sein?"

Der männliche und weibliche Teil bilden zusammen die vollständige Seele, wie „am Anfang", als wir unsere Erdenleben begannen. Damals inkarnierten wir uns als zweigeschlechtige Wesen, als Hermaphroditen; als eine Seele in einem Körper. Nach der Spaltung in männliche und weibliche Körper mußte sich die Seele genauso aufspalten, obwohl ihre innere Einheit weiterhin existierte. In unserem inneren Wesen, der Seelen-Einheit im Jenseits, sind wir androgyn. Wir können uns in zwei verschiedenen Geschlechtern ausdrücken.

Zwillingsseelen haben, meist unbewußt, ein beständiges Verlangen nach einander. Auf Erden haben beide ihren eigenen Weg und verursachen ihr eigenes Karma. Dies kann eine Schwierigkeit darstellen, wenn sie sich auf Erden begegnen, was aber normalerweise nicht der Fall ist. Sie ergänzen sich, harmonieren innerlich sehr stark miteinander. Eine Seele und eine Weltanschauung, obwohl es zwei Inkarnationen sind. Zwei Persönlichkeiten einer Seele, die gleichzeitig inkarniert sind, obwohl die Geburt und der Tod meistens nicht zusammenfallen.

Wenn sie sich auf Erden begegnen, kann daraus eine sehr glückliche Liebesbeziehung entstehen. Begegnen sie sich nicht, ist trotzdem eine unbewußte, aber starke gegenseitige Beeinflussung vorhanden, meist positiv, leider bisweilen auch negativ. Nach dem irdischen Tod treffen sie wieder in der gleichen Monade, in der gleichen Seelen-Einheit, zusammen.

„Das geht doch nicht", reagiert Lucie auf meine Frage.

„Doch", widerspreche ich ihr. „Ursprünglich ist die Seele nach der Spaltung aus der Einheit weder männlich noch weiblich. Erst mit Beginn ihrer irdischen Inkarnationen tritt dieser Unterschied auf. In Wirklichkeit gehören beide Teile der Seele immer noch zusammen, sie besitzen die gleiche Schwingungsfrequenz. Sie haben eine direkte innere Verwandtschaft."

„Er soll nicht fortgehen ..." flüstert sie. „Ich will wissen, was er mit mir macht."

„Versuche, es herauszufinden", sage ich. Sie stöhnt einige Male sehr tief auf und schweigt dann.

„Lucie, höre zu. Vergiß alle meine vorherigen Anweisungen über das Eintauchen in ein Vorleben. Die neue Anweisung lautet: Begib dich zu jener Inkarnation, in der du den Mann namens Edo kennen- und liebengelernt hast. Gehe zu jenem Vorleben, das dein jetziges Leben als Lucie am stärksten beeinflußt hat."

Ein heftiger Gefühlsausbruch überschwemmt sie. Sie schluchzt und weint.

„Was ist mit dir? Warum weinst du?"

„Er hindert mich daran."

Später werden wir feststellen, daß es zwischen den beiden hier angesprochenen Leben noch eine weitere Inkarnation gab, in der sich ein tragischer Unfall ereignete. Lucie war damals die siebzehnjährige Rosanna. Zusammen mit dem zweiundzwanzigjährigen Eugene, der jetzt als Edo inkarniert ist, liegt sie im Heu. Sie fühlen sich sehr zu einander hingezogen. Ein Funke von Eugenes Pfeife entzündet das Heu, ihre Kleider fangen an zu brennen. Rosanna läuft davon und rettet sich, Eugene stirbt in den Flammen. Rosanna ist untröstlich und möchte nicht weiterleben. Sie will zu ihm ins Jenseits. Sie vernachlässigt sich, stirbt und ist so wieder mit ihm zusammen.

„Wir gehen gemeinsam weiter", sagt sie. „Er ist ein Teil von mir, ein Teil meiner Seele. Alles ist identisch, er denkt genauso wie ich. Er ist nicht mein Eugene, ich bin Eugene. Wir bilden eine Einheit. Ich will immer bei ihm bleiben, sonst fühle ich mich unvollständig."

Zurück zu Lucie.

„Wovon hält er dich ab, davon, in eine frühere Zeit einzutauchen", frage ich.

„Wahrscheinlich …"

„Kannst du das ändern, indem du es einfach durchbrichst? Warum behindert er dich?"

„Ich vermute, daß er alles mit anschaut und Angst hat." Sie weint.

„Betrachte dein Vorleben mit ihm. Möchtest du das?"

„Es geht nicht, er drückt mich wieder …"

„Wie kann ich dir helfen? Was hilft dir", frage ich.

„Schick ihn weg", antwortet sie entmutigt. Ich gebe ihr entsprechende Anweisungen. „Nein, er bleibt. Der Druck ist immer noch da."

„Kannst du ihn nicht selbst von dir wegschieben?"

„Es ist mir einmal gelungen."

„Versuche es noch einmal, du kannst es", bedränge ich sie.

„Ich schicke seine Mutter weg, die kommt auch immer wieder. Sie möchte immer näher herankommen, kann es jedoch nicht. Er hat Angst vor seiner Mutter."

„Warum hat er Angst vor ihr? Lebt sie noch auf Erden?"

„Nein, sie ist im Jenseits."

„Warum hat er Angst vor seiner Mutter? Gibt es dafür einen Grund?"

„Er bräuchte keine Angst zu haben. Diese wird nur aus seiner Erinnerung heraus gespeist, aber ich wecke diese Angst in ihm. Seine Mutter kommt jetzt auf mich zu, ich kann nichts dagegen tun, und Edo läuft davon." Sie ist nur schwer zu verstehen und stöhnt wieder.

„Ihr kennt eure gegenseitigen Gefühle gut", stelle ich fest.

„Ja, sie sind identisch."

„Versuche bitte, zu dem wichtigen Vorleben mit Edo zurückzugehen. Es ist die einzige Methode, Information zu bekommen. Verstehst du das?" Ich versuche es nochmals. Es wird das Vorleben sein, in dem sie als Rosanna und Eugene leben (wie wir später erfahren werden).

„Ich weiß", antwortet sie, immer noch mit leiser, entmutigter Stimme.

„Was willst du, Lucie?"

„Ich möchte Wärme ... von Edo."

„Wenn du seine Zwillingsseele bist, gehört ihr zusammen und ergänzt euch. Aber was möchtest du? Ich kann dich nicht einfach zu Edo bringen."

„Ich weiß nicht. Ich bin hier und schaffe es nicht, in der Zeit zurückzugehen. Das ist unmöglich. Ich versuche es und werde jedes Mal wieder hierhin zurückgezogen."

„Kannst du mit Edo in Kontakt treten?"

„Manchmal erreiche ich seinen Körper." Es ist eine Qual für sie.

„Versuche, geistig Kontakt mit ihm aufzunehmen und ihm zu sagen, daß er dich loslassen soll, damit du die Ursache deiner Probleme und deiner Depressionen untersuchen kannst. Warum will er dich davon abhalten?"

„Er schaut zu und hat Angst. Er will nichts davon sehen, deswegen darf ich auch nicht gehen. Er weiß genau, was ich tue und kommt immer wieder zurück. Er drückt meinen Kopf jetzt ganz fest. Ich habe keine Schmerzen, es fühlt sich wie eine sehr starke Schwingung an, so als würde die Luft sich spiralenförmig an meinen Schläfen entlang bewegen."

„Macht dich das nicht nervös?"

„Nein, es gibt mir das sichere Gefühl, nicht allein zu sein. Ich will auch nicht, daß er wegläuft, er soll alles mit ansehen. Er braucht keine Angst vor

286

mir zu haben. Er soll alles mitmachen, ansonsten würde er mich nur aufhalten."

„Erlaube ihm zuzuschauen."

„Das werde ich tun."

„Gehe in der Zeit zurück, und laß ihn alles mitansehen."

„Wir schauen jetzt zusammen zu", flüstert sie, immer noch weinend.

„Hör zu. Gehe zu dem Vorleben, in dem die Ursache für deine jetzige Neigung, dich vor einen Zug zu werfen, erkennbar wird. Schaue alles zusammen mit Edo an." Ich gebe noch weitere Anweisungen, aber sie schafft es nicht.

„Ich bin immer noch hier. Jedesmal spüre ich einen Druck auf meinem Hinterkopf und auf meinen Schläfen."

„Hast du irgend etwas von diesem Vorleben gesehen?"

„Nein. Einerseits möchte ich es, andererseits schaffe ich es einfach nicht. Ich weiß nicht, was mich davon abhält."

„Auch mit Edo zusammen geht es nicht?"

„Nein. Mir ist warm. Die Wärme stammt von jemandem, der hinter mir steht. Die Person legt ihre Arme von hinten unter meine Arme."

„Ist es ein „Er" oder eine „Sie"?"

„Ich weiß es nicht, eher eine Sie. Edo ist auch da. Mein Kopf ..."

„Hör zu! Ich möchte mit der Person hinter dir, mit jener Person, die Lucie wärmt, in Kontakt treten. Wer bist du? Benutze Lucie, um mir zu antworten! Sprich jetzt", sage ich mit energischer Stimme.

Sofort kommt die Antwort: „Ich bin Edos Mutter."

„Mutter von Edo, wie heißt du? Wie ist dein Vorname?"

„Francien", sagt die tiefe Stimme.

„Was machst du bei Lucie, Francien?"

„Sie sucht Edo", antwortet jetzt Lucie.

„Francien, ich möchte mit dir reden, antworte mir: Was willst du?"

„Ich möchte zu Edo", antwortet Francien.

„Warum, Francien? Warum willst du zu Edo?" Es folgt Stille. „Antworte mir, Francien. Erzähle mir alles, was passiert ist. Warum befindest du dich in Erdnähe und möchtest zu Edo? Warum machst du Lucie das Leben so schwer. Antworte mir durch Lucie. Was bindet dich an Lucie und die Erde?"

Ich lasse nicht locker, dränge geduldig weiter.

„Sie ist sehr nett, weißt du das", weicht sie aus.

„Francien, was machst du hier?"

„Sie kann Edo nicht erreichen." Mühsam beginnt sie.

„Warum nicht?"

„Edo hat Angst vor ihr. Er ist stark und wehrt sie ab. Die beiden fechten einen richtigen Machtstreit aus. Edo möchte sein Leben selbst bestimmen, ich auch. Seine Mutter darf nicht siegen."

„Du möchtest auch nicht, daß sie sich einmischt, Lucie?"

„Ich habe nichts zu wollen. Edo bestimmt hier, und er 'will' immer."

„Was hat Edo mit seiner Mutter zu tun?"

„Durch sie wachse ich in meiner Kraft, und davor hat er Angst."

„Ich verstehe nicht, wovor er genau Angst hat."

„Er hat Angst, sich selbst zu sehen, deswegen hat er Angst vor mir. Wenn ich stark bin, sehe ich Dinge, die er nicht wahrhaben möchte, obwohl ich selbst nicht einmal weiß, was ich sehen würde."

„Was habt ihr für eine Beziehung? Wie lange kennt ihr euch schon? Was kannst du dazu in Trance aussagen?"

„Ich kann nicht viel sehen. Ich weiß nur, daß er ein Teil von mir ist, so wie ich ein Teil von ihm. Er kämpft unentwegt." Sie zittert und atmet schwer.

„Was macht seine Mutter hier? Was heißt das, daß sie einen Machtstreit ausfechten?"

„Er weiß, warum sie ihren irdischen Körper verlassen hat. Er war dabei, als sie ging ... ich weiß es auch, weil er es mir erzählt hat."

„Ist sie eines natürlichen Todes gestorben?"

„Nein, sie wollte gehen."

„Euthanasie", rufe ich erschreckt. Dadurch ist Francien jetzt wahrscheinlich erdgebunden.

„Ja, sie hat es ganz allein getan, und er war dabei. Ich weiß nicht, was genau geschah", sagt sie vorsichtig.

„Hat er dir nichts Genaues erzählt?"

„Nur ganz wenig, und ich weiß nicht, ob alles so stimmt."

„Was ist denn passiert?"

Zögernd antwortet sie: „Sie hat Tabletten geschluckt. Seitdem hat er Angst vor ihr."

„Wie ist die Beziehung zwischen dir und seiner Mutter? Warum läßt du sie nicht sprechen, wenn sie hinter dir steht? Sie scheint etwas sagen zu wollen."

„Sie will so oft kommen ...", antwortet sie schwach.

„Jetzt läßt du sie kommen, damit sie erzählen kann. Danach braucht sie nicht mehr zu kommen, weil sie dann frei sein wird. Du kannst Edo dann später alles erzählen."

Traurig sagt sie: „Edo will nicht zuhören."

„Du sollst jetzt seiner Mutter zuhören, damit sie hoffentlich anschließend Ruhe hat."

Sie atmet sehr mühsam ein und aus, schließlich sagt sie: „Sie liebt ihn, und er muß lernen, sich selbst kritisch zu betrachten. Erst dann kann er weiterkommen. Er erlebt ständig Unannehmlichkeiten, weil er sich nicht selbst reflektiert. Aus dem gleichen Grund macht er auch ständig Fehler und hat Unfälle. Er blockiert sich und mich, wehrt sich gegen alles Positive. Dabei bräuchte er das gar nicht zu tun. Durch eine klare Wahrnehmung würde er sofort vorwärtskommen." Sie spricht nur langsam und mühsam.

„Er hat Angst, seinen Körper anzuschauen. Mit dem Körper verbinden sich für ihn unverarbeitete Gefühle. Er hat, ebenso wie ich, Angst, in sich hineinzuspüren."

„Warum hast du Angst davor?"

„Die Angst kam auf, als ich ihn spürte. Anschließend hatte er auch Angst."

„Wie hast du das herausgefunden", frage ich sie.

„Ich erlebe alles direkt mit. Alles vibriert und ist warm. Edo war immer kalt. Mein Körper ...", weiter kommt sie nicht.

„Was ist mit deinem Körper los, Lucie?"

„Edo kann uns trennen, aber ich will es nicht."

„Du meinst, eure Körper trennen? Wie macht er das?"

„Ich erkenne in ihm meine eigenen Anlagen. Ich will sie auch sehen."

„Ich verstehe nicht, was du meinst, Lucie."

„Er hat Angst vor mir, weil er sich in mir wiedererkennt. Auch ich sehe mich in ihm, habe aber keine Angst davor. Ich will es sogar sehen."

„Kannst du mir Konkreteres dazu sagen."

„Gefühle ... seine Gefühle hat er von mir", sagt sie leise.

„Hat er selbst keine Gefühle", frage ich verdutzt.

„Er versteckt sie. Ich möchte sie sehen, aber er will es nicht. Er geht weg, wie immer! Er hat so viel Angst. Warum darf ich sie nicht sehen?" Sie weint und ist sehr traurig. „Irgendwann will ich es", sagt sie plötzlich mit veränderter Stimme.

„Lucie, hör mir zu. Sei still ..." Ich entscheide mich dafür, den Prozeß anders anzugehen. Ich stelle die Frage: „Wer in dir will das?"

Ich wiederhole die Frage noch einmal, aber zwingender.

„Es ist nicht Lucie, die das will. Wer will es, wie heißt die Person in dir, die alles sehen will? Nenne mir ihren Namen!"

„Edo", antwortet sie.

„Das stimmt nicht", antworte ich heftig. „Die Person hat einen anderen Namen, es ist nicht Edo. Edo hat einen anderen Körper. Wer in dir will alles sehen und fühlen, Lucie. Wie heißt diese Person?"

„Vielleicht seine Mutter", sagt sie mit kühler Stimme und atmet einige Male tief durch.

„Laß sich die Person ganz klar zeigen. Wer bist du, wie heißt du, Person in Lucie?" Es ist ein Befehl. „Sage es mir!"

„Ich weiß es nicht …", flüstert eine Stimme.

„Wer spricht da? Das ist nicht Lucie! Wo kommst du her, wie heißt du? Du bist nicht Lucie, du bist jemand anderes!" Meine Praxiserfahrung hat mich gelehrt, nicht aufzugeben, weiter fortzufahren. Ich höre nur Stöhnen und Hecheln. „Wer bist du? Wer macht Lucie immer so schläfrig. Willst du es mir sagen", rufe ich laut und eindringlich.

„Ich bin müde …", antwortet eine Stimme. Jemand versteckt sich hinter dieser Müdigkeit.

„Wer ist da so müde? Erzähle mir, wer du bist, ich werde dir nichts antun. Wer bist du, der du Lucie beeinflußt? Antworte!"

„Ich kenne dich. Du hast schon einmal so laut geschrien", sagt eine kühle Stimme.

„Woher kennst du meine Stimme? Wer bist du?"

Tiefes Durchatmen. „Jemand hat schon einmal so gerufen", sagt die Stimme ausweichend. „Edo kommt. Gehe weg", sagt die Stimme nun. Sie zeigt einen heftigen Gefühlsausbruch, vibriert und hechelt.

„Wer bist du? Wie lange soll ich dich noch rufen? Du kannst deinen Namen ruhig nennen, ich weiß, wer du bist. Deswegen ist es gleichgültig, ob du deinen Namen sagst oder nicht. Antworte mir!" Ich dränge weiter in sie, während sie erneut schwer atmet und stöhnt.

„Ich muß an Jannie denken. Jannie ist auf dem Friedhof. Sie liegt dort ganz allein", antwortet die Stimme, weicht mir erneut aus. Sie zittert und stöhnt, als ob sie frieren würde.

„Wer bist du? Willst du es endlich sagen! Bitte, sage es mir", rufe ich laut aus.

„Ich denke zu viel …", ist ihre einzige Antwort.

„Nenne mir deinen Namen, damit wir endlich miteinander sprechen können." Tiefe Stille.

„Huub …", es ist kaum zu verstehen.

„Huub? Wer ist Huub", fragt Lucie ganz ruhig, aber erstaunt.

„Du heißt Huub? Und du lebst in Lucie? Antworte mir mit ja oder nein", fordere ich sie ganz ruhig auf. „Ich höre dir zu … Huub. Wer bist du?"

„Huub ist für alles verantwortlich, was du in dir wahrnimmst und träumst, Lucie. Huub sieht auch Edo in dir. Wer Huub ist, werden wir noch herausfinden."

Wir werden es in der nächsten Sitzung herausfinden. Wir werden von dem Leben des erdgebundenen Huub erfahren.

Freitagnachmittag, am 11. Juli 1986

Lucie ist erneut in meiner Praxis. Wer ist Huub? Diese Frage wird in der nun folgenden Rückführung beantwortet werden.

Sie kommt sehr schnell in tiefe Trance. Sie erhält von mir die Anweisung, zu jenem irdischen Leben zu gehen, in dem sie als Huub inkarniert gewesen war. Als alle Vorbereitungen getroffen sind, frage ich sie: „Was siehst du, was passiert?"

Nach kurzer Stille antwortet sie: „Ich sehe Häuser, hohe Häuser, die in einer Reihe stehen, sie sind aneinander gebaut. Ich stehe draußen und betrachte sie. Die Straße ist ein Kiesweg. Ich stehe da und sehe Häuser, die sehr hoch sind."

„Vielleicht bist du noch sehr klein. Oder bist du bereits erwachsen?"

„Ich bin ein kleines Mädchen." (Später wird sich zeigen, daß sie sich geirrt hat.) „Ich sehe einen kleinen Laden, er hat eine Stoffmarkise über dem Schaufenster. Sie ist schräg nach vorne geneigt, wie ein kleines Dach …" Sie spricht wie ein Kind.

„Du bist ein kleines Mädchen, wie alt bist du?"

„Ich bin nicht das Mädchen, ich sehe es dort nur stehen. Es ist etwa vier oder fünf Jahre alt."

„Wo bist du? Stehst du an der anderen Straßenseite?"

„Ja. Sie trägt eine Schürze."

„Was trägst du?"

„Ich trage eine knielange Hose und hohe Schuhe. Ein Pferdegespann kommt angefahren."

„Bist du so alt wie das Mädchen?"

„Nein, ich bin größer, etwa sieben Jahre alt."

„Bist du mit dem Mädchen befreundet, spielst du mit ihm?"

„Sie schaut mich nicht an, sie schaut zum Laden, dort gibt es Süßigkeiten."

„Was ist mit dem Wagen? Schaust du ihn dir an?"

„Nein, aber das Mädchen möchte hinschauen. Nur, dann würde sie mich auch sehen, weil ich dazwischen stehe. Ich warte, bis sie sich umdreht."

„Hält der Wagen an", frage ich.

„Sie schaut mich jetzt an", sagt Huub.

„Was ist mit euch? Habt ihr Streit gehabt?"

„Ich bin ein Junge und stehe dort mit geballten Fäusten."

„Warum?"

„Ich möchte, daß sie mir etwas sagt. Sie heißt Jetje...? Jetje, ... Jannie. Sie trägt eine große Schleife im Haar." Der Junge ist scheinbar verwirrt.

„Jannie", frage ich. „Ist ihr Name erst später Jannie? Ist Jetje die gleiche Person wie Jannie, die an einer Laterne zu Tode gequetscht wird? Ist Jetje die Person, die in einem anderen Leben Jannie ist?"

„Kann sein." Er ist sich nicht sicher. „Sie trägt eine große rosa Schleife mit weißen Punkten im Haar." Er atmet tief durch. Scheinbar bewundert er sie.

„Der Wagen ist groß und wahrscheinlich sehr schwer", sagt er voller Respekt. „Ich nehme Jetje an der Hand und sage: „Komm, wir schauen ihn an."

„Erzähle mir genau, wie du heißt?"

„Huub", antwortet er sofort, mit monotoner Stimme.

„Huub, was machst du jetzt?"

„Ich schaue mich um. Es kommt eine Frau mit einem schwarzen langen Rock aus dem Laden. Sie trägt Holzschuhe, schwarze Strümpfe und eine blaue Schürze. Unter dem Arm trägt sie einen Korb mit Eiern."

„Ist es eine Bäuerin?"

„Dazu sind ihre Kleider zu sauber", sagt er kritisch. „Sie geht zum Wagen und Jetje folgt ihr." In seiner Stimme schwingt Mißgunst mit.

„Vielleicht ist es Jetjes Mutter?"

„Nein ... nein, sie ist ein Bekannte."

„Von dir?"

„Sie hat mich nicht gesehen, ich stehe auf der anderen Seite vom Wagen."

„Aber du versuchtest vorhin, Jetje an die Hand zu nehmen?"

„Sie will nicht. Der Wagen ist eine Art Kutsche, in dem Menschen fahren können", sagt er traurig."

„Befinden sich Menschen in der Kutsche?" Er antwortet nicht. „Warum hält die Kutsche dort? Steigt die Frau mit dem Korb ein?"

„Nein, sie schaut nur." Er atmet einige Male tief durch.

„Was passiert jetzt, Huub?"

„Jetzt sehe ich ... Huub dort stehen", stammelt er.

„Weißt du, was du gerade gemacht hast? Du hast den Körper von Huub verlassen und betrachtest dich selbst aus einiger Entfernung. Das solltest du lassen. Hör zu, Huub, kehre in deinen Körper zurück. Du bist Huub und solltest deinen Körper nicht verlassen. Gehe zu dem Körper des siebenjährigen Jungen zurück. Du bist jetzt wieder im Körper von Huub." Ich gebe meine Anweisungen.

Heftige Gefühle kommen auf. Er holt schwer und pfeifend Luft, Tränen laufen ihm über die Wangen.

„Nein", sagt er sehr erregt.

„Doch, sei vernünftig und tue, was ich dir sage. Du bist Huub. Du bist Huub, du steht auf der Straße, du erlebst dein Leben neu." Er weint still vor sich hin. Ich habe Mitleid mit ihm.

„Warum weinst du?"

„Weil ich sehe, was geschieht." Er hört sich sehr entmutigt an.

„Was passiert?"

„Jemand will aus der Kutsche aussteigen und sieht mich nicht, weil ich so klein bin. Die Tür der Kutsche schlägt gegen mich, ich falle um. Ich sehe, wie er fällt", sagt er mit einem Kloß im Hals.

„Du bist der Junge. Kehre in den Körper von Huub zurück, du bist Huub. Du erlebst, was geschieht, aber nicht nur aus der Entfernung." Er atmet noch schwerer.

„Verbinde dich mit dem Jungen. Du fühlst, was Huub fühlt. Du denkst das, was Huub denkt. Du erlebst alles, was mit Huub passiert. Du spürst, wie du fällst. Erzähle mir, wie fest du von der Tür getroffen wirst? Sage es mir."

„Ich liege unter dem Wagen, ich sehe den Boden des Wagens."

„Was spürst du? Hast du Schmerzen?"

„Ich spüre gar nichts", antwortet er mühsam.

„Was ist mit dir geschehen?"

„Ich bin hingefallen, und sie haben mich nicht gesehen", flüstert er. „Ein Mann steigt aus der Kutsche aus und geht nach hinten, dadurch sieht er mich nicht. Er trägt einen schwarzen Mantel. Ich liege unter der Kutsche. Das bin ich nicht. Ich sehe, wie er aufsteht." Er entfernt sich erneut.

„Du bist es, Huub! Kommst du wieder unter der Kutsche hervor? Stehst du wieder auf", frage ich.

„Ja. Dabei stoße ich mir den Kopf."

„Huub, kriechst du unter dem Wagen hervor?"

„Die Frau geht mit dem Mädchen weg. Ich liege unter dem Wagen und kann sie sehen." Er übergeht meine Frage. „Mein Kopf ist am Holzboden der Kutsche eingeklemmt. Ich will mich befreien, aber es geht nicht", sagt er verzweifelt.

„Hast du Schmerzen?"

„Ich sehe alles, fühle aber nichts." Er weigert sich, verständlicherweise, die Realität ganz zuzulassen.

„Fühle es", dränge ich ihn. „Du bist Huub, der unter der Kutsche eingeklemmt ist. Wie geht es weiter? Kannst du dich befreien, bevor die Kutsche losfährt?"

„Die Frau ist weg, alle sind weg", sagt er.

„Hast du dich befreit", wiederhole ich meine Frage.

„Ich bin immer noch eingeklemmt. Jannie ... Jetje, ist nicht mehr da. Die Pferde setzen sich in Bewegung." Er schaudert.

„Und jetzt?"

„Ich sitze fest und werde mit der Kutsche mitgeschleppt, meine Füße schleifen über den Boden."

„Das hört sich schrecklich an, Huub. Fährt die Kutsche schnell?"

„Nein, ganz langsam. Ich falle herunter", flüstert er. „Nein, ich meine, ich möchte gerne herunterfallen. Ich halte mich nur noch mit den Händen fest, der ganze Körper wird mitgeschleift. Mein Kopf tut weh, alles schmerzt." Er weint.

„Der Wagen zerrt an meinem Körper, ich versuche, die Dehnung zu lindern, indem ich mich mit den Händen festhalte. Die Fahrt geht weiter, jetzt sind schon die Häuser verschwunden. Wir sind auf einem Weg, ich kenne ihn."

„Wie fühlst du dich dort unter der Kutsche?"

„Ich bin doppelt: Unter der Kutsche und in sicherer Entfernung von allem. So geht es die ganze Zeit."

„Du befindest dich sowohl unter der Kutsche als auch in einiger Entfernung von ihr", wiederhole ich.

„Ich sehe, wie alles geschieht. Aber das geht doch nicht!"

„Du hast deinen Körper verlassen und schaust als Geist dem Geschehen von außen zu. Das ist möglich."

„Ich weiß, wie es weitergeht, aber ich kann doch unmöglich so weit mitgeschleift worden sein."

„Du bist außerhalb deines Körpers und betrachtest alles."

„Ich kann doch nicht so weit mitgeschleift worden sein."

„Du befindest dich in deinem feinstofflichen Körper im Jenseits. Dein Körper wird mitgeschleift, dein Geist folgt ihm nur."

„Jannie … Jetje ist wieder mit der Frau in den Laden gegangen", sagt Huub und will von dem grausamen Ereignis ablenken, indem er an einen anderen Ort flieht.

„Nein, Huub!" Ich reagiere sofort und hole ihn an die Unglücksstelle zurück. „Was passiert weiter auf dem Weg?"

Er kehrt zurück. „Meine Schuhe reißen, meine Füße sind verletzt. Der Wagen fährt jetzt über einen Hügel, ich hänge immer noch unter ihm, aber ich spüre nichts mehr." Er ist viel ruhiger geworden. „Ich bin tot, hänge leblos unter dem Wagen", stellt er emotionslos fest.

„Was passiert mit deinem Körper? Fällt er irgendwann von der Kutsche? Wann und wie wirst du gefunden? Was passiert mit dir?"

„Ich sehe jetzt ganz viele Menschen neben dem Wagen stehen. Mein Körper hängt immer noch leblos unter der Kutsche, er ist tot.

„Holt dich niemand hervor?"

„Nein, alle stehen um den Wagen herum, sie sehen nicht hin. Unter dem Wagen sitzt ein Hund."

„Riecht er dich?"

„Nein. Ich bin völlig zerfetzt", sagt er matt.

„Du bist nicht mehr in deinem zerschundenen Körper, du bist außerhalb von ihm."

„Ja, ich kann alles sehen. Jetzt kommt Jannie … Jetje, zusammen mit der Frau. Jannie schaut unter den Wagen. O weh! Sie weint, rennt zu der Frau und drückt sich ganz fest an sie."

„Ist es ihre Mutter?"

„Nein, ich glaube, es ist ihre Tante. Sie weiß jetzt um das Unglück, dann wissen es alle. Am Anfang wagt niemand nachzuschauen. Doch, jetzt sehen sie nach."

„Wie geht es weiter, Huub. Ich nenne dich weiterhin so, auch wenn du als Geist eigentlich keinen Namen hast."

„Sie befreien mich, wissen aber nicht genau, was sie mit meinem Körper machen sollen. Schließlich legen sie mich hinten auf den Wagen, auf eine flache Holzablage."

„Weiß jemand, wer du bist?"

„Jetje kennt mich. Sie kommt mit", antwortet er traurig.

„Jetje zeigt ihnen also den Weg. Wo wirst du hingebracht?"

„Der Ort heißt Grubbevorst. Nein, das stimmt nicht", sagt er zu sich selbst.

„Wie denn sonst?"

„Etwas mit u oder r. Aber Deursen stimmt auch nicht", rätselt er herum.

„Deursen, wie meinst du? Warum denkst du daran?"

„Ja, ich überlege. Es sieht französisch aus. Ich sehe eine Kirche mit spitzem Turm, er ragt weit über die anderen Häuser hinaus."

„Wie heißt das Dorf? Deursen ist es nicht, sagtest du."

„Euver … Die Menschen reden immer noch, die Straße ist voll. Überall stehen Menschen herum, aber ich bin allein", sagt er verbittert.

„Ja, du bist als Geist im Jenseits, aber der Erde ganz nah. Wie heißt der Ort? Etwas mit Euver …?"

„Euverding …", versucht er.

„Vielleicht Everdingen", frage ich.

„Euverding", sagt er noch einmal.

„Wo liegt das?"

„Es liegt sehr isoliert. Die Häuser stehen dicht zusammen. Es ist sehr klein, die Häuser sind sehr schön. Neben dem Laden steht ein wunderschönes Haus mit Giebeldach und drei Stockwerken."

„In welchem Land liegt das Dorf?"

„Das weiß ich nicht. Die Menschen tragen Holzschuhe", sagt er. Vielleicht ist es doch Everdingen in Holland. Meistens ist es sehr schwer, Namen aus dem Jenseits heraus richtig auszusprechen.

„Ich sehe einen Mann mit hohem Hut." Wieder weicht er aus.

„Er glänzt richtig. Er trägt einen Stock in der Hand. Ich kenne ihn nicht. Er wohnt in einem der vornehmen Häuser mit Giebel."

„In welchem Jahr befindest du dich? In welcher Zeit?"

„Das Jahr 1937", sagt er, ohne zu zögern. „Die Kirchturmglocke zeigt vier Uhr. Ich bin in Holland."

„Huub, wo ist dein Körper jetzt?"

„Ich liege immer noch hinten auf dem Wagen, unter einem weißen Tuch. Der Mann mit dem hohen Hut hat es so angeordnet. Sie sind hinter ein Haus mit einem kleinen Innenhof und runden Steinen gegangen. Ich liege immer noch unter dem weißen Tuch auf dem Wagen. Kein Mensch schaut zu", sagt er traurig.

„Hast du Eltern? Wo wohnst du?"

„Alle Menschen reden über mich …" Er ist ganz in sich selbst vertieft und

hört meine Frage gar nicht. „Ich wohnte in keinem der schönen Häuser …",
sagt er schließlich.

„Es war ein Unfall, oder?"

„Ja, ich konnte nichts dagegen tun. Wäre Jetje mit mir gekommen, hätte sie
es gesehen."

„Wo bringen sie deinen Körper hin?"

„Sie haben ein Loch gegraben und holen mich jetzt vom Wagen herunter."

„Sind deine Eltern nicht dabei? Wirst du nicht nach Hause gefahren?"

„Nein, sie legen mich, in Laken eingewickelt, direkt in die Erde hinein",
sagt er leise.

„Wie meinst du das, „direkt in die Erde"? Wohin? Ist es ein Friedhof?"

„Nein, es ist eine Stelle hinter den Häusern. Dort steht eine Scheune aus
schwarzem Holz mit einem Schornstein. Daneben haben sie ein Loch gegraben. Sie legen mich hinein und beachten mich nicht weiter. Nur die Menschen
auf der Straße reden weiterhin über den Vorfall."

„Wo wohntest du, bevor du tödlich verunglücktest?"

„Etwas weiter entfernt, auf der anderen Seite des Dorfes, in einem sehr
kleinen, alleinstehenden Haus an einem Kiesweg. Die Gegend ist nicht sehr
vornehm. Hier fahren keine Kutschen."

„Bei wem wohntest du?"

„Bei einer alten Frau mit weißer Mütze. Sie sitzt immer auf einem Stuhl,
die Füße auf einem Tischchen. Sie ist meine Großmutter. Sie sitzt immer nur
da … In dem Haus gibt es auch noch ein Schrankbett", erzählt er.

„Wo sind deine Eltern? Was ist mit ihnen geschehen, Huub?"

„Das weiß ich nicht, es gibt sie nicht, sie sind weg", sagt er, ziemlich desin-
teressiert.

„Warum sind sie weggegangen? Was ist mit ihnen passiert?"

„Sie sagt es mir nie …"

„Meinst du, deine Großmutter schämt sich? Weißt du es jetzt im Jenseits?"

„Meine Eltern sind gemeinsam weggegangen", sagt er.

„Warum. Ich bin sicher, du weißt es. Warum haben sie dich im Stich gelassen, Huub?"

„Nein, die alte Frau versorgt mich."

„Ich meine deine Eltern, sie haben dich verlassen. Sind sie gestorben?"

„Sie sind einfach gegangen", ist seine knappe Antwort.

„Warum haben sie dich allein gelassen?"

„Jemand muß die Großmutter versorgen", weicht er aus.

„Ja, aber warum haben deine Eltern dich verlassen?" Es fällt ihm schwer, darüber zu sprechen.

„Sie finden mich nicht schön, obwohl ich ganz normal bin. Jetje findet mich auch nicht schön, sie will mich nicht ansehen." Jetzt kann er endlich darüber sprechen.

„War es nicht angenehm, dich anzuschauen, Huub?"

„Ich bin ganz normal." Er wehrt sich.

„Bist du sicher?"

„Ja, ich kann ganz normal reden und denken."

„Wie sieht dein Gesicht aus?"

„Mager... nicht anders als das der anderen. Ich trage eine Mütze."

„Was fehlte dir? Warum warst du nicht schön?" Er muß lange darüber nachdenken, es fällt ihm sehr schwer.

„Das kann nicht sein. Als ich unter dem Wagen hing, hatte ich zwei Beine und jetzt nur noch eines... und ein Holzbein. Es stimmt nicht", flüstert er. „Ich konnte sehr schnell laufen, das kann nicht stimmen." Er spricht jetzt lauter.

„Wo hast du das Bein verloren, Huub?"

Er sagt nichts und stöhnt. Mühsam fährt er fort: „Ich sehe Schweine ... in einem ... Ich trage keine Mütze ... in einem Stall. Sie stecken ihre Schnauzen durch das Holz hindurch, können mich berühren. Ich stehe außerhalb des Stalls." Er schweigt plötzlich.

„Wie hast du dein Bein verloren? Wodurch ist das passiert", frage ich noch einmal.

„Ich habe zwei Beine", sagt er ausweichend, aber gleich anschließend fährt er fort: „Ich bin draußen, hinter dem Stall, dort steht ein Baum. Nein, es ist ein Sandhaufen, braun, leicht mit Gras bewachsen. Ein Messer steckt im Sand." Er betont das Wort Messer. „Ja, ich stehe auf dem Haufen. Ein Messer steckt im Sand", wiederholt er gedankenlos. „Es ist ein Hackmesser, um Stroh zu zerkleinern. Es ist kaum zu sehen, weil es tief im Sand steckt." Er schweigt erneut.

„Was passiert? Du stehst auf dem Sandhaufen." Ich versuche, ihn wieder zum Reden zu bewegen.

„Der Boden ist naß, es hat geregnet. Unten ist alles voller Schlamm von den Schweinen." Er atmet tief durch und schweigt.

„Ich möchte einen Apfel pflücken, aber er hängt zu hoch. Jetzt ... ich sehe ... wie ich ausrutsche, durch das Messer verletzt werde. Ich schreie, jemand läuft zu mir. Ich blute stark und bin voller Schlamm. Ich weine, es tut weh. Nein, es fühlt sich taub an."

„Was ist mit dem Bein passiert? Erzähle alles ganz genau, Huub."

„Mein linker Oberschenkel ist verletzt, der Schnitt ist sehr tief. Der Mann ist mein Vater, er hebt mich hoch und trägt mich fort."

„Kommt der Arzt?"

„Ich bin noch draußen, ich weiß nichts mehr. Er geht mit mir am Stall vorbei, zu unserem Haus ..." Seine Stimme bricht zusammen, so als würde er sein Bewußtsein verlieren.

„Was geschieht dann", frage ich nach einiger Zeit.

„Ich liege im Bett, mein Bein ist fort. Vorher war es noch da", sagt er erstaunt. „Warum wurde es amputiert?"

„Ich vermute, es hatte sich infiziert, Blutvergiftung", antworte ich.

„Ich weiß nicht, was passiert ist, ich bin gerade erst aufgewacht."

„Der Arzt hat dein Bein amputiert, Huub."

„Es ist tatsächlich weg. Ich weiß nicht, wo sie es hingebracht haben." Er ist verwirrt.

„Ich nehme an, der Arzt hat es mitgenommen."

„Ist das gut so?"

„Ja, nur so konnte dein Leben gerettet werden. Dein Bein war stark verletzt und wurde durch das schmutzige Messer infiziert." Ich rede mit ihm wie mit einem Kind.

Er schweigt, geht nicht darauf ein. „An der Mauer steht ein Stock, damit muß ich nun laufen lernen. Ich kann damit auch zuschlagen, mit ihm bin ich sehr stark. Ich kann sehr fest damit zuschlagen, weil es eigentlich zwei Stöcke nebeneinander sind."

„Wie stützt du ich darauf ab?"

„Das weiß ich nicht. Ich darf noch nicht aufstehen."

„Und später? Ist es eine Krücke?"

„Ja, ich stütze mich in der Achselhöhle darauf ab. So versuche ich zu gehen, es ist sehr schwer. Ich bin noch nicht kräftig genug."

„Jetzt verstehe ich, wie du dich unter der Kutsche einklemmen konntest. Es geschah durch die Krücke", stelle ich fest. Er antwortet nicht, sondern stöhnt weiterhin und murmelt nur ein „Ja".

„Sage mir, wieso sie dich einfach hinter der Scheune begraben haben, anstatt dich auf einem Friedhof zu bestatten?"

„Großmutter sitzt drinnen auf ihrem Stuhl und weiß von nichts, wahrscheinlich ist sie taub. Sie hört nichts und sagt auch nichts." Er hat viel Leid erlebt. Wahrscheinlich ist seine Großmutter taubstumm.

„Warum wirst du dort hinter der Scheune begraben? Gibt es keinen Friedhof bei der Kirche?"

„Doch. Ich glaube, sie wissen nicht, wer ich bin", antwortet er.

„Bist du so stark verstümmelt?"

„Jetje weiß, wer ich bin. Jannie weiß es", erinnert er sich plötzlich.

„Das war dein irdisches Leben als Huub. Jetzt ist es vorbei. Hör mir zu, Huub. Ich möchte, daß du genau zu dem Moment gehst, in dem du unter dem Wagen deinen Körper verläßt, zum Moment deines Sterbens." Er bekommt Anweisungen und ich frage ihn: „Was fühlst du, was passiert genau?"

„Auua! Mein Kopf tut mir weh. Es drückt. Jetzt wird alles hell. Ich sehe gelbes Licht", ruft er.

„Ist der Schmerz verschwunden?"

„Ein wenig drückt es noch. Das Licht will sich ausbreiten, aber es klappt nicht."

„Wo bist du jetzt? Befindest du dich im Jenseits, außerhalb deines Körpers? Dein Körper ist tot, oder nicht", frage ich ihn bewußt. Ich möchte hören, wie er reagiert.

„Ja, er hängt dort", flüstert er.

„Du hast ihn verlassen?"

„Ja, zum Glück. Mit so einem Körper kann man nicht mehr viel anfangen. Mir ist es egal, was sie damit machen, sollen sie ihn doch wegschmeißen", sagt er erleichtert.

„Du bist jetzt als Geist im Jenseits. Wo gehst du hin?"

„Ich bin nicht allein. Mir gegenüber sind ... zwei Wesen. Sie sind immer bei mir, gleichgültig in welche Richtung ich auch gehe. Sie sind sehr groß und sind in gelbe und weiße Farben gekleidet. Sie sind wie zwei große Baumstämme, an die ich mich anlehnen könnte. Ich kann sehr weit sehen, wie. ..." Er hält ein.

„Wer sind die beiden Wesen, die im Jenseits bei dir sind, Huub?"

„Sie sind ziemlich groß und können sehr weit laufen." Er schweigt kurz, dann sagt er: „Ich habe keinen Boden mehr unter mir. Es ist, als würde ich auf dem Boden stehen, aber wenn ich meine Füße anschaue, erkenne ich nichts."

„Du bist ein Geist. Wer sind die beiden anderen? Haben sie einen Namen? Erkennst du sie?"

„Ich kann ihre Gesichter nicht erkennen, oder doch, aber sie sind leer. Beide sind sehr groß."

„Steigst du auf zum Licht?"

„Die beiden anderen schweben ganz langsam nach oben, und ich muß mitgehen. Ich folge ihnen, weil ich neugierig bin, wohin sie gehen. Einer der beiden hält mich fest und hilft mir, indem er mich vorsichtig weiterschubst."

„Wo geht ihr hin?"

„Um mich herum ist alles sehr lebendig. Ich sehe nur noch eines der beiden großen Wesen. Alles sieht hier so gedrängt aus, und ich muß durch die Menge hindurchgehen."

„Wo bist du", frage ich.

„Warte, jetzt wird es heller. Ganz in der Ferne leuchtet ein großes Licht. Vorne ist es grau, nach hinten hin wird es immer heller, aber dort kann ich nichts mehr erkennen. Das Licht ist zu grell. Ich muß auch nicht unbedingt hinschauen."

„Was machst du? Bleibst du in Erdnähe?"

„Nein, ich gehe weiter."

„Wo gehst du hin. Weißt du wirklich, daß du gestorben bist und keinen irdischen Körper mehr hast? Erkennst du das wirklich?"

„Ja, ich brauche den Körper nicht mehr", reagiert er gereizt.

„Ja! Es ist sehr wichtig, zu erkennen, daß du tot bist."

„Ich brauche den verunstalteten Körper nicht mehr."

„Nein. Wohin gehst du? Wo bist du? Huub", dränge ich, weil ich Angst habe, er könne in einen erdgebundenen Zustand zurückfallen.

„Ich blicke immer noch um mich. Ich sehe ein grellgelbes, goldgelbes … ja, ich kann immer noch sehen, obwohl es eigentlich nicht sein kann, das Licht ist zu grell. Ich steige immer weiter nach oben, bin schon so weit vorangekommen …", sagt er schließlich und atmet sehr erleichtert durch.

„Huub, erzähle mir, wenn du so weit bist, wie du zu Lucie kommst?" Es ist die zentrale Frage.

„Wer ist Lucie", fragt er erstaunt.

„Lucie? Du kennst Lucie nicht? Huub, du kennst Lucie nicht?" Ein langes Stöhnen und schweres Durchatmen folgt.

„Sie ist sehr klein … und ich gehöre dazu." Es klingt traurig. „Ich bin viel zu weit weg", fügt er hinzu.

„Wie geht es weiter? Ich will, daß du mir erzählst, warum Lucie die Neigung hat, vor einen Zug zu springen. Huub, du weißt es genau, warum tut sie das?"

„Sie sollte es nicht tun …", sagt er sehr mühsam.

„Genau. Aber warum tut sie es dennoch? Geht es auf deinen Einfluß zurück. Hängt es mit deinem traumatischen Tod unter der Kutsche zusammen?" Ich frage jetzt sehr gezielt.

„Die zwei großen Räder, ich hätte aufpassen sollen, nicht darunter zu geraten", sagt er mit harter Stimme.

„Du sagtest, sie hätte es nicht tun sollen. Du trägst aber die Schuld an ihrem Verhalten. Du bist fast unter die großen Räder gekommen."

„Ein großer Stein lag auf dem Weg, und mein Bein wankte hin und her. Die Räder waren sehr groß", sagt er mit ängstlicher, zitternder Stimme.

„Was bringt Lucie dazu, immer vor den Zug springen zu wollen? Bist du mitschuldig daran, Huub", frage ich ihn.

„Ich muß doch … bei ihr sein", sagt er jetzt.

„Wann?"

„Immer, ich gehöre zu ihr."

„Ja, aber deswegen mußt du nicht dafür sorgen, daß sie sich vor einen Zug wirft."

„Wir machen doch immer die gleiche …"

„Wie meinst du das", frage ich erstaunt. „Lucie soll sich doch nicht vor einen Zug werfen?"

„Nein! Aber ich kann nicht zu ihr gehen, das geht nicht …"

„Warum hat sie diese Selbstmordtendenz?"

„Sie kann hierher kommen", antwortet er.

„Wohin kann sie kommen?"

„Zu mir!"

„Und wo ist das?"

„Hier ist alles viel schöner."

„Ach so. Du wünschst dir, daß sie stirbt, damit sie wieder bei dir ist?"

„Ich kann nicht zu ihr gehen, aber ich möchte bei ihr sein", stöhnt Huub. „Warum geht das nicht?" Es ist die schizophrene Logik eines Erdgebundenen. „Jetzt verstehe ich dich. Sie soll zu dir ins Jenseits kommen, meinst du das?"

„Genau, dann sind wir wieder zusammen. Hier im Jenseits ist alles viel schöner, wärmer und heller." Huub versucht, mich zu überzeugen.

„Deswegen beeinflußt du Lucie dahingehend, sich vor einen Zug zu werfen, ein Tod, der deinem Tod unter der Kutsche ähnlich sein würde?"

„Ich kann nicht zu ihr. Irgend etwas steht zwischen uns", beklagt er sich.

„Zwischen euch steht der irdische Tod. Jetzt willst du, daß ihr das gleiche passiert, obwohl du es gar nicht schön fandest. Sie soll vor einen Zug springen, nur damit sie wieder bei dir ist. Laß das sein, sie gehört noch zur Erde, ihr Leben ist noch nicht beendet. Versprich mir, sie nicht weiter zu bedrängen, Lucie ist sonst sehr traurig. Du versuchst, sie zu überreden, ihr Leben auf Erden vorzeitig zu beenden. Das ist sehr schlecht für euch beide."

„Sie kann doch mit mir kommen", antwortet er traurig. Er will oder kann es nicht verstehen. Er spielt ein böses Spiel.

„Nein, sie muß ihr irdisches Leben erst beenden."

„Was ist mit Jetje ... Jannie?"

„Ja, Jannie konnte sterben, weil ihre Zeit gekommen war. Bei Lucie ist das aber noch nicht der Fall. Fängst du langsam an, das zu verstehen? Du bist auch noch klein."

„Ich möchte bei Lucie bleiben", wehrt er sich.

„Deine einzige Möglichkeit, bei Lucie zu bleiben, ist, ganz lieb zu ihr zu sein, ihr zu helfen, nicht ihren Tod zu bewirken. Ihr wäret dann sehr unglücklich. Du verstehst es nicht ganz, oder?"

„Hier ist alles viel schöner", fährt er fort.

„Ja, im Jenseits ist es viel schöner, und Lucie wird auch noch dorthin kommen, aber erst dann, wenn ihre Zeit gekommen ist, vorher nicht. Du machst es Lucie sehr schwer, und darüber ist sie traurig, so traurig wie du jetzt bist."

„Ich möchte bei ihr sein", wehrt er sich.

„Du bist doch bei ihr", sage ich mit Widerwillen. „Reicht das nicht? Sei ein einsichtiger Junge und laß Lucie in Ruhe. Du möchtest doch nicht, daß sie traurig ist?"

„Nein, ich möchte nicht, daß sie traurig ist. Ich möchte nur bei ihr sein." Er gibt nicht auf.

„Sie darf sich nicht selbst töten. Versuche nicht, sie zu beeinflussen, sonst fällt Schuld auf dich, das willst du doch bestimmt nicht."

„Nein." Mehr sagt er nicht dazu.

„Laß uns eine Verabredung treffen. Du versprichst mir, sie nicht mehr zu belästigen", schlage ich vor.

„Ich möchte zu ihr gehen können", beharrt er.

„Für sie ist das nicht gut. Du möchtest doch nichts Schlechtes tun?"

„Es läßt mich los", sagt Huub plötzlich. „Dieses große Wesen. Nein ... es kommt wieder zurück. Es läßt mich kurz los."

„Ich nehme an, dieses Wesen versucht, dich davon abzuhalten, Schlechtes zu tun. Ab und zu testet er dich, probiert aus, ob du Lucie in Ruhe lassen wirst." Wie weit reicht sein freier Wille? Diese Frage stellt sich hier.

„Ja, ja ... ich will es versuchen. Ich weiß aber nicht, ob ich es kann", ruft er, zugleich verzweifelt und entmutigt.

„Versuche es, du wirst es schon schaffen. Danach wirst du dich viel besser fühlen, ich verspreche es dir."

„Ja", sagt er matt. Endlich, wie ich meine.

„Huub, wo bist du jetzt?"

„Ich bin noch dort, ich gehe ins Licht."

„Kennst du dort jemanden, Huub?"

„Nein, ich bin allein. Irgend etwas Großes hält mich fest und führt mich weiter."

„Laß dich zum Licht führen."

„Ja, alles ist gut", sagt er. Er ist ganz ruhig geworden.

„Bist du manchmal ganz nah bei Lucie, Huub?"

„Ich versuche es."

„Kennst du Edo", frage ich.

„Edo? Edo ist doch Lucie."

„Bist du der Mutter von Edo schon einmal begegnet? Ist sie bei dir im Jenseits? Kennst du sie?"

„Edos Mutter?" Er spricht mit sich selbst.

„Kennst du sie", frage ich noch einmal.

„Sie gehört auch dazu, ich weiß nur nicht wie. Sie gehört zu den beiden, zu Lucie und Edo. Ich möchte auch dorthin."

„Warum gehst du nicht zu Edos Mutter? Sie wird dir helfen. Am besten steigst du hinauf zum Licht, dort ist es warm und schön, wie du weißt. Du darfst nie wieder versuchen, Lucie zu überreden, sich vor einen Zug zu werfen. Versprichst du mir das?"

„Ja, er geht zu Lucie", sagt eine Stimme.

„Aber keine negative Beeinflussung."

„Ich versuche es", wiederholt Huub.

„Gut, sonst wird Lucie dich von sich stoßen, weil sie jetzt weiß, was du vorhast. Versuche nicht mehr, sie zu beeinflussen."

„Wenn ich mich nicht umdrehe, gelingt es", sagt er zu meinem Erstaunen.

„Gut! Dann dreh dich nicht mehr um."

„Nein ... nein ...", flüstert er.

„Gut. Ich hoffe, du erreichst das Licht. Möge es auch dein Wunsch sein, im Licht glücklich zu sein, Huub."

„Jaaa …" Es ist nur noch ein langgezogenes Flüstern.

„Warst du auch bei Edo? Auch ihn darfst du nicht belästigen!"

„Edo ist Lucie", antwortet er abweisend.

„Ja, aber Edo hat einen eigenen Körper, einen anderen Körper als Lucie."

„Nein, dort gehe ich nicht hin. Er ist ja Lucie."

„Bist du der Mutter von Edo schon im Jenseits begegnet?"

„Die Mutter von Edo ist bei Lucie. Sie sind wie ein Ei mit zwei Dottern. Die Mutter umfaßt beide und hält sie zusammen." Die Auskünfte zu diesem Thema stammen also von Huub.

„Wen umfaßt sie?"

„Lucie, die gleichzeitig Edo ist."

„Gehören sie so sehr zu einander, daß sie wie Zwillingsseelen aussehen?"

„Ja, es ist weitaus mehr, als nur zusammenzugehören."

„Ist es eine Seele?"

„Ja, aber mit zwei Dottern. Sie sind zu dritt, ein Ei mit zwei Dottern. Edos Mutter ist das Ei, die Schale, Edo und Lucie sind die beiden Eidotter, die Embryos."

„Also doch eine Seele, eine Zwillingsseele", stelle ich fest.

„Ja, richtig", bestätigt er.

„Gut, jetzt drehst du dich ganz herum, Huub."

„Ich sehe ein großes Licht", sagt er sofort.

„Du steigst jetzt zu diesem Licht auf, dort wirst du glücklich sein. Steige hinauf."

„Aber Edos Mutter ist bei Lucie", protestiert er.

„Was macht sie dort?"

„Sie hält die beiden Eidotter fest. Das gelingt ihr sehr gut", fügt er hinzu.

„Hör zu, vielleicht hat Edos Mutter eine Botschaft? Wenn ja, soll sie uns diese Botschaft mitteilen."

„Wenn sie die beiden losläßt, fallen sie auseinander. Sie hält beide zusammen."

„Was hat sie ihrem Sohn Edo zu sagen?"

„Er darf nicht weglaufen, denn er gehört dazu. Wüßte er davon, könnte er ruhig weggehen, denn er würde wiederkommen. Deswegen hält sie ihn fest."

„Was ist der Weg zurück", frage ich neugierig.

„Zu seiner anderen Hälfte, zu Lucie. Wenn seine Mutter ihn losläßt, kommt er nicht mehr zurück."

„Weißt du, ob er wiederkommen würde?"

„Nein, sie hält ihn ja fest. Sie hält beide zusammen." Er spricht ganz gelassen.

„Könnte es nicht doch geschehen?"

„Ich weiß nicht, wer stärker ist … Edo ist auch sehr stark."

„Du weißt nicht, wer stärker ist?"

„Im Moment ist sie doch stärker", sagt er jetzt sehr überzeugt.

„Also ist alles in Ordnung. Sie läßt ihn nicht los?"

„Nein …"

„Huub, ich wünsche dir, daß du im Licht deinen Frieden findest."

„Ja", sagt er, fast lautlos.

„Du wirst dort viel glücklicher sein. Du weißt jetzt, daß du niemanden überreden darfst, seinen Körper zu vernichten."

Er murmelt noch etwas wie: „Sie nicht zurücklassen können."

„Du läßt Lucie nicht zurück. Wenn ihre Zeit gekommen ist, kommt sie zu dir. So lange mußt du noch warten. Drehe dich jetzt um und belästige sie nicht mehr."

Er weint lautlos, Tränen rollen über seine Wangen.

„Machst du das jetzt bitte", dränge ich ihn erneut.

„Ich versuche es", stöhnt er.

„Laß es dir gut gehen, Huub. Sei stark. Ich wünsche dir, daß du glücklich wirst. Steige hinauf und verliere deinen Führer nicht, bis du im Licht angekommen bist, wo du für immer sein wirst!"

„Ja", sagt er seufzend und mit Widerwillen.

„Huub, ich trenne mich jetzt von dir. Ich gehe zurück zu Lucie. Ruhe in Frieden."

„Tschüß", antwortet er bedrückt.

„Lucie, wie geht es dir? Hast du alles verstanden?"

„Ja, es ist gut so", sagt sie weinend.

So endet eine der merkwürdigsten Sitzungen, in der Erdgebundenheit, Schizophrenie und die Leben von Zwillingsseelen miteinander verwoben sind. Lucie, Edo und Huub bilden ein tragisches Trio. Es sind drei Persönlichkeiten eines ICHs. Hinzu kommt die durch Euthanasie erdgebundene Francien, Edos Mutter. Die zentrale Ursache für die Schwierigkeiten liegt im dunklen Zwischenbereich des Jenseits, in erdnahen Bereichen. Die Menschen, die normal sterben, steigen schnell und unbewußt durch diese Zone zum Licht auf. Zum Glück ist das der Normalfall.

Zum Abschluß dieses Kapitels folgt eine Zusammenfassung der Vorleben von Lucie und Edo, in denen sie als Rosanna und Eugene inkarniert waren. Wir sprachen schon kurz darüber. Es gibt eine klare und enge Verbindung zwischen diesen verschiedenen Leben. Erst durch die Zusammenfassung können dem Leser viele Aspekte klar werden.

Das unglückliche Leben von Rosanna und Eugene

Ich frage Lucie: „Was siehst du, was passiert?"

„Es ist dunkel, und ich bin drinnen. Jemand läuft herbei. Es ist ein Mann, den ich nicht kenne und den ich auch nicht gut erkennen kann. Ich sehe nur seine Gestalt. Ich sehe ein großes Fenster, das in viele kleine unterteilt ist. Ich trage ein rosafarbenes Kleid, ich bin kein Kind mehr. Alles hat irgendwie mit Musik zu tun, im Zimmer steht ein Klavier.

Der Mann bleibt stehen. An seinen Strümpfen trägt er Schleifen, was üblich ist für diese Zeit. Ich möchte ihm etwas auf dem Klavier vorspielen. Ich beginne, die „Moldau" zu spielen (von Smetana, komponiert 1874 bis 1879). Ich weiß nicht, ob er es hören möchte. Er ist unentschieden. Ich sehe nur seine Umrisse und seine weißen Strümpfe. Wenn ich genau hinschaue, ist er weg, und ich kann nicht mehr weiterspielen."

„Kannst du ihn zurückrufen?"

„Er kommt wieder, sagt nichts und schreitet durch die Tür. An der Tür hängen Gardinen, die mit einer Schnur zur Seite gebunden sind."

„Kommt er aus der Geisteswelt?"

„Ich kann nicht durch ihn hindurchsehen, die Tür hinter ihm kann ich nicht erkennen. Ich sehe sie um ihn herum. Ich will nicht mehr weiterspielen und weiß nicht, was ich machen soll. Er bleibt in einiger Entfernung stehen."

„Schickt er dir Gedanken?"

„Ja, er will bei mir sein. Sein Gesicht kann ich nicht sehen Er ist schmal und lang. Angst habe ich nicht vor ihm. Kenne ich ihn? Ich weiß, er ist Eugene. Er steht einfach da. Ich weiß nicht, ob es ihm gefällt, wenn ich spiele."

„Wie heißt du?"

„Rosanna di Locardi. Ich lebe an der Westgrenze von Luxemburg. Heute gehört dieser Teil zu Belgien. Ich trage ein bodenlanges Kleid und kleine, schmale, spitze Schuhe. Sie rutschen beim Klavierspielen immer von den Pedalen. Ich sitze dort, und er steht zwischen der Tür und mir."

„Gehe zurück zu einem Ereignis, in das Eugene gut hineinpaßt."

„Ich bin draußen und sehe mich im Gras liegen, in der Nähe eines Heuhaufens. Ich trage ein rosafarbenes Kleid, darunter eine weiße, mit Spitzen besetzte Hose. Da ist noch jemand, ein Junge mit einem flachen Hut und einer Matrosenmütze. Weiter trägt er eine kurze schwarze Joppe und eine weiße Bluse mit weiten Ärmeln. Ich sehe seine großen Zähne. Ich stehe jetzt ganz nahe bei ihm. Immer, wenn ich sein Gesicht aus der Nähe betrachte, sehe ich Edo vor mir. Er heißt Eugene."

„Wer ist er?"

„Er ist ein Freund von mir."

„Rosanna, magst du ihn?"

„Nein. Es ist zwar angenehm, mit ihm zusamen zu sein. Aber er kitzelt mich mit einer Blume an der Nase. Er sollte das lassen, das ist mir nicht angenehm. Immer, wenn ich mich langweile, gehe ich aus. Dort begegne ich ihm meistens. Wir gehen spazieren oder toben herum. Ich bin sechzehn, er ist einundzwanzig. Er wohnt in den kleinen Häusern am Ende des Weges. Ich wohne in einem großen Haus mit großen Fenstern. Nur das Klavier steht vor einem kleinen Fenster. Ich spiele zwar selten, aber gut. Ich habe wohlhabende Eltern."

„Gehe ein wenig weiter in der Zeit."

„Mich gibt es nicht mehr! Ich bin nicht mehr in dem Haus. Ich bin nicht mehr dort!"

„Gehe zu dem Moment deines Todes."

„Ich bin in einer sehr großen Küche. Ich sehe es nicht, aber ich weiß, daß ich verdorbenes Essen aus einem Steingefäß zu mir nehme, irgend etwas aus Früchten. Ich esse etwas aus der Mitte, da sieht es noch gut aus, am Rand ist es bereits verdorben. Ich werde müde und hänge schlaff über einem Stuhl. Ich hatte das Marmeladengefäß halbleer gegessen, nur am Ende schmeckte es etwas eigenartig. Ich sehe noch, wie jemand hereinkommt, eine dicke Dienstmagd mit einer kleinen Mütze auf dem Kopf. Sie nehmen mich hoch und legen mich auf ein schönes Bett mit Vorhängen. Ich bekomme löffelweise zu trinken. Ich bin sehr müde. Eugene ist nicht da. Eugene? Ich weiß gar nicht, wo er ist. Wenn ich genügend schlafe, werde ich wieder gesund werden."

„Suche Eugene, wenn du wieder gesund bist."

308

„Ich sitze auf einem Zaun. Neben mir steht jemand, mit dem ich rede. Er raucht eine Pfeife, eine gerade Pfeife. Mein Vater hat eine gebogene Pfeife. Es ist Eugene, er ist etwa achtzehn oder neunzehn Jahre alt. Es ist sehr gemütlich, wir reden über alles mögliche. Er hat dichte Augenbrauen und große dunkle Augen. Ansonsten ist er sehr schmal.

Ich bin klein, etwas untersetzt. Ich habe blonde Haare, trage ein weites Kleid und ein kleines Hütchen mit Blumen. Außerdem habe ich hübsche Ohrringe."

„Gehe vorwärts in der Zeit."

„Mir ist warm. Feuer! Das Heu brennt! Seine Pfeife hat das verursacht. Mein Rock brennt, Eugene brennt! Ich sehe das Heu auf dem Feld, renne so schnell wie möglich davon, nach Hause. Mein Rock brennt nur noch wenig. Zu Hause wechselt man meine Kleider, ich überlebe."

„Was ist mit Eugene?"

„Wir gehen zurück, mein Vater, meine Mutter und ich. Eugene liegt da, schwarz verkohlt. Er ist tot! *Er ist tot!* Jetzt können wir nicht mehr zusammen lachen und Spaß miteinander haben. Er ist nicht mehr da. Es war so schön mit ihm. Er war mein einziger Freund."

„Und weiter?"

„Ich gehe nicht mehr aus dem Haus. Überall war ich mit ihm. Gleichgültig wohin ich auch gehe, ich muß immer an ihn denken. Ich werde krank, ich möchte zu Eugene. Nein! Ich will nicht gesund werden, ich will nur noch fort. Ich kann unser Haus nicht mehr verlassen. Erschöpft gebe ich mich auf. Ich schlafe einfach ein, in meinen Tod hinein."

„Beschreibe den Moment des Sterbens."

„Über meinem Bett sehe ich viele Gesichter. Es sind die Dienstmägde unseres Hauses, sie möchten mich hierbehalten. Ich will nicht, ich sehe Eugene. Er trägt jetzt viel schönere Kleider als die Menschen bei mir zu Hause. Er streckt seine Arme aus und will, daß ich mitkomme. Ja, ich komme."

„Steige als Geist hinauf ins Jenseits, trenne dich von deinem Körper."

„Ich bin jetzt bei Eugene, zusammen gehen wir weiter. Edo ist genauso schmal gebaut wie Eugene. Ja, Eugene ist Edo. Im Jenseits möchte ich ihm etwas vorspielen, deswegen gehe ich zurück nach Hause. Dort steht mein Klavier. Früher, auf Erden, hat er mich nie spielen hören, weil er nie zu uns ins Haus kam. Jetzt hört er mich spielen. Ich weiß, daß es ihm gefällt, und das ist mir genug. Ich spiele Vivaldi und alles, was ich kenne. Die „Moldau" gefällt ihm am besten. Er ist Teil meiner Seele.

Er denkt wie ich, wir sind identisch. Er ist nicht mein Eugene, ich bin ebenso Eugene wie er. Wir bilden eine Einheit. Die Menschen in dem großen Haus wissen davon nichts, sie finden es unwichtig. Ich will immer bei ihm bleiben, sonst fühle ich mich nur halb. Ich weiß jetzt, wo ich hingehöre."

„Was bedeutet das für Lucie und Edo?"

„Edo ist auch fortgegangen. Er hatte Angst vor seiner Mutter, manchmal auch vor mir. Vielleicht bin ich seiner Mutter ähnlich."

„Vielleicht hat er unbewußt Angst davor, daß sich alles wiederholt. Das Feuer ist ein starkes, unverarbeitetes Trauma."

„Er warnt mich immer vor dem, was in ihm ist, vor dem er selbst Angst hat. Ich kenne es. Er kann sehr schlimm sein. Für mich ist es nicht schlimm, jeder hat solche Züge. Er hat aber Angst, daß ich diese Seite von ihm sehe. Ich sehe sie und möchte sie auch erleben, aber das geht nicht. Eigensinnig wie er ist, sitzt er immer wieder hier im Zimmer. Anfangs wollte er mich zurückhalten. Ich weiß, daß ich noch einen letzten Prozeß mit ihm durchmachen muß, danach brauche ich ihn nicht mehr und kann meinen eigenen Weg weitergehen!"

„Schaue noch einmal ins Jenseits."

„Eugene!"

„Wo ist Huub?"

„Er ist schon viel höher gestiegen, er hat Lucie verlassen. Manchmal dreht er sich um. Wenn sie ihn loslassen, nimmt er wieder den falschen Weg zu Lucie auf. Er wird gut festgehalten, ich weiß aber nicht von wem. Lucie wird auch festgehalten, sie ist nicht allein."

„Wer ist bei ihr?"

„Edo, aber Edo hat immer noch Angst vor seiner Mutter. Eigentlich ist sie ganz lieb. Sie sagt ihm, er brauche keine Angst zu haben. Er reagiert nicht, hält stur an seinen Überzeugungen fest. Er verdrängt alles und will nur selbst bestimmen. Wir waren im Jenseits lange als Zwillingsseelen zusammen. Wir können doch nicht zusammen gewesen sein, um danach irgendwann getrennt zu werden. Das kann doch nicht sein."

Rosanna tötete sich selbst. Als Lucie hat sie erneut diese Neigung. Die Ereignisse wiederholen sich.

Ich sage zu ihr: „Unterlasse in diesem Leben als Lucie jeden Versuch der Selbstvernichtung. Das ist die Herausforderung, die du aus deinem Leben als Rosanna mitgebracht hast. Das ist dein Karma. Wiederhole nicht deinen Fehler!"

310

Der Reinkarnationsprozeß

Zwischen irdischem Tod und Wiedergeburt.
Der Untergang von Atlantis. Zwischendasein.

Erkenntnisse über die Ereignisse aus der Zeit zwischen den Inkarnationen erhalten wir am besten mit Hilfe von Versuchspersonen. Es geht um die Metamorphose, die ein Wesen in der Zeitspanne zwischen irdischem Tod und Wiedergeburt durchlebt, also zwischen zwei irdischen Inkarnationen. Alles, was dann geschieht, steht außerhalb der Zeit und unterliegt der Kontinuität des Geistes. Die individuelle Seelen-Einheit spielt dabei eine wichtige Rolle.

Die in Trance gemachten Erfahrungen bilden eine wichtige Grundlage für die Erkenntnisse vom Jenseits. Diese Erfahrungen stehen rein theoretischen Beschreibungen gegenüber, die in der Regel auf Intuition basieren. Ich ziehe diesen die Erfahrungsberichte meiner Patienten vor, die ich über die Jahre hinweg gesammelt habe.

Im Rahmen dieses Buches ist es nicht möglich, alle Informationen aus diesen Untersuchungen detailliert wiederzugeben. Das Buch vermittelt dem Leser jedoch zahlreiche Eindrücke von den Erfahrungen des Geistes im Jenseits.

Am Anfang war der Aufenthalt im Jenseits noch sehr schlicht, wie wir in den ersten Kapiteln des Buches erfahren konnten. Das Jenseits hat sich jedoch aus reiner Notwendigkeit heraus weiterentwickelt, hat sich den Veränderungen durch die dort zahlreich eintreffenden Wesen angepaßt. Das Jenseits ist sozusagen mit dem größeren Bedürfnis nach kosmischen Lichtsphären gewachsen, hat also gezwungenermaßen eine Evolution durchgemacht. Es gibt dort verschiedenste Lichtsphären auf unterschiedlichen Entwicklungsebenen und in verschiedenen Universen. Auch bildete sich für die hohen Wesen eine „Göttliche Aufgabenteilung" in den verschiedensten Bereichen heraus, so daß die Unio Mystica, die mystische Vereinigung von Mensch und Gott, gefördert wurde.

Auch die „erste" Seelen-Einheit änderte ihren Charakter und ihre Struktur. Die Seelen-Einheit, auch als zentrales ICH oder Monade bezeichnet, entwickelte einen zeitlosen, allgemeingültigen Plan. In diesem Plan sind alle Persönlichkeiten, die von der Seelen-Einheit im Laufe der Zeit für ihren Erfahrungsprozeß genutzt werden, inbegriffen, damit sie zum Schluß ihre volle Harmonie und Reinheit wiedererlangt. Alle Inkarnationen in Raum und Zeit, vergangene, gegenwärtige und zukünftige, sind in der Seelen-Einheit bereits enthalten. Alle Persönlichkeiten, einschließlich der Lebenspläne und des Wissens über zukünftige oder bereits gemachte irdische Erfahrungen.

Unsere Körper sind Erfahrungskörper. Alles *ist*, also *ist* alles schon zuvor bekannt, nur nicht die irdische Persönlichkeit. Kurz nach der Geburt kapselt sich unser Unterbewußtsein mehr und mehr ab, und wir bleiben mit der niedrigen, irdischen Bewußtseinsebene zurück.

Symbolisch können wir uns unsere Seelen-Einheit wie eine Apfelsine vorstellen: Von außen eine völlig glatte und in sich geschlossene Einheit, innen unterteilt in verschiedene Scheiben. Jede Scheibe bildet eine selbständige Einheit, und zusammen sind die Scheiben, ganz nah aneinanderliegend, die Einheit Apfelsine. Sie sind Teil eines Ganzen und bilden gleichzeitig eine eigene Einheit. Trotz der Gesamteinheit kann jede Scheibe ohne Beschädigung herausgelöst werden.

Ebenso können wir uns die Seelen-Einheit vorstellen, in ihr sind die persönlichen Erfahrungen und die Gesamterfahrung unseres Daseins gesammelt, auch die der zukünftigen irdischen Leben.

Wir können die Symbolik noch ausweiten. In der Mitte der Apfelsine befindet sich ein Kernbereich, in dem alle Scheiben über Fäden zusammentreffen. Der Kern kann als zentrales Ego angesehen werden, als emotionslose, neutrale, stimulierende und verbindende Kraft. Dieser wird nicht „verbraucht".

Alles wird von der Lebensenergie und der schöpferischen Kraft der Gedanken zusammengehalten.

Dienstagnachmittag, Ende Januar 1991.

Anna-Maria, eine etwa vierzigjährige Frau, ist in meiner Praxis. Ihr Problem ist hier nicht von Bedeutung. Nach unserem Vorgespräch versetze ich sie in tiefe Trance, um in einem ihrer Vorleben die Ursache ihres Problems zu erforschen. Sie scheint keine Lust dazu zu haben und bleibt als Geist irgendwo im Jenseits „stecken". Dann passiert etwas Merkwürdiges.

„Ich bin allein und schwebe, alles um mich herum ist schwarz. Niemand ist da. Ich existiere nicht, mein Geist schwebt im Dunkeln." (Sie muß sich inkarnieren.) „Sie wollen mich nicht. Ich habe nicht das Recht zu existieren. Ich wollte kommen, aber es war noch nicht meine Zeit."

Sie erhält von mir die Anweisung, weiter in der Zeit zurückzugehen, zu dem Leben vor jenem als Anna-Maria. Sie ist in dieser Vorinkarnation ein orientalisches Mädchen, etwa zwölf Jahre alt, und heißt Yasmin. Sie ist in Lumpen gekleidet, geht barfuß. Sie ist bereits seit langer Zeit Waise und lebt allein in einer armseligen Hütte. Sie ist arm und einsam. Anna-Maria erlebt diese Ereignisse wie einen Film, aber jedes Bild einzeln. Sie steht nicht wirklich mit Yasmins Körper in Verbindung, und ihr Geist projiziert die Bilder aus einiger Entfernung zu ihr.

„Das Mädchen steht einfach nur da", sagt sie

Ich bitte sie, sich mit Yasmin zu identifizieren, indem sie mit Hilfe ihres Geistes den Körper von Yasmin betritt und sich mit ihm verbindet. Dagegen wehrt sie sich heftig.

„Vielleicht bin ich das Mädchen. Niemand beachtet sie. Sie geht zurück in ihre Hütte. Ich darf nicht mitgehen. Innen liegt alles durcheinander, ist voller Sand und Schmutz. Alles sieht sehr traurig aus. Sie blickt nach draußen und fühlt sich einsam."

„Wovon lebst du", frage ich sie.

„Ich brauche nicht zu arbeiten, heute habe ich keinen Hunger", antwortet sie. Es ist eine Ausrede, denn Anna-Maria selbst befindet sich immer noch als Geist im Jenseits, wo sie keine irdischen Bedürfnisse kennt.

„Sie lebt wie eine Ausgestoßene und freut sich fortzugehen. Sie geht einen langen Sandweg entlang und kommt zu einer Stadt mit vielen Moscheen. Die Stadt ist leer."

Sie projiziert die Bilder selbst herbei, deswegen nimmt sie dort niemanden wahr.

„Sie steht auf einem Platz. Sie ist einerseits anwesend, andererseits auch wiederum nicht. Ich will nicht Yasmin sein", sagt Anna-Maria plötzlich.

„Warum denn nicht?"

„Ich muß es, aber ich will nicht dazu gedrängt werden. Ich will mich nicht mit ihr verbinden, nein! Sie lebt ja gar nicht, steht nur so da. Sie hat aufgehört zu betteln. Sie lebte ein trübsinniges und gefahrvolles Leben. Sie wurde immer wieder vergewaltigt und ließ es zu, weil sie Angst vor Gewalt hatte. Sie arbeitete als Putzfrau. Jetzt ist sie alt geworden, etwa achtzig Jahre, schätze ich."

„Gehe zum Zeitpunkt ihres Todes."

„Sie liegt da und sieht sich um, sie hat keine Schmerzen. Sie ist verbraucht."

„Du bist jetzt bewußt als Geist im Jenseits, Yasmin ist schon gestorben. Der Lebensfaden ist durchgetrennt", sage ich und gebe ihr weitere Anweisungen.

Sie antwortet: „Ich sehe Wolken und Licht. Die nächste Inkarnation liegt noch weit entfernt. Ich sehe aus wie eine Kugel, bin so groß wie mein Kopf. Das bin nur ICH." Sie befindet sich in ihrer Seelen-Einheit und fühlt sich allein, weil sie die Gesamtheit ihrer anderen Persönlichkeiten als Einheit erlebt. Sie ist zwar ein Teil davon, erlebt aber die Ganzheit.

„Die Kugel muß die Wolken durchqueren. Danach sehe ich eine Stadt mit gelben Häusern und roten Dächern. In eines der Häuser soll ich hineingehen."

„Wie groß bist du jetzt?"

„Ich bin immer noch die Kugel, aber niemand sieht mich. Ich befinde mich vor dem Haus, in das ich eintreten soll, aber alles ist verschlossen."

„Du kannst doch durch alles hindurchgehen, du bist feinstofflich", bemerke ich.

„Nein, das ist unhöflich", erwidert sie.

„Sie sehen dich doch nicht", ermutige ich sie.

„Aber ich erlebe es nicht so. Ich schwebe als feinstoffliche Kugel umher und weiß nicht, was ich machen soll."

„Wie fühlst du dich in diesem Zustand zwischen zwei Erdenleben?"

„Neutral. Ich brauche mich noch nicht zu inkarnieren, ich komme nur kurz, um nachzuschauen. Ich stehe vor dem Haus, in dem ich später als Anna-Maria geboren werde. Nein ...", sagt sie mit zitternder Stimme. Gleich danach folgt ein starker emotionaler Ausbruch.

„Schreite weiter vorwärts in der Zeit."

„Es ist dunkel", sagt sie.

„Stehst du kurz vor der Inkarnation?"

„Ja", sagt sie ängstlich.

„Warum hast du eine solche Angst, dich zu inkarnieren?"

„Das nächste Leben wird nicht angenehm sein (das Leben als Anna-Maria). Deswegen will ich es nicht, aber es nützt nichts", sagt sie weinend. „Ich muß gehen, ich muß!"

„Was geschieht mit der Kugel", frage ich interessiert.

„Die ist einfach weg und wartet auf mich, bis ich meine irdische Inkarnation hinter mir habe. Ich war die große Kugel, jetzt bin ich klein. Sie schwebt dort und wartet auf mich."

„Befinden sich in der Kugel mehrere Leben?"

„Ja. Viele Kugeln schweben dort umher. Jede Kugel ist ein Leben, eine Seele (Seelen-Einheit). Jetzt bin ich als kleine weiße Kugel ganz einfach aus der großen Kugel ausgetreten. Nach meinem Tod gehe ich wieder in die große Kugel zurück, dann bin ich die große Kugel. Dort kann mir niemand etwas antun. Ich und die Seele (ihre Seelen-Einheit) sind dann wieder vereint und bilden ein Ganzes, eine Einheit." In dem Moment wird der Seelen-Einheit ein neuer Erfahrungskörper hinzugefügt.

„Wie trennst du dich aus der großen Kugel heraus?"

„Ganz einfach, ich falle ganz ruhig zu dem Ort herunter, an dem ich in meinen neuen embryonalen Körper eintreten soll."

„Du bist jetzt beim Moment der Zeugung, was passiert?"

„Ich muß gehen, daran läßt sich nichts ändern!"

„Wer hat das festgelegt?"

„Mein Führer, er zeigt ... streng und unerbittlich. Ich weiß, es wird kein angenehmes Leben werden."

„Gehe etwas weiter, erlebe dich in der Gebärmutter. Wie fühlst du dich?"

„Neutral. Ich akzeptiere es. Dieses Leben wird nicht großartig sein."

„Gehe zu dem Zeitpunkt, an dem du, während du dich noch in der Gebärmutter befindest, den Einfluß von Yasmin spürst."

„Ich fühle mich beklagenswert, ich mußte an Yasmin denken."

„Wieso?"

„Ich glaube, meine Mutter hat Angst."

Während der Schwangerschaft findet eine völlige Identifikation des Kindes mit der Mutter statt. Anna-Maria spürte die Angst sofort. Dadurch wurden die Ängste, die Yasmin bereits hatte, erneut aktiviert. Es handelt sich um eine Wiederbelebung bereits früher entstandener Strukturen.

Sie erzählt weiter: „Ich begegne dem Mädchen Yasmin in der Gebärmutter und umarme sie. Sie hat Angst vor Gewalt, aufgrund der Vergewaltigungen, die sie erlebt hat."

„Wovor hast du Angst", frage ich, aber sie geht nicht darauf ein.

„Deswegen halte ich sie fest."

„Habt ihr gemeinsam Angst?"

„Ja. Vielleicht ist die Bedrohung durch die Menschen geringer, wenn wir zusammen sind." Überraschenderweise sagt sie dann: „Ich bin immer noch mit Yasmin zusammen auf dem sandigen Weg."

„Du bist aber in der Gebärmutter." Sie projiziert erneut ihr Leben als Yasmin in das neue Leben, wodurch sie sich an zwei Orten gleichzeitig befindet."

„Ja, aber Yasmin verläßt gerade die Hütte. Sie stand einfach da, und in dem Moment war mein ICH ihr ICH."

„Fühlst du dich von ihr belästigt", frage ich besorgt, weil ich unmittelbar an die Möglichkeit einer Besessenheit denke. Aber vielleicht zeigt sich hier auch eine schizophrene, gespaltene Persönlichkeit?

„Nein, ich halte sie nur fest. Sie ist lieb, eine richtige Freundin. Wir teilen unsere Ängste miteinander."

„Wie vollzieht sich die Geburt?"

„Wir sind immer noch zu zweit. Ich glaube, Yasmin bleibt in der Gebärmutter. Sie kommt nicht mit heraus."

„Aber du bist schon längst von ihren Problemen beeinflußt", stelle ich fest.

„Ja, ich glaube schon", antwortet Anna-Maria. „Vielleicht waren wir Zwillinge, eineiige Zwillinge. Aber das andere Kind, Yasmin mit den Lumpen, kam nicht mit."

Der Untergang von Atlantis
Im Zwischendasein

Freitagnachmittag, 8. Februar 1991

Schon kurz nach ihrer letzten Sitzung kommt Leonie zu einer dritten Rückführung zu mir. Sie zeigt Anzeichen, die auf eine mediale Begabung schließen lassen. Leonie ist eine heitere junge Frau von etwa dreißig Jahren, eine kernige Person mit halblangen blonden Haaren. Sie hat eine unterkühlte Ausstrahlung, kann aber zeitweilig auch aufbrausend sein. Sie ist Einzelgängerin, was ihre Aktivitäten anbetrifft, sie arbeitet am liebsten allein. Sie ist sehr offen für gute Gespräche und verfügt über fundierte esoterische Kenntnisse, wodurch ein Austausch sehr leicht ist. Sie besitzt ein schnelles Auffassungsvermögen und ein angenehmes Wesen.

Wir haben uns entschlossen, während der Rückführung jenes Leben zu beleuchten, in dem sie ihre medialen Fähigkeiten erworben hat. Es übt den stärksten Einfluß auf ihr jetziges Leben als Leonie aus. Anschließend werden wir noch ihre Zeit im Jenseits erforschen.

Wie alle medial veranlagten Menschen kommt sie schnell in Trance. Ich projiziere wie üblich einen Schutzmantel aus weißem Licht um sie und bitte unsere Führer um Hilfe und Schutz. Danach gebe ich ihr die Anweisung, sich in das ausgewählte Vorleben zu versetzen. Ich frage: „Was siehst du, was geschieht?"

Sofort antwortet sie: „Ich sehe ein großes, sandfarbenes Steingebäude. Ich stehe auf dem kunstvoll verzierten Dach. Es ist ein neues Gebäude, noch nicht ganz fertig. Sie bauen große, schräge Säulen, es ist eine Art offene Pyramide."

„Größe Säulen, das ist normal, aber schräg …?"

„Ja. Sie bilden ein Symbol, speziell für mich."

„Wer bist du, was ist deine Aufgabe?"

„Ich habe die Leitung. Sie nennen mich Meister. Ich bin ein etwa dreiunddreißigjähriger Mann."

„Welche Art Gebäude wird dort für dich gebaut? Welchen Zweck hat es?"

„Ich werde dort unterrichten. Ich lehre die Entwicklung bestimmter Kräfte. Es hat nichts mit Religion zu tun, ich bin kein Priester."

„Wie heißt du?"

„Sfova", buchstabiert sie.

„In welchem Land lebst du, Sfova?"

„Atlan … tica. Atlantis", antwortet sie.

„Sfova, was ist deine Funktion in der atlantischen Gemeinschaft?"

„Ich arbeite mit spirituellen Kräften auf unterschiedlichsten Gebieten, vor allem zum Schutz gegen negative Kräfte, die sehr stark sind."

„Ich weiß. Es gibt zwei Gruppen. Die Anhänger von Belial und die Anhänger des Einzigen Gottes. Belial vertritt das Böse. Stimmt das?"

„Richtig. Die Situation ist sehr sehr ernst." Sie hält kurz ein, fährt dann fort: „Ich erteile zahlreiche Auskünfte und Ratschläge, vor allem für die wichtigen Herrscher des Landes. Aber dort herrscht große Verwirrung, ein chaotisches Durcheinander. Die Führer wechseln häufig, es herrscht viel Streit um die Macht. Ich verhalte mich ganz geschickt, indem ich auf Distanz bleibe. Ich vollbringe, was in meinen Kräften steht, ansonsten halte ich mich aus allem heraus."

„In welchem Teil von Atlantis lebst du?"

„Im Südwesten, an der Küste einer großen Insel mit Namen Syntita." Sie überlegt kurz. „Nein, es ist doch keine Insel, sondern Festland", verbessert sie sich dann.

„Weißt du, wie viele Jahre das zurückliegt?"

„Sehr viele Jahre …"

„Du weißt vielleicht, daß es in Atlantis drei Perioden gab?"

„Es ist die letzte Periode, in der die vielen Katastrophen stattfinden. Ich sehe sie vor mir, ich bin hellsehend, sage die Zukunft voraus. Ich besitze die Fähigkeit, Menschen und Gegenstände gegen bestimmte Energiefelder abzuschirmen."

„Ähnlich wie ich es mit Hilfe des weißen Lichtes tue? Dabei projiziere ich auch ein Energiefeld", bemerke ich.

„Ja, genauso", sagt sie.

„Was machst du sonst noch? Arbeitest du auf unterschiedliche Weise mit deiner Gedankenkraft? Letztlich ist die Arbeit mit Energien nichts anderes."

„Ja, ich kann Menschen helfen, indem ich ihnen die richtige Energie übertrage, auf die gleiche Weise kann ich Menschen auch zerstören."

„Ja, jede Kraft kann sowohl positiv als auch negativ eingesetzt werden. Es gibt weiße und schwarze Magie."

„Ich trete oft aus dem Körper aus", sagt sie.

„Wohin gehst du dann?"

„Auf eine Ebene, auf der ich alles neutral erleben kann."

„Was erlebst du dort?"

„Das Gute und das Böse, die Gesamtsituation. Ich habe, als ich noch jung war, Menschen zerstört, jedoch nur sehr selten."

„Inwiefern hast du sie zerstört?"

„Ich habe sie krank gemacht. Sie sind jedoch nicht gestorben."

„Warum hast du das getan?"

„Sie haben mich verletzt."

„Hast du auch telepathische Auskünfte weitergegeben? Gehörtest du zu einer Kette menschlicher Relaisstationen, die geheime Nachrichten weiterschickten?"

„Das gefiel mir nicht, und ich habe damit aufgehört. Es gibt solche Ketten, aber sie sind nicht zuverlässig."

„Du hast auch Menschen geheilt. Wovon? Welche Fähigkeiten hast du auf dem Gebiet der Heilung?"

„Hysterische Menschen habe ich gegen fremde Einflüsse abgeschirmt. Ich

318

sog negative Energien von ihnen ab, damit sie wieder zu sich selbst fanden. Entweder drehten sie dann völlig durch oder sie wurden gesund."

„Was habt ihr getan, wenn sie durchdrehten?"

„Wir haben sie eingesperrt und uns nicht mehr um sie gekümmert. Es gab nichts mehr, was wir machen konnten."

„Du bist jetzt ein Meister. Nennt man dich so, Sfova?"

„Ja. Die anderen wissen nicht, wie sie mich einordnen sollen, weil ich in kein Schema hineinpasse. Ich bin ich und lebe meine eigenen Ideen aus. Da darf sich niemand einmischen!"

„Wozu dient das Gebäude, das sie für dich gebaut haben?"

„Sie möchten mich gerne als Begleiter für Menschen mit übersinnlichen Kräften einsetzen. Ich helfe ihnen, weil sie mich darum gebeten haben. Vor allem soll ich sie lehren, wie man sich mit Energien abschirmen kann. Ich möchte sie nicht in alles einweihen. Eigentlich lehre ich sie auch nicht, entweder sind sie dazu fähig oder nicht."

„Sagt dir der Name Alta oder Atla etwas?"

„Irgendwie schon, aber er fühlt sich unangenehm an. Mit dem Namen ist eine unangenehme Energie verbunden. Ich bekomme Atemnot, wenn ich ihn höre. Ich sehe nur, daß es zwei verschiedene Personen sind, sonst weiß ich nichts weiter." (Edgar Cayce nennt beide Namen in einem „Reading" über die letzte Periode von Atlantis).

„Sfova, du bist jetzt dreiunddreißig Jahre alt. Führst du ein angenehmes Leben?"

Sie denkt kurz nach und antwortet: „Ja, ich bin ledig. Frauen spielen in meinem Leben keine Rolle."

„Gehst du manchmal in einen Tempel? Welche Rolle spielt die Religion in deinem Leben?"

„Priester und Religion gefallen mir nicht!"

„Welche Götter werden angebetet? Kannst du Namen nennen?"

„Nur den Namen Synta, aber das ist kein Gott. Vielleicht ist es der Name eines Shinto-Tempels. Mir gefällt das scheinheilige Getue im Tempel sowieso nicht."

„Welches ist deine wichtigste Aufgabe, deine größte Fähigkeit?"

„Meine größte Fähigkeit besteht in der Abschirmung fremder Energien. Daraus ergibt sich für mich eine große Freiheit, und ich kann so, wie ich es will, leben. Vor allem gegen die Priester muß ich mich abschirmen, denn die meisten mögen mich nicht."

„Wie steht es um deine hellseherischen Fähigkeiten und deine Fähigkeit, aus dem Körper auszutreten?"

„Ich kann Hellsehen."

„Was siehst du?"

„Zum Beispiel, daß die Tempelrituale Blödsinn sind, durch sie sollen die Menschen nur in Schach gehalten werden. Sie sind inhaltslos, haben aber eine starke Wirkung und sichern die Macht der Priester ab. Diese erschaffen die Energien selbst durch die Tempelrituale. Für sie ist es lächerlich, daß ich nur ein einfaches quadratisches Gebäude haben möchte, ohne jegliche Verzierungen."

„Das ist die Meinung der Priester?"

„Eigentlich die Meinung jedes anderen, weil das Land reich ist."

„Aus welchen Steinen wird es gebaut?"

„Aus Sandstein. Innen ist alles sehr einfach, nur der Lichteinfall ist wirklich wichtig. Ich bestimme alles selbst, habe etwa sechs bis zehn Mitarbeiter."

„Du bist noch sehr jung für eine so hohe Position. Untersuche deine Vorgeschichte, schaue zurück in dein Leben als Sfova. Wie alt warst du, als du anfingst, mit spirituellen Kräften zu arbeiten, und wie hast du sie entdeckt?"

„Ich war etwa sieben Jahre alt, als ich meine Fähigkeiten entdeckte."

„Wie hast du sie entdeckt? Oder haben deine Eltern sie wahrgenommen?"

„Nein, meine Umgebung hat sie entdeckt. Für mich war es normal, und ich dachte, jeder besäße diese Kräfte."

„Was genau waren deine Fähigkeiten?"

„Ich konnte Hellsehen, hatte Visionen. Ich sah, was den Menschen meiner Umgebung zustoßen würde und erzählte es ihnen. Sie wußten zwar, daß so etwas möglich war, fanden es aber trotzdem nicht normal."

„Und weiter?"

„Ich mußte von zu Hause weggehen und mich zu einem alten Mann begeben, der mich erziehen sollte."

„Wie hast du das empfunden?"

„Er begleitete mich. Er gab mir viel Raum und Möglichkeiten zu wachsen, so konnten sich meine Fähigkeiten ganz natürlich entfalten. Er schirmte mich von der Außenwelt ab. In dieser Atmosphäre konnte ich wachsen."

„Was war das wichtigste Erlebnis in dieser Zeit?"

„Ich konnte mich bewußtseinsmäßig auf eine andere Ebene begeben und von dort aus alles betrachten. Ich kann es nur schwer beschreiben, aber auch meine Gedanken und Gefühle waren ausgeschaltet. Ich war nicht in Trance, außer wenn ich Menschen heilen sollte. Der alte Mann brachte mir alles bei."

„Versuche bitte einmal, diesen Mann vor dir zu sehen, sein Gesicht, seine Ausstrahlung, sein ganzes Wesen."

„Ja, aber er ist schwer zu beschreiben. Er ist die Ruhe selbst. In meinem jetzigen Leben als Leonie gibt es ihn nicht."

„Wie alt bist du, als der alte Mann dir sagt, daß er nichts mehr für dich tun kann, weil er dir schon alles beigebracht und dich alles gelehrt hat, dessen er fähig ist?"

„Fünfundzwanzig."

„Dann warst du lange bei ihm."

„Ja, er hat mich sehr gut versorgt."

„Gab es bei ihm eine Frau, die für den Haushalt zuständig war?"

„Ja, es gab verschiedene Bedienstete."

„Wie ging es dann weiter?"

„Gleich danach fangen die Führer an, mich um Hilfe zu bitten. Sie wollen Ergebnisse haben und den Verlauf bestimmter Ereignisse vorherwissen. Außerdem soll ich sie abschirmen und ihnen erklären, wie sich ihre eigenen Pläne auswirken werden. Das scheint das Wichtigste zu sein."

„Welche wichtigen Aktivitäten finden in Atlantis statt?"

„Ich erzähle ihnen nicht von dem, was ich sehe. Erstens würden sie es nicht als angenehm empfinden und zweitens wäre es sowieso sinnlos."

„Wie siehst du die Zukunft von Atlantis?"

„Ich sehe den Untergang von Atlantis voraus, alles wird zerstört werden. Daran läßt sich nichts ändern."

(Genauso steuert unsere heutige Welt ihrem Untergang entgegen. Die Ereignisse wiederholen sich.)

„Wodurch wird der Untergang verursacht werden?"

„Durch die Kraft und den Machtmißbrauch der Menschen. Durch viele gegeneinander arbeitende Kräfte. Die Menschen haben eine hohe Entwicklungsstufe erreicht, auch technisch gesehen. Ihre Selbstherrlichkeit wird jedoch zu ihrem Untergang."

„Du fängst jetzt mit deiner Arbeit an?"

„Ja", antwortet sie gleichgültig.

„Du bist fünfundzwanzig Jahre alt, Sfova. Wo wohnst du?"

„Ich habe keinen festen Wohnsitz. Bis ich das Gebäude erhalte, ziehe ich einfach umher."

„Was bedeuten die schrägen Säulen auf dem Dach?"

„Durch sie lade ich mich auf. Sie sind nach dem Prinzip der Pyramiden gebaut, aber es handelt sich nicht um eine richtige Pyramide. In den großen Pyramiden von Atlantis findet diese Energieaufladung genauso statt."

Ebenso in der großen Pyramide von Gizeh, die übrigens schon zehntausend Jahre vor Christi Geburt von den Atlantern gebaut wurde. Laut Edgar Cayce dauerte der Bau hundert Jahre lang. Sie ist ein technisches und mathematisches Wunder. Sie diente gleichzeitig als Observatorium. Cheops hat in der vierten Dynastie die Spitze gebaut, die eigentlich nicht dazu gehört. Er ging fälschlicherweise davon aus, daß die Pyramide noch nicht fertig sei. Dies entdeckte ich bei einer Rückführung in diese Zeit. Die große Pyramide diente gleichzeitig als Landestelle für zurückkehrende interstellare Flugobjekte.

„Die Pyramide gehört mir, und ich möchte nicht, daß irgend jemand sie benutzt."

„Gibt es besonderes über das Wirkungsprinzip der Pyramide zu erwähnen? Gibt es Teile, in denen Energien besonders empfangen und weitergeleitet werden?" Ich stelle die Frage in einer bestimmten Absicht.

„Nein", ist ihre erste, schnelle Antwort.

„Nein, auch kein Kristall", frage ich erstaunt. „Einen Kristall, mit dem die Sonnenstrahlen auf bestimmte Weise gebrochen und Energien erzeugt werden? Wird Energie nur über die Form erzeugt?" In Atlantis wurde diese Methode vielfach angewandt.

„Die Form ist wichtig, in der Mitte steht ein Kristall, der tagsüber von der Sonne aufgeladen wird und Energien einfängt."

„Irgendwann wohnst du in dem Gebäude. Wie lange bist du dann umhergezogen?"

„Von meinem fünfundzwanzigsten bis zu meinem dreiunddreißigsten Lebensjahr."

„Wie sieht es auf der Straße aus? Habt ihr Transportmöglichkeiten?" Sie schweigt.

„Gehe zu einer wichtigen Zeit, in der du in dem Gebäude wohnst", sage ich.

„Ich befinde mich mit einigen Schülern in einem Raum. Sie haben Streit untereinander. Der Streit wird mit spirituellen Mitteln ausgefochten, manche benutzen dunkle Kräfte. Nein, so etwas möchte ich nicht, denke ich. Es wird sehr schwer sein, mit der Gruppe zu arbeiten, weil alles sofort in Streit und Konkurrenzstreben ausartet, wodurch neue dunkle Kräfte erzeugt werden."

„Gibt es besondere Menschen in deinem Leben?"

„Wenige, eigentlich niemanden. Ich bin einsam. Ich genieße hohes Ansehen unter den Führern des Landes."

„Was ist das Wichtigste, das du ihnen je vorhergesagt hast?" Sie antwortet nicht.

„Hast du ihnen jemals den Untergang von Atlantis angekündigt?"

„Nein, nie. Höchstens als Witz, nie ernsthaft."

„Was ist das Wichtigste, was du ihnen erzählt hast?"

„Meistens habe ich ihnen von den negativen Kräften anderer Menschen berichtet. Sie haben mich daraufhin gebeten, diese Kräfte zu neutralisieren. Vor allem bei wichtigen Vorhaben und Entscheidungen baten sie mich um Abschirmung. Es ist eine unruhige Zeit voller Streit um die Macht, viele Führer werden mit Hilfe geistiger Kräfte ermordet. Die Führer mochten mich, weil ich fähig war, sie dagegen abzuschirmen. Alle hatten Angst, ihre Position zu verlieren oder zu sterben, meistens geschah beides. Die Ängste eskalierten im Laufe der Zeit."

„Was für Transportmittel habt ihr?"

„Ich sehe fliegende Untertassen, aber es gibt große Unterschiede. In manchen Teilen von Atlantis sind die Menschen hochentwickelt, in anderen Teilen noch sehr primitiv."

„Beziehst du dich jetzt auf den ganzen Kontinent von Atlantis?"

„Ja, je nach Entwicklungsstand der Menschen sind die Transportmittel unterschiedlich. Ich sehe jetzt gebündelte Energiefelder, die fliegenden Untertassen gleichen, jedoch nicht-materiell sind."

„Für dich stellen also fliegende Untertassen gebündelte Energien dar?"

„Ja", betont er energisch.

„Ich nehme an, du weißt, daß jedem Gedanken Energie zugrundeliegt. Kein Gedanke ohne Energie, Gedanken schaffen Formen. Die Energie, die in einem Gedanken enthalten ist (sie ist die Grundenergie des Lebens), kann sich in Materie umwandeln. Hierdurch ist es möglich, mittels Gedankenkraft materielle Formen zu schaffen. Welche Phase des Schöpfungsprozesses nimmst du bei den Untertassen wahr."

„Sie bestehen aus Energien, die nicht in Materie umgewandelt werden", beharrt er. „Sie werden von bestimmten Gruppen in Atlantis geschaffen, damit nicht jeder die Energie für den Transport selbst erzeugen und materialisieren muß. Das machen andere, das ist auch der Grund für die bereits erwähnten Unterschiede."

„Die materiellen Formen entstanden durch Gedankenprojektion", fasse ich Sfovas Darstellung zusammen.

Dieses Prinzip liegt allen sichtbaren Formen zugrunde. Was sehen wir um uns herum? Traum, Einbildung oder Realität? Sehen wir die gleiche Realität, weil wir sie mit der gleichen Schwingungsfrequenz wahrnehmen? Diese Frage hat uns Menschen schon lange beschäftigt.

„Einzelne Gruppen sind den ganzen Tag über mit dieser Projektion beschäftigt. Man kann in den Untertassen sitzen, liegen, stehen, ganz wie man will."

Wir lassen dieses Thema jetzt auf sich beruhen.

„Ist Atlantis schön?"

„Ja, und sehr abwechslungsreich. Hohe Berge, endlose Flächen, riesige Wälder, wunderschöne Seen und breite Flüsse", sagt Sfova.

„Wie sehen die Städte aus? Du hast bestimmt einige gesehen."

„Sehr unterschiedlich, mir haben sie nicht gefallen. Sie sind für mich ein Abbild all dessen, was auf dem Kontinent geschieht. Auch mag ich Menschenansammlungen nicht. Ich fühlte mich ihnen nicht zugehörig und blieb auf Distanz. Ich mag weder Städte noch Tempel."

„Wie geht dein Leben im Alter weiter?"

„Ich höre mit dem Unterricht auf. Anfangs sind sie mir sehr böse deswegen, doch ich versuche, es ihnen zu erklären. Sie sind geteilter Meinung deswegen. Ich begründe es damit, daß ich anfangen würde, schwarze Kräfte herbeizurufen, wenn ich so weitermachen würde. Erst erschrecken sie sich, bekommen Angst, danach sehen sie ihre Vorteile: Sie könnten die dunklen Kräfte gut gebrauchen."

„Die dunklen Kräfte?"

„Ja, wie eine Art Gegenpol zu den vielen anderen dunklen Kräften. Dunkel gegen Dunkel, aber damit möchte ich nichts zu tun haben. Das ist zu gefährlich."

„Du wirst immer älter, Sfova. Erlebst du noch den Untergang von Atlantis?"

„Nicht den ganzen Untergang. Ich sterbe bei einer Katastrophe."

„Gehe dorthin." Sie erhält die Anweisungen dazu, aber dann sagt sie: „Ich bin bereits angekommen und sehe mich dort liegen. Ich befinde mich außerhalb meines Körpers. Ich liege unter dem eingestürzten Tempel und kann mich nicht mehr bewegen. Ich lebe noch. Erdbeben, Hagel, alles sehr heftig. Ich schaue zu, was geschieht. Überall herrscht Panik. Ich kann nichts tun, mein Körper ist verschüttet. Ich schwebe über ihm, die Silberschnur ist noch nicht durchgetrennt."

„Hast du Schmerzen", frage ich mitfühlend.

„Nein, ich bin ja nicht mehr im Körper."

„Stimmt. Kannst du erzählen, was um dich herum geschieht?"

„Es herrscht Panik, alles ist ein einziges Chaos. Starke Erdbeben, Hagel und Stürme wechseln sich ab, so als ob die gesamte Erde von der Natur gegeißelt würde. Die Luft ist pechschwarz, und ein heftiger Sturm wütet. Es ist eine schwere Katastrophe, ein schlimmes Elend.

Ich liege halb verschüttet da. Ich weiß nur, daß ich so schnell wie möglich in meinen Körper zurückgehen muß, damit ich sterben kann."

„Ich verstehe. Sonst wäre es Selbstmord, nicht wahr?"

„Ja. Ich bin jedoch sehr neugierig und erstaunt, obwohl ich weiß, wie sich der Sterbeprozeß vollzieht. Irgendwann sehe ich, wie eine riesige Flutwelle auf mich zukommt. Ich gehe so schnell wie möglich in meinen Körper zurück, weil ich sonst zu spät zum Sterben komme. Ein eigenartiges Gefühl, wieder in meinem Körper zu sein."

„Spürst du die Schmerzen?"

„Ja. Ich habe das Gefühl, aus Fleisch und Blut zu sein. Noch nie habe ich mich so deutlich wahrgenommen, das ist hauptsächlich durch den Schmerz bedingt."

„Ist alles schnell vorbei?"

„Ja. Die Flutwelle überspült mich, und ich bin sofort tot", sagt er beruhigend. Danach ist Stille.

„Wodurch stirbst du", frage ich nach.

„Durch die Flutwelle, ich ertrinke und verbrenne gleichzeitig."

„Wieso verbrennst du? Wodurch", frage ich erstaunt.

„Es ist keine Flutwelle, sondern glühend heiße Lava. Es ist ein Vulkanausbruch."

„Du erlebst das Sterben und kommst ins Jenseits. Dort erkennst du, daß du gestorben bist, der Lebensfaden durchtrennt ist. Was erlebst du?" Er erhält noch weitere Anweisungen von mir.

„Es ist ... Ich weiß, daß ich gestorben bin. Es ist anders als auf der Erde beim Verlassen meines Körpers. Gleichzeitig ist es auch irgendwie ähnlich.

Verwirrend ist, daß ich mich in der gleichen Astralsphäre befinde. Ich erkenne sie wieder, bin aber weiter von der Erde entfernt. Es fühlt sich anders an."

„Was siehst du?"

„Ich sehe die Katastrophe, ich möchte zuschauen."

„Du bist also der Erde noch ganz nahe."

Er ist ganz aufgeregt. „Ja, die Erde bebt, alles bewegt sich. Unglaublich." Stille – er muß sehr erstaunt sein.

„Erzähle weiter, was du sonst noch siehst."

„Es dauert alles sehr lange. Es ist sehr dunkel, die Sonne geht nicht mehr auf. Irgendwann gibt es keine Lebewesen mehr, alle sind verschwunden", sagt er, gleichzeitig benommen und erstaunt.

„Hast du noch Menschen gesehen, die gegen die Naturgewalten ankämpften", frage ich, weil ich Berichte von anderen Menschen kenne, die den Untergang miterlebt haben. Sie sahen, wie viele Menschen auf grausame Weise umkamen oder plötzlich bei Erdbewegungen „verschluckt" wurden. Wieder andere kämpften sehr lange mit dem Tod.

„Ja, aber nach einem Tag lebt niemand mehr. Das Beben und Zittern, der Lärm, gehen noch tagelang weiter, es gibt immer neue Ausbrüche. Es ist wie ein riesiger bebender Steinhaufen, auf dem nichts mehr erkennbar ist, weder Städte noch Berge noch … Die Erde ist nicht wiederzuerkennen. Fast überall nur Lava und Steinmassen."

„Was ist für dich das Auffälligste?"

„Ein völliges Chaos, alles ist tot. Ich kann es kaum beschreiben. Nur ein Teil, der Westen von Atlantis, ist nicht zerstört worden", sagt er.

„Wenn du dir eine Weltkarte vorstellst, wo liegt dieser westliche Teil?"

„Der westliche Teil von Atlantis liegt an der Ostküste von Nordamerika. Das eigenartige ist, ich sehe alles von Osten aus."

„Du schwebst ja über der Erde."

„Ja, ich schwebe dort noch lange Zeit als Geist."

„Warum machst du das?"

„Es fühlt sich nach einem Verarbeitungsprozeß an. Ich halte mich auf Distanz zum Leben auf der Erde."

„Wie war dein Leben als Sfova?"

„Ich führte ein einsames Leben."

„Was läßt sich dazu noch sagen?" Er überlegt. Ich frage weiter: „Was war dein karmischer Auftrag? Hast du ihn erfüllt?"

326

„Ja, schon … nur … ich habe mich zu stark von allen abgesondert, ich habe meine Gefühle nicht gelebt, sondern sie nur unterdrückt. Dadurch war ich zwar in der Lage, viel zu bewirken, aber für mich selbst war es nicht befriedigend."

„Wo gehst du jetzt hin?"

„Jetzt gehe ich ins Licht", antwortet er ganz ruhig.

„Erlebe, was sich im Jenseits zwischen den zwei Leben abspielt. Wohin kommst du zuerst."

„Ich fühle mich unsicher und kann mich nur sehr schwer von den irdischen Ereignissen trennen."

„Weil du schon so lange dort oben schwebst?"

„Weil ich nicht genau weiß, was ich mit all dem anfangen soll. Es ist so viel. Es ist nicht angenehm, all das Unglück vorherzusehen. Vielleicht hätte ich mein Leben auch anders gestaltet, wenn ich nicht so vieles schon im voraus gewußt hätte. Viele Dinge waren so … bedeutungslos für mich. Ja genau, bedeutungslos ist das richtige Wort."

„Das kann ich gut verstehen. Wo bist du jetzt im Jenseits?"

„Irgendwann zieht mich eine Energie von der Erde fort. Es ist so, als würde ich ohne mein Zutun über eine Energiebahn gezogen. Ich verlasse die Erde nur ungern, auch wenn ich weiß, daß es richtig ist.

Irgendwann wird alles ganz ruhig. Ich sehe blaue, grüne und gelbe Farben, sie beruhigen mich. Ich bin jetzt im Licht und komme langsam zu mir." Wieder herrscht eine tiefe Stille.

„Was machst du jetzt", frage ich.

„Erst einmal nur richtig ankommen, mich akklimatisieren."

„Und was tust du danach?"

„Ich bewege mich und warte ab, was passieren wird."

„Bewege dich immer weiter vorwärts durch den Bardo hindurch, wie die Tibeter diesen Zwischenbereich nennen, und erkläre genau, was dort geschieht."

„Ich erkenne in der Ferne drei Wesenheiten, sie warten auf mich. Sie sind sehr bedeutsam und haben eine Botschaft für mich, verhalten sich aber sehr zurückhaltend. Wir haben gedanklich Kontakt miteinander, aber ich muß selbst die Initiative ergreifen. Es fällt mir schwer. Langsam gehe ich auf sie zu. Es ist der Rat der Drei, ich habe es schwer mit ihnen. Ich vermute, sie werden mein Leben analysieren.

Jegliche Initiative muß von mir ausgehen. Ich muß mich öffnen, was mir nicht leicht fällt. Ich zögere. Ich weiß, ich muß es machen, oder?" Er ist beklommen.

„Du muß es tun, sonst kommst du nicht weiter."

„Ich habe Angst."

„Sie sind doch freundlich", ermutige ich ihn.

„Ja, sogar sehr. Sie versuchen, mich zu beruhigen. Jetzt kommen sie doch auf mich zu, fangen an zu erzählen ..."

„Was sagen sie?"

„Ich soll flexibler werden. Sie betrachten mein letztes Leben, ich hätte mich persönlich mehr einbringen müssen, anstatt mich abzusondern."

„Du solltest den Mittelweg wählen", ergänze ich (was bereits Buddha die Menschen lehrte).

„Ja, ja ..."

„Wie sehen die drei Wesenheiten aus", möchte ich von ihm wissen.

„Sie sind aus feinstofflichen Energien, ich kann sie nicht so wie Menschen auf der Erde beschreiben."

„Welche Ausstrahlung haben sie?"

„Sie strahlen Respekt, Liebe und Zuneigung aus. Sie vermitteln mir keineswegs Schuldgefühle."

„Sie sprechen sicher mit dir über deine zukünftige Inkarnation. Weißt du, daß du in einem zeitlosen Raum weilst?"

„Ja, ich weiß es."

„Auf dieser Ebene steht deine nächste Inkarnation ebenso kurz bevor wie jene von Leonie, und ebenso kürzlich war deine Inkarnation als Sfova in Atlantis. Es gibt dort keine Zeitdifferenz, verstehst du das?"

„Sicherlich", bestätigt sie und nickt.

Einmal erlebte ich bei einer Rückführung, daß die Person nach ihrer Inkarnation im Jahre 1200 nach Christi Geburt im Jenseits von ihrer Mutter aufgenommen wurde. Sie war jedoch erst im Jahre 1500 nach Christi Geburt ihre irdische Mutter.

„Wie sieht die Umgebung aus, in der du mit dem Rat der Drei zusammentriffst?"

„Im Raum scheint ein gelbes Licht, es ist sehr still, voller Energie, mit der man sich aufladen kann. Es ist kein richtiges Zimmer."

„Wie fühlst du dich jetzt beim Rat der Drei?"

„Ausgeglichen. Ich denke zu viel nach, nicht wahr", sagt sie. Ich muß lachen. „Sie haben mit all dem, was sie sagen, recht, es fällt mir trotzdem schwer."

„Was fällt dir schwer?"

„Mich von meinen Prinzipien zu trennen."

„Du meinst von deinen falschen Prinzipien?"

„Ja, von meiner starren Haltung, sie ist Ausdruck meiner Prinzipien. Zeitweilig sind sie nützlich, aber irgendwann sind sie nicht mehr stimmig und behindern mich bei meinem Wachstumsprozeß. Dann wird es schwierig."

„Was wird dir noch gesagt, welchen Rat bekommst du. Der Rat hat ja eine analysierende und beratende Funktion, nicht wahr?"

„Richtig."

„Er hilft dir bei der Analyse deiner Vorinkarnation und berät dich für die kommende Inkarnation."

„Ja, sie empfehlen mir in erster Linie, meine Zurückhaltung zu lösen, mich mehr auf das Leben einzulassen", sagt er und schluckt schwer.

„Ist eine der drei Wesenheiten wichtiger als die beiden anderen? Gibt es eine, die für die anderen spricht?" Anstatt die Frage zu beantworten, sagt sie nach einiger Zeit:

„Ja, meine Angst, zu versagen."

„Deine Angst, zu versagen? Wie meinst du das", frage ich erstaunt. Bis jetzt wußte ich nichts davon.

„Ich will alles unter Kontrolle behalten, vor allem mich selbst, damit alles richtig abläuft. Das ist sehr wichtig für mich."

„Sind die drei feinstofflichen Wesen gleichbedeutend, oder ist eines von ihnen wichtiger als die anderen", frage ich noch einmal.

„Eines ist wichtiger als die anderen, auch strenger. Vielleicht nicht direkt strenger, es drückt sich nur direkter aus."

„Wie existierst du auf dieser feinstofflichen Ebene? Wie siehst du aus, wenn du dich mit den drei Wesenheiten vergleichst?"

„Wenn ich vor dem Rat der Drei stehe, fühle ich mich nackt und verletzlich."

„Ja, aber hast du eine Form?"

„Form? Ich bin oval."

„Groß oder klein?"

„Im Vergleich zu den anderen bin ich viel kleiner. Die Drei sind viel größer. Ich spüre keine klare Form, nur Energie."

„Du denkst immer in Energien, weil du es so gewöhnt bist. Meiner Erfahrung nach wirst du nicht mehr als eine kleine strahlende Kugel sein. Ich weiß natürlich nicht, wie du es selbst erfährst. Wie erlebst du deine Seelen-Einheit, in der alle deine Persönlichkeiten enthalten sind, sowohl die vergangenen als auch die zukünftigen. Stehst du mit ihr in Kontakt?"

„Mit der Seelen-Einheit aller meiner Leben?"

„Ja, du als Persönlichkeit bist nur ein Teil davon."

„Ja", bestätigt sie.

„Du bist nur Teil des Ganzen, doch gleichzeitig bist du auch das Ganze. Du kannst die Seelen-Einheit verlassen, aber du bleibst stets ein Teil von ihr. Als Teil deiner Seelen-Einheit kennst du alle Lebenserfahrungen aller ihr zugehörigen Persönlichkeiten. Schaue es dir an, was nimmst du wahr?"

„Ich kämpfe mit mir", antwortet er.

„Ich meine es ganz konkret, nicht spirituell. Was ist die Form deiner Seelen-Einheit? Kannst du diese Frage beantworten?"

„Sie ist tellerförmig, eine Art fliegende Untertasse", sagt er, scheinbar noch von Atlantis beeinflußt. „Eine Kugel, die Energie ausstrahlt, sie erinnert mich an eine fliegende Untertasse. Das Ganze macht einen bewegten Eindruck auf mich."

„Was heißt, daß du mit dir kämpfst?"

„Für mich stellt sich die Frage, wie ich weiter vorankomme."

„Erkennst du, daß dein Erfahrungskörper als Sfova sich nicht mehr auf Erden inkarnieren wird? Er bleibt in deiner Seelen-Einheit zurück."

„Ja", sagt er und nickt.

„Ich behaupte das nur. Sage mir klar, wenn du es anders siehst."

„Nein, für mich stimmt es so. Die Persönlichkeit aus dem Vorleben bleibt hier. Sie nimmt hier oben eine wichtige Stellung ein", betont er.

„Du meinst das Leben als Sfova?"

„Ja, das meine ich."

„Sie ist Teil des Ganzen und gleichzeitig die gesamte Kugel. Die Integration in die Monade ist noch nicht abgeschlossen; aber aus der Kugel (für dich aus der Tellerform) entsteht das neue "ICH". Wie siehst du das?"

„So stimmt es", sagt er, ohne irgendwelche Vorbehalte.

„Du bist immer noch beim Rat der Drei. Wie geht es weiter?"

„Ich begebe mich zu einer Gemeinschaft von Energiewesen. Anfangs fällt es mir sehr schwer. Es herrscht zu viel Bewegung."

Er ist immer noch an sein Alleinsein als Sfova gewöhnt.

„Irgendwann mache ich mir klar, daß ich nicht immer ausweichen kann. Mir fällt es schwer, Kontakt zu den anderen Wesen aufzunehmen. Ich sondere mich so oft wie möglich ab."

„Was ist deine nächste Handlung, welche Erfahrung ergibt sich daraus für deine Seelen-Einheit?"

„Mir wird bewußt, daß ich mich hier nicht gut abschirmen kann. Hier ist alles anders."

„Ist Sfova, so nenne ich weiterhin deine letzte Persönlichkeit, in der Seelen-Einheit aufgegangen?"

„Ja. Ich bin nicht mehr so wie die anderen Energiewesen. Ich bin feinstofflich, durchsichtig und kann deswegen alles sehen – wer ich bin und was ich tue. Das ist schwer für mich."

Das ist ähnlich zu jener Phase, als wir uns zum ersten Mal auf Erden inkarnierten. Wir waren damals auch vollkommen durchsichtiger, reiner Geist, noch nicht beladen mit irdischen Problemen, mit Karma.

„Welchen Prozeß machst du vor deiner neuen Inkarnation durch? Woher stammt die neue Persönlichkeit?" Die Frage brennt mir erneut auf den Nägeln.

„In jedem Fall von einem anderen Ort. Sie ist androgyn, geschlechtslos."

„Was passiert mit der Seelen-Einheit?"

„Ich muß hier eine Wahl treffen."

„Was siehst du, was geschieht?"

„Es werden mir viele Möglichkeiten angeboten, eine davon muß ich wählen. Es ist schwer für mich." Er spricht nur mühsam.

„Welche Möglichkeiten hast du wirklich", frage ich.

„Ich muß mein nächstes Leben wählen. Es ist so, als würde ich eine Anzahl Leben oberflächlich sehen. Aus ihnen muß ich dann eines auswählen."

„Haben die Leben nicht miteinander zu tun? Mußt du nicht das Leben wählen, das in direkter Verbindung zu deinen Vorleben steht?"

„Ja, auf jeden Fall stehen die möglichen Leben in Zusammenhang mit der Vergangenheit. Sie sind alle planmäßig, karmisch, miteinander verknüpft. Ursache und Wirkung sind vorgegeben. Die Entscheidung fällt mir schwer, weil in jedem Leben die Verletzbarkeit im Vordergrund steht."

„Ich glaube auch, daß es sehr schwer ist. Ich nehme an, man zeigt dir das Beste."

„Ja, aber vorher werde ich im Unklaren belassen. Erst danach erhalte ich Hilfe von zwei Wesenheiten, die sich an meine Seite stellen. Ich werde jetzt ruhiger, und wir überlegen gemeinsam. Sie sagen, es sei gleichgültig, was ich wählen würde. Meine Lektion auf Erden würde ich sowieso lernen. Ich erhalte das, was für mich ansteht. Ich weiß es genau."

„Wie reagierst du innerhalb der Seelen-Einheit darauf", frage ich.

„Erst einmal erhalte ich die Botschaft, mir meinen Lebensplan gut einzuprägen. Ich stelle die Frage: „Wie soll mein ICH (meine neue Persönlichkeit) damit umgehen?"

„Du sprichst von deinem ICH", sage ich.

„Ja, dieses ICH hat keinen Namen. Danach stellt sich die Frage, wie ich diesen Lebensplan so gut als möglich erfüllen kann, wie ich am meisten daraus lernen kann …"

„Wie geht es innerhalb deiner Seelen-Einheit weiter?"

„Eine Art kugelförmiger Energie löst sich ab, rot-orange und grell, so als würde sie aus ihr herausgeschossen. Diese grelle, rot-orangefarbene Kugel fliegt zur Erde, zu ihrer nächsten Inkarnation. Der größte Teil, die Seelen-Einheit, bleibt bei den zwei Wesenheiten zurück.

Die neue Lebensenergie, das neue ICH, fliegt zur Erde. In diesem Moment entsteht ein gespaltener Zustand: auf der einen Seite die Gesamtheit aller Persönlichkeiten in der Seelen-Einheit, auf der anderen die neue, abgespaltene Kugel. Auch wenn sie zusammengehören, entsteht in dem Moment, in dem die Kugel wegfliegt, eine abgetrennte, einzigartige Persönlichkeit. Es ist, als würde die Seelen-Einheit nur zuschauen und sich fragen: „Was macht dieser Teil jetzt?" Die Kommunikation beider Teile findet auf einer anderen Ebene statt.

Die Seelen-Einheit, einschließlich der Gesamtheit aller vergangenen und zukünftigen Persönlichkeiten, strahlt Ruhe und Harmonie aus. Die Kugel verbreitet Unruhe, sie vermittelt eine vibrierende Energie. Sie sucht nach dem Embryo, in dem sie bei der Zeugung vom Feinstofflichen ins Stoffliche übergeht."

„Gehe zu dem Moment kurz vor deiner Zeugung."

Eine lange Pause folgt, danach sagt er fröhlich: „Es sieht so aus, als hätte ich mein Ziel erreicht. Ich bin ganz schnell dorthin geflogen, und jetzt warte ich auf die Zeugung. Mein ICH ist zuerst dort, danach findet die Zeugung statt."

„Beobachtest du deine Zeugung", frage ich.

„Ich erlebe sie in Form von Energiefeldern, Menschen sehe ich nicht dabei."

„Siehst du deine zukünftige Mutter", hake ich nach.

„Ja, sie fühlt sich liebevoll an."

„Jetzt folgt die Zeugung?"

„Ja. Ich sehe, wie zwei Energien miteinander verschmelzen. Danach setze ich mich mitten hinein und sauge die ganze Energie in mich auf. Ich mache sie zu meiner Energie."

„Du nimmst Besitz von der Energie? Du meinst sowohl die männliche als auch die weibliche Energie?"

„Ja. Die Kugel, die vorher noch stark rot-orange war, ändert jetzt nach der Zeugung ihre Farbe in orange-gelb, sobald sie sich im Embryo einnistet."

„Aus dem Embryo wächst dein neuer irdischer Körper heran. Wie erlebst du dies als ICH?"

„Etwas fremdartig. Ich muß mich erst daran gewöhnen."

„Du weißt, du kannst ihn immer wieder für kurze Zeit verlassen."

„Ich weiß."

„Tust du es auch?"

„Nein, aber ich möchte es gern."

„Dann kannst du es auch."

„Ja … aber. Ich werde bleiben, ich fühle mich in der Gebärmutter geborgen."

„Sollen wir an dieser Stelle, mit diesem Gefühl der Geborgenheit, abschließen?"

„Gut", antwortet er.

Ende der Sitzung.

Während sie sich noch in Trance befindet, reden wir weiter miteinander. Dabei kann ich es nicht lassen, ihr zu sagen: „Nun, Leonie, das war eine intensive Erfahrung, nicht wahr?"

Sie lacht und antwortet, tief befriedigt und sicher: „Ja, das stimmt."

„Ich besitze mehrere Berichte über diesen Zustand, und es ist schön für mich, wenn sie sich gegenseitig bestätigen, verstehst du das. Willst du zum Abschluß noch etwas hinzufügen oder fragen, gibt es etwas, was dir aufgefallen ist?"

„Das Angenehmste war, mich auf zwei unterschiedliche Ebenen begeben zu können. Dies ist mir dabei klar geworden", antwortet sie.

„Das ist der holistische Gedanke, daß du mehr bist als die Summe der Einzelteile. Die esoterische Philosophie steht hier im Gegensatz zum exoterischen, wissenschaftlichen Denken, für das das Ganze der Summe seiner Teile entspricht."

„Ja, der Teil, der hier auf dem Stuhl sitzt, ist nur ein winziger Teil von mir", bestätigt sie und nickt.

„Aber du bleibst in Verbindung mit deiner Seelen-Einheit. Ich nenne dieses Verbundensein die Ganzheit, die Kontinuität des Geistes. Sie ist die Einheit von irdischer Existenz und Jenseits, in dem sich die Seelen-Einheit befindet. Du wirst am Ende dieses Lebens die Erkenntnisse und Erfahrungen mitnehmen. Gleichzeitig trägst du die Erkenntnisse und Erfahrungen deiner Ganzheit, aus all deinen vergangenen und zukünftigen Persönlichkeiten, deinen Erfahrungskörper, in dir. Auf Erden ist dir diese Tatsache nicht bewußt. Teil des Ganzen und gleichzeitig das Ganze zu sein, ist dir viel klarer geworden."

„Ja. Es ist angenehm für mich zu verstehen, warum ich ab und zu spontan Episoden aus meinen Vorleben sehe."

„Richtig, damit triffst du den Kernpunkt, alles IST. Die Rückführung in ein Vorleben ist keine bloße Erinnerung. Alles, was du siehst, kommt aus der Seelen-Einheit im JETZT zu uns, mittels der Kontinuität des Geistes."

„Das verstehe ich. Wenn ich diese Verbindung herstelle, erfahre ich alles neu."

„Ja, alles ist zeitlos", ergänze ich.

„Jetzt verstehe ich auch, warum alles so einfach ist ... ja!"

Wir müssen beide lachen.

„Alles ist bereits in deinem Unterbewußtsein vorhanden."

Diese letzte Aussage wird von uns, auch in der Psychologie, sehr oft verwendet. Sie stimmt nur teilweise. Meistens liegt alles noch viel tiefer. Während einer Rückführung fließt die ganze Persönlichkeit des Vorlebens, eines bestimmten ICHs der Seelen-Einheit, in die aktuelle Inkarnation ein. In unterschiedlichem Maße wird alles durch das „Sieb" des Unterbewußtseins und des Vorbewußtseins gefiltert, auf eine Art, die jeder selbst in Übereinstimmung mit der einzigartigen Gesamtstruktur eines Menschen festlegt.

„Es ist keine Erinnerung...", beginne ich .

„... Nein. Es ist ein Teil von mir", ergänzt sie.

334

„… von deiner Ganzheit", beende ich ihren Satz. „Alles klar? Hast du noch etwas hinzuzufügen?"

„Ja. Es war interessant für mich, alles als Energie wahrzunehmen …"

„Das kennst du schon aus deiner atlantischen Zeit. Es stimmt, Energie ist die Quelle des Lebens."

„Ja, ich erkenne diese Tatsache jetzt viel deutlicher in diesem Leben als Leonie. Ich bin ja sehr empfindsam für Energien."

„Die Wissenschaft sucht schon lange vergeblich nach dem, was Leben wirklich ist. Vorläufig bleibt es eine ungreifbare Form der Energie, die wir nicht in Worte fassen können: Lebensenergie, vitale Energie, Göttliche Energie, vom Schöpfer geschenkte oder von ihm abgespaltene Energie."

„Wie in Atlantis", sagt sie. „Ich nenne es geschaffene Götter, von Menschen aus unterschiedlichen Energieformen geschaffen."

„Richtig. Alles wird aus dem Geist nach außen projiziert und so zur Wirklichkeit. So schaffen wir unsere eigene Wirklichkeit. Im täglichen Leben tun wir dies unentwegt. Gut. Sollen wir hier enden?"

„Ja."

„Wie fühlst du dich?"

„Ausgeglichen", antwortet Leonie. Erst jetzt hole ich sie aus der Trance wieder ins Wachbewußtsein zurück. Ins Hier und Jetzt.

Nachwort

Wenn wir uns als Kinder der Einheit, als Kinder Gottes betrachten, kann jemand, der dieses Buch aufmerksam gelesen hat, nur zu folgender Schlußfolgerung kommen: Die Philosophie der Reinkarnation ist der einzige Weg, der uns zu unserem göttlichen Ursprung leiten kann. Über diesen Weg finden wir für immer zum Licht zurück. Nur so erkennen wir, wie wir unser Leben nicht angehen sollten. Wir wissen dann, wie wir karmische Verirrungen verhindern oder vermeiden können, und wie wir durch Liebe und Gnade zu unserer inneren Reinheit und Harmonie zurückfinden können. Auch wissen wir zum Schluß, wie grenzenlos glücklich wir ohne die Belastungen des irdischen Körpers und dessen Bedürfnisse sein können.

Auch wenn die in Teil 3 gezeigten Fälle extrem sind, handelt es sich doch um Tatsachenberichte, die aus dem normalen Leben gegriffen wurden. Es ist meine Erfahrung während zahlreicher Rückführungen, auf der Suche nach der Ursache menschlicher Probleme. Der Mensch hat sich weit von seinem Ursprung entfernt. Dadurch sind viele Schwierigkeiten entstanden. Die Erscheinung Mensch ist im Laufe der Zeit immer komplexer geworden, sie ist nicht mehr so einfach und unkompliziert wie „am Anfang".

Manchmal sagt man mir, wir hätten sehr große Fortschritte gemacht. Darauf kann ich zum Erstaunen meiner Gesprächspartner nur antworten: „Nein, das stimmt nicht. Im Gegenteil, wir haben uns bis heute immer weiter vom Licht entfernt, trotz all der äußeren Veränderungen und technischen Verfeinerungen." Das ist meine Schlußfolgerung nach Jahren der Forschung und Praxiserfahrung.

Die spirituelle Qualität unseres Lebens hat sich im allgemeinen nicht verbessert. Dies läßt sich leicht feststellen, wenn wir die Welt betrachten. Ich vergesse dabei nicht die vielen Menschen guten Willens, die es heutzutage ebenfalls überall gibt.

Der Weg war einfach, das „Hinabgleiten" in den Sumpf der Materie und des Materialismus. Es ist angenehm für uns, alles weiterhin gemütlich, komfortabel und bequem zu belassen. Gleichgültig welchen Preis wir für unsere Gier zahlen müssen. Nach und nach werden wir erkennen müssen, daß dies ein aussichtsloser Weg ist, der uns nur in den Untergang und die Vernichtung führen wird. Wir werden feststellen, daß der Weg nach oben zwar weniger steil ist, dafür aber langwieriger und mühsamer. Die Reinkarnation und die in ihr enthaltene Gnade, alle Fehler wieder ausgleichen zu können, gibt uns die Kraft, auf dem mühsamen und oft einsamen Weg nach oben durchzuhalten.

Viele spirituelle Werte sind uns verloren gegangen, und wir werden sie nur mit viel Aufwand zurückgewinnen können. Die zahlreichen irdischen Leben bieten uns genügend Chancen, uns aus dem uralten Zwang von Hölle und Verdammnis zu befreien.

Ein Gott der Liebe verurteilt seine nach seinem Ebenbild geschaffenen Kinder nicht in alle Ewigkeit. Laßt uns aus dieser Tatsache Mut und Vertrauen schöpfen.

Zudem gibt es hilfreiche Wesenheiten, die uns auf dem irdischen Weg zum Licht zur Seite stehen. Die ins Jenseits übergetretenen Wesenheiten (mit ihrem Erfahrungskörper bzw. den Teilen ihrer ICH-Persönlichkeiten) können, wenn sie sich dazu berufen fühlen, aus ihrer eigenen Seelen-Einheit austreten, um als helfende oder begleitende Geister tätig zu werden. Sie können dann die unterschiedlichsten Aufgaben erfüllen.

Es steht fest, daß sich der Mensch aus dem Tal hocharbeiten und sich zum Schluß in vollkommenem Glück im Schoße seines Schöpfers wiederfinden wird, verschmolzen mit der Einheit.

Peter Michel

Karma und Gnade

Ist die Karma-Lehre lieblos?
Ist die Gnaden-Lehre ungerecht?
Diese zwei großen Lebensfragen beschäftigen seit einigen Jahren immer mehr Menschen. Die vorliegende Arbeit von Peter Michel versucht, neben einer gründlichen Analyse der historischen und empirischen Fakten, eine Verbindung zwischen den *nur scheinbar* unvereinbaren Weltanschauungen herzustellen. In faszinierenden Analysen und Untersuchungen gelangt er zu der revolutionären Schlußfolgerung – Karma ist Gnade, oder beide sind nur die zwei je verschiedenen Ausformungen *eines* göttlichen Gesetzes!

Dieses in der gegenwärtigen Diskussion so notwendige Grundlagenwerk klärt nicht nur die Begriffe und umreißt ein neues Weltbild, es zeigt auch die großen Weltgesetze auf. Anhand der zahllosen Beispiele wird deutlich, mit welcher wunderbaren Weisheit Gottes Liebe wirkt, und auf welchem Pfad der Mensch zum Licht findet. Die verborgenen Hintergründe von Krankheit und Leid werden ebenso erhellt wie die Fragen von Charakter und Begabung, Vererbung und Umwelt sowie Freiheit und Gerechtigkeit.

Eine Veröffentlichung, die sich durch ihre Sachlichkeit auszeichnet und sich deutlich abhebt von der gängigen Reinkarnationsliteratur, die mehr das Spektakuläre als das Grundlegende im Blick hat.

Abgeschlossen wird das Buch von der – im deutschen Sprachraum – bisher umfangreichsten Bibliographie zu dieser Thematik.

Ein Werk, das kontroverse Diskussionen auslösen wird!

ISBN 3-922936-70-9

Paul Brunton

Vom Ich zum Überselbst

Paul Brunton war einer der großen Wegbereiter zur Erfahrung der *einen Wirklichkeit* und einer der wichtigsten Brückenbauer zwischen der Weisheit des Ostens und des Westens. In gleichem Maße war er ein Weg-Bereiter und Brücken-Bauer zwischen dem begrenzten menschlichen Ego und seiner göttlichen Wesenheit, dem Überselbst. Die einzelnen Schritte dieses Pfades verdeutlicht er in „Vom Ich zum Überselbst".

Behutsam wird der Schüler über die Ebenen der Intuition und Inspiration herangeführt, um die Wirklichkeit einer höheren Seinsebene zu erspüren. Allmählich lichtet sich der Nebel, und der strahlende Glanz des Überselbst erleuchtet die Persönlichkeit.

Paul Bruntons *Wegbeschreibung* enthält unbezahlbare Hinweise und Hilfen für den suchenden *Jünger auf dem Pfad*, um den Täuschungen der Illusion und den Versuchungen des Egos zu widerstehen. Aus der Weisheit eines wahrhaft Wissenden heraus, leitet er die strebende Seele aus der Dunkelheit zum Licht.

Ein Juwel der mystischen Weisheitsliteratur und ein Weg-Weiser für alle Sucher.

ISBN 3-89427-022-5

Paul Brunton

Das Ich und die Wiedergeburt

Die Frage der Reinkarnation wurde schon von verschiedenen Seiten behandelt, vorwiegend unter dem Gesichtspunkt des Erforschens eines Vorlebens und seiner Auswirkung auf die gegenwärtige Inkarnation. Paul Brunton geht in seiner tiefschürfenden Abhandlung weit über diese Stufe hinaus. Er analysiert grundlegend die Frage, welches *Ich* sich überhaupt inkarniert. Wer ist die Wesenheit, die durch die verschiedenen Erdenleben wandert, und wie setzt sie sich zusammen? Auf welche Weise können Erinnerungen an frühere Erfahrungen gespeichert werden?

Über die Untersuchung der Möglichkeiten zur Überwindung des Ichs, die sich speziell den Fragen von Demut, Wissen und Gnade widmet, gelangt Paul Brunton zur Thematik des Karma. In welcher Weise zieht sich der *karmische Faden* durch die Inkarnationen und die Zwischenleben? In welcher Verbindung stehen das Ich und das Überselbst im Bereich des Karma? Wie sind freier Wille und Karma-Gesetz miteinander verflochten?

Diese grundlegenden Lebensfragen behandelt Paul Brunton aus dem Weisheitsschatz eines wahrhaften geistigen Lehrers. Für das wirklich tiefe Verständnis der großen Lebensgesetze Reinkarnation und Karma kann es kaum ein ausführlicheres Werk geben. Ein Meisterschlüssel zur Erkenntnis des Entwicklungsprozesses vom Ich zum Überselbst.

Ein Weg-Weiser durch die Inkarnationen – bis hin zur *inneren Wiedergeburt!*

ISBN 3-89427-038-1

Charles W. Leadbeater

Das Leben in der geistigen Welt

Dieses Buch gehört zu den wenigen großen Klassikern der Jenseits-
Forschung. C. W. Leadbeater, einer der großen Eingeweihten unseres
Jahrhunderts, folgt der Geistseele mit schauendem Blick auf ihrem
Weg durch die jenseitigen Welten, nachdem sie ihr körperliches Ge-
wand abgestreift hat.

In allen Einzelheiten beschreibt der Seher den Übergang in die Geisteswelt im Augenblick des „Todes", den Weg durch die Läuterungs-
sphären und den Aufstieg in die Himmelswelten. Besonders beglük-
kend und Trost spendend sind die Ausführungen über die Wiederbe-
gegnung mit geliebten Menschen in den Jenseitswelten. Was in Liebe
auf Erden verbunden war, wird sich auch in den inneren Welten zueinander hingezogen fühlen.

Die Aufgaben und das hilfreiche Wirken der Schutzengel finden
ebenso Beachtung wie das Wirken der Verstorbenen in höheren Da-
seinssphären. Herausragend ist Leadbeaters Schilderung der Verbindung von auf Erden Lebenden und in den Jenseitswelten Lebenden,
die besonders die Verhaltensweisen der Hinterbliebenen zu den ins
Licht heimgekehrten Wesen zum Inhalt haben.

Ein zeitloses Weisheitsbuch, das wundervollen Trost schenkt und
tiefe Belehrung vermittelt.

ISBN 3-922936-76-8

Joanne Klink

Früher, als ich groß war

Im Volksmund sagt man, kleine Kinder besäßen noch ihre „Himmels-
augen" und meint damit, daß sie Bürger zweier Welten sind. Nach der
anthroposophischen und theosophischen Weltanschauung vollzieht
sich die vollständige Inkarnation erst im siebten Lebensjahr, bis dahin
ist das höhere Selbst noch nicht vollständig in die materielle Welt hin-
abgestiegen. Es ist für die Kinder daher leichter, mit den „Augen ihrer
Seele" zu schauen und sich zu erinnern, zu erinnern an ferne Zeiten,
als sie groß waren.

Joanne Klink trägt in ihrem lebendigen und von kindlicher Lebens-
freude und Unschuld geprägten Buch eine Fülle von Berichten zusammen, in denen Kinder von ihren Erinnerungen an frühere Leben erzählen. Gerade in der kindlichen Reinheit und Unverbildetheit wur-
zelt die beeindruckende Überzeugungskraft dieses Buches. Die kind-
liche Seele sprudelt über, zeigt sich in Bildern und Worten und legt so
Zeugnis ab für die uralte Weisheitslehre von Tod und Wiedergeburt.

ISBN 3-89427-024-1